benjamin abdala jr./salete de almeida cara (orgs.)

Moderno de nascença
figurações críticas do Brasil

BOITEMPO
EDITORIAL

Copyright desta edição © Boitempo Editorial, 2006

COORDENAÇÃO EDITORIAL	Ivana Jinkings
EDITORA-ASSISTENTE	Ana Paula Castellani
ORGANIZADORES	Benjamin Abdala Jr.
	Salete de Almeida Cara
EDIÇÃO DE TEXTO	Ricardo Jensen (preparação)
	Ana Paula Luccisano (revisão)
DIAGRAMAÇÃO	Raquel Sallaberry Brião
CAPA	Estúdio Graal
PRODUÇÃO GRÁFICA	Marcel Iha

CIP-BRASIL. CATALOGAÇÃO-NA-FONTE
SINDICATO NACIONAL DOS EDITORES DE LIVROS, RJ.

M694

    Moderno de nascença : figurações críticas do Brasil / organização Benjamin Abdala Jr. & Salete de Almeida Cara - São Paulo : Boitempo, 2006
    240 p.

    ISBN 85-7559-085-5

    1. Literatura brasileira - História e crítica. 2. Escritores brasileiros - Crítica e interpretação. I. Abdala Junior, Benjamin, 1943-. II. Cara, Salete de Almeida.

06-3774.   CDD 869.909
                                                            CDU 821.134.3(81).09

Todos os direitos reservados. Nenhuma parte deste livro pode ser utilizada ou reproduzida sem a expressa autorização da editora.

1ª edição: novembro de 2006

BOITEMPO EDITORIAL
Jinkings Editores Associados Ltda.
Rua Euclides de Andrade, 27 Perdizes
05030-030 São Paulo SP
Tel./Fax: (11) 3875-7250 / 3872-6869
editor@boitempoeditorial.com.br
www.boitempoeditorial.com.br

SUMÁRIO

Apresentação 7

I
SOCIABILIDADES: AS ALMAS, OS NEGÓCIOS, AS IDÉIAS

Anchieta: poesia em tupi e produção da alma 11
    JOÃO ADOLFO HANSEN

Nação e reflexão 27
    PAULO ARANTES

Cuidado com as ideologias alienígenas 47
    ROBERTO SCHWARZ

II
RELAÇÕES INTERNACIONAIS, APREÇOS NACIONAIS

Esqueletos vivos e argumentos indecorosos 55
    SALETE DE ALMEIDA CARA

Modernidade e emancipação em Machado de Assis 71
    MARLI FANTINI SCARPELLI

O fascínio dos confins 87
    WALNICE NOGUEIRA GALVÃO

III
FULGURAÇÕES DO MODERNO

Ponteio da violinha: o rapsodo moderno e o herói sem nenhum caráter 103
    MARIA AUGUSTA FONSECA

No atoleiro da indecisão: *Brejo das almas* e as polarizações ideológicas nos anos 1930 121
    VAGNER CAMILO

O canibal e o capital: a arte do "Telefonema" de Oswald de Andrade 151
   Apêndice I: As relações de Oswald de Andrade com o Partido Comunista 161
   Apêndice II: "Antropofagismo" por Antonio Candido 170
   VINICIUS DANTAS

IV
ORDENS E DESORDENS

A tríade do amor perfeito no *Grande sertão* 181
   LUIZ RONCARI
Roger Bastide, intérprete do Brasil: africanismos, sincretismo e modernização 193
   FERNANDA ARÊAS PEIXOTO
Formação da literatura brasileira, de Antonio Candido 213
   BENJAMIN ABDALA JUNIOR
Mário Pedrosa e a Bienal (moderno, primitivo, nacional e internacional) 229
   FRANCISCO ALAMBERT

Sobre os autores e os artigos 237

APRESENTAÇÃO

Quando em 1892 Sílvio Romero escreveu, cheio de entusiasmo, que o Brasil tinha nascido nos tempos "das grandes navegações e das grandes descobertas", sendo portanto "um país fatalmente democrático" e "filho da cultura moderna", ele apostava no melhor encaminhamento possível para um país mestiço e republicano, numa ordem civilizatória mundial cada vez mais igualitária. Nem as fronteiras bem comportadas do positivismo que o crítico combateu, nem o evolucionismo liberal que adotou seriam capazes de perceber que esse não era o rumo imposto pela rede de dependências constituída, desde sempre, pelo mundo do capital. Como se sabe, a perspectiva combativa e otimista do crítico, assim como de quase toda a sua geração, não ficou isenta de problemas e atropelos. Nos anos pós-República e pós-abolicionismo, eles próprios tiveram lá suas razões para temer pelo "destino" moderno brasileiro, ao se darem conta da desestabilização da burguesia e do potencial de revolta dos trabalhadores na própria Europa.

Por razões bastante diversas – que incluem, como sintomas, os dilaceramentos e as ambigüidades de uma ex-colônia dependente de mão-de-obra escrava –, o conjunto dos ensaios reunidos neste volume tem em comum a precariedade do fio sobre o qual se equilibra a condição moderna, particularmente a nossa. Em muitos deles essa tensão já estava explicitada, enquanto figuração literária, nos objetos que escolheram tratar: Machado de Assis e Euclides da Cunha na boca do século XX; Mário de Andrade no nascedouro dos tempos modernos e industriais dos anos 1920; o sujeito lírico de Carlos Drummond de Andrade no âmbito da modernização conservadora dos anos 1930; o vigor ficcional das crônicas de Oswald de Andrade expondo as contradições do modernista diante das ilusões históricas de meados dos anos 1940 e 1950. Os eufóricos anos do desenvolvimentismo são também os anos da ficção de Guimarães Rosa, que problematiza essas "margens da alegria".

O senso histórico dos problemas brasileiros encontra apoio em outros ensaístas: Roger Bastide e Florestan Fernandes enfrentando o imbricamento constitutivo da ordem patrimonial e escravista no processo da modernização capitalista brasileira; a crítica empenhada de Antonio Candido num momento decisivo de reflexão sobre os processos de formação, contemporâneos entre si, do romance e da nação, até Machado de Assis. Os apêndices do ensaio sobre Oswald de Andrade trazem um dossiê sobre a militância comunista do escritor, além de um texto inédito de Antonio Candido sobre o antropofagismo filosófico desse período.

Essas figurações críticas se abrem com um ensaio sobre o século XVI, quando a descontextualização da língua tupi na catequese jesuítica inculcou uma alma católica e uma memória para o indígena, sob os desígnios do Concílio de Trento. No último texto, e muitos séculos depois, a pergunta sobre nossa trajetória moderna encontra uma resposta emblemática na Bienal de Mário Pedrosa que, em 1961, enfrentou a dialética existente entre novas formas e tradição "marginal" à sociedade industrial. No entanto, distanciando-se de um viés meramente vanguardista, ela não chegou a dar conta da questão política da relação entre arte e seu público, já então à deriva e claramente cooptado pelas facilidades da massificação estimulada pelo golpe militar de 1964.

Uma volta ao texto clássico de Benedict Anderson, na contramão das interpretações usuais, indagará justamente pelo chão prático de uma comunidade imaginada como nação: as peregrinações dos funcionários administrativos coloniais, não por acaso também leitores privilegiados de jornais, implicaram, afinal, um pacto de base mercantil em sociedades desde sempre antagônicas. Esse dado vivo não pode ser minimizado em reflexões que se interessem por rastrear a história dos caminhos que vieram a redundar nos nossos tempos, ditos pós-nacionais, por força do capitalismo financeiro. Nos ensaios aqui reunidos encontram-se facetas de como era imaginado nosso chão, mas também horizontes que se desenharam em nossa experiência. Imagens associadas ao imaginário de uma nação. Figurações prospectivas motivadas pelo desejo das elites brasileiras de nos matizar de modernidade, desde os tempos coloniais.

Como desafio final, vale a pena retomar aquele proposto em 1976 e que agora parece mais urgente do que nunca: "Se não há solução em vista, é uma razão a mais para imaginá-la". Posto o desafio, seu desdobramento inevitável fica sendo: e desde onde imaginá-la?

Os organizadores

I
SOCIABILIDADES:
AS ALMAS, OS NEGÓCIOS, AS IDÉIAS

ANCHIETA: POESIA EM TUPI E PRODUÇÃO DA ALMA
João Adolfo Hansen

Em 8 de abril de 1546, a IV sessão do Concílio de Trento declarou herética a tese *sola fide et sola scriptura* ("só com a fé e só com a escritura") da teologia reformada[1]. Com ela, Martinho Lutero dispensa a mediação do clero e dos ritos e cerimônias visíveis da Igreja, prescrevendo que o fiel deve pôr-se em contato com Deus por meio da leitura individual da Bíblia. Condenando as "tradições humanas" da Igreja, afirma que desvirtuam a palavra de Deus nas Escrituras: "*Omne quod in scripturis non habetur, hoc plane Satanae addimentum est*" ("Tudo que não está nas Escrituras é simplesmente uma adição de Satã")[2]. Contra a tese reformada, o decreto conciliar confirmou a *traditio* ou *tradição* como fonte autorizada vinda diretamente "da boca mesma de Cristo". Os bispos do Concílio afirmaram que a tradição dos ritos e cerimônias visíveis, que havia sido conservada por sucessão contínua e passada adiante "quase que de mão em mão", é uma das duas fontes autorizadas dos *ritos*, palavras e orações; das *cerimônias*, gestos e ações; do *magistério*, poder de instruir as almas; do *ministério*, poder de santificá-las, e do *governo*, poder de dirigi-las da Igreja católica[3]. A redefinição desta como comunidade de fé, magistério e autoridade ampliou a noção de *communitas fidelium*, a comunidade dos fiéis, e determinou-se que necessariamente incluía todas as populações gentias das terras americanas recentemente invadidas por espanhóis e portugueses. Nelas, novas ordens religiosas fundadas para combater a heresia, como a Companhia de Jesus, deveriam exercer o magistério e o ministério da Igreja segundo a prescrição de são Paulo na Segunda Epístola aos Tessalonicenses (3,15): "*tenete traditiones*", "conservai as tradições".

A Igreja católica conciliar e pós-conciliar fez a defesa intransigente da transmissão oral das duas fontes da Revelação, a *tradição* e as *Escrituras*[4]; para tanto, gêneros gregos, latinos, patrísticos e escolásticos foram adaptados ao ensino e à propaganda da fé. Contra a diretiva luterana da *sola scriptura*, o Concílio prescreveu que somente teólogos autorizados pelas duas fontes da Revelação poderiam ler e interpretar o Antigo e o

Novo Testamento. A interpretação autorizada garantia o monopólio papal do sentido profético da concordância analógica estabelecida como *allegoria in factis* da Patrística e da Escolástica, alegoria factual efetuada como especularidade não entre as palavras, mas entre os homens, as ações e os acontecimentos empíricos de ambos os Testamentos para demonstrar que a verdade latente (*latens*) da Revelação no Antigo está patente (*patens*) no Novo. A partir de 1599, a interpretação autorizada da Bíblia e dos textos canônicos dos Padres e Doutores da Igreja passou a ser repetida na *lectio* dos professores jesuítas dos cursos de Letras, Artes e Teologia regulados pelo *Ratio studiorum*. Antes disso, a edição de um *Index*, em 1558, deu início à censura de livros declarados não-ortodoxos. Na Espanha, em 1612, o *Index* publicado pelo inquisidor Sandoval repetiu as interdições, proibindo a posse da Bíblia por particulares e a edição de todas as suas partes, impressas ou manuscritas, em qualquer língua vulgar. A interdição também valeu para Portugal, subordinado à Espanha entre 1580 e 1640, sendo acompanhada da publicação de textos autorizados que deram publicidade aos dogmas fixados ou confirmados no Concílio. Um deles é fundamental na catequese e na educação jesuíticas do século XVI, achando-se nos sermões, cartas, autos e diálogos escritos pelos padres como fundamento doutrinário da interpretação das matérias do Estado do Brasil. É o dogma da luz natural da Graça inata, oposto à tese reformada da *lex peccati*, a lei do pecado.

 Lutero afirma que o pecado original corrompe a natureza humana, fazendo os homens incapazes de discernir o "*verum Deum absconditum*", o verdadeiro Deus oculto. A conseqüência política da tese é a afirmação de que os reis reinam por "direito divino" para impor ordem à irremediável anarquia das sociedades humanas incapazes de distinguir o Bem do mal. Politicamente, a tese afirma que os reis são enviados diretamente por Deus e por isso têm autoridade para legislar em matérias de poder espiritual, dispensando a *auctoritas* delegada ao papa por Cristo. Contra Lutero, a Igreja tridentina divulgou também em Portugal e em suas colônias do Brasil, África e Ásia a doutrina sobre a Graça inata em que o jesuíta Molina propõe nova conciliação entre a presciência divina e o livre-arbítrio humano.

 O Concílio de Trento foi encerrado em 4 de dezembro de 1563, tendo seus decretos confirmados em maio de 1564. Em Portugal, a Coroa deu-lhes apoio total e, em 7 de setembro de 1564, os decretos foram publicados solenemente pelo rei D. Sebastião, que cinco dias depois os declarou leis do Reino. Na regulação jurídica da política católica da monarquia portuguesa desse tempo, teologemas do Velho e do Novo Testamento fundidos com enunciados de doutrinas políticas antigas[5] reiteram que a luz natural da Graça inata é critério fundamental na definição da natureza do poder temporal dos reis. Segundo a doutrina, o poder temporal dos reis é análogo do poder espiritual do papa, que tem duas pessoas, a pessoa "pessoal", mortal e falível, e a pessoa "mística", imortal e infalível, como Vigário de Cristo ou Vice-Cristo. A infalibilidade da pessoa mística do papa foi confirmada pelo Concílio de Trento e reconfirmada por Roma em 1614, ano da publicação de *Defensio fidei*, do jesuíta Francisco Suárez, teólogo, jurista e professor da Universidade de Coimbra, contra a tese anglicana do "direito divino dos reis" defendida em 1580 pelo rei da Inglaterra, James I. Durante o Concílio de Trento, jesuítas e dominicanos já tinham doutrinado a política do Estado católico como ação indissociável da ética cristã, opondo-se enfaticamente à doutrina da predestinação defendida por Lutero e Calvino e ao ateísmo da doutrina política de Maquiavel. Assim como os juristas do século XVI reunidos no Concílio, Suárez afirma no início do XVII que o pecado não corrompe totalmente a natureza humana e que a luz natural da Graça inata deve ser *universalmente* apregoada como critério definidor da legitimidade dos códigos positivos inventados pelas comunidades humanas para governar-se[6].

Nessa pregação universal, a Companhia de Jesus tem importância absolutamente central. Orientada pelo preceito de Loyola, "ser útil", que faz do padre um missionário ou *enviado*, no sentido literal do verbo latino *mittere*, a devoção jesuítica é metodicamente prática. Como diz Loyola: "Desenvolve-te a ti próprio, não para a fruição, mas para a ação". O preceito afirma que a lei natural da Graça é presente na natureza e na história como aconselhamento da ação. É a luz da Graça que fundamenta as normas técnicas dos *factibilia*, as coisas factíveis, e as normas éticas dos *agibilia*, as coisas agíveis. Segundo a doutrina, o *fazer* é uma arte que se aprende, como técnica, do mesmo modo que o *agir* é um saber formalizado como hábito do entendimento prático, que permite o conhecimento dos primeiros princípios da ação. Em ambos os casos, pressupõe-se a definição escolástica da *sindérese*[7], a "centelha de consciência", pela qual, conforme santo Tomás de Aquino, o homem sabe que faz o mal mesmo quando se abandona à paixão. A sindérese atua na prudência, a principal virtude do príncipe católico, pois ajusta eticamente as normas universais do direito à ocasião política particular.

Reafirmando o dogma da lei natural, o Concílio de Trento especificou que, embora o homem tenha capacidade inata e volitiva para ouvir seu conselho, tem necessidade de leis convenientes para governar-se, pois é criatura decaída[8]. A necessidade de fazer a conexão entre a *lei natural* da Graça inata, que está inscrita na alma humana por Deus, e a *lei positiva*, que os homens instituem para governar-se, implicou afirmar que a lei positiva *deve ter* a autoridade de lei genuína para ser legítima. A lei positiva deve evidenciar – in foro externo – a lei superior que todo homem já conhece em sua consciência – in foro interno. É a relação de lei natural e lei positiva que permite distinguir o príncipe verdadeiramente cristão ou católico do tirânico, maquiavélico, luterano, calvinista, anglicano etc. Como doutrina o cardeal Bellarmino, no século XVI: uma lei civil justa é sempre uma conclusão da divina lei moral. Suárez o repete, no século XVII, afirmando que o governante de um reino baseado em meios injustos não possui nenhuma autoridade legislativa legítima[9].

As polêmicas sobre a natureza do poder político que opõem teologia contra teologia na Europa do século XVI incluem as referências da invasão da América e dos massacres dos indígenas por espanhóis e portugueses. É o caso de *Democrates alter*, de 1550, o tratado sobre as justas causas da guerra contra os índios escrito pelo teólogo dominicano Juan Ginés de Sepúlveda, convocado pelo imperador Carlos V, na última sessão do Concílio de Trento, para debater com Las Casas a tópica da legitimidade da escravidão dos indígenas e da guerra justa contra eles no México, no Caribe e no Peru[10]. Sepúlveda é adepto da tese aristotélica da "servidão por natureza" dos fracos e defende a noção teológica tradicional de que toda sociedade só é legítima quando se fundamenta na Revelação de Cristo. Segundo a tese, o desconhecimento da Revelação é evidência da ilegitimidade do poder de astecas, incas e mais bárbaros do Novo Mundo. Os indígenas não podem viver uma vida de "genuína liberdade política e dignidade humana" por não terem a verdadeira religião revelada. Suas sociedades são uma natureza servil e bárbara, sendo legítima sua conquista feita como "guerra justa" contra infiéis inimigos da fé cristã. Com uma citação de Ezequiel, 3, feita por são Jerônimo – "O que fere os maus naquilo em que são maus e tem instrumentos de morte para matar os piores é ministro de Deus" –, Sepúlveda declara que a escravização dos indígenas americanos significa, desde que convertidos ao cristianismo, a salvação de suas almas, que doutra forma se condenam ao inferno[11].

No Concílio de Trento, sua tese foi declarada herética por juristas jesuítas e dominicanos, que estabeleceram analogia entre ela e a tese luterana da *lex peccati*. Da perspectiva de Roma, a tese luterana era obviamente intolerável e a resposta papal foi a reafirmação do dogma da "Graça inata", segundo o qual os homens, apesar de pecadores, mantêm-se aptos para reconhecer na alma a vontade de Deus. A tese aprovada em Trento contra Sepúlveda declara que o poder político resulta de uma convenção humana e que certamente é correto dizer que todo poder provém de Deus, mas não que Deus confere imediata e formalmente o poder ao rei. Escolasticamente, Deus é "causa próxima e universal", mas não "causa próxima e imediata", quando o confere. Segundo os juristas católicos, Lutero e Maquiavel podem ser identificados porque ambos rejeitam a lei natural da Graça inata como base moral apropriada para a vida em sociedade. Logo, é falsa a proposta maquiavélica de que a finalidade primeira do poder é a conservação do Estado e de que é lícito usar de todos os meios para obtê-lo, assim como falsa é a idéia de Lutero de que o homem é incapaz de distinguir o Bem do mal e de que, por conseqüência, o rei governa por "direito divino" para impor-lhe a lei e a ordem. Contra a tese da "servidão natural" do indígena defendida por Sepúlveda, os juristas católicos determinaram que qualquer sociedade humana segue a lei natural de Deus, mesmo quando não conhece a Revelação de Cristo, pois em todas, ainda para as sociedades mais bárbaras, existe a Graça inata como aconselhamento moral. O selvagem que faz sacrifícios humanos no México ou come carne humana no Brasil é e continua sendo homem, enfim, e tem alma, que por caridade deve ser salva das abominações pelo batismo e reconduzida à *communitas fidelium*, a comunidade cristã dos fiéis. Os juristas católicos declaram ilegítima a conquista que se baseia na noção de que o poder é uma doação da Graça divina. Este é, aliás, o argumento de Las Casas contra Sepúlveda. No Estado do Brasil, é ele quem pauta a ação de Nóbrega em oposição ao bispo Pero Fernandes Sardinha e aos colonos escravistas. O argumento também orienta o sentido da poesia e autos de Anchieta, do tratado de Fernão Cardim e, no século XVII, dos sermões e cartas em que Vieira trata da catequese, no Estado do Maranhão e Grão-Pará.

A partir da chegada da missão chefiada pelo padre Manuel da Nóbrega ao Brasil, em março de 1549, a escrita foi produzida conformada por esses preceitos teológico-políticos em gêneros como a carta, o auto, o poema didático, o diálogo, o sermão, a gramática, o catecismo e o livro de doutrina. Os textos são publicados como manuscritos e têm usos catequéticos, didáticos, devocionais e festivos nos aldeamentos, nos colégios e em circunstâncias solenes da hierarquia eclesiástica e administrativa, como entradas e saídas de bispos, padres e governadores. Acumulam várias funções, como a de conhecimento da terra, catequese de indígenas, controle de colonos e padres e reforço da unidade interna da Ordem, sendo escritos em português, castelhano, italiano e latim, além da "língua brasílica", "língua geral" ou "nheengatu", nomes do século XVI para o tupi falado no litoral, e em "língua de Angola", provavelmente banto. Todos os textos são inventados retoricamente como imitação de gêneros, formas, tópicas e estilos de autoridades latinas, patrísticas e escolásticas. Caso do sermão sacro, que imita a oratória de Cícero e aplica preceitos de Quintiliano e Marciano Capella; das cartas familiares e negociais, que seguem preceitos da *ars dictaminis* sistematizada na Europa desde o século XIII; da *sublimitas in humilitate*, o sublime no humilde, de Bernardo de Claraval. Categorias teológico-políticas da política católica contra-reformista interpretam os enunciados. A fusão de retórica antiga e teologia-política escolástica caracteriza todas as práticas da escrita jesuítica do século XVI como forma cultural específica, que hoje muitas vezes é ignorada quando os textos são lidos como documentos da empiria.

Aqui, trato de um caso dessa forma cultural, a poesia escrita em tupi, propondo que ela figura a língua dos indígenas do litoral como língua desmemoriada do Bem ou falta de ser que deve ser suplementada pela intervenção caridosa do padre. Utilizo um poema em língua tupi do padre José de Anchieta, "Tupána Kuápa", de datação indefinida, provavelmente composto entre 1563 e 1597[12]. A poesia em tupi é principalmente um instrumento local de catequese, sendo usada nos aldeamentos, nos colégios, em representações teatrais e festas de igreja. Como prática específica da *devotio moderna* jesuítica, ela imita modelos medievais e visa à eficácia prática do *estilo*, entendido pelo padre em seu sentido antigo de *preceito* aplicado à imitação de discursos já conhecidos coletivamente. Aparentemente simples e mesmo simplória para quem a lê pelo viés da redundância de seu tema principal, a salvação da alma, ela é poesia complexa, no entanto, como prática devocional utilitária feita para a recitação e o canto. Nela dominam os ritmos de uma oralidade acostumada a extrair prazer da repetição que hoje provavelmente é só monótona. Sua monotonia evidencia o que Paul Zumthor chamou de "monolitismo do tempo"[13]: nela não há nenhuma imprevisibilidade da relação de experiência passada e expectativa futura, mas, sempre, a afirmação de que o único progresso possível é o da alma, figurado à moda da épica cristã como *itinerarium mentis in Deum*, itinerário da mente para Deus. O arcaísmo das matérias religiosas e do léxico, a redundância do paralelismo sintático e a interpretação metafísica de suas tópicas repetem-se como categorias projetadas de modo uniforme nos versos, como se o presente do leitor ficasse congelado para contemplar a Presença de que o poema é emissário. Arte de uma memória não-pessoal do *costume* escolástico como *legenda*, coisas que devem ser lidas e ouvidas, da *Legenda aurea*, de Varagine, e de casos exemplares das letras devocionais católicas.

Para tratar da poesia em tupi, é pertinente lembrar algumas disposições legíveis na correspondência jesuítica, como o capítulo 11 de uma carta de 8/5/1558 escrita por Nóbrega quase dez anos depois da sua chegada ao Brasil. Nele, Nóbrega especifica "a lei que se há de dar ao gentio". Nóbrega escreve a carta comovido pela notícia recente da morte do bispo Pero Fernandes Sardinha, devorado pelos caetés quando o navio que o levava para Portugal naufragou nas costas do Nordeste. Após enunciados iniciais desalentados, que afirmam a irredutibilidade do gentio ao catolicismo e o classificam como "bestial", "cão" e "porco", a carta expõe o programa da Companhia de Jesus:

> A lei, que lhes hão-de dar, é defender-lhes comer carne humana e guerrear sem licença do Governador; fazer-lhes ter uma só mulher, vestirem-se pois têm muito algodão, ao menos despois de christãos, tirar-lhes os feiticeiros, mantê-los em justiça entre si e para com os cristãos; fazê-los viver quietos sem se mudarem para outra parte, se não for para antre cristãos, tendo terras repartidas que lhes bastem, e com estes Padres da Companhia para os doutrinarem.[14]

Nóbrega determina que a lei deve ser imposta ao indígena porque é homem de natureza *"semper prona ad malum"*, sempre inclinada ao mal, regendo-se por inclinação, como *"gente absque consilio et sine prudentia"*[15], gente sem conselho e sem prudência. A falta de virtudes essenciais se revela em sua língua, que é escura e desmemoriada do Bem. A concepção que relaciona ação e linguagem tem fundamento em santo Agostinho, que pressupõe que é da visão interior do que a alma sabe reminiscentemente sobre Deus que nasce a visão intelectual do que ela pensa e, logo, daquilo que ela expressa nos signos convencionais. Conforme o padre, as práticas indígenas são abomináveis, pois obscurecem a visão do Bem na alma selvagem, que não consegue pensar segundo a ordem da verdade eterna e necessária, o que se evidencia na falta de *letras*[16] da sua língua, como F, L, R[17]. É necessário fazê-la reencontrar a presença original das coisas a partir da idéia delas eternamente co-presente no espírito[18]. No caso, é a narrativa bíblica da torre de Babel que fornece o modelo analógico de classificação dos sons do tupi e do suplemento de Bem fornecido pelo padre para eles. A tese tridentina assevera que o gentio tem alma[19], por isso os jesuítas não caracterizam a língua geral como *ausência* da luz do Bem, o que equivaleria à heresia de dizer que o indígena não é gente, mas afirmam que revela a indeterminação dos modos como o indígena participa na Causa Primeira sempre presente, mas encoberta, como na frase de são Paulo, *"vidimus nunc per aenygmatem ut in speculo"*, "agora vemos por enigma, como em um espelho".

No *Diálogo sobre a conversão do gentio*, de 1556, Nóbrega retoma a tese tridentina quando afirma que o modo como os gentios fazem uma flecha ou criam os filhos indica que todos têm as três potências – *intelecto*, *memória* e *vontade* – que escolasticamente constituem a alma e atestam a presença da lei natural da Graça inata. Mas também afirma que a natureza os deserdou da mesma polícia que deu a outros homens, como herança da maldição de seus avós: *"Esta gentilidad a ninguna cosa adora, ni conocen a Dios solamente a los truenos llamam Tupana, que es como quien dize cosa divina. Y assi nós no tenemos otro vocablo más conveniente para les traer a conocimiento de Dios, que llamarle Padre Tupana"*[20].

A principal operação simbólica do padre consiste na descontextualização da língua tupi, ou seja, na sua ressignificação com valores católicos. A operação pressupõe que a substância espiritual da alma humana participa do Verbo divino através da luz natural, onde encontra o fundamento de suas idéias como "verbo interior". Ora, o indígena *"a ninguna cosa adora"*, afirma Nóbrega, por isso não vê o Verbo reminiscentemente com o olhar inteligível da alma; logo, os signos instituídos ou convencionais da sua língua são insuficientes e evidenciam os movimentos perversos de sua natureza distanciada do Bem. Pior ainda, indicam a falta de idéias fundamentais, como as de fé, de lei e de rei. Sem fé, sem lei e sem rei, o gentio não conhece a Revelação da verdadeira Igreja visível, nem a ordem da racionalidade hierárquica das ordens no corpo místico do Império, nem instituição política legítima, como a monarquia católica. Postulando uma gramática universal, cujo fundamento é a Lei eterna a ser reescrita pela catequese na alma do indígena, o jesuíta reitera que, embora filho de Deus iluminado da luz natural da Graça, o gentio o ignora: "[...] multidão de bárbaro gentio [...] que semeou a natureza [...]", vivendo sem justiça e desordenadamente, como escreve Pero de Magalhães Gandavo sugerindo o massacre[21], o "índio"[22] revela a barbárie dessa ignorância na guerra, na antropofagia, na nudez, na poligamia, na inexistência de culto, na falta de Deus ou deuses. É *"gente bestial"*, oxímoro de Caminha em 1500; "cães" e "porcos", como escrevem Nóbrega e Anchieta:"*Ha lei natural nam a guardão porque se comem; sam muito luxuriosos, muito mentirosos, nenhuma cousa aborresem por má, e nenhuma louvam por boa; tem credito em seus feiticeiros: aqui me emçarrareis tudo*"[23].

Com o suplemento de alma católica conferida ao termo "Tupã" e a outros, o padre produz a alma selvagem enquanto lhe fornece a memória católica do Bem em sua própria língua. Pressupõe que a quase-cegueira da Luz e a quase-mudez do Verbo também se revelam na nudez do corpo. A descontextualização da oralidade pela escrita é homóloga da repressão da nudez pela roupa. Assim como a roupa produz o senso da vergonha das "vergonhas" onde Adão e Eva sentiram orgulho do pecado, a escrita se apropria da oralidade tupi para constituir a memória indígena como lembrança de uma culpa vivida por pessoa cristã. O corpo nu do indígena é um texto que é *lido* pelo padre como vazio, no qual o Anhangá-Diabo tatua simulacros. O padre sabe, com santo Agostinho, que a roupa é "decência civil", pois evidencia o conhecimento da culpa original que se transmite de pai a filho no ato da geração. Vesti-lo produz nele a memória da culpa original que o reduz e integra como membro subordinado da comunidade cristã dos fiéis do corpo místico do reino.

Aqui, o enunciado jesuítico propõe que é justo, porque caridoso, suplementar a falta de ser da língua tupi[24]. Para tanto, estabelece analogia dela com as línguas da Revelação, o hebraico, o grego e o latim, além do português e do espanhol, que imitam as línguas sagradas. Nessas línguas que conhecem a Revelação cristã, a ordem proporcionada das idéias, como manifestação do "verbo interior", espelha a Lei eterna refletida na ordenação teológico-política das leis positivas do Reino, segundo a contínua referência ao pecado de Cam e à língua adâmica[25]. Quando a carência suposta da língua tupi é suplementada pela palavra da Presença, o indígena não é entendido como Outro, segundo a diferença cultural de uma definição "antropológica" que então obviamente não existe, mas como Mesmo, natureza humana pecadora definida teologicamente, só que muito disforme, tal uma figura já conhecida e refletida num espelho deformante e embaçado. Trata-se de subordiná-lo à boa proporção de ações e palavras, pois é a boa proporção do controle dos apetites e da concórdia das paixões que acende na alma do crente a consciência da *synderesis*, a centelha de consciência que faz distinguir o Bem e murmurar contra o mal. Trata-se, enfim, de fornecer *memória* à língua tupi, com o auxílio das boas formas do Verbo catolicamente revelado.

Segundo a doutrina escolástica da analogia, quando se diz algo verdadeiro, a palavra nasce da memória que conserva o saber, sendo essencialmente da mesma natureza do saber donde nasce. Signo dirigido à audição e à visão, a palavra atualiza a memória do pensamento justo da Verdade. A descontextualização do tupi é uma *poética*, assim, como *produção* da ação interna da Divindade na alma gentia, reavivando-se com ela a semelhança divina no plano do criado espiritual. No caso, o indígena é instruído não pela mera palavra exterior, mas pelas próprias coisas que, manifestas antes de tudo nos exemplos virtuosos dos padres, passam a manifestar para ele como Deus se revela interiormente[26]: *"Acá pocas letras bastan porque es todo papel blanco y no ay más que escrivir a plazer, empero la virtud es muy necesaria..."*[27].

Voltemos a "Tupána Kuápa". É um poema lírico figurando um tupi que, ao declarar amor a Cristo, afirma estar arrependido de sua vida pregressa de guerra e antropofagia, quando estava possuído pelo demônio e tinha o entendimento corrompido pelo mal. O poema opõe o presente católico do sujeito da enunciação ao passado gentio do sujeito do enunciado, derivando seu arrependimento presente da reminiscência do Bem. Para construir o personagem, o poema *produz sua alma*. Pressupondo que a alma cristã é um universal que participa na substância metafísica do Deus católico, o padre compõe o personagem como um ser criado por Ele, por isso mesmo conceitua o mal cristãmente, como não-ser ou falta de Bem. As ações que o personagem lembra são *exempla*, exemplos do mal ou falta de Ser, do tempo em que o personagem ainda não conhecia Deus, mal que é oposto contrastivamente ao presente da sua fala, em que a particularidade da sua memória já está absorvida na universalidade do Bem. Opondo o presente católico do personagem ao seu passado gentio, o poema deriva seu arrependimento da capacidade de lembrar o Bem. Projetando essa memória do Bem sobre a lembrança do passado como critério de seu julgamento, também aqui a particularidade da memória do tupi é absorvida na universalidade do Deus católico.

A antropologia demonstra que as ações dos grupos tupis do litoral brasileiro no século XVI eram movidas pela vingança guerreira que ignorava toda noção de amor ao próximo ou caridade cristã. Logo, a memória tupi não era a da pessoa escolástica e obviamente ignorava a metafísica aristotélico-platônica e as versões cristãs fundadas nela que propõem a unidade, a coerência e a constância da alma como memória, vontade e inteligência do Bem que podem redimir a culpa do pecado original.

A intervenção da catequese na organização social dos tupis é *poética* também como escrita teológico-política que se apropria da oralidade selvagem descontextualizando suas significações. A poesia em tupi e os autos que têm partes compostas nessa língua eram dispositivos políticos da luta dos padres contra a pregação dos *karaiba*, os xamãs tupis, que andavam de tribo em tribo pregando a resistência contra os portugueses e profetizando o advento de *Mair Monhã*, a "terra sem mal". No *Auto de são Lourenço*, de 1592, os demônios que vêm atacar a aldeia indígena posta sob a tutela dos padres têm os mesmos nomes dos chefes, Aimbirê e Guaixará, que guerrearam contra os portugueses na chamada Confederação dos Tamoios. Aimbirê quis matar Anchieta em Iperuí, em 1563, e aliou-se aos franceses, tendo sido morto em 1567.

Nesta data também foi morto Guaixará, que lutou ao lado dos franceses contra o governador Mem de Sá. Quanto a Saravaia, nome do terceiro diabo no auto, talvez seja outro chefe tamoio, talvez uma corruptela do português antigo *salvage*, selvagem. De todo modo, os três são figurados negativamente como diabos, que sempre falam tupi.

Anchieta obedece a uma das determinações do Concílio de Trento sobre a necessidade de instruir os fiéis de acordo com a sua capacidade de entendimento em sua própria língua vulgar. No caso, o tupi era a única língua que os indígenas do litoral conheciam, mas deve-se lembrar a total inexistência de termos da área semântica dos termos religiosos latinos, espanhóis e portugueses referentes a "culpa" e "pecado". Justamente por isso, a questão teórica e política da irredutibilidade da língua geral aos esquemas hermenêuticos da teologia católica e da gramática latina não é indiferente ao jesuíta, que trata de entender o tupi segundo o modelo da *lectio*[28]. Por outras palavras, o uso da "língua geral" não é meramente instrumental, como simples tradução dos conteúdos de um campo lingüístico para outro. Anchieta pressupõe que, se o conhecimento da verdade das coisas fosse perfeito, sua denominação também seria perfeita, pois decorreria de um mesmo julgamento. Logo, seus poemas em tupi resultam da transferência para a poesia de elementos obtidos pela análise da língua indígena segundo o princípio escolástico de que os modos de expressão são modos de conhecimento. É pelo mesmo princípio que o padre se apropria estrategicamente de termos tupis para reclassificá-los por meio de noções cristãs antes de pô-los em uso nos poemas. É o caso do termo *Tupána*, *Tupã*, que em tupi era o nome genérico de ruídos da natureza, como trovões, e que passa a ser usado significando nada menos que a substância metafísica incriada de uma das Pessoas da Trindade, Deus-Pai. Caso de *anhangá*, termo que nomeava espíritos do mato, apropriado como nome unificador da ausência de Bem, o diabo cristão. Ou de *ánga*, princípio vital, reclassificado com o nome para o princípio cristão de unidade e coerência espirituais da pessoa, a alma. Da mesma forma, verbos gerundiais, como *guimanómo*, "(eu) morrendo", e *reroyrómo*, "(eu) detestando", têm a significação reorientada no novo uso. *Morrer*, por exemplo, honra máxima nas práticas tupis da guerra e da antropofagia ritual, torna-se na poesia e no teatro de Anchieta a passagem metafísica em que se decide o destino transcendente da alma. Da mesma maneira, *detestar*, que entre os tupis era ação absolutamente louvável quando se tratava de inimigos, passa a significar a negatividade católica da contrição e da atrição que purgam o mal. Sintomaticamente – e muito divertidamente – o único termo que Anchieta nunca consegue traduzir para o tupi é o interpretante geral de todos os outros termos suplementados pela ética católica: *pecado*. A não-tradução indicia a irredutibilidade da cultura do selvagem que o padre trata de reduzir ao Mesmo da sua[29].

Dessa maneira, a escrita do poema é uma seqüência narrativa construída com os lugares-comuns de uma memória artificial conferida como suplemento de Graça à língua tupi, selvagem porque desmemoriada do Bem. Pode-se supor que, no ato da recitação do poema por indígenas aldeados, a seqüência era investida pragmaticamente do sentido teológico-político da colonização, na medida mesma em que a enunciação afirma a plena submissão do indígena a ela: "*koí asasusú/ xe jára, Iesu*": "agora eu amo a Jesus, meu senhor". Na recitação do monólogo, o poema produz o destinatário como o "eu" de uma pessoa católica dotada de interioridade anímica, memória do Bem e culpa do mal. Assim, caso algum leitor hoje ocupe o lugar do corpo imaginário do personagem tupi que era ocupado por recitadores indígenas no século XVI, corpo imaginário que aparece todo escrito em tupi, mas sempre respirando como um católico medieval, terá sua respiração capturada como um veículo para a fala da alma. Como se viu, a alma está formalizada como sujeito da enunciação do poema e vive a falta de Bem do pecado original; por isso, sua fala faz pressupor a necessidade da unidade, da coerência e da constância da pessoa católica, organizadas no mesmo poema como a visão reminiscente que preenche parcialmente a carência de Deus.

Deve ser evidente que metrificar o tupi com a redondilha menor impõe-lhe uma medida, uma acentuação, um sistema de pausas, um ritmo e, principalmente, a forma de uma respiração católica que o submete. Também a rima o submete ao sistema musical de equivalências sonoras relacionadas entre si como similitude da identidade do princípio metafísico, o Deus de Roma. E a ressemantização de seus termos nos usos dos aldeamentos e dos colégios implica a seleção lexical que desloca e recalca as significações dos usos tribais nos novos usos adequados às verdades pressupostas pela hierarquia do Estado monárquico católico. A adaptação do tupi aos esquemas métricos, rítmicos e rímicos da respiração católica contra-reformada subordina-o a categorias retórico-poéticas e teológico-políticas substancialistas e miméticas absolutamente estranhas à cultura do indígena. Não se trata de "ideologia" ou inseminação de conteúdos, falsos ou não, na consciência do indígena, mas de organização de poder que age sobre seu corpo como sistema repressivo. Assim, os poemas em tupi capturam a oralidade da língua selvagem para constituí-la como corpo sobrescrito pela oralidade do *pneuma* cristão. A operação dota a oralidade indígena de uma anamnese que é ascese, ou seja, dota sua oralidade de uma memória da culpa que postula a purgação e a virtual redenção da alma produzida no ato, como acontece nos versos que Anchieta dedicou a *Tupansy*, a "mãe de Deus".

A memória artificial produzida em tupi na língua tupi reescreve-a catolicamente, constituindo o tempo da sua experiência como tempo católico dividido em duas partes, antes e depois da catequese, como aparece exemplarmente nos versos "*Tupána kuápa, koí asausú/ xe jára, Iesu*" ("Conhecendo a Deus/ agora eu amo/ a Jesus, meu Senhor"). Aqui, o personagem declara que antigamente, se morresse, "*añanga aiusá/ pecado irumómo*", "o demônio prenderia minha alma em pecado", falando precisamente de "*xe tekokúaba/ opá amokañé*", "o entendimento consumido com os costumes perversos". Que são tais "costumes perversos"? Pecados da guerra (vingança, antropofagia, cauinagem); do sexo (poligamia, nudez) e da crença (nomadismo e culto das cabaças com pedrinhas onde os *karaiba* ouviam a voz dos mortos). No presente da enunciação, o personagem tupi já está integrado à Luz divina, ou seja, já está subordinado à hierarquia portuguesa representada pelo governador e pelos padres, por isso conclama que "*Iesu momoránga*", "venham todos saudar a Jesus". Pode-se supor que a semelhança formal existente entre a ingestão do corpo de Cristo na missa católica e a manducação de carne humana no ritual antropofágico tupi tornava natural que um personagem indígena pudesse afirmar que Jesus deu todo o sangue para libertá-lo do demônio: "*Iandé moingobé/ teõ porarábo/ anãnga peábo*".

Evidentemente, seriam necessários extensos conhecimentos do tupi do século XVI — não existem, no caso do autor deste texto — para avaliar com precisão a função e o valor da poesia jesuítica nessa língua, principalmente como dispositivo descontextualizador de significações tribais aplicado no processo da conquista espiritual efetivada pelos padres. Por enquanto, talvez não será excessivo dizer que Anchieta e outros jesuítas sempre pressupõem a passagem em que santo Agostinho afirma que o homem capaz de compreender o Verbo divino sob a multiplicidade das línguas também é capaz de ver, através do espelho da vida humana e do enigma, que "No começo era o Verbo e o Verbo estava em Deus e o Verbo era Deus" (João, 1, 1).

Levar o catolicismo para o indígena nos termos descontextualizados de sua própria língua é eficaz, pois subordina seu corpo em novas relações de poder. No ato, o indígena vinha a ser simultaneamente *tupi* e *católico*. Essa duplicidade é interessante e merece comentário. Na oralização do poema, como ocorre na leitura hoje, o destinatário fala tupi, inspirando e expirando nessa língua; mas, como personagem do drama universal da redenção vivido por Jesus, organiza o enunciado com as tônicas, as átonas, as pausas, o ritmo e as rimas de uma respiração católica. A catequese jesuítica é eficaz porque produz o corpo necessário a seus fins. Não atua sobre uma suposta consciência do indígena que seria preenchida por uma "ideologia". A catequese é eficaz porque *produz simultaneamente o corpo, a percepção, a respiração, a alma e os valores católicos* que os preenchem com o vazio inexpresso do sublime cristão. Ou, dizendo de outro modo, é eficazmente colonizadora porque catequiza o tupi materialmente *na* sua própria língua, que tem seus usos descontextualizados, e não apenas por meio de conteúdos cristãos transmitidos em sua língua tomada como um mero instrumento neutro. Ao cristianizar a língua tupi conferindo-lhe uma memória do Bem, a operação constitui e captura o corpo e a respiração do tupi numa nova percepção da sua própria língua que é um estranhamento cristão da mesma. A organização cristã da percepção selvagem subordina o indígena ao projeto de uma história providencialista cujos eventos, como foi dito, são interpretados teologicamente como efeitos e signos do divino.

O *topos* da falta de *letras* na língua tupi é polêmico, nos séculos XVI e XVII. Nas várias versões, conflitam os posicionamentos e os interesses econômicos e políticos da Coroa, de colonos e padres. O enunciado jesuítico declara que não se pode afirmar sem heresia que a analogia está ausente do tupi. Cronistas, como Gandavo ou Gabriel Soares de Sousa, que fazem propaganda da imigração, adotam a tese de Sepúlveda, definindo o indígena como servo por natureza e bárbaro. Divulgando a doutrina da luz natural da Graça consagrada em Trento contra Lutero, Maquiavel e Sepúlveda[30], o enunciado jesuítico reitera contra os coloniais que a analogia certamente existe no tupi, mas como analogia de proporcionalidade: distância ilimitada da Causa e indeterminação da participação da alma e do "verbo interior"; mas, não obstante, e com muito entusiasmo catequético inicial logo seguido de desânimo, *participação*. Em outras palavras, o gentio e sua língua não estão excluídos da Graça, mas falta-lhes a consciência plena do *discurso interior* agostininiano e escolástico; logo, falta-lhes a boa semelhança da humanidade católica como presença proporcionada da Lei Eterna que ilumina o livre-arbítrio como *prudência*. Importa conduzi-los ao corpo místico do Império[31] pelo exemplo e pela pregação, tendo-se a paciência que se tem com as crianças: "[...] que as leis positivas nom obriguem ainda este gentio, até que vão aprendendo [...]"[32].

A gramática do enunciado jesuítico implica, portanto, mapear o tupi e capturá-lo com classes e categorias gramaticais do latim, do português e do espanhol. Ao inseminar na língua a presença de uma alma católica proporcionada pela semântica substancialista da memória da culpa, a gramática se acompanha da produção do análogo sensível da mesma, o corpo dócil, ordenado em práticas repressivas que o subordinam juridicamente como inferioridade natural.

NOTAS

[1] "O santo Concílio de Trento, ecumênico e geral, tendo sempre frente aos olhos o fim de conservar na Igreja, destruindo todos os erros, a pureza mesma do Evangelho que, depois de ter sido prometido antes pelos profetas nas Santas Escrituras, foi publicado pela boca de Nosso Senhor Jesus Cristo, Filho de Deus, em seguida por seus apóstolos aos quais ele deu a missão de anunciá-lo a toda criatura como sendo a fonte de toda verdade salvífica e de toda disciplina dos costumes; e considerando que esta verdade e esta regra moral estão contidas nos Livros escritos e nas tradições não escritas [*in libris scriptis et sine scripto traditionibus*] que, recebidas da própria boca de Cristo pelos apóstolos, ou pelos apóstolos a quem o Espírito Santo as havia ditado, transmitidas quase que de mão em mão [*quasi per manus traditae*], chegaram até nós; o Concílio, portanto, seguindo o exemplo dos Pais ortodoxos, recebe todos os livros tanto do Antigo quanto do Novo Testamento [...] assim como as tradições concernentes e à fé e aos costumes, como vindos da boca mesma de Cristo ou ditadas pelo Espírito Santo e conservadas na Igreja católica por uma sucessão contínua; ele as recebe e as venera com um igual respeito e uma igual piedade. Se alguém não receber inteiros esses livros e se desprezar com conhecimento de causa e propósito deliberado essas tradições, que seja anátema." Cf. H. Denzinger e A. Schönmetzer, *Enchiridion symbolorum, definitionum et declarationum de rebus fidei et morum*. Ed. XXXVI (Barcelona-Freiburg-Roma, Herder 1976, n. 1501), p. 364-5.

[2] Lutero, 1521, *apud* Philippe Boutry, "Tradition et écriture. Une construction théologique", em *Enquête: usages de la tradition* (Paris, EHESS/CNRS/ Parenthèses, second semestre 1995, n. 2), p. 43.

[3] A encíclica de Pio XII, *Mediator Dei et hominem*, de 20 de novembro de 1947, resume a liturgia referente à *traditio* reconfirmada no Concílio de Trento: "A ação litúrgica teve início quando a Igreja foi divinamente criada. Os cristãos dos primeiros tempos, com efeito, eram assíduos à pregação dos Apóstolos e à comum fração do pão e às orações Sempre que os Pastores podiam reunir os fiéis, aí erigiam um altar, sobre o qual ofereciam o Sacrifício. Em volta do altar realizam-se os demais ritos, pelos quais possam os homens santificar-se e a Deus prestar a glória devida. Entre esses ritos os Sacramentos ocupam o primeiro lugar, são as sete principais fontes da salvação. Vem em seguida a celebração do louvor divino por onde os fiéis também em comunidade obedecem à exortação do Apóstolo Paulo: 'Em toda sabedoria ensinando e advertindo-vos a vós mesmos por salmos, hinos e cânticos espirituais, na graça cantando em vossos corações a Deus'. Segue então a lição da lei, dos profetas, do Evangelho e das epístolas dos Apóstolos, e por último a homilia ou a pregação sacra pela qual o presidente da reunião recorda e explica, para utilidade de todos, os mandamentos do Divino Mestre, comemora os momentos e fatos principais da vida de Cristo e a todos os presentes anima com exortações e exemplos oportunos". Cf. Pio XII, *Mediator Dei et hominem*, 20/11/1947, trad. dom Gabriel Beltrão, O.S.B. (Salvador, Tipografia Beneditina da Bahia, 1948), p. 24-5.

[4] "La Escritura y la Tradición contienen la Palabra de Dios y son la regla primaria de la fe. La Tradición excede a la Escritura en cuanto que la interpreta y nos transmite verdades oscuramente contenidas en ella [...] La Iglesia excede a la Escritura y Tradición porque delimita el Canon de

la Escritura y las verdaderas tradiciones, las conserva y nos propone infaliblemente su sentido. En cambio, la Escritura y la Tradición exceden a la Iglesia porque contienen la revelación divina [...] La Escritura, finalmente, excede a la Tradición y a las definiciones de la Iglesia por la prerrogativa de la inspiración [...]. No hay, por tanto, en la teología católica lugar para una *norma normans non normanda* en sentido absoluto, como pretendian los protestantes". Cf. Vargas-Machuca, S.J., *Escritura, tradición e Iglesia como reglas de fe según Francisco Suárez* (Granada, Facultad de Teología, 1967), p. 27-218, cit. por D. Francisco Alvarez, "Introducción", em Francisco Suárez, S.J., *Defensa de la fe católica y apostólica contra los errores del anglicanismo*, 1970, v. I, p. XX.

5   Por exemplo, Platão (*República*), Aristóteles (*Política*); santo Agostinho (*Cidade de Deus*); John de Salisbury (*Policraticus*), santo Tomás de Aquino (*De Regno*) etc.

6   Depois das teses luteranas de Wittenberg (1517) e da decorrente cisão da cristandade, Roma passou a experimentar o que foi chamado de "incerteza teológica", estado caracterizado pela necessidade de clareza das motivações da ação cristã, acompanhada da fundação de novas ordens religiosas e do fogo purificador da Inquisição. Fica evidente nos escritos brasileiros dos padres Manuel da Nóbrega e José de Anchieta, no século XVI, além dos textos de outros agentes históricos, como é o caso da carta escrita por d. João III para seu embaixador em Roma, d. Pedro Mascarenhas, a obsessão de ser útil para a Igreja, difundindo o catolicismo por meio da catequese e do ensino. O imaginário do pecado, o desejo de viver em Cristo e, principalmente, o desejo de morrer por ele, definem o programa de luta contra a heresia luterana e calvinista e a mensagem da verdade da fé para os gentios das terras recentemente conquistadas. É também nesse sentido que se dá o ensino jesuítico.

7   Santo Tomás de Aquino, *Summa theologica*, 2ª, I, 79, art. XII: "*Synderesis dicitur instigare ad bonum et murmurare de malo in quantum per prima principia procedimus ad inveniendum et iudicamus inventa*" ("Fala-se que a sindérese instiga ao bem e murmura contra o mal quando procedemos pelos primeiros princípios para inventar e julgamos as coisas inventadas").

8   Francisco Suárez, *De legibus*, IV, 4, 11: "[...] os homens individuais ordinários acham difícil entender o que é necessário para o bem comum e dificilmente fazem qualquer tentativa para atingi-lo por si mesmos".

9   Aqui se encontra a razão doutrinária da sacralização do poder nas belas letras desses séculos. Uma vez que a lei natural é vontade de Deus, os preceitos das leis positivas publicadas na Bíblia não podem diferir dos seus preceitos. Na sociedade verdadeiramente cristã, afirmam os padres, as leis positivas legítimas incluem todos os preceitos e as proibições feitos por Deus nos Dez Mandamentos. Assim, as leis positivas do reino são sagradas como expressão da lei natural.

10 Lewis Hanke, *Aristóteles e os índios americanos* (São Paulo, Martins, s. d.), p. 80-3.

11 Cf. Juan Ginés de Sepúlveda, *Tratado sobre las justas causas de la guerra contra los indios* (México, Fondo de Cultura Económica, 1987).

12 Cf. José de Anchieta, S.J., *Poesias*. Manuscrito do século XVI, em português, castelhano, latim e tupi. Transcrições, traduções e notas de M. de L. de Paula Martins (São Paulo, Comissão do IV Centenário da Cidade de São Paulo, 1954), p. 576-7.

Tupána Kuápa	*Conhecendo Deus*
Tupána kuápa,	Conhecendo Deus,
Koí asausú	agora eu amo
Xe jara, Iesu.	a Jesus, meu senhor.
Akoeÿme, guimanómo,	Antigamente, eu morrendo,
Añánga esapÿa	um ataque do demônio
xe ánga ajusá	prenderia minha alma
Pecado irumómo.	Pecadora.
Aé reroyrómo,	Detestanto o mal,
Koí asausú,	agora amo
Xe jára, Iesu.	a Jesus, meu senhor.

Xe tekokuába,	O meu entendimento
Opá amokañe.	Todo eu consumi.
Xe ánga omone	Corromperam minha alma
Tekó angaipába.	Costumes perversos.
Xe angorypába	O meu consolo é que
Koí asausú	agora eu amo
Xe jára, Iesu.	a Jesus, meu senhor.
Xe rausubasápe,	Amando-me,
Xe ánga moténi.	Conforta minha alma.
Pitángamo séni	Está como uma criança
Maria jybápe.	Nos braços de Maria.
Aé kuapápe,	Por conhecê-lo,
Koí asausú,	agora eu amo
Xe jára, Iesu.	a Jesus, meu senhor.
Jandé moingobé,	Ele nos redimiu
Teõ porarábo,	sujeitando-se à morte,
Añánga peábo,	vencendo o demônio
Teõ resé be.	E a morte também.
Aipó reseñé,	Por causa disso,
Koí asausú	agora eu amo
Xe jára, Iesu.	a Jesus, meu senhor.
Opá oguguý	Todo o seu sangue
Meéngi, omanómo,	ele deu, ao morrer,
Jandé pysyrómo	para libertar-nos
Añánga suí.	Do mal.
Aipóbae ri,	Por tudo isso,
Koí asausú	agora eu amo
Xe jára, Iesu.	a Jesus, meu senhor.
Pejó, pabeñé,	Vinde, vós todos,
Iesu momoránga,	juntamente comigo
Sausúba raánga,	saudar a Jesus,
Xe irúnamo be.	Símbolo do amor.
Iesu, mbaé eté,	Ao grande Jesus,
Pei, pesausú!	Eia, vós, amai!
Xe jára, Iesu,	Jesus, meu senhor,
Xe rúba, Iesu!	Jesus, ó meu pai!

[13] Paul Zumthor, *Essai de poétique médiévale* (Paris, Seuil, 1972), p. 107.

[14] Nóbrega, Carta da Baía, 8 de maio de 1558, em Serafim Leite, *Cartas dos primeiros jesuítas do Brasil* (São Paulo, Comissão do IV Centenário da Cidade de São Paulo, 1954, v. II), p. 450.

[15] Nóbrega, "Do P. Manuel da Nóbrega ao Dr. Martin de Azpilcueta Navarro, Coimbra-Salvador, 10 de agosto de 1549", em Serafim Leite, *Cartas dos primeiros jesuítas do Brasil*, cit., v. I, p. 136.

[16] O termo "letra", no caso, é o equivalente do termo "fonema" da lingüística contemporânea.

[17] Santo Agostinho, *De Trinitate*, XV, XIII, 22.

[18] Cf. André Robinet, "Du côté de Port-Royal", em *Le langage à l'âge classique* (Paris, Klincksieck, 1978), p. 16.

[19] Cf., por exemplo, a fala do padre Nugueira, em resposta à questão do padre Gonçalo Álvares: "Gonçalo: – Estes tem alma como nós? Nugueira: – Isso está claro, pois a alma tem tres potencias, entendimento, memoria, vontade, que todos tem. Eu cuidei que vós ereis mestre em Israel, e vós não sabeis isso!". Em Pe. Manuel da Nóbrega, *Diálogo sobre a conversão do gentio* (Baía, 1556-1557). Em Serafim Leite, *Cartas dos primeiros jesuítas do Brasil*, cit., v. II, p. 332.

[20] Cf. Nóbrega, "Informação das Terras do Brasil do P. Manuel da Nóbrega (Aos Padres e Irmãos de Coimbra) – Baía, agosto (?) de 1549", em Serafim Leite, *Cartas dos primeiros jesuítas do Brasil*, cit., v. I, p. 150.

[21] Cf. Pero de Magalhães Gandavo, "Da condição e costumes dos índios da Terra", *Tratado da Terra do Brasil; História da Província Santa Cruz* (Belo Horizonte/São Paulo, Itatiaia/Edusp, 1980), p. 52.

[22] O termo "índio" vai sendo utilizado sempre como uma metáfora, produto de processos unificadores do padre. O termo evidencia as categorias do agente do discurso, que subordinam à sua unidade suposta uma enorme variedade de povos do litoral brasileiro do século XVI, devendo ser entendido como uma generalização indevida.

[23] Cf. a fala de Nugueira no *Diálogo sobre a conversão do gentio*, em Serafim Leite, *Cartas dos primeiros jesuítas do Brasil*, cit., v. II, p. 344.

[24] Cf. São Jerônimo: "*qui malos percutit in eo quod mali sunt, et habet vasa interfectionis, ut occidat pessimos, minister est Dei*". Cit. por Juan Ginés de Sepúlveda, *Tratado sobre las justas causas de la guerra contra los indios*, cit., p. 130.

[25] Supondo a degradação das línguas na Torre de Babel, o enunciado jesuítico também supõe que as línguas perderam seu primitivo "estado de natureza", afastando-se da motivação divina inicial. No caso do tupi, a falta das "letras" F, L e R é indicativa dessa arbitrariedade, cabendo à evangelização como que remotivá-la, conduzindo o tupi de novo ao seu início pelo fornecimento da memória do "verbo interior" existente nas línguas dominadas pelos padres. Cf., a propósito, Maria Leonor Carvalhão Buescu, *Babel ou a ruptura do signo: a gramática e os gramáticos portugueses do século XVI* (Lisboa, Imprensa Nacional/Casa da Moeda, 1983, Temas Portugueses).

[26] Santo Agostinho, *De magistro* IX, 27: "Para todas as coisas que compreendemos, não é uma palavra sonora do exterior que nós consultamos, mas a verdade que dentro governa o espírito".

[27] Cf. Nóbrega, Carta de 10 de agosto de 1549, em Serafim Leite, *Cartas dos primeiros jesuítas do Brasil*, cit., v. I, p. 142.

[28] Como em Hugues de Saint-Victor, a explicação deve conter três coisas: a letra, o sentido e o pensamento. A letra é a ordenação conveniente das palavras, também chamada de construção. O sentido é a significação óbvia que a letra apresenta à primeira vista. Quanto ao pensamento, é a inteligência mais aprofundada que só a explicação ou a interpretação permitem descobrir.

[29] Por isso, nos textos de Nóbrega, Anchieta ou Cardim e, no século XVII, nos de Vieira, há uma dupla articulação: os enunciados sempre se abrem para a proliferação monstruosa da nova terra, as maneiras de viver dos habitantes, as formas estranhas do vegetal e do animal, os eventos das guerras justas contra o gentio bravo e os invasores, como os huguenotes sob o comando de Villegagnon no Forte Coligny, na baía de Guanabara. Na gigantesca dispersão analítica dos enunciados, cujo modelo principal é, nas cartas, a *História natural*, de Plínio, e, na poesia, o *Cancioneiro de Baena* e o *Cancioneiro Geral de Garcia de Resende*, a enunciação jesuítica projeta sempre o mesmo princípio que captura a dispersão como unidade e unificação teológico-política. Assim, toda a multiplicidade da terra nova é constituída como uma semelhança distante, mas necessariamente subordinada ao mesmo Princípio criador, que as atravessa como sua Causa Primeira e Causa Final. Todo dessemelhante se evidencia como uma variação distanciada, escura e invertida, de um Mesmo. O Novo Mundo é a imagem invertida do Velho, a Europa, que cabe reverter, ou seja, converter em signos familiares ou tradicionais na escrita. Nesse sentido, mais uma vez a escrita conquista e coloniza, pois traduz toda novidade ou diferença por meio dos códigos da semelhança. A semelhança normaliza os eventos, não os vendo, obviamente, segundo seus próprios princípios, mas adaptando-lhes o sentido à letra da Escritura. Por outras palavras, embora o padre jesuíta demonstre uma notável consciência "antropológica", ele *não* pensa antropologicamente, na medida mesma em que a universalidade postulada do Deus católico torna toda diferença apenas uma imagem distante da mesma Causa.

[30] A tese defendida por Sepúlveda, em 1550 – os índios não podiam viver uma vida de genuína liberdade política e dignidade humana por não conhecerem a fé cristã –, foi atacada, ainda no

Concílio de Trento, por jesuítas e dominicanos, que estabeleceram analogia entre ela e a tese luterana de que toda sociedade humana legítima deve fundar-se na divindade. Cf. Juan Ginés de Sepúlveda, *Tratado sobre las justas causas de la guerra contra los indios*, cit.; Lewis Hanke, "O grande debate de Valladolid – 1550-1551: a aplicação da teoria de Aristóteles da escravidão natural aos indígenas americanos", cit.; Quentin Skinner, "The revival of thomism", em *The foundations of modern political thought* (Cambridge, Cambridge University Press, 1978, 2 v., v. II); Georg Thomas, *Política indigenista dos portugueses no Brasil 1500-1640* (São Paulo, Loyola, 1981).

[31] Cf. Alcir Pécora, "Vieira e a condução do índio ao corpo místico do Estado" (Campinas, IEL-Unicamp, 1992; mimeo). Nesse texto, Pécora evidencia a permanência das tópicas quinhentistas da lei natural nos sermões de Vieira que tratam da escravidão do índio e do africano, discutindo os anacronismos de interpretações que não as incluem.

[32] Cf. Nóbrega, "Do P. Manuel da Nóbrega ao P. Simão Rodrigues, Lisboa-Baía, 9 de agosto de 1549", em Serafim Leite, *Cartas dos primeiros jesuítas do Brasil*, cit., v. I, p. 124.

NAÇÃO E REFLEXÃO
Paulo Arantes

Imaginação nacional

Costuma-se dizer, com razão, que Ernest Gellner revogou nossa compreensão rotineira das relações entre nação e nacionalismo[1]. Revirou-as de ponta-cabeça, como se sabe. O nacionalismo não deveria ser explicado pela alegada existência de "nações", mas sim o contrário, e bem ao contrário do que comumente se entende como o despertar da consciência nacional: o nacionalismo não acorda uma nação entorpecida por uma alienação secular, ele simplesmente inventa a nação que antes não existia. Concentrando-se sobretudo nos fenômenos de modernização pelo alto — no que deve ter contribuído seu estágio nas antigas sociedades coloniais —, Gellner acabou enfatizando "o elemento de artefato, de invenção e de engenharia social que entra na formação das nações"[2]. O ponto de honra de sua demonstração reside, portanto, na capacidade de reconstituir a cristalização das "nações" sem evocar nenhum dos estereótipos consagrados pela auto-imagem do sentimento nacional: territorialidade, consangüinidade, patriotismo, aversão ao domínio estrangeiro, cultura vernacular ou qualquer outro atavismo do gênero. No fundo, acabou derivando a idéia de nação — para não falar na sua realidade — de uma espécie de nacionalismo de elite[3], e de uma elite suficientemente esclarecida em suas providências institucionais a ponto de dispensar, e no limite desacreditar, as visões românticas que costumam ornamentar esse tipo de fabricação a frio da hegemonia — para empregar um termo estranho ao vocabulário de nosso autor. Mas não inteiramente ao espírito, pois afinal se trata da resolução do problema da legitimidade numa sociedade industrial, cuja tendência niveladora — em princípio, as desigualdades óbvias de uma sociedade tradicional não são mais toleradas — pede homogeneidade social e cultural: é a necessidade moderna de homogeneidade que gera o nacionalismo e, mais uma vez, não o contrário.

Uma resenha menos sucinta deveria mostrar que, a rigor, Gellner sistematizou os traços organizacionais relevantes do Estado nacional moderno, revelando tanto a funcionalidade econômica do nacionalismo – que sai justificado do enredo contemporâneo como um princípio construtivo e progressista[4] –, quanto sua data de validade: o processo de difusão da civilização industrial por obra justamente de "unidades nacionais", aos olhos do autor, o evento dominante de nossa época. Ocorre que essa industrialização imperativa – os que chegarem tarde arriscam a marginalização – alastra-se por uma economia-mundo cuja lei é o desenvolvimento desigual – aliás, é o próprio Gellner quem o diz e não um comentador marxista simpatizante, até porque, na esteira de Gerschenkron, cujo livro sobre o "atraso econômico" é de 1962, nosso autor também foi dos primeiros a identificar no marxismo soviético o "espírito" que teria presidido a marcha forçada da industrialização pesada, fazendo pela modernização "nacional" e "mimética" o que o calvinismo fizera para a emergência individualista do capitalismo. Ora, o nacionalismo é fundamentalmente a conseqüência da tensão gerada pelo desenvolvimento desigual numa economia mundial unificada, como resposta política a uma situação de "atraso" que se tornou tão inaceitável quanto a desigualdade de princípio numa sociedade industrial particular. Desse esforço recuperador surgirá então a convicção retrospectiva de que o nacionalismo não se origina das nações, mas as faz nascer. Convicção datada, como se está vendo, mais exatamente, do auge da regulação keynesiana dos sistemas econômicos nacionais, cuja ascendência balizou igualmente a onda descolonizadora e industrializante nas várias periferias reestruturadas ao longo da primeira Pax Americana[5]. Isso tudo se foi, mas os conceitos ainda fazem pensar, notadamente a idéia de que a nação e seus derivados são artefatos de um tipo bem peculiar, como logo se verá de um outro ângulo, que, aliás, não necessariamente encobre essa perspectiva induzida pela experiência do esforço de emparelhamento econômico do pós-guerra. Resta ver se com tal idéia ainda poderemos remontar a corrente até o ciclo histórico anterior – afinal o período no qual o Brasil foi "inventado" pela primeira vez –, e de lá retornarmos, com outros olhos, ao desenlace de hoje e saber se ficaremos devendo ou não uma terceira "invenção" do Brasil. Se somos de fato um constructo, seria preciso então atinar com o "nacionalismo" muito peculiar a que devemos nosso nascimento como nação. Nos termos mesmos de Gellner, um "nacionalismo" paradoxalmente anacrônico na sua estrita funcionalidade para um sistema produtivo carecido de uma arrancada salvadora. Ou não? E se proviesse do Novo Mundo uma primeira e decisiva sugestão para a idéia de "nação como artefato"[6]? Para além, é claro, da constatação não tão óbvia assim, porém indiscutível, de que à gênese multissecular do moderno Estado nacional europeu – de cuja trajetória incerta a rigor não se pode dizer que tenha sido traçada pelas sucessivas gerações dos seus formadores – corresponde na América, no momento da decomposição do Antigo Sistema Colonial, uma criação deliberada de formas organizacionais e estruturas ideológicas de legitimação que pudessem ser reconhecidas como "nações", de acordo – por certo – com as formações metropolitanas bem-sucedidas na concorrência com as formas rivais, como os impérios ou as redes transnacionais de cidades mercantis.

Contornando a funcionalidade industrial da nação como artefato segundo Gellner – cuja hora histórica restringia-lhe o raio explicativo –, Benedict Anderson aproveitou a deixa e, assimilando a "invenção" das nações, identificada por Gellner, à "imaginação", abriu a brecha que nos concerne: como foram "inventadas" as nações de proprietários coloniais que emergiram em meio às rebeliões que sacudiram a luta pela hegemonia no Atlântico a partir da Independência americana de 1776? E inventadas precocemente, pois foram as comunidades *creollas* da América que desenvolveram, bem antes da maior parte da Europa, uma concepção enfática de *nation-ness*[7]. Quem sabe, uma outra e preciosa vantagem do atraso, que por certo nos daria novamente voz no capítulo, numa época de metamorfose da hegemonia do sistema mundial de acumulação e governo, sem desfecho previsível e ao longo da qual, justamente, a desintegração social – e, como se há de recordar, nisso a periferia largou, ou foi largada, na frente –, justamente a desintegração e não mais a reforma social permanente e, digamos, progressista, passou a ser vista como normal[8]. Precoces na invenção do artefato nacional, também pioneiros na experiência do seu deslocamento, para nós (mas "nós" quem?) catastrófico.

No que segue, passo então a resenhar livremente o que no raciocínio de Benedict Anderson interessa mais de perto ao nosso roteiro de busca de *um futuro para a imaginação nacional*, começando, no caso, pelo passado deste futuro na berlinda. Também inverto o raciocínio, e do enigma da invenção americana da nação – aqui sim literalmente pós-colonial – remonto à definição célebre de nação como *comunidade imaginada*. Talvez seja desnecessário antecipar que *foi precisamente tal imaginação nacional que nos permitiu começar a pensar* – e, quando ela se apagar, é possível que a extinção do pensamento a siga de perto, a menos de uma nova invenção de uma e outro, ou coisa que os valha enquanto impulso liberador da reflexão.

Vejamos portanto como nosso autor enquadra o mistério da forma nacional assumida pelos movimentos de independência na América espanhola – e, por extensão, na América portuguesa. Antes, porém, um lembrete: é bom deixar claro que o foco na "imaginação" (ainda por definir) não dispensa, longe disso, a explicação, por assim dizer, material da resistência antimetropolitana no hemisfério ocidental na virada do século XVIII para o XIX, de resto bem conhecida e incontroversa nos seus elementos básicos. O ponto é que os óbvios interesses econômicos em jogo, bem como o papel igualmente fundamental do liberalismo e do Iluminismo na composição do arsenal ideológico mobilizado contra o Antigo Regime, não podiam criar sozinhos o tipo peculiar de "comunidade imaginada" que se protegesse contra a expoliação colonial. Aliás, mais de um lembrete: é bom deixar claro também que, ao rever a nação como uma comunidade imaginada, o autor em hipótese alguma está desconsiderando a evidência histórica da desigualdade de classe e da exploração econômica que caracteriza a cristalização moderna da forma-nação; na verdade, está justamente considerando o mistério sociológico de exploradores e explorados só poderem imaginar a nação na figura de um "companheirismo profundo e horizontal" – em suma, como foi possível imaginar como comunidade uma sociedade antagônica? Para além da resposta óbvia: só mesmo na imaginação, pois afinal se trata de uma imaginação, por assim dizer, instituidora. Por fim, ao salientar que a idéia nacional, bem como os movimentos nacionalistas que a entronizaram, é um artefato muito peculiar, nosso autor está lembrando que não se pode enquadrar a *nation-ness* no bloco das grandes ideologias – aliás, nada exaspera tanto intelectuais cosmopolitas e poliglotas, imbuindo-os ainda mais da própria superioridade, do que o vazio, a pobreza e a incoerência conceitual do nacionalismo, em contraste com o seu poder político assustador –, devendo, pelo contrário, num espírito antropológico, ser compreendida em analogia com os sistemas culturais amplos que a precederam, a partir dos quais, bem como contra os quais, passou a existir.

Passemos então ao enigma com o qual se deparou Benedict Anderson, na origem do interesse incomum que até hoje despertam os novos Estados nacionais americanos, na exata medida em que parece quase impossível explicá-los segundo os padrões definidos pelos nacionalismos europeus do período oitocentista clássico de *nation making*[9]. Tampouco a cristalização daquelas novas nacionalidades esteve ligada ao batismo político das classes inferiores. Ocorreu justamente o contrário naquelas rebeliões de elite, salvo no caso exemplar do Haiti. Nunca foi tão grande o medo de insurreições de escravos e índios como naqueles tempos de turbulência em todo o sistema mundial. No caso da América portuguesa então, pode-se dizer, sem muito exagero, que a independência foi feita para melhor assegurar a continuidade da escravidão. Daí o mistério: a mesma aristocracia limenha, que ainda conservava bem viva a memória apavorante da *jacquerie* liderada por Tupac Amaru, acataria pelo menos com fervor retórico, porém sem jamais abrir mão de suas prerrogativas de mando irrestrito, a exortação patriótica do libertador San Martín, no sentido de que, a partir de então, não chamassem mais os aborígines quéchuas de índios ou nativos, mas de "peruanos". Assim, províncias coloniais na América hispânica, abrangendo grandes populações oprimidas que nem sequer falavam o espanhol, metamorfosearam-se em nações de *creollos*, que deliberadamente redefiniram tais populações como compatriotas, ao mesmo tempo em que tratavam como inimigo estrangeiro a mesma Espanha à qual estavam ligadas por um sem-número de laços. Da mesma forma, nossos mazombos se contrapunham aos reinóis portugueses e se diziam "brasileiros" como os índios que massacravam e os africanos que continuavam escravizando.

Numa palavra – para retomar o fio –, os dois fatores comumente mencionados para explicar a súbita fragmentação em dezoito Estados distintos de um império colonial, que tivera existência tranqüila durante três séculos, são rejeitados por nosso autor, que continuamos acompanhando quase ao pé da letra, como anunciado. Nem o agressivo enrijecimento do controle metropolitano nem a voga liberal, a favor e contra – pois as políticas do despotismo esclarecido à moda de Madri também irritaram e alarmaram a classe alta *creolla* –, ainda que fundamentais para a compreensão do impulso separatista na América espanhola, são insuficientes para dar conta do fenômeno: por que entidades como o Chile, o México, a Venezuela etc. se tornaram não só politicamente viáveis, mas também emocionalmente plausíveis?

Para começar sua resposta, Benedict Anderson remaneja um dado aparentemente óbvio: a existência das unidades administrativas coloniais que precederam as futuras repúblicas sul-americanas. Acontece que a configuração original dessas unidades era, em grande medida, arbitrária e fortuita. É verdade que com o correr do tempo elas se tornaram uma realidade mais estável. Todavia, nem mesmo mercados regionais, de caráter geográfico ou político-administrativo, são suficientes para criar lealdades. Quem estaria disposto a morrer pelo Mercado Comum Europeu, com ou sem euro? Tampouco o decisivo critério de demarcação pelo contingenciamento da força de trabalho, ao qual sem dúvida coube a última palavra. Em jogo, *o nexo moral* demandado por Caio

Prado Jr., na reconstituição de nossa transição de colônia a nação, que viria enfim se sobrepor ao vínculo bruto da mera exploração econômica. Também para Benedict Anderson, trata-se de saber como tais unidades político-administrativas, a um tempo praças comerciais e pólos da territorialização da força de trabalho, puderam passar a ser percebidas como "pátrias" (sem humor negro, é claro), verificar enfim como tais espaços – de entrecruzamento de fluxos mercantis transoceânicos e lugar de coerção política – acabaram "criando significados". Aqui talvez a mais engenhosa das explicações do autor, que passo mais uma vez a resumir, achando impossível que ela não fale à imaginação de um brasileiro.

Reportando-se aos trabalhos de um antropólogo que estudou um tipo original de experiência geradora de significação, à "jornada" entre tempos, lugares, *status*, jornada que exige explicação, como, por exemplo, a jornada do nascimento à morte, na origem das religiões, Benedict Anderson concebeu um tipo de "peregrinação" – por analogia com as peregrinações religiosas, caracterizadas pelo movimento constante de peregrinos até o centro de uma geografia sagrada, vindos de localidades longínquas entre as quais não existia nenhuma outra relação, observação que o autor manda grifar – que batizou de *jornada da imaginação*, no caso uma peregrinação secular mais modesta e limitada, que são as diferentes viagens propiciadas ou exigidas pelo surgimento das monarquias absolutas e dos impérios europeus transoceânicos.

Como se há de recordar, contraposto ao particularismo da nobreza feudal, o absolutismo criou um aparato unificado de poder, e com ele a "permutabilidade interna de homens e documentos". Permutabilidade favorecida pela arregimentação meritocrática dos homens novos: as jornadas da imaginação eram as viagens dos funcionários do absolutismo, peregrinações inéditas se comparadas às dos nobres feudais. A jornada feudal é única, uma só viagem, de ida e volta, até o centro do poder para receber a investidura e retorno aos domínios ancestrais. Já o funcionário peregrino, como não tem "pátria" com qualquer valor intrínseco, não conhecerá nenhum lugar seguro de repouso, em sua jornada toda pausa é provisória; aliás, a última coisa que deseja em sua carreira é voltar para casa. "Enviado para a municipalidade de A no posto V, pode retornar à capital no posto W; vai, a seguir, para a província B, no posto X; prossegue para o vice-reino C no posto Y; e termina sua peregrinação na capital no posto Z." E mais:

> [...] em sua rota espiral de ascensão, depara-se com companheiros de peregrinação igualmente ansiosos, seus colegas funcionários, oriundos de lugares e de famílias de que nunca ouviu falar e que espera certamente jamais ter de ver. Porém, com a experiência de tê-los como companheiros de viagem, *emerge uma consciência de conexão* [grifos meus], sobretudo quando todos compartilham uma única língua de Estado.

E, como se disse, consciência de *permutabilidade* – o funcionário A, vindo da província B, administra a província C, enquanto o funcionário D, da província C, administra a província B. A expansão ultramarina, ao desenvolver enormes burocracias transcontinentais, multiplicou e encompridou as rotas dos funcionários peregrinos. E inaugurou o capítulo das preterições, as peregrinações dos funcionários *creollos* barrados em suas carreiras.

Se os funcionários peninsulares podiam percorrer a rota de Saragoça a Cartagena, Madri, Lima e de novo Madri, o *creollo* mexicano ou chileno típico prestava serviços nos territórios do México ou do Chile coloniais; seu movimento lateral era tão tolhido quanto sua ascensão vertical.

A consciência emergente de conexão começará então a dar outra resposta à questão "por que estamos *nós... aqui... juntos?*". O raciocínio histórico clássico costuma acentuar o caráter bifronte do senhoriato colonial: ao mesmo tempo classe superior e subjugada, não obstante ser essencial à estabilidade dos negócios ultramarinos – e com isso registra a ambigüidade da independência, que não deixa de ser uma revolução (não é pouca coisa a reviravolta operada por uma colônia que se transforma em Estado nacional), embora pelo alto, renovando a submissão dos de baixo e antagonizando mais acima o jugo metropolitano de seus pares, dos quais precisam entretanto se dessolidarizar, enquanto "imaginam" confraternizar com os que oprimem. Podemos acrescentar então que o esquema de nosso autor oferece uma plataforma a partir da qual se pode visualizar esse jogo de báscula entre identidade e desidentificação.

> Nessa peregrinação limitada encontrava companheiros de viagem, os quais acabavam por perceber que o companheirismo entre eles não se baseava apenas naquele determinado trecho de peregrinação, mas na fatalidade, que compartilhavam, do nascimento transatlântico. Ainda que tivesse nascido na primeira semana depois da migração do pai, o acidente do nascimento na América destinava-o à subordinação – ainda que, em termos de língua, religião, origem familiar ou maneiras, fosse praticamente indistinguível de um espanhol nascido na Espanha. Não havia nada a fazer quanto a isso: ele era irremediavelmente um *creollo*: Em pouco tempo, inoculado o vírus colonial do racismo, era simples fazer a dedução vulgar e conveniente: diferentes dos metropolitanos, eram inferiores e, portanto, inadequados para os cargos superiores.[10]

Mas, para que essas peregrinações tivessem conseqüências decisivas, ou seja, para que suas extensões territoriais pudessem ser *imaginadas como nações*, era preciso que outros personagens entrassem em cena. São basicamente dois, no roteiro de Benedict Anderson. Comecemos pela imprensa.

Os primeiros jornais sul-americanos apareceram praticamente como prolongamentos do mercado.

> Os mais antigos jornais continham – ao lado das notícias sobre a metrópole – notícias comerciais (partidas e chegadas de navios, quais os preços, para que mercadorias, em que postos), bem como ordenações políticas coloniais, casamentos dos ricos, e assim por diante. Em outras palavras, o que colocava lado a lado na mesma página, *este* casamento com *aquele* navio, *este* preço com *aquele* bispo, era a própria estrutura da administração e do sistema de mercadorias coloniais. Desse modo, o jornal de Caracas, de maneira muito natural, e até mesmo apolítica, criava uma comunidade imaginada entre uma determinada congregação de companheiros, à qual pertenciam *esses* navios, noivas, bispos e preços. Naturalmente, só se podia esperar que, com o correr do tempo, aí entrassem elementos políticos.[11]

Vimos há pouco a burocracia colonial lavrando o território, conferindo-lhe um "sentido" graças aos destinos cruzados dos funcionários peregrinos. Essa mesma consciência de conexão emerge reforçada na justaposição, visualizável na página de um jornal, de elementos heteróclitos a um tempo nivelados pela forma mercantil (noivas e bispos são também artigos, aliás preciosos, do comércio colonial) e realçados pela significação inédita da circunstância que os congrega, como se, por um momento, a lenda do *doux commerce*[12], matriz da sociabilidade civilizatória, brilhasse nos confins do antigo sistema colonial, em crise, mas só aos olhos das imaginações proprietárias, obviamente – a imaginação da comunidade dos consumidores de uma economia de massa ainda estava no limbo. O decisivo nessa primeira invenção da nação – artefato cuja fantasia plasmadora não poderia estar mais materialmente ancorada, como estamos vendo, se nosso autor tem razão – é o "mundo imaginado de leitores", a congregação dos companheiros proprietários dos navios, bispos, noivas e os demais gêneros coloniais que pautaram o "sentido" daquela fabricação, leitores de jornal no caso, mundo no qual se refratam idealmente os eventos idênticos "lidos", por assim dizer, ao mesmo tempo, simultaneidade tanto mais efetiva por ser imaginada. Essas temporalidades paralelas e simultâneas têm a ver, é claro, com o tipo de consumo exigido pelo jornal – sabemos que suas edições serão lidas muito provavelmente entre tal hora e tal hora, apenas neste dia e não em tal outro. Qual a vinculação entre as notícias da primeira página de um jornal? Para nosso autor, ela é da ordem do imaginário, mas a fantasia, no caso, também é exata. Não é o mero capricho que liga os eventos justapostos na página impressa, contudo

> é óbvio que a maioria destes aconteceu independentemente, sem que seus autores tivessem consciência uns dos outros, ou de que os outros estavam fazendo. A arbitrariedade de sua inclusão e justaposição demonstra que a vinculação entre eles é imaginada.[13]

Ou melhor, precisa ser imaginada, pode ser imaginada. Essa vinculação imaginada provém de duas fontes – sempre segundo nosso autor, inútil lembrar.

> A primeira é simplesmente coincidência no calendário. A data no alto do jornal, a marca mais peculiar que ele apresenta, fornece a conexão essencial – a marcação regular da passagem do tempo. Dentro daquele tempo, o mundo caminha decididamente para a frente.[14]

O sinal disso: se determinada localidade, depois de ser notícia durante dias seguidos, subitamente desaparece por meses a fio, nem por um momento os leitores pensarão que ela simplesmente desapareceu, mas que em algum lugar fora das páginas impressas continua a existir e por isso aguardam sua reaparição naquelas mesmas páginas. *Tal como o leitor aficionado imagina um personagem de romance*. Pois esse é o outro dos achados preciosos de Benedict Anderson. Não sei se me explico bem: obviamente não se está querendo dizer que redescobriu sozinho o sistema de vasos comunicantes que assegura faz tempo a circulação entre a moderna prosa de ficção e as técnicas literárias do jornalismo, pois a rigor este último é contemporâneo da narrativa realista européia, e pelo menos se entrecruzam desde o Setecentos inglês. Mas não diria que é tão trivial assim ressaltar o caráter ficcional da convenção literária fundamental do jornal, e, mais particularmente, seu feitio de romance. Costuma-se, ao contrário, quando não se contrapõe frontalmente o achatamento do fato à profundidade multidimensional da ficção, invocar a paralisação da imaginação do leitor pelos estereótipos da apresentação jornalística do mundo. Walter Benjamin, como se sabe, deu forma canônica a essa demonstração de déficit crônico de que padece a notícia de jornal, sobretudo quando confrontada, como ele mesmo fez, à figura seminal do narrador, de tal sorte que o jornal comparece no limiar da modernidade como um sintoma da crescente degradação da experiência – enquanto capacidade de articular e comunicar conteúdos no longo curso de um aprendizado histórico: a seu ver, já a própria composição em mosaico de uma página de jornal, cujo ponto de honra é a ausência de correlação entre as informações, é a primeira e intransponível barreira entre os acontecimentos e a experiência do leitor, apressando um pouco mais o seu lento definhar.

Ora, curiosamente, no que esbarrou Benedict Anderson senão na força estruturante da justaposição de uma notícia ao lado da outra? Este navio, este bispo, esta noiva, estes preços, uma composição que, longe de nivelar e compartimentar, parece articular – no sentido em que a narração articula e põe em perspectiva – uma experiência coletiva de comunicação em que o nexo pode muito bem ser duas formas sociais modernas, a mercadoria e a burocracia, ao contrário exatamente do que sugere a imagem retroativa do narrador em Benjamin. Um parêntese: tampouco estou sugerindo, como farão logo mais, e a seu tempo discutiremos, os desconstrucionistas pós-coloniais, que nosso autor simplesmente antecipou o trocadilho metafísico que torna a nação mero "efeito de real" de uma narração originária[15]. Um cotejo esclarecedor: para Benjamin, sendo os jornais reproduzidos numa multidão de exemplares, não fornecem aos seus leitores histórias que possam em seguida ser contadas aos outros, quebrando as cadeias narrativas formadoras da tradição. Pois essa mesma multidão – de jornais e leitores – muda de figura quando passamos – sempre com nosso autor – à segunda fonte de vinculação imaginada entre as notícias de um jornal: o rito coletivo que vem a ser o consumo quase exatamente simultâneo do jornal-como-ficção. "A significação dessa cerimônia de massa – Hegel observava que os jornais são, para o homem moderno, um substituto das preces matinais – é paradoxal. Ela se desenrola em silenciosa intimidade, bem no fundo da cabeça." Em feitio de oração, portanto. Um alheamento paradoxal, pois reforça o senso de realidade. Com efeito,

> [...] cada um dos comungantes está bem cônscio de que a cerimônia que executa está sendo replicada, simultaneamente, por milhares de outros, de cuja existência está seguro, embora não possua a menor idéia sobre a identidade de cada um. Mais ainda, essa cerimônia é repetida em intervalos de um dia, ao correr do calendário.[16]

Interrompo a citação para indagar se não se poderia tomar esse ritual como uma das tantas ilustrações possíveis da metáfora de Renan, sua definição da nação como um plebiscito diário. Nosso autor diria que nem tanto, devido à sua conotação deliberativa explícita, e que a geração da vontade impessoal – se é disso que se trata, no caso da conversão da desigualdade de classe real em igualdade abstrata de cidadãos, por intermédio dos mecanismos convencionais de representação política – encontra-se, pelo contrário, sobretudo nas "regularidades diárias da vida da imaginação". Voltemos então a um de seus mecanismos mais eficientes, pelo menos no âmbito do primeiro ciclo da invenção da nação: se alguém invocasse, pela enésima vez, o caráter burguês dessa fabricação, Benedict Anderson não diria que não, desde que acompanhada tal evocação pela seguinte ressalva: não sendo possível conceber uma burguesia analfabeta, será permitido ver nessa classe discutidora e leitora de jornais, a única durante um bom período, a inventora patenteada da marca nacional, desde que se entenda a nação como produto da imaginação de uma "coalizão de leitores", e precisamente uma coalizão de classe, a rigor a primeira classe social a "consumar solidariedades numa base essencialmente imaginada". Retomando a citação interrompida:

> [...] o leitor de jornal, vendo réplicas exatas do seu jornal sendo consumidas por seus vizinhos de transporte coletivo, no salão de barbeiro, em casa, sente-se permanentemente tranqüilo a respeito, diante do fato de que o mundo imaginado está visivelmente enraizado na vida quotidiana.[17]

Uma encarnação "nacional" do *sensus communis* dos filósofos? Afinal, tudo parece se passar como se uma sensação muito forte de realidade brotasse dessa espécie de sexto sentido compartilhado durante a cerimônia coletiva de leitura de um jornal, como se esse senso comunitário – para voltar a falar como os filósofos – por assim dizer ajustasse a auto-regulação silenciosa no fundo da cabeça de cada leitor ao modo (e não ao conteúdo) de representação de qualquer outro, "imaginando" a realidade a partir do que está impresso no mesmo jornal. Acresce que essa presença muito real de um mundo comum está calçada num pacto ficcional. Mas, como vimos, não se trata de qualquer ficção, mas precisamente daquela capaz de deslizar "silenciosa e continuamente para dentro da realidade, criando aquela notável segurança de comunidade anônima que é a marca garantida das nações modernas"[18].

Aqui o outro achado de Benedict Anderson – banalizado até o grotesco teorizante pelos ideólogos autodesignados pós-coloniais –, a ligeira inflexão num velho tópico de história literária tão velho e datado quanto o Romantismo e o Nacionalismo literários: como e por que uma estrutura básica de se imaginar, surgida na Europa no século XVIII, também forneceu, tal como o seu contemporâneo, o jornal, os recursos técnicos para reapresentar a espécie de comunidade imaginada que é a nação ou, para emendar no achado anteriormente referido – por iluminar a invenção precoce da forma nação na periferia –, para que as extensões territoriais percorridas pelos funcionários peregrinos começassem a fazer "sentido", para além do mercado e da administração. Foi o caso do romance, como era de se prever – numa palavra, o romance como um instrumento privilegiado de descoberta do país e de interpretação social, como Antonio Candido caracterizou o aparecimento da ficção entre nós, quando a ex-colônia recentemente emancipada também estava carecida não só de se tornar politicamente viável, mas igualmente "emocionalmente plausível". Como se viu, esse é o ponto de nosso autor, e, se me antecipei invocando Antonio Candido, foi para sublinhar melhor a novidade do esquema que estamos apenas recapitulando, pois a novidade não reside apenas no registro da vocação histórica e sociológica do romantismo literário e, portanto, atender à demanda "nacional" de criar a expressão nova de um país novo. Para além da cor local e seus derivados, vem ao caso agora pesquisar nos elementos da forma romance as condições de possibilidade da representação daquela comunidade especial que justamente carece de tal forma para se constituir e se ver como realidade – em suma, uma excelente explicação histórico-estrutural do porquê do papel privilegiado de instrumento de "descoberta" do país desempenhado pelo romance[19].

Passemos então à segunda matriz da imaginação nacional. Embora a ressalva não pareça invalidar a hipótese geral, é bom deixar claro que o argumento de Benedict Anderson deriva de considerações sobre a estrutura de romances "à moda antiga". Nem poderia ser de outro modo. Quer ela se apresente as obras-primas do grande Realismo europeu, ou num romanceco qualquer do período, a era do romance e o momento histórico em que transcorreu o auge do processo de *nation making* são rigorosamente contemporâneos[20]. No seu modo de ver, o romance é antes de tudo um instrumento de apresentação de simultaneidades. Eis o seu esquema: "tomemos, para fins de ilustração, um segmento de um enredo simples de romance, no qual um homem A possui uma esposa B e uma amante C, que, por sua vez, tem um namorado D"[21]. A seguir, supõe uma seqüência temporal em três movimentos ao longo dos quais transcorrem ações paralelas, de tal sorte que se poderá verificar que, no correr dessa seqüência,

> A e D jamais se encontram, e podem na verdade não ter sequer conhecimento da existência um do outro, se C tiver agido inteligentemente. Então, o que é que realmente liga A e B? Duas concepções complementares: primeiro, que eles estão encravados em "sociedades" (por exemplo, Wessex, Lübeck, Los Angeles). Essas sociedades são entidades sociológicas de uma realidade tão firme e estável que seus membros (A e D) podem até mesmo ser descritos como passando um pelo outro na rua sem jamais se relacionarem e, ainda assim, estarem ligados. Segundo, que A e D estão encravados na mente de leitores oniscientes. Apenas eles percebem os vínculos. Apenas eles observam A telefonando a C, B fazendo compras e D jogando sinuca, tudo *ao mesmo tempo*. O fato de que todos estes atos são desempenhados no mesmo tempo, medido pelo relógio e pelo calendário, mas por atores que podem passar em grande medida despercebidos uns em relação aos outros, demonstra a novidade deste mundo imaginado evocado pelo escritor na mente de seus leitores.[22]

Comunidades reflexionantes

A esta altura, devemos recordar o principal traço determinante da definição de Benedict Anderson da nação como uma comunidade política imaginada. Como vimos, a deixa lhe veio da tese inovadora de Gellner: a consciência nacional não resulta do despertar para a vida autoconsciente de uma realidade nacional prévia que jazia adormecida, alienada de si mesma, à espera de uma ressurreição, mas é a inventora de nações onde elas nem existem. A essa primeira indicação do caminho a seguir veio juntar-se a tradução de uma frase de outro historiador do nacionalismo, Setton-Watson, segundo o qual se pode dizer que uma nação existe "quando um número significativo de pessoas de uma comunidade considera que constituem uma nação" e se comportam em conseqüência disso. Nosso autor propõe simplesmente que se traduza "considera" por "imagina". Encontra em seguida confirmação de sua intuição num documento clássico do primeiro ciclo longo de formação das nações, a conferência de Renan de 1882, na qual interpreta a "vontade de viver juntos" da forma célebre como resultante política de um ato de imaginar: todo cidadão francês, dizia Renan, para se considerar membro da Nação (com maiúscula desde a Revolução, quando a soberania do povo reunido em Nação destronara a soberania dinástica), precisa, é claro, ter muita coisa em comum com os demais, mas, sobretudo, precisa ter esquecido muitas coisas, como a Noite de São Bartolomeu, que não há mais de dez famílias na França que possam apresentar provas de origem franca etc. Feitas essas preliminares, acrescenta a grande novidade de sua definição, para a qual nem sempre se deu a devida atenção, o acento recaindo sempre no caráter imaginário da "invenção". Trata-se de comunidade *imaginada*, "porque nem mesmo os membros das menores nações jamais conhecerão a maioria de seus compatriotas, nem os encontrarão, nem sequer ouvirão falar deles, embora na mente de cada um esteja viva a *imagem de sua comunhão*"[23]. A seu tempo veremos esse Outro imaginado reaparecer noutra cena. Completemos a citação:

> De fato, todas as comunidades maiores do que as primitivas aldeias de contato face a face (e talvez até mesmo estas) são imaginadas. As comunidades não devem ser distinguidas por sua falsidade/autenticidade, mas pelo estilo em que são imaginadas [será permitido intercalar: a nação e o nacional não são idéias intrinsecamente falsas ou verdadeiras; e mais uma vez: o nacionalismo não é uma ideologia, mas um sistema cultural amplo]. Os aldeões javaneses sempre souberam que estavam ligados a pessoas que jamais haviam visto, mas tais vínculos eram outrora imaginados de maneira particularista – como malhas indefinidamente extensas de parentesco e dependência. Até mais recentemente, a língua javanesa não possuía uma palavra para significar uma abstração "sociedade".[24]

Esta última menção da abstração "sociedade" pede uma breve digressão, sobretudo porque parece estar servindo de contraponto a uma outra abstração, a "comunidade". Ora, talvez seja necessário deixar mais claro que nosso autor não está reativando o par antitético clássico de Tönnies, que sua comunidade não é uma comunidade de origem e destino, tecida por relações pessoais personalizadas, aquecidas pelo calor do grupo primário etc., embora não esteja longe das "comunidades emocionais" de Max Weber. Seja como for, o decisivo é que Benedict Anderson em nenhum momento tomou o termo em uma acepção realista. Digamos que, por mais variada que seja a conceituação da "realidade" da sociedade, comunidade por sua vez, se nosso autor tem razão, só pode ser imaginada, sob pena de ser uma fraude toda vez que se apresentar como uma entidade substancial realmente tangível: daí sua condição de artefato – no caso da comunidade nacional imaginada – sugerir a analogia profunda que estamos vendo com uma forma artística – o romance, entendido em sua associação com a estrutura básica do ato de imaginar – na qual a promessa utópica da reconciliação não pode se apresentar jamais como realizada, salvo justamente na aparência estética, que como tal não pretende enganar ninguém; trata-se apenas de uma imagem, e mesmo assim cada vez mais rarefeita: o mesmo para o senso comunitário alimentado pela imaginação nacional, para além do fracionamento real de uma sociedade antagônica. Dito isso, a saber, que o essencial de uma comunidade imaginada está na referência ao Outro desconhecido[25], voltemos à afinidade estrutural entre a comunidade imaginada como nação e o sobrevôo do leitor onisciente de um romance, onisciente à moda antiga, claro. E assim é:

> [...] um norte-americano jamais encontrará, nem mesmo saberá como se chama, mais do que um pequeno número de seus duzentos milhões de compatriotas. Não tem idéia alguma do que estão fazendo, mas está absolutamente seguro de sua atividade constante, anônima e simultânea.[26]

A mesma segurança ficcional do leitor de jornal, como se viu, quanto ao enraizamento do Outro, anônimo e imaginado, na vida cotidiana comum, na acepção mais enfática deste último termo.

Reproduzo a seguir os três exemplos comentados por Benedict Anderson, lembrando de saída que todos se referem a situações coloniais, embora em momentos diferentes de conformação da periferia – Filipinas, México e Indonésia, os dois primeiros compostos na língua da metrópole (espanhol), o último em "indonésio". Repetindo: tais romances não são nacionais pelo assunto de extração local, em que pode estar até explicitamente figurado o antagonismo com o Ocupante (para voltar a falar como Paulo Emílio Salles Gomes), mas são tais pelo isomorfismo entre os dois mundos imaginados, aquele evocado pelo escritor na mente dos leitores e o da comunhão de embarcados que nunca se verão:

> [...] a idéia [ficcional] de um organismo sociológico [sic] que se move pelo calendário do tempo homogêneo e vazio apresenta uma analogia precisa com a idéia de nação, que também é concebida [imaginada] como uma comunidade compacta que se move firmemente através da história.[27]

Em última instância – por assim dizer, no plano dos elementos constitutivos de uma *Gestalt* – bem pode ser esta a origem do poderoso efeito mimético da referência nacional, que não precisa ser patrioticamente ostensiva para ser tal: a sociedade do romance "à antiga" já se apresenta de saída como nacional – como se poderá verificar no comentário dos três parágrafos de abertura do romance de José Rizal, de 1887, que a seguir transcrevo, e pelo qual não há dúvida de que deve ter sido visto por seus contemporâneos como a prova da existência de uma sociedade nacional naquelas longínquas paragens coloniais.

> Basta que se observe que, logo de início, a imagem (inteiramente nova na literatura filipina) de um jantar que é discutido por centenas de pessoas anônimas, que não se conhecem entre si, em diferentes bairros de Manila, num determinado mês de uma determinada década, evoca imediatamente a comunidade imaginada. E na frase "uma casa na rua Anloague, que ainda pode ser reconhecida...", quem reconhece somos nós-os-leitores-filipinos.[28]

A passagem natural dessa casa, do tempo "interior" do romance para o tempo "exterior" da vida cotidiana do leitor de Manila, oferece uma confirmação hipnótica da solidez de uma comunidade singular, abrangendo personagens, autor e leitores, que se movem adiante pelo tempo do calendário. Observe-se também o tom. Embora Rizal não tenha a menor idéia da identidade de cada um de seus leitores, escreve para eles com uma intimidade irônica, como se seu relacionamento com eles não fosse nem um pouco problemático[29]. Só para antecipar e fixar de antemão a "imaginação" do leitor brasileiro: não conheço ilustração mais viva e precisa da idéia de sistema literário segundo Antonio Candido, com o acréscimo mais do que natural dos "personagens" ao circuito cumulativo, evoluindo no tempo, de obras, autores e público leitor. Numa palavra o *referente do sistema literário – no interior do qual os autores não cessam de "situar" seus protagonistas na "sociedade" e discuti-los com "seu" público – só pode ser uma comunidade política imaginada*, para começo de conversa, é claro.

No segundo exemplo, um romance de 1816, *El periquillo sarniento*, de Lizardi, fica ainda mais evidente a originalidade do ponto de vista que está servindo de ponto de apoio para a elaboração do nosso próprio argumento – mais ou menos o seguinte, em termos ainda sumários: pelo menos até ontem, só a referência nacional (da imaginação) nos fazia e permitia pensar. E, se assim foi, a agenda "que fazer?" segue atrelada à pergunta: o que nos fará pensar, à medida que avança nossa absorção por um império geoeconômico pós-nacional? Fim de parêntese. Trata-se de uma sátira da administração colonial do México, porém não são de modo algum os temas evidentes do empenho antimetropolitano que lhe definem o caráter, mais exatamente o vínculo estrutural entre romance enquanto tal e a "imaginação nacional": pois é esta última que vemos

> funcionando nas andanças de um herói solitário por uma paisagem sociológica de uma estabilidade que funde o mundo de dentro do romance com o mundo de fora. Esse *tour d'horizon* picaresco – hospital, prisões, aldeias longínquas, monastérios, índios, negros – não é porém um *tour du monde*. O horizonte é claramente delimitado: é o do México colonial. Nada nos assegura mais dessa solidez sociológica do que a sucessão de plurais. Pois eles evocam um espaço social cheio de prisões comparáveis, nenhuma delas por si só de qualquer importância singular, mas todas representativas (em sua exixstência simultânea e distinta) da tirania *desta* colônia.[30]

Finalmente, o romance de um jovem indonésio nacionalista-comunista publicado em folhetim nos anos 1920, Marco Kartodicormo. Estamos de novo num mundo de plurais, nota Benedict: oficinas, escritórios, carruagens, kampongs e lâmpadas de gás. Como no caso filipino, "nós-os-leitores-indonésios" mergulhamos indiretamente num tempo de calendário e numa paisagem familiar; alguns de nós podemos bem ter caminhado por aquelas "pequentas" estradas de Samarang. Uma vez mais, um herói solitário é sobreposto a uma paisagem social descrita em detalhes cuidadosos e *gerais*. Mas há também algo novo: um herói que nunca é chamado pelo nome, mas coerentemente mencionado como *nosso* jovem. Exatamente o caráter canhestro e a ingenuidade literária do texto confirmam a "sinceridade" não deliberada desse adjetivo pronominal. Nem Marco nem seus leitores têm qualquer dúvida quanto à referência. Se na ficção jocosa e elaborada na Europa dos séculos XVIII e XIX o tropo "nosso herói" simplesmente ressalta um jogo do autor com um leitor (qualquer), o "nosso jovem" de Marco, não menos pela inovação, *significa* um jovem que pertence ao corpo coletivo dos leitores do indonésio e assim, implicitamente, a uma embrionária "comunidade imaginada" indonésia. Observe-se que Marco não sente necessidade de especificar essa comunidade pelo nome: ela já está aí. Mesmo que os censores coloniais holandeses poliglotas se juntem a seus leitores, eles estão excluídos de participar desse "nosso", como se pode ver pelo fato de que o ódio do jovem se dirige "ao", e não ao "nosso", sistema social[31]. Fechando o círculo, a confirmação da comunidade nacional imaginada pela réplica interna da leitura cuja teoria estamos acompanhando: é que, mal iniciado o relato, "nosso jovem" se depara com uma notícia de jornal acerca da morte de um "miserável vagabundo", abandonado à beira de uma estrada. Literalmente: "o jovem comoveu-se com esse breve relato. Imaginava perfeitamente o sofrimento daquela pobre alma quando jazia moribundo..."[32]. Como se queria demonstrar. Para sublinhar a novidade, voltemos ao contraponto armado pela opinião oposta à de Benjamin, que talvez tenha pagado um preço alto demais privilegiando a figura arcaica do narrador, sem dúvida porque lhe interessava arriscar a hipótese de largo fôlego histórico que sugeria entroncar a recepção coletiva da arte de massa à transmissão da experiência pelo relato face a face nas sociedades tradicionais. Assim, quem ouve um relato forma sociedade com o narrador, mesmo quem o lê participa também dessa companhia, ao passo que, na outra ponta da atrofia moderna da experiência, nada mais anti-social do que a individuação burguesa do leitor de romance, nada mais solitário do que o ato de ler um romance, em cujo encasulamento desaparece de vez a antiga comunidade dos que escutam. No afã de rastrear as derradeiras promessas desta última na era da reprodução técnica, Benjamin deixou escapar – se Benedict Anderson esbarrou numa pista verdadeira – um traço notável do capitalismo editorial – sempre segundo nosso autor –, o fato de que o livro foi a primeira mercadoria industrial produzida em série no estilo moderno e que, assim sendo, "[...] o jornal não passa de uma forma extrema do livro, um livro vendido em escala imensa, porém de popularidade efêmera. Poderia dizer-se que são *best-sellers* por um só dia"[33]. Daí a conclusão oposta – o paradoxo do leitor solitário, que se reproduz e resolve analogamente na cerimônia de massa do consumo diário do jornal e no isolamento absoluto em que avidamente o leitor se apropria do sentido de um romance. Como vimos, e não custa repetir para melhor frisar a inversão da perspectiva, a leitura de um romance se desenrola bem no fundo da cabeça, "em silenciosa intimidade", e, no entanto, cada leitor não seria senão a comunidade de leitores "solitários" que, por assim dizer, lêem por sobre seus ombros.

    Na opinião de Franco Moretti, que também deve ter ficado muito impressionado com as páginas de Benedict Anderson acerca da afinidade estrutural entre a forma de se imaginar a sociedade num romance e a descoberta de algo como uma imaginação nacional, uma página precisa ser virada: uma vez estabelecida, explorada e revirada (mas a cada caso sempre uma surpresa) a conjunção entre o romance e o curso do mundo capitalista, teria chegado a hora (por quê?) de estudar a fundo as relações entre o romance e o Estado-nação, mais exatamente a realidade geopolítica da forma-nação no âmbito do capitalismo enquanto sistema mundial de acumulação e governo – para tornar mais explícitos os apoios do autor[34]. A seu ver – na pista, é claro, de Benedict Anderson – sempre se pode abarcar com o olhar o sistema "a corte e a cidade", e mediante uma metonímia apropriada, até mesmo o universo, mas um Estado nacional, formação de resto recente? Somente a forma simbólica romance pode representá-lo, quase num processo de invenção recíproca. Ato contínuo, Moretti passa à verificação sistemática da "imaginação nacional" em seus primórdios, estudando a "invenção" da Inglaterra nos romances de Jane Austen. E invenção igualmente na acepção nada óbvia de que, para os seus contemporâneos, o alcance especial de seus romances era algo de escassa evidência, de sorte que foi preciso um delicado jogo de andaimes para que tal espaço fosse aos poucos fazendo sentido – e um "sentido" que se apresentaria enfim como "nacional". A seguir, uma reminiscência de achados conhecidos nossos. Por exemplo, um ou dois mapas – entre vários – representando os lugares em que principiam e terminam os enredos, em geral a residência da heroína, para os primeiros, e a do futuro marido, para os segundos, e de tal modo conectados que as mulheres passam a se sentir seguras "em casa", numa palavra, quando se deslocam nessas viagens domésticas, que logo vão assumindo proporções "nacionais". Nada mais nada menos do que mapas de verdadeiras "peregrinações" que vêm a ser tais "jornadas de sedução", entrelaçando a gentry provinciana a algo como uma elite nacional num mesmo território demarcado por um mercado nacional de casamentos. Mapas, portanto, de distâncias médias e viagens cujos custos sentimentais se pode avaliar, literalmente uma rede de intrigas "casando" pessoas de diferentes localidades[35].

Vimos até agora mediante quais práticas não planejadas – das peregrinações coloniais ao senso comunitário do ato de ler – tornou-se social e historicamente possível a representação de uma comunidade imaginada, numa palavra, tornou-se possível "pensar" a nação. Enfim, uma comunidade política imaginada e implicitamente imaginada como soberana e limitada. Se Benedict Anderson está certo, o menos que se pode dizer é que deu outra vida à sempre alegada origem burguesa da idéia de nação – a favor ou contra, à direita ou à esquerda, raramente tal gênese foi contestada, a ponto de as opiniões em contrário parecerem aberrantes. Mesmo a concepção dita romântica – que se costuma contrapor à sua acepção contratualista e republicana – também é fruto da fantasia burguesa, no caso uma fabulação compensatória de intelectuais alemães sufocados pelo arbítrio e prepotência dos representantes locais do Antigo Regime – ao seu modo, um regime de lealdades dinásticas "multinacionais". Em suma, a "imaginação nacional", com a qual acabamos de travar conhecimento, nasceu da ruminação de "peregrinos" e leitores recrutados entre as novas classes proprietárias – e proprietários coloniais, no que concerne nossos pais fundadores. Repetindo por um outro ângulo o argumento: ao contrário das aristocracias tradicionais, cuja solidariedade de classe era produto do parentesco, da dependência e lealdade pessoais – "nobres 'franceses' podiam ajudar reis 'ingleses' contra monarcas 'franceses'" –, a coesão de classe da burguesia, estando fundada numa abstração como o processo de valorização do capital, precisou ser tanto mais imaginada – nos termos em que se viu – quanto não era nem um pouco concreta, levando em conta o parâmetro anterior.

> Um dono de fábrica em Lille só estava ligado a um dono de fábrica de Lyon por reverberação. Eles não tinham uma razão necessária para conhecer a existência um do outro; tipicamente, não se casavam com a filha do outro, nem herdavam as propriedades um do outro. Mas chegavam a visualizar de um modo geral a existência de milhares e milhares de outros como eles por intermédio da língua impressa. Pois é difícil acreditar numa burguesia analfabeta. Assim, em termos de história mundial, as burguesias foram as primeiras classes a consumar solidariedades numa base essencialmente imaginada.[36]

E assim sendo, quer dizer, imaginando-se uma nação completa, a burguesia, no pleno exercício de sua faculdade, "visualizar" semelhanças, podia se apresentar como uma verdadeira anfitriã, oferecendo de boa-fé o "espetáculo de 'convidar a entrar' (ainda que apenas até a copa) seus compatriotas oprimidos"[37]. Como vimos, essa lógica da peruanização segundo San Martín, que, por ser imaginária, possuía o condão inestimável de tornar "imaginável", por exemplo, a perpetuação da escravidão... Nacionalismo a convite, em suma. A nação é uma comunidade política imaginada porque, na mente de cada um dos compatriotas desconhecidos, reverbera a imagem de uma liga filistina.

NOTAS

[1] *Thought and change* é de 1964, *Nations and nationalism* de 1983, para dar duas balizas. Ver ainda a coletânea *Nacionalismo e democracia*, com introdução de José Guilherme Merquior (Brasília, Cadernos UnB, 1981).

[2] Eric Hobsbawm, *Nações e nacionalismo desde 1780* (São Paulo, Paz e Terra, 1991), p. 19.

[3] Tomando noutra direção uma observação de Merquior, à qual voltaremos, pois foi dos primeiros a notar que, a ser plausível o esquema de Gellner, então não haveria lugar para os movimentos nacionais da América Latina do início do século XIX. Pelo visto, o reparo sempre reaparece. Ver Perry Anderson, "Max Weber e Ernest Gellner", em *Zona de engajamento* (São Paulo, Ed. Unesp, 1995), p. 131.

[4] Na avaliação de Perry Anderson, loc. cit. Não será demais relembrar, a esta altura de obsolescência avançada e degradação política dos "artefatos" nacionais, que, para Gellner, igualitarismo e nacionalismo modernos são complementares – não que a seu ver a sociedade industrial seja igualitária na distribuição de riqueza e poder, "mas é igualitária enquanto requer que todos os cidadãos sejam da mesma espécie, sem profundas e manifestamente simbolizadas distinções de casta ou categoria social". "As razões sociais do nacionalismo", em *Nacionalismo e democracia*, cit., p. 89.

[5] Data que também transparece no comentário distanciado de Perry Anderson: hoje custa menos (?) o sarcasmo da constatação de que a disseminação do impulso de criar estados cujas fronteiras políticas não coincidem exatamente com as fronteiras étnicas gerou movimentos nacionalistas que recrutavam tipicamente entre "uma *intelligentsia* alheada e um proletariado desenraizado – aquele pretendendo beneficiar-se do monopólio dos cargos públicos num estado independente, e este no sentido de ser explorado ao menos por seus concidadãos" ("Max Weber e Ernest Gellner", cit., p. 130).

[6] Título do estudo de Márcia Regina Berbel sobre a atuação dos deputados do Brasil nas Cortes Portuguesas de 1821-1822 (São Paulo, Hucitec, 1999) – título obviamente inspirado na constelação de idéias que está nos interessando pôr à prova –, no qual se faz, entre outras coisas, um inventário sistemático das diferentes acepções da palavra "nação" nos debates destinados justamente a "constituir a nação portuguesa", como se dizia então. Em suma, à primeira vista, "a nação era projeto político, e não era unívoca", e, sobretudo, um "artefato a ser concluído" (p. 29). Esta última fórmula dá o que pensar, quando mais não seja porque a rima involuntária que emenda no caráter, por definição, sempre "inconcluso" da "formação" nacional, lança pelo menos sobre a semântica dessa idéia tão sobrecarregada uma conotação construtiva que atenua seu acento organicista muito forte, como é próprio, aliás, das evoluções subterrâneas. Isso dito também para relembrar quanto pode haver de ilusão retrospectiva na reconstituição do "sentido" de nossa trajetória nacional feita por Caio Prado Jr., a ponto de – e agora a observação retificadora é da autora – sucumbir à ilusão de que a reação dos "brasileiros" à política de recolonização das Cortes Portuguesas seria resultado de uma iniciativa do "conjunto do país", o que levaria enfim à "autonomia nacional", como se a independência fosse uma revolução feita por uma "nação", e como se as elites, ainda nem sequer muito convictas de sua "vontade de viver juntos" (na fórmula clássica de Renan, retomada por Luiz Felipe de Alencastro), pudessem estar *avant la lettre* agrupadas em torno de uma "causa nacional".

[7] Benedict Anderson, *Imagined communities: reflexions on the origin and spread of nationalism* (Londres, Verso, 1983; 2ª ed. rev. e ampl., 1991; trad. bras. da 1ª ed.: *Nação e consciência nacional*, São Paulo, Ática, 1989, p. 60).

8   Confira Immanuel Wallerstein, *After liberalism* (Nova York, The New Press, 1995), p. 106. Não estou citando por acaso Wallerstein, segundo quem, na origem desse impulso includente que hoje se esgotou e se converteu no seu contrário, encontra-se precisamente a quebra do princípio da legitimidade dinástica, suplantada pela eficácia sistêmica das soberanias nacionais como fonte do poder político responsável por algo como uma reforma social contínua. Ver do mesmo autor o último artigo da obra citada, "The agonies of liberalism".

9   Na fórmula consagrada por Bagehot. A língua, por exemplo, nunca foi um problema, nem mesmo um tópico programático naquelas antigas lutas de emancipação nacional; senhoriato colonial e camadas dirigentes metropolitanas falavam a mesma língua.

10 Abstenho-me, por enquanto, de qualquer extrapolação brasileira. Seja como for, quanto à forma pela qual venham a se apresentar as jornadas brasileiras da imaginação, é possível prever no entanto – e por isso prevenir a confusão desde já – que, com a surpreendente interiorização da metrópole na colônia, com a transferência da família real em 1808, tangida pelas tropas do marechal Junot, o quadro de nossas peregrinações deve ter sido afetado em profundidade. Além do mais, seria preciso lembrar desde já que, em virtude da escassez de recursos da metrópole diminuta ante a amplitude de seus domínios coloniais, a incorporação em sua burocracia de elementos locais treinados em Coimbra teria assumido uma outra feição, como prova – para dar um exemplo extremo – a carreira singular de um José Bonifácio (para não falar na atuação dos deputados "brasileiros" nas Cortes de Lisboa em 1821-1822), percorrendo a Europa a serviço do governo português, sonhando em construir na América um grande império e, por fim, apadrinhando a independência, na condição de fiador da continuidade dinástica e traço de união (quem diria) entre a colônia e o novo país, por assim dizer vinculados por uma mesma e simbólica peregrinação. Cf. José Murilo de Carvalho, *Pontos e bordados* (Belo Horizonte, UFMG, 1998), p. 235-6. Não por acaso, o artigo em que me apoiei se intitula "Brasil Nações imaginadas". Voltaremos, é claro.

11 *Nação e consciência nacional*, cit., p. 73.

12 "Falou-se muito, a partir dos fins do século 17, sobre a *douceur* do comércio: a palavra notoriamente difícil de traduzir para algumas línguas (como, por exemplo, na expressão *la douce France*), ela sugere doçura, maciez, calma e gentileza e é antônimo da violência" (Albert O. Hirschman, *As paixões e os interesses: argumentos políticos a favor do capitalismo antes de seu triunfo*, trad. Lúcia Campello, Rio de Janeiro, Paz e Terra, 1979, p. 59). "Para se apoderar de Málaca, os holandeses subornaram o governador português. Em 1641, ele os deixou entrar na cidade. Dirigiram-se imediatamente a sua casa e o assassinaram a fim de se 'absterem' do pagamento da soma do suborno de 21875 libras esterlinas. Onde punham o pé, seguia devastação e despovoamento. Bajuwangi, uma província de Java, contava em 1750 com mais de 80 mil habitantes, em 1811, apenas 8 mil. Esse é o *doux commerce*" (Karl Marx, *O capital*, trad. Regis Barbosa e Flávio Kothe, São Paulo, Abril, 1984, livro I, cap. 24, "Assim chamada acumulação primitiva", p. 286).

13 *Nação e consciência nacional*, cit., p. 42.

14 Idem.

15 Cf., por exemplo, Homi K. Bhabha (org.), *Nation and narration* (Londres, Routlege, 1990).

16 *Nação e consciência nacional*, cit., p. 44.

17 Idem.

18 Idem.

19 Faltou lembrar um último traço "instituinte" – para falar como os filósofos franceses do imaginário – da imprensa colonial, e que continuará ativa na produção da realidade imaginada da futura nacionalidade. Voltemos ao jornal de Caracas e à comunidade de interesses locais à qual pertenciam navios, noivas, bispos, preços. Segundo Benedict Anderson, "um *creollo* colonial, se tivesse oportunidade, poderia ler um jornal de Madri (o qual, porém, não diria nada sobre o seu mundo), mas muitos funcionários peninsulares, morando na mesma rua, *não* leriam o que se produzia em Caracas se pudessem deixar de fazê-lo" (p. 73). Duas conseqüências: primeiro,

essa assimetria reforça e confirma os mecanismos de preterição que vimos atuando nas jornadas truncadas dos funcionários confinados ao Novo Mundo, segregando ainda mais o mundo imaginado dos nativos. Consumada a separação, e tendo em mente a extração genuinamente européia da nova camada dirigente, encarregada de montar e gerir um Estado reconhecido internacionalmente e inventar uma nação política e emocionalmente viável, seria o caso de dizer que uma tal assimetria – quais as notícias que me concernem? Noivas e bispos da praça local ou os ecos da civilização metropolitana em progresso? – seria – interiorizada como alternância permanente pelo mesmo personagem "ocupante". Em segundo lugar, o caráter inequivocamente provinciano daqueles jornais. E aqui o provincianismo não é um déficit; pelo contrário, com o tempo se revelará uma vantagem imaginária estratégica, além de filtrar o pitoresco associado mais tarde à obsessão com a cor local. Outra conseqüência: esse enraizamento proviniciano da imaginação é replicável, multiplicando-se as províncias na sua pluralidade, por assim dizer, viabilizando em termos "nacionais" a futura fragmentação da América espanhola. "Os periódicos hispano-americanos que se desenvolveram no final do século XVIII eram compostos com plena consciência da existência de provincianos em mundos paralelos ao seu. Os leitores de jornal da cidade do México, de Buenos Aires e de Bogotá, ainda que não lessem os jornais uns dos outros, estavam, no entanto, perfeitamente conscientes de sua existência". Outra contribuição das coalizões provincianas de leitores de jornal para atenuar na fantasia nacional: o fato bruto da ancoragem da nacionalidade no contingenciamento da força de trabalho compulsório.

[20] A exceção de Machado de Assis (já que estamos antecipando) confirma a regra, quer dizer: os efeitos miméticos produzidos pela prosa machadiana com recursos não-realistas. Essa escolha composicional, todavia, não se deve a mero capricho, ao decalque agrãfinado do humor inglês, como um tempo se supôs, mas ao discernimento do escritor que primeiro atinou que a formação da nacionalidade não se completaria, que o país estava entrando de costas na modernidade burguesa: daí a forte sensação de realidade que até hoje provoca sua ficção, prova de que "imaginou" em profundadidade a "nação" abortada, porém estritamente contemporânea do mundo do capital. (Fácil dizer depois que Roberto Schwarz decifrou o enigma Machado de Assis.) Outra exceção confirmadora: Borges. Nesse caso, o ciclo ficcional recobre outro momento da forma nacional; para ser exato, algo parido pela transição populista para a industrialização periférica. À luz retrocesso geral das duas últimas décadas, outra época de construção interrompida que se encerra. Tal como em Machado, a referência nacional em Borges – habilmente camuflada, como exigia sua composição não-realista – é tanto mais presente quanto a "nação imaginada" é a cifra local de uma seqüência mundial catastrófica. Por isso mesmo, o invólucro cosmopolita de um e de outro – Machado e Borges – é mais do que despiste destinado a encalacrar o compatriota intoxicado de fumaça universalista; algo terá a ver com o esforço artístico de captar o alcance transnacional das respectivas malformações nacionais. Nesses termos precisos, seria então o caso de concluir que ambos são autores "globais". Ou épicos modernos, como preferiria dizer Franco Moretti, a propósito desses dois autores "enciclopédicos", que só por um descuido ainda não integram sua lista de criadores de "textos mundiais". Cf. Franco Moretti, *Modern epic* (Londres, Verso, 1996).

[21] *Nação e consciência nacional*, cit., p. 34.

[22] Ibidem, p. 34-5.

[23] Ibidem, p. 14, grifos meus.

[24] Ibidem, p. 14-5.

[25] Porém nada mais próximo e semelhante do que o Ninguém sem nome, o ocupante ausente dos túmulos do Soldado Desconhecido, monumentos que floresceram depois da carnificina da Primeira Grande Guerra. "Por mais que esses túmulos estejam vazios de qualquer restos mortais, eles estão, porém, saturados de fantasmagóricas imaginações *nacionais*", ibidem, p. 17.

[26] Ibidem, p. 35.

[27] Idem.

[28] Ibidem, p. 36. Tal como nós-os-ouvintes-italianos reconhecendo em voz alta de comovida sur-

presa numa noite, na ópera de Milão, pintada no telão de fundo dos *Lombardos na Cruzada*, do jovem Verdi, a igreja de Santo Ambrósio da sua cidade. Na pré-história do Risorgimento, a comunidade imaginada italiana deve ter sido sobretudo ouvida, qualquer que fosse a convenção melodramática do momento. Basta pensar no coro do *Nabuco* assobiado, controlado, engrenado nos realejos. Terá contribuído, é claro, o gênero público a que pertence a ópera.

[29] Ibidem, p. 36-7.
[30] Ibidem, p. 39.
[31] Ibidem, p. 41.
[32] Apud ibidem, p. 40.
[33] Ibidem, p. 43.
[34] Cf. Franco Moretti, *Atlas do romance europeu: 1800-1900* (São Paulo, Boitempo, 2003), p. 27-8. Ainda que sobriamente, Moretti se apóia na teoria dos sistemas mundiais (Wallerstein, Chase-Dunn, T. Hopkins etc.), e também no esquema de Charles Tilly (p. ex., *Coerção, capital e Estados europeus*, São Paulo, Edusp, 1996), no que se refere às trajetórias de passagem das lealdades locais para as "nacionais", um sistema inédito de integrações e rejeições, mais abstrato e enigmático, e que assim carecia de uma nova forma simbólica para ser entendido.
[35] Uma citação de Raymond Williams também traz as impressões digitais deixadas pela leitura de Benedict Anderson no *Atlas* do nosso autor. "Em Jane Austen, os vizinhos não são as pessoas que moram mais perto; são as pessoas que mesmo a uma distância um pouco maior e que, em termos de reconhecimento social, podem ser visitadas. O que ela vê em todo o campo é uma rede de casas e famílias de proprietários, e nos buracos dessa rede fechada situa-se a maioria das pessoas concretas, que simplesmente não são vistas. Estar face a face nesse mundo já implica pertencer a uma determinada classe [...] O campo [...] só é tema social na medida em que está relacionado às casas que constituem os nódulos verdadeiros" (*O campo e a cidade na história e na literatura*, trad. Paulo Henriques Britto, São Paulo, Companhia das Letras, 1989, p. 229-30). Como o texto comparece sem comentários na legenda de um mapa (cf. p. 12), acrescento duas observações. A primeira, obviamente, chmando a atenção para o caráter de "peregrinação" da constante troca de visitas entre as sedes das propriedades rurais, "rotas" com um centro metropolitano, via de regra ausente mesmo sendo o imã real. A segunda classe delas, e, além do mais, entre proprietários rurais desfrutando de um esplêndido isolamento, torna invisível o restante da população real, de fato subalterna – os compatriotas que em princípio a imaginação nacional deveria abarcar. Aqui o inesperado entrecruzamento a sublinhar: é que, para Raymond Williams, pelo menos na sua estréia buguesa mais elaborada, os romances, em princípio, lidam com "comunidades cognoscíveis"; faz parte de seu método mostrar pessoas e relacionamentos entre elas de modo essencialmente cognoscíveis e comunicáveis. Assim, nos romances de Jane Austen, os relacionamentos são claramente do tipo face a face; as crises, físicas e espirituais, se expressam justamente nestes termos: olhares, gestos, esgares, confrontos; e, por trás de tudo, o romance recorrerá cada vez mais à imaginação divinatória do movimento subterrâneo das classes, como será o caso de Dickens, para começar. Moretti, no entanto, replicará, com razão, que essas duas Inglaterras, igualmente "imaginadas", encontram-se em Jane Austen, cujo objeto, além do mais, consiste em converter em *story* essa divisão nacional, de uma comunidade que só pode ser imaginada por estar assim assimetricamente implicada numa mesma contradança.
[36] *Nação e consciência nacional*, cit., p. 87-8.
[37] Ibidem, p. 93.

CUIDADO COM AS IDEOLOGIAS ALIENÍGENAS
Roberto Schwarz

Nota dos organizadores: A entrevista que virá a seguir foi concedida em 1976, e um dos aspectos de sua atualidade, entre outros que o leitor identificará, é que ela já descrevia o que apenas despontava: "[...] é claro que hoje em dia as independências econômica, política e cultural não só não existem, como são praticamente inconcebíveis". Três anos depois do primeiro choque internacional do petróleo, cuja gravidade para o país não tinha sido imediatamente avaliada a despeito do fim do chamado "milagre econômico", a posição avançada do entrevistado foi capaz de ver o lado iludido do nacionalismo e, ao mesmo tempo, desmontar a ilusão de uma participação igualitária no mundo do capital. De modo preciso, ele lembrou que os resultados da atualização dos países periféricos, inevitável e necessária, dependem de "formas diferentes de interdependência" e de suas conseqüências: "Em perspectiva nacional, esse desajuste é a marca do atraso. Em perspectiva mundial, ele é um efeito do desenvolvimento desigual e combinado do capitalismo, de que revela aspectos essenciais, donde o seu significado 'universal'". Ao leitor de hoje cabe pensar por que o diagnóstico, exposto nos anos 1970 por Schwarz, está ainda vivíssimo na sua complexidade e extensão. Para tanto vale operar, logo na primeira resposta do entrevistado, uma troca dos termos, como se segue:

Nem tudo o que é estrangeiro é bom, nem tudo o que é nacional é ruim, o que é nacional pode servir de revelador do estrangeiro e o estrangeiro pode servir de cobertura às piores dependências.

Na sua opinião, qual a importância do influxo externo nos rumos da vida ideológica do Brasil?

A importância foi e é enorme. Mas antes de mais nada esta questão precisa ser vista sem primarismo. Nem tudo que é nacional é bom, nem tudo que é estrangeiro é ruim, o que é estrangeiro pode servir de revelador do nacional, e o nacional pode servir de cobertura às piores dependências. Assim, por exemplo, nada mais aberto às influências estrangeiras do que o Modernismo de 22, que entretanto transformou a nossa realidade popular em elemento ativo da cultura brasileira. Enquanto isto, o nacionalismo programático se enterrava no pitoresco, e muito sem querer assumia como "autênticos" os aspectos que decorriam de nossa condição de república bananeira.

Isso posto, a resposta é diferente nas diferentes esferas da cultura. Algum tempo atrás tive o prazer de discutir o assunto com Maria Sylvia de Carvalho Franco. Na opinião dela, a noção de influxo externo é superficial e idealista, pois idéias não viajam, a não ser na cabeça de quem acredita no "difusionismo" (uma teoria antropológica, que dá muita importância ao processo da difusão cultural). Idéias, segundo Maria Sylvia, *se produzem socialmente*[1]. De minha parte, não vou dizer que não, mas continuo achando que elas viajam. No que interessa à literatura brasileira do século XIX, acho até que viajavam de barco. Vinham da Europa de quinze em quinze dias, no paquete, em forma de livros, revistas e jornais, e o pessoal ia ao porto esperar. Quem lida com história literária – ou, para dar outro exemplo, com história da tecnologia – não pode fugir à noção do influxo externo, pois são domínios em que a história do Brasil se apresenta em permanência sob o aspecto do atraso e da atualização.

É certo que atraso e atualização têm causas internas, mas é certo também que as formas e técnicas – literárias e outras – que se adotam nos momentos de modernização foram criadas a partir de condições sociais muito diversas das nossas, e que a sua importação produz um desajuste que é um traço constante de nossa civilização. Em perspectiva nacional, esse desajuste é a marca do atraso. Em perspectiva mundial, ele é um efeito do desenvolvimento desigual e combinado do capitalismo, de que revela aspectos essenciais, donde o seu significado "universal". Noutras palavras, não inventamos o Romantismo, o Naturalismo, o Modernismo ou a indústria automobilística, o que não nos impediu de os adotar. Mas não bastava adotá-los para reproduzir a estrutura social de seus países de origem. Assim, sem perda de sua feição original, escolas literárias, científicas e Volkswagens exprimiram aspirações locais, cuja dinâmica entretanto era outra. Daí uma relação oblíqua, o já citado desajuste, que aliás é um problema específico para quem estuda a literatura de países subdesenvolvidos. São necessários ouvido e senso da realidade para perceber as diferenças, e sobretudo para interpretá-las. Por exemplo, Araripe Jr. observa que o nosso Naturalismo não era pessimista como o europeu, Antonio Candido nota que os primeiros baudelairianos brasileiros eram rapazes saudáveis, rebelados contra a hipocrisia dos costumes sexuais, e Oswald e os tropicalistas puseram o dito desajuste no centro de sua técnica artística e de sua concepção do Brasil. São problemas para encarar sem preconceito: em certo plano, é claro que o desajuste é uma inferioridade, e que a relativa organicidade da cultura européia é um ideal. Mas não impede noutro plano que as formas culturais de que nos apropriamos de maneira mais ou menos inadequada possam ser negativas também em seu terreno de origem, e também que, sendo negativas lá, sejam positivas aqui, na sua forma desajustada. É questão de analisar caso por caso. Assim, não tem dúvida de que as ideologias são produzidas socialmente, o que não as impede de viajar e de serem encampadas em contextos que têm muito ou pouco a ver com a sua matriz original. Para chegar aos nossos dias, veja-se o estruturalismo, cuja causa filosófica "interna" foi 1964, que pôs fora de moda o marxismo, o qual por sua vez também é uma ideologia "exótica", como gostam de dizer as pessoas de direita, naturalmente convencidas da origem autóctone do *fascio*. E quem garante que, ao se naturalizarem no Brasil, essas teorias não tenham elas também mudado um pouco de rumo? É um assunto interessante, para quem gosta de mexer em vespeiro. Em "A nova geração" (1879), Machado de Assis dizia que "o influxo externo é que determina a direção do movimento; não há por ora no nosso ambiente a força necessária à invenção de doutrinas novas". Noutras palavras, o país é novo, e o influxo externo contribui para o atualizar e civilizar. Muitos anos antes, a propósito do projeto para uma História do Brasil com que o alemão Von Martius ganhara o prêmio do Instituto Histórico, escrevia um anônimo no *Ostensor Brasileiro* (1846): "A Europa, que nos manda nosso algodão fiado e tecido [...] manda-nos até indicar a melhor maneira de escrever a história do Brasil" – devo a citação a Felipe de Alencastro. Era o nexo entre a exploração econômica (exportação de matéria-prima e importação de manufaturados) e a subordinação ideológica que madrugava. Noutras palavras, o influxo externo indica relações desiguais e tem dimensão política. Do ponto de vista de nossas elites, as duas apreciações estão certas, comportando um impasse. O influxo externo é indispensável ao progresso, ao mesmo tempo em que nos subordina e impede de progredir. São contradições do subdesenvolvimento: o país é capitalista, e obrigatoriamente se mede pelo metro do progresso capitalista, mas este progresso não está ao seu alcance, pois a divisão internacional do trabalho atribui-lhe outro papel, um papel que, à luz desse mesmo progressismo, parece inadmissível.

Por outro lado, retomando o nosso fio, a documentação básica da pesquisa de Maria Sylvia são processos-crime de Guaratinguetá no século XIX, um material ligado ao aspecto mais estático da sociedade brasileira (o homem pobre na área do latifúndio), em que o influxo ideológico da Europa contemporânea não seria um elemento decisivo. Assim, divergências teóricas monumentais podem originar-se, ao menos em parte, na diferença muito casual dos assuntos em que uns e outros se especializam. Seja como for, fica claro que o problema se põe diferentemente nos vários domínios da vida social.

Quem diz influxo externo está pensando em termos de nacional e estrangeiro, e em nosso contexto é provável que esteja pensando na alienação cultural que acompanha a subordinação econômica e política. São fatos irrecusáveis. Entretanto, se forem traduzidos em linguagem apenas nacionalista, enganam e podem dar resultado contrário ao desejado. Em sentido estrito, é claro que hoje em dia as independências econômica, política e cultural não só não existem, como também são praticamente inconcebíveis. O que existe de fato são formas diferentes de interdependência, como dizia para outros fins o marechal Castello Branco, formas que naturalmente interessam a camadas diferentes da população[2]. É verdade que o nacionalismo desperta muita combatividade, mas não é menos verdade que ele é discreto na especificação e na análise dos interesses sociais. Uma lacuna que em minha opinião é a principal em nossas letras críticas. O problema portanto não é de ser a favor ou contra o influxo externo, mas de considerá-lo – bem como a tradição nacional – em perspectiva popular. Aliás, a influência externa toma feição caricata, sobretudo quando falta essa perspectiva.

Houve mudança significativa do século XIX para cá, em termos da combinação entre as influências ideológicas externas e a nossa prática capitalista?

Com certeza houve, mas eu não seria capaz de precisar rapidamente. Por outro lado, há também as continuidades. Impossível, na segunda metade do século XIX, uma defesa entusiasta e brilhante da escravidão, que entretanto era a instituição fundamental de nossa economia. Havia um morto embaixo da cama dos nossos inteligentes, cujo universo mental mal ou bem era balizado pela Revolução Francesa. Por razões parecidas, os elogios do modelo atual só podem ser tecnicistas, cínicos ou primários.

Na época do capitalismo nos moldes clássicos europeus, a ideologia era designada por "falsa consciência" e tinha como função ocultar os reais mecanismos da vida social. Nestes termos, qual seria a função da ideologia no caso brasileiro?

Ideologia, nessa acepção, é um fato da era burguesa. Uma concepção aparentemente verdadeira do processo social no conjunto, que entretanto apresenta os interesses de uma classe como sendo os de todo mundo. O exemplo mais perfeito é a ideologia liberal do século XIX, com as suas igualdades formais. Note-se que a ideologia nesse sentido tem de ser verossímil no tocante às aparências, a ponto de fazer que mesmo os prejudicados se reconheçam nela. Noutras palavras, pela sua existência mesma a vida ideológica presume que as pessoas se integrem no processo social através de convicções refletidas, e não da força bruta – o que faz dela um bem, além de uma ilusão. Ora, é claro que não é pelas idéias que o escravo se integrava em nosso processo e que, nesse sentido, a universalização ideológica dos interesses dos proprietários era supérflua. Daí os aspectos ornamentais de nossa vida ideológica, sua localização inessencial e sua esfera relativamente restrita. Em nossos dias a situação é outra, mas nem tanto. Acredito com a Escola de Frankfurt que a ideologia principal do capitalismo moderno está na massa das mercadorias acessíveis e na organização do aparelho produtivo, ao passo que as idéias propriamente ditas passaram para o segundo plano. Ora, se é claro que no Brasil a ideologia consumista existe, é mais claro ainda que não é ela que acalma os que não consomem. Em certo sentido muito desagradável, há menos ideologia e mais verdade.

A reflexão sobre os países periféricos traria alguma vantagem à crítica do capitalismo em geral?

Em primeiro lugar, no sentido óbvio, de que o subdesenvolvimento é parte do sistema. Depois, porque o caráter inorgânico e reflexo da modernização na periferia faz que o desenvolvimento das forças produtivas apareça de um ângulo diferente. Uma coisa é o processo social em que a grande indústria se criou, e outra é o transplante mais ou menos deliberado de seus *resultados*. Em minha impressão, a novidade mais interessante destes últimos anos é a análise crítica do aparelho produtivo moderno – econômico-técnico-científico –, cuja neutralidade política vem sendo posta em questão. São idéias que já afetaram profundamente a nossa compreensão dos países adiantados e que devem a sua irradiação mundial a um país dos mais atrasados, que está procurando outro caminho para a sua industrialização, diferente do modelo que o capitalismo clássico criou[3]. Fomos habituados a considerar a massa trabalhadora do ponto de vista da industrialização, o que corresponde às relações correntes de poder. Em caso porém de a massa exceder de muito o raio das possibilidades industriais e em caso sobretudo de ela pesar efetivamente, é a industrialização que será considerada do ponto de vista dela, o que abre uma área de problemas e um prisma analítico originais: as formas de dominação da natureza não são progresso puro e simples, são também formas de dominação social. É interessante notar que essa mesma análise da função centralizadora, autoritária e ideológica da grande indústria – produtivismo – naturalmente com menos repercussão – já fora feita pela Escola de Frankfurt, que, como gostam de dizer as pessoas politizadas, não tem contato com a realidade. É claro que a linha do Brasil é outra. Quem lê jornais brasileiros depois de uma temporada fora, leva um susto: metade é progresso, metade são catástrofes e as suas vítimas. Há um livro imortal esperando um brasileiro disposto: uma enquete corajosa e bem analisada sobre a barbaridade desses nossos anos de progresso.

Na época do populismo, nossos intelectuais se preocuparam mais com os impasses do capitalismo periférico do que com as possibilidades da sua transformação. A seu ver, essa situação ainda persiste?

Persiste, e é natural. O que não é natural é que, ao se falar em transformação, só se fale em generalidades. Falta entrar no detalhe, submeter as teorias ao teste real, ao teste da desigualdade monstruosa e variadíssima do país. Se não há solução em vista, é uma razão a mais para imaginá-la. Não a partir de teses gerais, mas dos dados os mais desfavoráveis da realidade.

Uma leitura ingênua de seu ensaio "As idéias fora do lugar" não poderia concluir que toda ideologia, inclusive as libertárias, seria uma idéia fora do lugar em países periféricos?

Esse aspecto existe. Idéias estão no lugar quando representam abstrações do processo a que se referem, e é uma fatalidade de nossa dependência cultural que estejamos sempre interpretando a nossa realidade com sistemas conceituais criados noutra parte, a partir de outros processos sociais. Nesse sentido, as próprias ideologias libertárias são com freqüência uma idéia fora do lugar, e só deixam de sê-lo quando se reconstroem a partir de contradições locais. O exemplo mais conhecido é a transposição da seqüência escravismo–feudalismo–capitalismo para o Brasil, país que já nasceu na órbita do capital e cuja ordem social, no entanto, difere muito da européia. Mas o problema vai mais longe. Mesmo quando é magistralmente aproveitado, um método não representa o mesmo numa circunstância ou noutra. Por exemplo, quando na Europa se elaborava a teoria crítica da sociedade, no século XIX, ela generalizava uma experiência de classe que estava em andamento, criticava uma ciência que estava no apogeu (a Economia Política), dava continuidade a tradições literárias e filosóficas etc. Noutras palavras, a teoria da união da teoria e da prática fazia parte de um poderoso movimento nesse sentido. Por complicadas que sejam as suas obras capitais, elas guardam contato com as ideologias espontâneas – e também com as ideologias críticas – de sua época, o que aliás é um dos critérios distintivos da verdadeira análise concreta. Para passar ao Brasil, vejam-se os livros fundamentais de nossa historiografia. Mesmo quando são excelentes, o seu contato com o processo social é de uma ordem inteiramente diversa. As circunstâncias são outras. São aspectos que é preciso levar em conta, pois, do ponto de vista materialista, a teoria é parte também da realidade, e a sua inserção no processo real é parte do que concretamente ela é.

O uso da paródia como meio privilegiado de expressão em nossa cultura não correria o risco de trazer uma postura contemplativa?
Não vejo por quê. A paródia é das formas literárias mais combativas, desde que a intenção seja essa. Por outro lado, um pouco de contemplação não faz mal a ninguém. Além do que, em países de cultura importada, a paródia é uma forma de crítica quase natural: a explicitação da inevitável paródia involuntária – vide a "Carta às Icamiabas". Acresce que a bancarrota ideológica em nossos dias é extraordinária e mais ou menos geral, o que também se traduz em paródia. Proust, Joyce, Kafka, Mann, Brecht, todos foram consumados parodistas. Entre nós, Machado, Mário, Oswald e, hoje, Glauber e Caetano.

É necessário estar em perfeita sintonia com o que ocorre nos centros hegemônicos para sacar os meandros de nossa vida sociocultural?
Depende naturalmente do objeto de estudo. É ele que define o raio dos conhecimentos indispensáveis. Como, entretanto, a importação de formas é parte constante de nosso processo cultural, é claro que não basta conhecer o contexto brasileiro. É preciso conhecer também o contexto original, para apreciar a diferença, a qual é uma presença objetiva, ainda que um pouco impalpável, em nossa vida ideológica. Por isso, a nossa historiografia tem de ser comparativa. Seria interessante, por exemplo, que um cidadão com boa leitura traçasse um programa de estudos comparativos necessários ao conhecimento apropriado da literatura brasileira. Isso no plano pacato da pesquisa universitária. Já no plano da interpretação da sociedade contemporânea, que afinal de contas é o que interessa mais, hoje é muito mais fácil estar em dia com a bibliografia internacional do que com a realidade do Brasil. Esta última dificuldade não é só acadêmica. Se a experiência histórica de setores inteiros do país é atomizada e não soma, como conhecer todo o seu sentido? Para ficar num aspecto secundário da questão, todos emburrecemos.

NOTAS

[1] Maria Sylvia de Carvalho Franco, "As idéias estão no lugar", *Cadernos de Debate*, São Paulo, Brasiliense, nº 1, 1976.
[2] Alusão a um discurso célebre na época, em que o marechal, muito pró-americano, anunciava que o Brasil trocava a independência pela interdependência.
[3] Alusão à China, que na época estava às voltas com a Revolução Cultural.

II
RELAÇÕES INTERNACIONAIS, APREÇOS NACIONAIS

ESQUELETOS VIVOS E ARGUMENTOS INDECOROSOS
Salete de Almeida Cara

No período que vai de 1890 até a primeira década de 1900, críticos como Sílvio Romero, José Veríssimo, Araripe Júnior e João Ribeiro responderam de modo particularmente curioso ao entrave que, a seu ânimo modernizador, representava a precariedade da situação social e cultural brasileira. Em alguns momentos a equação parecia mesmo se inverter, e já não fica tão claro de que lado o desgosto se instalava com mais força, de que lado a aposta se desenhava com mais empenho: se do lado do projeto de futuro, se do lado da permanência do passado.

A tranqüilidade ou mesmo alívio trazidos, muitas vezes, pela perspectiva de persistência da velha e conhecida "vocação agrícola" da grande propriedade exploradora do trabalho escravo – que pretendiam combater – acaba nomeando uma história de impasses. Vale a pena pensar nas saídas propostas por esses homens, a quem o peso dos vínculos com a matriz portuguesa já incomodava e para quem a boa aposta parecia vir agora do arejamento das teorias francesas e alemãs, além da nação americana do norte. Afinal, se o eixo cultural permanecia europeu, a marcha do desenvolvimento industrial se deslocava para o nosso continente fazendo brilhar, entre temores e cautelas, novas hipóteses e especulações a favor. Isso pelo lado do projeto de futuro. Pelo outro, o da permanência do passado, e a despeito da dimensão internacional da crise econômica do início dos anos 1870, é forte e verdadeiro o sentimento de que "a burguesia arrasta para a torrente das civilizações todas as nações, até mesmo as mais bárbaras"[1]. Nesse contexto aquela boa aposta, fosse qual fosse a versão escolhida, cobria de prestígio o ponto cego que a isentava de prova. Sem delongas, tal ponto cego era a modernização crescente do próprio quadro da dependência colonial, marcado pela acumulação externa de capital e constituição do mercado interno à custa do trabalho escravo. Sob esse aspecto esses anos foram exemplares, desenhando nosso modo de participação na vida moderna do capital.

O país que se modernizava tinha excesso de terras e déficit de população, nenhuma indústria ou cidades "populosas e manufatureiras", poucos braços para a lavoura minguada, nada de capital acumulado, nem sobra nem poupança, segundo o diagnóstico de Sílvio Romero em 1892. O trabalho escravo, por sua vez, vinha sendo legalmente refundado "no quadro do direito moderno e da contemporaneidade" e chegava em 1888 bem calçado em práticas "civis, comerciais e penais da nação", num patamar de legitimidade que fundamentou os argumentos conservadores, tal como foram explicitados depois da Abolição (sem prejuízo de terem existido antes)[2].

Uma refundação legal que se dá justamente como recalque da ilegalidade constitutiva do escravismo, tema para o qual Joaquim Nabuco alertara, em 1870, ao apontar que o crime de proprietário era ilegal do próprio ponto de vista do direito de propriedade. Num manuscrito de juventude, Nabuco tinha chamado "reparação de um crime" ao capítulo em que acusava a degradação ética da própria sociedade e da família forjadas no seio da escravidão. O direito consuetudinário empenhou os homens de bem, e a ilegalidade foi sendo legitimada. Em 1900, João Ribeiro, indignado com a "jornada de horrores" da escravidão, pôde considerá-la final feliz para quem vinha de sujeições ainda piores na África, destacando nossa "humanidade e filantropia", o "espírito cristão e a caridade própria da nossa raça". Até mesmo Joaquim Nabuco, num livro decisivo como O abolicionismo, pôde afirmar que aqui "a escravidão, ainda que fundada sobre a diferença das duas raças, nunca desenvolveu a prevenção da cor" e que, apenas alforriados, os escravos recebiam a investidura de "cidadãos". E Sílvio Romero valorizou nossas relações cordiais de trabalho: nada do "uni-vos, proletários" mas sim o "abri os olhos, amigos!..."[3].

No entanto, a preocupação com a vulnerabilidade de uma sociedade fragilizada e dominada por oligarquias, em face dos interesses imperialistas, se acentuava durante as revoltas e a guerra civil do governo forte de Floriano Peixoto, depois dos escândalos de corrupção que abalaram o período de Deodoro. E, embora livres do espectro da escravidão formal, nossos críticos tinham que se haver com a massa de quase-cidadãos jogada às ruas, misturada aos imigrantes que havia muito tempo chegavam clandestinos, no bojo do tráfico reativado desde os fins dos anos 1930, engrossando o número dos socialmente desclassificados[4].

No tempo que aqui me interessa, os ventos do progresso e da "civilização" moderna – leia-se "capital e negócios" – ameaçaram nos empurrar para a partilha internacional dos riscos de combustão social que o sistema escravista parecia conter (nos dois sentidos da palavra). Nessas condições é que os homens cultos do tempo, que tinham apostado num futuro risonho a ser aberto pelo fim recente da escravidão, viram crescer seus temores. Proletariado na França e campesinato no México, além da fermentação da questão social na Rússia, são espectros que assombraram nossos homens de letras entre os anos 1890 e a primeira década de 1900. Três situações diversas e uma evidência de risco potencialmente comum de fermentação popular, vindas tanto da experiência moderna que o Brasil conhecia pelo ângulo dependente quanto de experiências similares de países sem indústrias, com grandes propriedades rurais.

Nos textos dos nossos autores, escritos a partir dos anos em que se deram a proclamação da República e a abolição da escravidão, é impossível dissociar oposição à precariedade das instituições e às hegemonias oligárquicas de valorização dessas mesmas condições próprias de país agrícola, escravocrata e atrasado, na medida em que elas pareciam evitar explosões populares e proletárias[5]. Mesmo quando reconhecem um "desgoverno" brasileiro (e latino-americano), o medo de revolta dos explorados de todo o mundo (que só então pareceu nos concernir) exigia a valorização da condição atrasada do país — que dava em "desgoverno" e em bom acolhimento dos interesses imperialistas pelos "politicantes nacionais" (a expressão é de José Veríssimo escrevendo sobre o México).

Julgando ser possível deixar de fora alguns percalços da história do capital, sem no entanto deixar de usufruir dele, era como se dissessem voluntariosamente a seus botões que "também não precisamos ir tão longe"! A regra do jogo acolhia de bom grado qualquer manifestação otimista, mesmo a mais disparatada, todas as reflexões ao léu, sobretudo as afinadíssimas com a última moda moderna (como mostrou Roberto Schwarz, elas inflam o gosto pelo prestígio pessoal... dependente das mesmas relações sociais mediadas pelo favor da sociedade atrasada), e até mesmo "vivas" e "hurras" à benfazeja situação do país tropical e agrário, abençoado por Deus e bonito por natureza, como diz a canção de Jorge Ben, hoje Benjor[6].

Nesse âmbito é que em 1892, a um crítico veemente do atraso brasileiro como Sílvio Romero, chamado pelo brio de convicções de classe a preservar a "harmonia social" do país, foi possível afirmar que "a classe mais pobre que existe no país é justamente a que corresponde à burguesia da Europa", que no campo os antigos escravos são uma "gente [que] não se queixa e nem lhe falta o que fazer", ou que os homens livres e os colonos estrangeiros no Brasil, "vivendo na mediania, que não é a miséria mas também não é a fabulosa riqueza", não teriam decididamente nada do que se queixar. Com satisfação ele constata (e com toda a razão!) que, ao contrário da Europa, o quarto estado ainda não era problema em "nação embrionária, cuja mais importante indústria é ainda uma lavoura rudimentar, extensiva". Não pretendo apagar o que há de trágico nessa posição que, no entanto, também parece pedir caricatura[7].

A satisfação com seus próprios argumentos é visível quando enumera a união e a homogeneidade de meridionais e mestiços, a existência de muitas terras e poucas indústrias, de pouco capital acumulado, pouca poupança e baixo índice populacional, cujos resultados seriam "mais pobres de inércia" do que perigosos proletários nas terras brasileiras. E arma uma saída quase perfeita: boa disposição para os novos rumos sociais ("altamente simpáticos a esse movimento ingente que é um dos sinais mais elevados do nosso tempo; inteiramente convencidos de ser uma necessidade fatal da história o advento da democracia social, a vitória do quarto estado"...), senso da realidade brasileira ("estudamos neste momento apenas uma questão brasileira"), mas regozijo ambíguo com o atraso do país ("ainda felizmente não está transformado em uma Bélgica ou em uma China regorgitantes de seres humanos [...] Sempre foi convicção nossa que o Brasil por dois ou três séculos ainda poderia estar a salvo dos males do pauperismo revolucionário e perturbador")[8].

Foi no contexto de uma reflexão no mínimo problemática que Romero atinou com o fato de que o Brasil seria um país moderno por ter "nascido na época das grandes navegações e das grandes descobertas", tocando inadvertidamente em pontos efetivos das relações entre países já industrializados e país agrário-exportador:

Em rigor todo o país é ainda uma vasta feitoria, uma verdadeira colônia explorada pelo capital europeu sob a forma do comércio e sob a forma das empresas. [...] É por isso que o caráter de macaqueação da democracia social brasileira é visível a olhos desarmados.

E então...?

Talvez pudéssemos tomar de empréstimo a Araripe Júnior, de modo um tanto abusado, a expressão "obnubilação brasílica", revertendo a carga de otimismo que, em Araripe, contava com o poder encantatório da natureza americana. A obnubilação de Romero tem fundamento na realidade e sustenta uma premissa social de longo e largo alcance: nossa condição de explorados faz da democracia uma macaqueação, e nessa situação cabe às elites evitar o mal maior da "convulsão social", assegurando a ordem enquanto o futuro não vem. Qual futuro?

Numa crônica de 26 de julho de 1892, Machado de Assis escreve:

> Dizem telegramas de S. Paulo que foi ali achado, em certa casa que se demolia, um esqueleto algemado. Não tenho amor a esqueletos; mas este esqueleto algemado diz-me alguma cousa, e é difícil que eu o mandasse embora, sem três ou quatro perguntas. Talvez ele me contasse uma história grave, longa e naturalmente triste, porque as algemas não são alegres. Alegres eram umas máscaras de lata que vi em pequeno na cara de escravos dados à cachaça; alegres ou grotescas, não sei bem, porque lá se vão muitos anos, e eu era tão criança, que não distingui bem. A verdade é que as máscaras faziam rir, mais que as do recente carnaval. O ferro das algemas sendo mais duro que a lata, a história devia ser mais sombria.[9]

Enquanto isso...

Os novos negócios e a vida do espírito

Para tentar localizar um pouco mais onde se assentavam (e não assentavam) as ambivalências das elites letradas nacionais, faço aqui um desvio de rota para a França, nosso modelo preferencial, onde desde os anos 1870 elas exibiam sua configuração ideológica de base. Quase duas décadas mais tarde, o clima de opinião ratificava com mais intensidade a tendência que nos mandava procurar, na vida do espírito, o ponto que atava a experiência do país à ordem moderna internacional. Com um gesto temporal um tanto alargado pelo entusiasmo João Ribeiro dirá, num artigo de jornal nos fins dos anos 1890 ao qual voltarei, que já tínhamos conhecido a independência no período monárquico: "nunca o fomos tanto. Não tínhamos outra independência senão a do talento".

Nosso desvio de rota faz lembrar que a vitória prussiana de Bismarck na guerra de 1870 contra a França cimentara o brilho daqueles "anos de promoção comercial", tempo de euforia dos países adiantados nos negócios do livre mercado que antecedeu a crise geral de depressão econômica. Vitória interpretada, e bem a propósito naquele contexto em que o capital global já avançava, aliado à nascente indústria cultural, como uma questão de poder cultural. Renan chegou a atribuí-la ao alto nível intelectual das universidades alemãs.

A Terceira República francesa, assustada com o movimento das massas operárias na Comuna de Paris (tratadas como "bárbaros" e "agentes convulsivos da dissolução e destruição" pelos Goncourt) e rescaldada pela experiência dos levantes e massacres populares em 1848, já começara a investir no "poder espiritual" dos intelectuais e nas ciências humanas. A escola e o jornal encaminharam saídas para apaziguar a pequena burguesia e as classes médias, atarantadas com a escala da economia industrial que privilegiava grandes empresários e banqueiros, ameaçando o pequeno comércio, a produção de manufaturas, as pequenas propriedades, estimulando ainda a organização das massas trabalhadoras.

O quadro dá bem uma amostra do que se desenhava no horizonte. A insistência numa certa noção de Cultura na Terceira República francesa fazia parte de um pacote de generalidades bem assentadas na prática, que funcionava como anteparo à expansão, a olhos vistos, do capital corporativo ameaçador da hegemonia burguesa. Também na Europa se desfazia a ideologia de uma cultura nacional autônoma e orgânica, quando a burguesia viu ameaçado seu domínio – de um lado pelo capital global, de outro pelas classes trabalhadoras. Segundo o insuspeitíssimo Thibaudet, durante um bom tempo a burguesia francesa contou, para sua defesa, com livros como *Origens da França contemporânea* (1871), de Taine, considerado com Renan os "médicos da França"[10].

Um pouco antes dos acontecimentos da Comuna e diante da crise do nacionalismo, do enfraquecimento das tradições, das relações cada vez mais íntimas entre produção intelectual e imprensa industrial, o historiador liberal Burckhardt fizera uma pergunta esclarecedora. Parecendo interessado apenas em diferenciar as atividades intelectuais das atividades mercantis, isto é, em manter-se distante da propaganda comercial para salvar a "independência criadora" do artista, ele perguntou: afinal, que classes e camadas sociais assumirão dali em diante o papel de criadores de cultura[11]?

Do lado de cá, os dissabores não eram exatamente os mesmos e o desconforto rebatia com atraso e direção diversa. Em momentos extremos as posições podiam ser inesperadas, mas não inverossímeis. Na falta de opositores sociais reais, o "sentimento de elite" dos nossos críticos mais empenhados os levava a reconhecer, como critérios legítimos e naturais, os interesses dos proprietários do país agrário (sem mercado desenvolvido) e as certezas sobre a inferioridade racial dos escravos (avalizada pela ciência do tempo).

Se não era o caso de "reparação de um crime" não admitido, se os novos negócios ainda não estavam instalados com todas as suas conseqüências no país, se não era necessário reconhecer o que havia de modernidade na exploração escravista, tudo isso posto, mais o figurino francês acima comentado, e nossos médicos-missionários puderam se sentir justificados, como homens de cultura, a emitir seus juízos naqueles momentos delicados. Desse modo atualizaram a saída francesa dos anos 1870 como caricatura, pela falta de chão que os acolhesse como letrados verdadeiramente modernos (do que, aliás, se queixavam com freqüência).

Era de fato como caricatura que se atualiza por aqui, nos anos 1890, o mal-estar europeu com um "princípio de nacionalidade" que, vinte anos antes, tinha sido obrigado a encarar o desafio político-econômico posto aos Estados-nação modernos e burgueses já construídos: conviver e competir com o capital que então se internacionalizava. Os anos 1890 deram espaço a novas elites brasileiras, que reuniram arrivistas e especuladores aos cafeicultores do Sudeste, militares e profissionais liberais, todos eles menos ou mais interessados nos benefícios políticos e privados que poderiam trazer o capital estrangeiro, a benevolência com os bancos particulares, a criação de uma bolsa de valores, os mecanismos de enriquecimento oferecidos pelo mercado de ação[12].

Quanto aos nossos homens de cultura, e sem forçar semelhanças, havia vários pontos comuns entre eles, além do fato de terem sido companheiros em amenos e agradáveis jantares do "Clube Rabelais" (João Ribeiro acredita ter sido uma idéia de Araripe Júnior), clube precursor da Academia Brasileira, e de publicarem juntos na *Semana* e na *Revista Literária*. O caráter peculiar que assumia entre nós a mescla de empenho nacionalista (tido por progressista) com vocação irremediável para o ajuste moderno cimentava uma proximidade mais forte do que a exibida por qualquer desavença ou polêmica. Numa crônica de 1896, Machado de Assis parece pontuar a natureza desse pacto, que dissolvia posições num registro de uma abstração produtiva, dadas as condições da experiência brasileira.

Acredito que essa crônica merece atenção pelo que explicita, de modo pouco habitual em Machado, sobre os letrados com quem convivia e a quem prezava, entre os quais nossos quatro autores. "Oxalá que o meio corresponda à obra", tinha escrito Machado de Assis em janeiro de 1895, comentando com simpatia o lançamento da terceira *Revista Brasileira*, dirigida pelo amigo José Veríssimo. Mas no dia 17 de maio de 1896, comenta assim o jantar mensal da *Revista* no hotel Globo, bairro do Carceler: pelo menos durante uma hora o Carceler poderia ser comparado ao Pireu, tal o congraçamento entre literatos, políticos, médicos, juízes, militares, administradores que, pondo de lado as diferenças políticas se dedicavam "às letras, às letras, à poesia, à filosofia"[13].

Imortalidade da alma em Platão, imortalidade da *Revista* entre os convivas! Tudo bem organizado pelo anfitrião, que até imprime epígrafes sobre a tolerância no cardápio, sendo uma delas atribuída a Renan (lembro que a burguesia da Terceira República francesa via em Renan o "médico" capaz de curar suas apreensões sociais). Um momento alto da ironia machadiana em relação ao próprio meio que o acolhia... e que ele também prezava, sem por isso deixar passar despercebida a citação do prestigiado personagem oficial francês, cético da democracia, mestre do estilo e admirador da antiga harmonia grega. O que tínhamos nós com esse prestígio?

Variadas as respostas e variados os exemplos da circulação descompromissada das idéias no Brasil, desde a afirmação de plena confiança na hegemonia da elite intelectual (quando não expressamente proprietária) ou no esplendor da natureza americana, até a aposta num céu ocidental das Idéias, comum e indiferente às mazelas daqui ou de acolá. Uma certa "nostalgia" da ordem colonial revela dificuldades para lidar com os impasses do presente. Em Machado de Assis, ao contrário, as crônicas de 1892 e 1893 submetem as irrupções nostálgicas às duas linhas de força detectadas por John Gledson: de modo direto ou indireto, elas tratam da violência embutida no processo de modernização e da versão nacional desse processo, levando em conta a diferença entre a experiência dos pobres, dos remediados e dos ricos. E, se não for ver demais, alongando seu olhar para além das fronteiras nacionais[14].

Por volta de 1900, o próprio Veríssimo perguntara se de uma "sociedade totalmente indistinta e apagada" não poderia brotar algum "talento verdadeiro", capaz de "descobrir nela aspectos novos, significativos e interessantes"[15]. A pergunta, decerto, valia também para um programa de tarefas críticas que, no entanto, revelava de modo vivo os limites indecorosos de uma dedicação "às letras, às letras, à poesia, à filosofia" alicerçada nas contradições nacionais, o que por seu lado, a forma literária pôde expor de modo mais contundente. Faço essa afirmação pensando nos resultados apresentados pelo romance brasileiro.

Mal e bem, esses resultados foram se acumulando desde aquele "pequeno realismo" romântico encharcado de fantasia e observação. No tempo que aqui interessa, o romance brasileiro pôde filtrar as ambigüidades da elite pensante brasileira como parte da matéria nacional num narrador como o de *O cortiço* (1890), de Aluísio Azevedo. Narrador que, inadvertidamente, ganha estatuto de personagem revelando, nas determinações do seu foco, sua condição mediadora de experiências, valores, preconceitos, ambigüidades, ideologias e contradições que povoavam a cabeça "do brasileiro livre", do próprio autor do romance e de um intelectual como Sílvio Romero, entre outros[16].

Inconformismo, conformismo e missão

Tomando mais uma vez Sílvio Romero como exemplo entre os contemporâneos, sublinhemos que o ponto de partida deve ser sempre o reconhecimento do empenho e do esforço de todos no combate aos vícios dos padrões oligárquicos e clientelistas da política nacional, nos quais nossos críticos reconheciam os maiores culpados pelo atraso brasileiro. Todavia o salto civilizatório que Romero particularmente vislumbrava, confiante no auxílio trazido pela marcha das "idéias novas" – cientificismo, positivismo, realismo, naturalismo – não pode ser desvinculado das mesmas condições práticas que tinham sustentado o ambiente mofado e mofino herdado da educação jesuítico-colonial à qual se opunha. Quando a "nova direção intelectual" do tempo aportou cá nos trópicos atrelada à experiência colonial, o projeto progressista foi logo embalado por um "otimismo não só tranqüilo, mas triunfante". Por essa ótica "a ordem geral do universo" passava a ser sinônimo da "perfeição mesma".

O mal-estar acima foi expresso num texto crítico de 1879 por Machado de Assis, a quem já incomodava a euforia que não queria abrir mão de descortinar o melhor dos mundos e vislumbrar o paraíso futuro:

> [...] e assim como a teoria da seleção natural dá a vitória aos mais aptos, assim outra lei, a que se poderá chamar seleção social, entregará a palma aos mais puros. É o inverso da tradição bíblica, é o paraíso no fim. De quando em quando aparece a nota de Hartmann; mas é rara, e tende a diminuir; o sentimento geral inclina-se à apoteose; e isto não somente é natural, mas até necessário; a vida não pode ser um desespero perpétuo, e fica bem à mocidade um pouco de orgulho.

Escreveu então Machado com sua proverbial ironia, chamando discretamente a atenção para a origem social de tais piruetas de otimismo: quem os mais aptos e os mais puros[17]? Uma chave nada desprezível! A pena implacável de Machado de Assis sublinhava, naquele momento, o que havia de conformismo no otimismo e nos brados de um crítico que procurava movimentar idéias e ideais. Garantido mais uma vez o teor de verdade da desolação de Sílvio Romero, ao observar que as idéias nunca têm continuidade entre nós, é fato que ele mesmo examina "uma por uma as bandeiras hasteadas e prontamente as derruba", como assinala Machado. Naquelas páginas escritas mais tarde, em 1892, ao se deparar com as conseqüências do industrialismo europeu e os "abusos do capital", com a miséria e o sofrimento que se podia observar na Europa, onde a "grande massa estruge famélica" e, "quando não está na luta pertinaz, comemora suas datas com manifestações assombrosas", Sílvio Romero elogiará a situação brasileira que pretendia criticar e criticará a situação européia que pretendia elogiar, mantendo o otimismo com saída moral. Assim, só depois de constatar que tínhamos, no máximo, "alguma *greve* pilhérica sonhada por algum deputado ambicioso" é que acena bem satisfeito: "O país precisa ser dirigido por homens de caráter severo, de patriotismo provado, de ilustração larga, de estudos sólidos, se os temos"[18].

Ainda de Romero, destaco dois trechos do início da primeira década de 1900. Num deles se refere a "dois Brasis" como "um Janus Caricato de duas faces, uma de miséria real e outra de fingida e enganosa prosperidade", reclama da precariedade de nossa organização social – classes sociais pouco definidas e ausência de burguesia e de operariado, de banqueiros e de capitalistas, de pequenos e médios proprietários –, vislumbra o progresso e a modernização econômico-social capaz de trazer solidariedade, "encadeamento das classes", "integração consensual"; em resumo, unidade e homogeneidade nacional! No segundo vem a advertência:

> Vede essa Rússia, que tem tantos pontos de semelhança conosco. À força de confundirem ali o povo russo, grosseiríssimo e atrasadíssimo, com a aristocracia de Moscou e Petersburgo e a *elite* de intelectuais que faz ciência e literatura, aristocracia e *elite* que absolutamente não possuímos em grau tão subido, levaram a terra dos Czares à tremenda derrota conhecidíssima.[19]

Não é de pequena monta verificar que nossos homens de letras mais inconformados se sentiam confortáveis numa ordem social capaz de conter o que identificavam como massa popular de excêntricos, bandidos e famélicos, revolucionários e proletários que já estavam mostrando suas garras na ordem capitalista européia, latino-americana e russa. É quando o interesse de proprietário aparecia como o lado mais verdadeiro do tão desejado cosmopolitismo. Numa conferência de 1908, publicada em livro dois anos depois, Romero apostará num todo harmônico formado por elites econômicas e intelectuais, ambas com poder decisório, num governo unitário feito pela minoria culta e economicamente forte, "atento ao gênio dos povos", num longo trabalho de educação e instrução auxiliado pela "lenta ação do tempo e da cultura" e pela "seleção social".

Tratando da sobrevivência do patriarcalismo e do domínio das oligarquias, ligados à permanência do latifúndio, da economia de subsistência e da exportação de produtos tropicais mesmo após o século XIX, Emília Viotti da Costa observou que as ambivalências e o verbalismo de bacharéis sem bases sociais só poderiam caber em alianças patriarcais. Embora recolha dois momentos exemplares da crítica de Sílvio Romero contra as elites – em 1893 e em 1910 –, mesmo assim Viotti da Costa inclui o próprio Romero na avaliação que se segue:

> Na sua maioria, apesar de sua simpatia pelos desprotegidos e espoliados, esses intelectuais sentem-se incapazes de se aproximarem das massas rurais ignorantes e atrasadas, compostas, na sua maioria, de ex-escravos ou de imigrantes recém-chegados que mal sabiam falar a língua do país. Também seria difícil para eles aliarem-se ao emergente

proletariado urbano, cujas reivindicações lhes pareciam, freqüentemente, utópicas e desligadas da realidade brasileira.[20]

José Veríssimo dá bem a medida de como a tarefa privilegiada que julgavam assumir no país vinha misturada a uma boa dose de disposição antipopular. E proclama:

> Quem pode de boa-fé crer que nesta gente, que forma a enorme porcentagem da população dos países latino-americanos, possa haver uma "opinião"? Apenas aos politicantes, que a exploram, se permitirá fingir tal crença. Quando, pois, me refiro a uma corrente ou movimento de opinião existente na América espanhola respeito a questões de nacionalidade e raça, e apontando a uma expansão mais progressiva, mais forte, mais nobre, de uma civilização consciente latino-americana, não é senão de uma só classe, se assim posso dizer, das populações de estirpe ibérica, a dos intelectuais que tenho em mente.[21]

Não custa desconfiar que os leitores, todos eles na pele de intelectuais, se identificassem mais com esse tipo de declaração dos nossos eternos candidatos a ideólogos do que com a exposição implacável da vida e da sociabilidade nacional empreendida por Machado de Assis, que, talvez por isso mesmo, a tenha cifrado sob a forma da ironia já desde as primeiras crônicas dos anos 1870. O fato é que os nossos homens cultos mais sérios e mais combativos, antiescravocratas, republicanos, democratas e antioligárquicos, capazes de dar contribuições importantes para a reflexão social e literária, revelavam uma entranhada matriz de convicções, adequada e conforme aos interesses autoritário-patriarcais que, no entanto, também já se transformavam.

Contatos e argumentos indecorosos

Num texto de 1893 sobre as relações entre os simbolismo-decadentismo europeu e brasileiro, Araripe Júnior preferiu tomar o determinismo tainiano pelo viés do meio ao invés da raça – pedra no sapato em país de pretos. Além da questão propriamente estética e literária, o que o incomodava era sobretudo a crise européia e a "dinamite do quarto estado a fulgurar nos ares" em solo parisiense, justamente onde brotavam as estéticas decadentistas do fim de século. E ele julgou que, juntas, estética e crise social eram ambas inoportunas e desnecessárias num país entusiasmado e pujante como o Brasil. Para justificar a afirmação arma uma equação entre paralelas, numa diferença simples entre os lugares: de um lado, a "sociedade decadente, de natural tristonha, que decresce, míngua dentro das próprias riquezas, perante sua antiguidade, cansada, exausta, senão condenada a perecer"; de outro, a "sociedade que nasce, cresce, se aparelha, como a criança, para a luta".[22]

No ensaio de 1893 Araripe Júnior, embora preocupado com a crise, procura concentrar sua reflexão na estética que a acompanha, traçando o roteiro do desvio da moda literária parisiense por Portugal, de onde tinha chegado de segunda mão, já deformada por um feitio ridículo e exposta "em meias roxas, sapatos de fivela e barba escanhoada". Roteiro que perturba inadvertidamente sua própria premissa de uma relação direta, sem mediações e em igualdade de condições entre "arte universal e nacional" (por "universal" entenda-se aqui hegemônica).

O ensaio de Araripe encontra seu tom quando traduz sua preocupação em termos mais abstratos: a exportação européia de uma "utopia do humanismo" para povos transoceânicos, tidos por "provisórios e sem humanidade", revelando assim sua ciência do nosso lugar rebaixado na aliança moderna, que o otimismo não consegue disfarçar. Aposta então nos Estados Unidos e propõe mudança de parceiro, contando com a participação do Brasil num jogo de forças capitaneado pelo "ideal ou sentimento dos livres" (como lê em Tocqueville), que daria condições de associação do dólar a um "capitalismo humanitário" que movimentaria o industrialismo, "base futura da felicidade humana".

Quando a expansão do poder americano se descortinou no cenário latino-americano, o sentimento dominante passou a ser o da identificação com "os altos interesses da civilização americana e da humanidade", como afirma José Veríssimo já às vésperas da Primeira Guerra, comentando a Doutrina Monroe e o conflito mexicano[23]. Vinte anos depois do texto de Sílvio Romero, os entraves ao progresso nacional são mais uma vez reconhecidos por José Veríssimo, que os percebe também num México "em manifesto atraso, relativamente a outros países da América": concentração de grandes propriedades, relações entre capital estrangeiro e interesses locais, Constituição que "proclamava que todos os homens eram livres, mas para um homem possuidor de um milhão de acres e dez mil peões, nada queria dizer esta constituição, que também nada significava para aqueles peões"; povo como "um grupo de seres humanos cuja maioria fica tão alheia à vida pública e à atividade nacional como se habitassem a Lua"[24].

Mas, se os Estados Unidos já aparecem como o novo guardião das promessas de uma conciliação de base conservadora, não basta reconhecer que os americanos do norte faziam da posse de uma esquadra e de um poderoso exército um verdadeiro ideal de governo, "como qualquer Alemanha ou Rússia", ou que os Estados Unidos "no interesse do seu comércio, o de açambarcarem o de toda a América, precisam que esta viva em ordem e paz que lhe garanta a segurança das suas relações comerciais com ela". Não estou deixando de considerar as declaradas preocupações de Veríssimo em relação à substituição do modelo europeu pelo americano, as confessadas desconfianças do provinciano diante de uma "civilização material, comercial, arrogante e reclamista" já em 1890[25].

Anos mais tarde, embora reconhecendo a espoliação do México pelo imperialismo americano, e a despeito dessas críticas e das preocupações com os países latino-americanos, sua justificativa da intervenção americana busca os elementos políticos e sociais da organização do próprio país invadido e se sustenta no pavor do caos social, da "desordem, a anarquia, o verdadeiro estado de dissolução em que – segundo as fontes norte-americanas – [o México] caiu após a ditadura". Argumentos desencadeados por sua compreensão conservadora dos conflitos sociais, francamente exposta, e conseqüente postura política imobilista em relação ao movimento do capital que deveria estar na base de suas propostas de atualização do país.

Desse modo, se "o México não desmereceu de todo esta afronta do seu poderoso vizinho", e se maior afronta tinha sido a ditadura de Porfirio Díaz por trinta anos, a sugestão de Veríssimo para evitar transtornos revolucionários e alcançar tranqüilidade implica a resolução do problema agrário pela defesa mais acirrada da propriedade, o que espera que aconteça com a ampliação do número de proprietários, arrebanhados também na classe média, e que poderiam ter assim maior capacidade de luta e controle da outra "metade" dos não-proprietários – aquela parte para sempre deserdada e excluída –, garantindo os bons rumos da nação. A confiança de José Veríssimo é irrestrita: "Quando metade da população possua propriedades que possam ser danificadas pelas revoluções, essa metade fará por que a outra metade não pegue em armas"[26].

O movimento camponês de Zapata, embora mais situado e limitado do que o de Pancho Villa, trazia a reforma agrária à pauta revolucionária mexicana. Nesse sentido é exemplar a clareza com que outro letrado do tempo, João Ribeiro, desvenda os impasses da reflexão social nas circunstâncias brasileiras. Ribeiro escreve logo depois de sua estada na Alemanha, para onde foi, em 1895, como representante do ministro do Interior e da Justiça de Prudente de Morais, ao Congresso de Propriedade Literária de Dresde.

Nesse período João Ribeiro se identificou com o que tinha havido ali de mais reacionário. Contra os perigos da anarquia e de uma "democracia cada vez menos ilustrada", ele se apega a Strauss, que, trinta anos antes, escolhera da filosofia alemã o viés voltado para o mundo da representação e da interpretação, resultando num sentimento nacionalista de exaltação do pensamento. Uma nostalgia cimentada pelo pressuposto da inferioridade das raças já que, segundo João Ribeiro, não seria possível apostar num povo novidadeiro de um país "que não possui os elementos reflexivos da tradição e da história" e onde a civilização européia só pôde encontrar um vácuo para se assentar.

Por algum tempo o conservadorismo alemão ofereceu a João Ribeiro o sonho de uma nacionalidade superior da Arte, da Ciência e da Literatura, da exaltação do pensamento, da alta cultura, da aristocracia e da monarquia, como mostram os dois artigos que enviou da Alemanha e foram publicados, em 1897, na *Revista Brasileira*. Ciente de que a civilização era "produto da Europa, pela Europa e para a Europa", ele pensou achar saída no par Cultura/Civilização da tradição alemã anticapitalista e romântica. João Ribeiro pensou ter achado a porta de entrada, se não do concerto das nações adiantadas, pelo menos do requintado concerto das afinidades do Espírito e da Criação Artística. "O boi materialista estava quieto ao pé da montanha, mas no cimo pairava a águia do idealismo", escreve, identificando-se evidentemente com a águia[27].

Araripe Júnior não se conformou com a falta de sentimento patriótico exposta naqueles dois artigos em que João Ribeiro declara: "patriotismo é sentimento mortal na América... Ou a América será cosmopolita, ou não será". E o outro lado dessa moeda estava em *Páginas de estética* (1905), recebido com muito ceticismo por José Veríssimo, que julgou um retrocesso a reverência à tradição clássica daquele filólogo que, até então, tratara regras de gramática com "desembaraço fidalgo". O conceito de Belo num "delicioso capitulozinho" desse livro parece a José Veríssimo anacronicamente platônico[28].

João Ribeiro opta pela defesa de um idealismo das classes cultas e pela nostalgia do "esplendor aristocrático da arte" – como se o dilema alemão de defasagem do país em relação ao desenvolvimento técnico-industrial francês e inglês fosse exatamente o nosso. E vislumbra no conceito de um substrato cultural amplo, sob a égide da "alma popular" e da "imaginação coletiva", a possibilidade de integrar "selvagens, bárbaros ou civilizados, homens enfim", encontrando aí uma chave para incluir o Brasil no campo comum da cultura ocidental, posto que "não temos por enquanto, por falta de personalidade ética e política, um estilo nacional. Suspiramos, irresolutos e indecisos, por um tipo social, por um dialeto e uma forma civil. Não há, pois, matéria para um grande estilista, propriamente"[29].

O interesse que demonstra pelos caminhos do folclore, já abertos pela ampla coleta empreendida por Sílvio Romero, passa praticamente ao largo da contribuição do negro, que aparecerá num único texto do volume *O fabordão* (1910), quando o crítico retoma as origens africanas de um "conto popular de aposta" catalogado, pelo próprio Romero, como sendo de origem indígena. No pequeno volume *O folk-lore (estudos de literatura popular)*, de 1918, interessam mais relações entre variantes gregas, latinas, européias e mesmo orientais de adivinhas, cantigas, provérbios, jogos infantis, fábulas, livros de sonhos.

Faz sentido pensar nesses lados, quase nunca sublinhados, do próprio esforço construtivo (sem ironia) dos nossos melhores letrados, compondo a figuração rebaixada das semelhanças e diferenças das nações modernas que, incluídas de modos diversos na ordem mundial, precisam esconder seus esqueletos.

Esqueletos vivos

Ao contrário da advertência que mais tarde fará Roger Bastide, o folclore de João Ribeiro flutua, sim, no ar. Ainda na *História do Brasil* para curso superior – inovadora naquele momento porque escrita nos moldes da *Kulturgeschichte* de Lamprecht, com a qual o crítico tomara contato na Alemanha –, ele tinha afirmado que "o primeiro impulso que arrastou os portugueses às terras incógnitas da África foi a escravidão". Ali também lemos: o contato das raças inferiores com as que são cultas, quase sempre desmoraliza e deprava umas e outras. Principalmente, porém deprava as inferiores pela opressão que sofrem, sem que este seja o pior dos contágios que vem a suportar[30].

No entanto em *O folk-lore*, como vimos, a contribuição do negro é praticamente zero: o conceito de "alma coletiva" ou "espírito social" (*Volksgeist*) de Herder, Humboldt e outros alemães vem a calhar como resposta à pretensão de estudar indivíduo, povo e sociedade (*objectiv Geist*), sendo o *folk-lore* uma "pesquisa da psicologia dos povos, das suas idéias, dos sentimentos comuns, do seu inconsciente, feito e refeito secularmente e que constitui a fonte viva donde saem os gênios e as individualidades de escol". A despeito da providencial saída culturalista, brota "naturalmente" (digamos assim) o exemplo que escolhe para falar de relação entre "alma étnica" (idéias matrizes e elementares, os *elementargedanke*) e psicologia individual ("Os psicólogos demonstram a extensão familiar do eu por meio de experiências familiares"). Exemplo que desvenda o lugar social de onde fala o próprio folclorista: "O homem é assim rodeado por uma zona de projeção da sua própria personalidade. Não é aqui descabido lembrar a *sensibilidade do proprietário* quando ao longe vê saltar a cerca do seu sítio ou fazenda (é um exemplo de Von Ihering)". O destaque é do autor[31].

O confronto entre "linguagem cotidiana e vulgar" e "expressão altíloqua dos escritores e dos poetas" passa do folclorista ao comparatista literário. Segundo o projeto de literatura comparada escrito em 1905, os estratos comparados deveriam ser "uma literatura orgânica, popular, espontânea" e "essa outra literatura nossa, erudita, refletida, artificial, tardiamente criada, sobreposta e dobrada sobre a grande arte popular". E pergunta: o que valeria "um minimum de reflexão junto àquela montanha do inconsciente?"[32]. Engavetado o projeto, sobraram três textos curtos com o título "Paralelismos literários", publicados em *O fabordão*, de 1910. Num deles persegue uma fórmula de indagação popular — "quem é? donde veio? e aonde vai?" — partindo de anedotas de Bocage e José Feliciano de Castilho; num outro trata de "Gregório de Matos e Luis de Góngora" e, no último, de "Gonzaga e Anacreonte"[33].

É interessante observar que João Ribeiro pode ter andado na contramão de si mesmo quando, em 1906, foi co-autor com Sílvio Romero do *Compêndio da literatura brasileira*, em que a marca do projeto nacional é inequívoca, já que o livro, com finalidades didáticas, mantinha de cabo a rabo o modelo historiográfico nacionalista, naturalista e evolucionista da *História da literatura brasileira* (1888) de Romero[34]. E, no entanto, quatro anos depois, ele afirma em "Gregório de Matos e Luis de Góngora" que

> uma literatura nacional é quase antinomia paradoxal absurda, porque não há patriotismo intelectual [...] As individualidades, ainda as mais fortes, diluem-se na família que as compreende; e ainda aí se entrevê o Único que é afinal o universo [...]. As literaturas são menos nacionais do que levianamente se presumem: tem um fundo comum que é a unidade psicológica da civilização [...] É o próprio interesse humano que dilui as fisionomias diferentes na alma sempre igual da cultura.[35]

Como se vê, o esboço do projeto literário comparatista de João Ribeiro dependia de um fundo comum ocidental da ordem da "alma cultural", campo idealista e abstrato capaz de acolher todas as afinidades pretendidas. Não à toa, soa muito atual o alcance extraliterário do projeto de João Ribeiro, com sua reabilitação feliz de "coisas de nonada", primeiras e segundas mãos, versões populares e eruditas, algumas "imitações", "traduções" e "paráfrases" como tranças da "unidade psicológica da civilização". Nesse sentido é possível entender esse jogo de passa-anel, exibido com leveza rápida em *O fabordão*, como um outro lado daquela mesma matriz nacionalista que forja, a duras penas, uma história de unidade encharcada de harmonia (num passado menos ou mais remoto).

Quando Sérgio Buarque de Holanda se lembrou, com admiração e respeito, daquele senhor com quem conversava na redação do *Jornal do Brasil* e que lhe aconselhava a guiar-se pela eufonia, no caso de dúvida sobre ser ou não correta uma forma lingüística, ele acentuou as diferenças entre sua própria formação e a do velho João Ribeiro, valorizando o modo como este último enfrentou o furacão cosmopolita da Primeira Grande Guerra, que teria varrido ilusões ainda possíveis no começo do século. E escreveu:

> Meus pontos de vista e meus critérios de julgamento destoavam bastante dos seus e, em geral, dos homens de sua geração, uma geração cujos mais ilustres representantes se tinham formado, intelectualmente, na leitura de Spencer, Taine, Renan, às vezes Buckle, entre outros, estranhos ao círculo de minhas preocupações. Só na idade madura, se não já na velhice — que freqüentemente serve de resguardo contra a injúria dos tempos —, se viu ela surpreendida pelo furacão da Primeira Guerra Mundial, que desmascarou as ilusões do progresso, abalou o sentimento de segurança e fez com que se desvanecesse toda esperança em dias melhores. Preso, embora, às imagens de um passado próximo, nas aparências, mas para os moços já bem remoto, João Ribeiro não deixava de vislumbrar a facticidade da condição gerada por essa herança.[36]

A Primeira Guerra, por certo, não teve maior alcance numa correção modernizadora dos rumos do país, que veio mais tarde e ainda manteve (e mantém) a feição conservadora a negacear as desigualdades sociais. O recalque continua rondando como águia ou urubu. E os críticos do fim do século retrasado interessam ainda hoje também nos momentos em que revelam, quem sabe à revelia, um estado de coisas que se atualiza de modo ainda imprevisto, no ritmo da voracidade do capital internacionalizado pelas corporações. No século XIX elas já avançavam militar e economicamente mundo afora.

À guisa de fecho, cabe lembrar a crônica escrita por Machado de Assis em 1896 na qual comenta, com a ironia de sempre, que a diferença entre "o mestre-escola e seu copeiro" dependia de uma "impressão interior", de uma imaginação capaz de fazer com que o copeiro acreditasse que escreveu *Os lusíadas* e pudesse ler o poema ("se souber ler"), integrando então poema épico e poeta na imagem que construía de si mesmo etc. etc. "Tudo vale pela consciência", dizia, pela "contabilidade interior", prepotente sinônimo de "verdade" com suas regras próprias, "às vezes diversas da exterior, diversas e contrárias, 20 e 20 podem somar 40, mas também podem somar 5 ou 3, e até 1, por mais absurdo que este total pareça", pois "a alma é que é tudo, amigo meu [...]. Antes um navio no Pireu que cem cavalos no pampa"[37].

Valeria a pena especular sobre os fundamentos dessa abstrata "contabilidade interior", tomada como medida que coloca mestre-escola e copeiro iletrado em torno da mesma fábula de posse de um navio no Pireu. Também o bairro do Carceler, onde a *Revista Brasileira* fez seu jantar mensal em maio de 1896, pareceu ser, pelo tempo que durou a confraternização, o próprio porto de Atenas ao tempo de Platão. A prova da realidade contém essa abstração providencial (e seu valor de verdade): os caminhos das nuvens podem ser reveladores quando vislumbramos sua contrapartida terra a terra.

A "impressão interior" que podia transportar ao Pireu acaba revelando também que o copeiro não sabia ler nem tinha escrito *Os lusíadas*, que ninguém era um feliz proprietário de navios ou cavalos, que ao homem culto brasileiro não cabia o papel de médico da alma burguesa, que a modernidade republicana era uma ilusão, a escravidão a forma moderna ao nosso alcance, o além-mar não tão venturoso nem suas novidades tão agradáveis quanto se imaginava.

NOTAS

[1] Karl Marx e Friedrich Engels, *Manifesto do Partido Comunista* (São Paulo, Boitempo, 2005), p. 44.

[2] A escravidão como "fundamento da soberania nacional" foi tratada recentemente por Luiz Felipe de Alencastro, assinalando que "nas faculdades de direito de São Paulo e de Recife, juristas e futuros advogados, cuja vida e profissão se imiscuía no cotidiano dos escravos, estudavam os efeitos desarmônicos da penetração do direito positivo na sociedade escravista" ("A singularidade brasileira", disponível em <http://p.php.uol.com.br/tropico/html/textps/2644,1.shl>, acesso em 7/9/2005).

[3] Cf. João Ribeiro, *História do Brasil* (18. ed., Rio de Janeiro, Francisco Alves, 1964) e Joaquim Nabuco, *O abolicionismo* (Rio de Janeiro, Companhia Editora Nacional, 1938).

[4] Ora, o que alguns constatam – precisamente no momento em que chegam os proletários portugueses – é que a substituição dos escravos por imigrantes em situação de infracidadania prolongaria o "despotismo" dos senhores bem além da abolição da escravatura. Assim, a verdadeira alternativa colocada às sociedades escravistas era a que formulara José Antonio Saco: ou a nação ou as *plantations*. Sob a influência de André Rebouças, Nabuco também adere a essa análise em 1884, quando insiste na necessidade de uma reforma agrária para acabar com os "males que a escravidão criou" (cf. Luiz Felipe de Alencastro, "Escravos e proletários", *Novos Estudos Cebrap*, n. 21, jul. 1998, p. 30-51).

5   Em 1877 a situação já estava difícil, segundo Machado de Assis: "Um homem do meu conhecimento suspira pelo azorrague. – Hoje os escravos estão altanados, costuma ele dizer. Se a gente dá uma sova num, há logo quem intervenha e até chame a polícia. Bons tempos os que lá vão!" (cf. *Obra completa*, Rio de Janeiro, Nova Aguilar, 1985, v. III, p. 352).

6   Estou seguindo, ao longo do ensaio, sugestões de Roberto Schwarz expostas em "As idéias fora do lugar", que não será chamado em rodapé a todo momento. O leitor fique à vontade para identificar essas sugestões, sendo uma delas, como se vê, o papel das relações de favor como "nexo efetivo da vida ideológica" brasileira e uma outra, já adiante, o conceito de ideologia de segundo grau. Cf. *Ao vencedor as batatas* (2. ed., São Paulo, Duas Cidades, 1981), p. 11-31. Sobre o tema das vantagens do atraso tal como forjado pela experiência alemã no século XIX, a fim de compará-lo pela diferença com o horizonte brasileiro, cf. Paulo Eduardo Arantes, "Os homens supérfluos", em *Ressentimento da dialética: dialética e experiência intelectual em Hegel (antigos estudos sobre o ABC da miséria alemã)* (São Paulo, Paz e Terra, 1996).

7   O texto que virá citado a seguir é "Os novos partidos políticos no Brasil", em *Sílvio Romero: teoria, crítica e história literária* (seleção e apresentação de Antonio Candido, São Paulo, Edusp, 1978), p. 178-81. Minha última frase responde a uma observação de Vinicius Dantas, a quem agradeço a leitura crítica e bem-vindas sugestões.

8   Sobre este texto escreve Antonio Candido: "Fica patente a sua ideologia de cunho progressista e, ao mesmo tempo, o seu receio em face das mudanças bruscas e profundas, já demonstrado quando se opôs à extinção imediata da escravidão pelo governo, preferindo que viesse sancionada por um movimento geral da população. Achava também que, no Brasil, o socialismo era algo artificial, sem motivações reais, pensando, fiel às suas concepções evolucionistas liberais, que as coisas deviam vir a seu tempo; e nós não tínhamos classe operária pronta para as reivindicações ou necessitando delas" (em *Sílvio Romero: teoria, crítica e história literária*, cit., p. 164).

9   *A Semana* (introd. e notas de John Gledson, São Paulo, Hucitec, 1996), p. 80-1.

10 Albert Thibaudet, *Histoire de la littérature française de 1789 à nos jours* (Paris, Stock, 1936), p. 359.

11 Jacob Burckhardt, *Reflexões sobre a história* (Rio de Janeiro, Zahar, 1961).

12 Nicolau Sevcenko, "O prelúdio republicano, astúcias da ordem e ilusões do progresso", em *História da vida privada no Brasil* (coord. Fernando Novais, São Paulo, Companhia das Letras, 1998).

13 Machado de Assis, *Obra completa* (Rio de Janeiro, Aguilar, 1985), v. III, p. 705-6.

14 *A Semana*, cit.

15 "Das condições da produção literária no Brasil", em *Estudos de literatura brasileira – 3ª série* (introdução de Oscar Mendes, Belo Horizonte, Itatiaia/Edusp, 1977).

16 E, já que uma configuração literária não tem compromisso propriamente especular com a realidade imediata, seria interessante examinar o resultado formal do cruzamento entre as determinações do tempo em que esse romance foi escrito e as do tempo em que se passa a narrativa – os anos que vão de 1872 a 1880. Cf. Antonio Candido, "De cortiço a cortiço", em *O discurso e a cidade* (São Paulo, Duas Cidades, 1993). A expressão "pequeno realismo" está em Antonio Candido, "O aparecimento da ficção", em *Formação da literatura brasileira*, 2º volume (2. ed., São Paulo, Livraria Martins, 1964).

17 "A nova geração", em *Obra completa*, cit., p. 810-1.

18 "Os novos partidos políticos no Brasil", cit., p. 179, grifo do autor.

19 *Provocações e debates* (Porto, Livraria Chardon, 1910), p. 179; "Estudos sociais. O Brasil na primeira década do século XX. Problemas brasileiros", apud *Sílvio Romero: teoria, crítica e história literária*, cit., p. 210. Também Antonio Candido, *O método crítico de Sílvio Romero* (São Paulo, Edusp, 1988). Sobre a mescla de "argumentos conservadores e ânimo progressista" em Sílvio Romero, cf. Roberto Schwarz, "Nacional por subtração", em *Que horas são?* (São Paulo, Companhia das Letras, 1987).

[20] "Classes médias urbanas e operariado" e "Introdução", em *Da Monarquia à República: momentos decisivos* (7. ed., São Paulo, Editora da Unesp, 1999), p. 262, 17 e 263-4.

[21] Sílvio Romero, "As oligarquias e sua classificação", em *Provocações e debates*, apud Antonio Candido, *Sílvio Romero: teoria, crítica e história literária*, cit., p. 198-206; José Veríssimo, *Homens e coisas estrangeiras*, 1ª série, apud João Alexandre Barbosa, *Cultura, literatura e política na América Latina* (São Paulo, Brasiliense, 1986), p. 18.

[22] "Movimento literário do ano de 1893" e "Americanismo", em *Obra crítica de Araripe Júnior* (Rio de Janeiro, Fundação Casa de Rui Barbosa/MEC, v. III, 1963).

[23] "O monroísmo wilsoniano e a América Latina", em *Cultura, literatura e política na América Latina* (seleção e apresentação de João Alexandre Barbosa, São Paulo, Brasiliense, 1986), p. 148.

[24] "Miremo-nos no México", *Cultura, literatura e política na América Latina*, cit., p. 137-8.

[25] *A educação nacional* (3. ed., Porto Alegre, Mercado Aberto, 1985).

[26] "Estados Unidos e México, um grande atentado internacional", em *Cultura, literatura e política na América Latina*, cit., p. 133. Cf. também "O caso México", p. 130.

[27] *Páginas de estética* (2. ed., Rio de Janeiro, Livraria São José, 1965), p. 34. *Revista Brasileira* (Rio de Janeiro, quarto ano, tomo 13º, 1898), p. 98. Naquele momento o Brasil colhia os resultados da crise que, desde 1891, punha por terra as apostas na especulação e nas boas relações com o capital estrangeiro, cada vez mais prepotente, e o ministro da Fazenda cogitava o arrendamento da Estrada de Ferro Central do Brasil. O país enfrentava a primeira dificuldade de superprodução de café com nível cambial baixíssimo, enquanto os jornais debitam a culpa da crise e do fantasma de uma restauração monárquica... na conta de Antônio Conselheiro!

[28] José Veríssimo, *Estudos de literatura brasileira*, 4ª série e 1ª série (Belo Horizonte/São Paulo, Itatiaia/Edusp, 1977), p. 136 e p. 135. Cf. ainda do mesmo autor "Livros e autores de 1903 a 1905", em *Estudos de literatura brasileira*, 6ª série, cit., p. 136.

[29] *Páginas de estética*, cit., p. 20-1.

[30] *História do Brasil*, cit., p. 27 e 93.

[31] *O Folk-lore (estudos de literatura popular)* (Rio de Janeiro, Jacintho Ribeiro dos Santos, 1919), p. 9-15. Rudolf von Ihering (1818-1892) foi o jurista alemão autor de *A luta pelo direito*, em que enfatizou a convivência da propriedade na ordem de paz, cumprindo funções privada e de produtor para a coletividade.

[32] *Páginas de estética*, cit., p. 135.

[33] Todas as citações referentes a "Paralelismos literários", deste momento em diante, estão em *O fabordão (crônica de vário assunto)* (Rio de Janeiro, Garnier, 1910), p. 307-17. O grifo é do autor.

[34] Sílvio Romero e João Ribeiro, *Compêndio de história da literatura brasileira* (Rio de Janeiro, Livraria Francisco Alves, 1906), p. 79 e 82, e *História da literatura brasileira*, (7. ed., Rio de Janeiro, José Olympio, 1980), v. 2, p. 453 e 458. Nelson Romero afirma ter sido de João Ribeiro a autoria dos capítulos sobre os séculos XVI, XVII, XVIII e dos poetas da fase romântica. E assim como no 2º volume dessa *História da literatura* Romero creditava o vigor nacional do lirismo árcade aos assuntos e à tradição popular nacional mais do que à presença de uma matriz clássica, também no *Compêndio* é "um sentimento [nacionalista] subjetivo, forte e incoercível" que marca a "escola mineira"! Nas páginas sobre Tomás Antônio Gonzaga retomam-se dois parágrafos inteiros da *História da literatura*. Um deles: "o defeito capital do lirismo mineiro do século XVIII é certa falta de variedade, e esta mácula nota-se também em Gonzaga. Seus versos são queixas à sua Marília derramadas por um volume inteiro".

[35] A referência remete, provavelmente, ao anarquista Max Stirner, mestre do controverso Elísio de Carvalho no começo de 1900. Cf. Antonio Arnoni Prado, *1922 – Itinerário de uma falsa vanguarda: os dissidentes, a Semana e o integralismo* (São Paulo, Brasiliense, 1983).

[36] Cf. *Tentativas de mitologia* (São Paulo, Perspectiva, 1979), p. 21-2.

[37] Trata-se de uma crônica de *A Semana*, em *Obra completa*, cit., v. III, p. 744.

MODERNIDADE E EMANCIPAÇÃO
EM MACHADO DE ASSIS
Marli Fantini Scarpelli

Uma das importantes postulações da extensa produção literária e crítica machadiana é justamente a necessidade de mudanças estéticas, filosóficas e políticas para o Brasil. No ensaio crítico "Passado, presente e futuro da literatura", de 1858, o escritor reclama que, não obstante o "grito do Ipiranga", o Brasil ainda se encontra estagnado pela escravidão não apenas política, mas também literária: "Uma revolução literária e política fazia-se necessária. O país não podia continuar a viver debaixo daquela dupla escravidão que o podia aniquilar"[1]. No entanto, Machado de Assis alerta que a emancipação não se vai concretizar somente com um grito, visto que, se a transição da "servidão para a liberdade" encontraria fortes resistências tanto aqui quanto em Portugal, a dependência cultural e literária em relação à tradição ultramarina seria mais tenaz, e sua mudança mais lenta, como atesta a passagem abaixo.

> Mas após o *Fiat* político, devia vir o *Fiat* literário, a emancipação do mundo intelectual, vacilante sob a visão influente de uma literatura ultramarina. Mas como? é mais fácil regenerar uma nação, que uma literatura. Para esta não há gritos de Ipiranga; as modificações operam-se vagarosamente; e não se chega em um só momento a um resultado.[2]

Em "Instinto de nacionalidade", ensaio de 1873, Machado investiga a literatura brasileira do Oitocentos e lhe reconhece "certo instinto de nacionalidade". Feito um longo exame da tradição literária brasileira, o escritor verifica-lhe a preocupação em "vestir-se com as cores do país" e vê nisso um "sintoma de vitalidade e abono de futuro". Posto constatar que poetas e prosadores brasileiros se inspiraram na vida do país com a preocupação de dar "feição própria ao pensamento nacional", ele se dá conta de que a independência de nosso pensamento será uma construção lenta, gradual e duradoura, obra enfim para uma ou duas gerações[3].

Reconhecido tal "instinto" em obras de literatura brasileira, que datam desde o Arcadismo até o presente (do ensaio em questão) e tendo em vista a criação de uma "literatura mais independente", uma literatura nascente, provida principalmente de assuntos oriundos da própria cultura, Machado questiona a existência de condições e motivos históricos que legitimem semelhante "instinto". Alertando que tal proposta de nacionalidade literária não deveria restringir-se a doutrinas tão absolutas que lhe provocassem a redução ou o empobrecimento, ele sugere algumas soluções estéticas, muitas das quais efetivadas em sua própria obra ficcional. Trata-se de propostas que desencadeiam, desde então, reflexões sobre o tensionamento entre local e universal, autêntico e inautêntico, originalidade e influência, semelhança e diferença.

> O que se deve exigir de um escritor, antes de tudo, é certo sentimento íntimo, que o torne homem de seu tempo e do seu país, ainda quando trate de assuntos remotos no tempo e no espaço. Um notável crítico da França, analisando há tempos um escritor escocês, Masson, com muito acerto dizia que do mesmo modo que se podia ser bretão sem falar sempre de tojo, assim Masson era bem escocês, sem dizer palavra de cardo, e explicava o dito acrescentando que havia nele um scotticismo interior, diverso e melhor do que se fora apenas superficial.[4]

A novidade de tal ensaio consiste, sobretudo, na fundação da consciência de que critérios como língua ou cor local são ingênuos e mesmo inoperantes no sentido de atestar o nacionalismo, a nacionalidade do escritor ou a de sua obra. Sem abandonar a importância dos predecessores nesse processo formativo, o "projeto" de nosso escritor-crítico parece ter em vista uma nova consciência estética geradora da independência cultural e literária do Brasil. Introduzida por Machado de Assis no ensaio crítico de 1873, essa mirada vai dotar-se de melhor sistematização e consistência crítico-teórica, culminando, quase um século mais tarde, em *A formação da literatura brasileira: momentos decisivos*, do crítico Antonio Candido.

Candido distingue dois fenômenos literários no processo de formação da literatura brasileira. O mais importante é o "sistema literário", constituído pelo conjunto de obras articuladas entre si e, desse modo, agenciador da circulação sistêmica entre autor, obra, público. O outro é o das "manifestações literárias", fenômeno lateral, responsável pelo acervo de obras literárias que, desarticuladas entre si, pouco ou nada influiriam na formação ou na continuidade da literatura do país. Como se pode notar, o "sistema literário" pressupõe um novo espaço de autonomia literária, política e social, em razão do qual derivaria uma tradição ou uma continuidade, o que, para Candido, equivale à imagem de uma tocha passada de uma geração a outra[5].

Candido defende que a literatura, a crítica e a historiografia literária brasileira já possuem, entre os decênios de 70 e 80 do Oitocentos, suas formas canônicas, configurando-se, portanto, como um sistema literário, cujo amadurecimento é, em grande medida, tributável a Machado de Assis, que compreendeu

> o que havia de certo, de definitivo, na orientação de Macedo para a descrição dos costumes, no realismo sadio e colorido de Manuel Antônio, na vocação analítica de José de Alencar. Ele pressupõe a existência dos predecessores, e esta é uma das razões da sua grandeza: numa literatura em que, a cada geração, os melhores recomeçam *da capo* e só os medíocres continuam o passado, ele aplicou o seu gênio em assimilar, aprofundar, fecundar o que havia de certo nas experiências anteriores.[6]

A interface tradição/modernidade

As fronteiras entre vida e arte, tradição e modernidade criam a *interface* por meio da qual Machado de Assis trata, antecipando discussões contemporâneas, as ambigüidades do processo de modernização urbana numa cena brasileira onde prevalece ainda o estatuto colonial de senhores e escravos. Poder-se-ia localizar, nesse cenário, a especificidade do nacional, cujos "funcionamentos anômalos" revelavam, na expressão de Schwarz, "uma luz reveladora sobre as noções metropolitanas e canônicas de civilização, progresso, cultura, liberalismo etc., que aqui conviviam em harmonia meio absurda com o trabalho forçado e uma espécie de 'apartheid', contrariando o essencial do que prometiam". Se o desejo de superação dessas anomalias ficou sem efeito, estas vão encontrar sua forma em obras literárias que, consciente ou inconscientemente, situam-se com profundidade a respeito do problema, "suspendendo a redoma nacional e sentindo que ali estava em jogo o mundo contemporâneo"[7].

Esses "funcionamentos anômalos" podem ser identificados em várias obras machadianas, dentre as quais chamamos particularmente a atenção para os contos "Pai contra mãe" e "Mariana", e para os romances *Memorial de Aires* e *Memórias póstumas de Brás Cubas*. Neste romance de 1881, ocorre, segundo Schwarz, "a correspondência entre o estilo machadiano e as particularidades da sociedade brasileira, escravagista e burguesa ao mesmo tempo"[8]. Schwarz ainda chama a atenção para a *volubilidade*, que, no seu entendimento, além de ser o paradigma do comportamento do narrador Brás Cubas, afina-se ainda com o *princípio formal do livro*. Este, por sua vez, teria seu balizamento na ambivalência ideológica das elites brasileiras. Assim, a correspondência entre forma do romance e comportamento da sociedade burguesa seria responsável pela construção da alegoria política que, segundo o ensaísta, caracteriza o romance.

Embora, por razões quase sempre étnicas, certa tradição crítica acuse Machado de Assis de abster-se em assumir posicionamentos relativos à política, à ética, à etnia negra, à escravidão ou à afro-descendência, não é difícil argumentar o oposto, tendo em vista os posicionamentos de Machado em *Memórias póstumas de Brás Cubas*, romance cujo narrador se apresenta como um "defunto autor", alertando a seus leitores que vai narrar a própria história a partir do "outro mundo". Para tanto, ele faz da sepultura o berço por meio do qual pretende reingressar na vida ou, quiçá, numa sobrevida: "eu não sou propriamente um autor defunto, mas um defunto autor, para quem a campa foi outro berço"[9].

Desalmada reencarnação da classe dominante e escravocrata, Brás experimenta reproduzir, em sua "autobiografia póstuma", o modelo conservador que lhe assegurou, quando ainda vivo, ócio e privilégios, não mais possíveis depois da instituição da ordem liberal. A formação acadêmica de Brás é uma evidente sátira aos filhos da classe senhorial brasileira do XIX, que buscam as novidades teóricas e políticas na Europa, não para adotá-las em seu país de origem, mas para usá-las como instrumento de legitimação e preservação de poder político e prestígio pessoal. Atestado fulcral dessa prática é a leviandade de Brás Cubas, que, durante os oito anos de "estudos" na Europa, somente colheu "a ornamentação, a fraseologia, a casca"; e, se algo aprendeu, foi somente "liberalismo teórico e romantismo prático". Quando este "torna-viagem" –

um "acadêmico estróina, superficial, tumultuário e petulante" – regressa ao Brasil, sente, sem contrariar a conduta de seus pares, ímpetos de "acotovelar os outros, de influir, de gozar, de viver – de prolongar a Universidade pela vida adiante..."[10].

O desregramento do "menino diabo", apelido de infância, é, desde cedo, endossado pelo pai, graças a cuja proteção Brás tem a "divertida" prerrogativa de quebrar a cabeça de uma escrava que lhe nega um doce ou de fazer de Prudêncio, um pequeno escravo, sua montaria. Quando adulto e já alforriado, este, por sua vez, reproduz a prática do antigo dono, quando submete ao chicote um escravo que tomou para si, o que revela, por parte do autor representado no romance a consciência de não estarem os intelectuais e escritores, enquanto homens de seu tempo, isentos do "dever de revelar que nosso próprio povo pode estar agora cometendo crimes semelhantes contra suas vítimas"[11].

Entre outros atos ignóbeis, Brás confessa que se fez deputado para facilitar as negociatas do cunhado. Este, diferentemente de Brás, que já nasceu rico, luta feroz e inescrupulosamente para enriquecer. Trata-se de um "liberal-escravocrata" que faz caridade pública e a anuncia em jornais para compensar e encobrir a violência praticada contra os escravos "fujões", chicoteados por ele até o sangramento; que empurra Brás para a política, contando nepoticamente que este lhe facilite negócios escusos com a marinha por meio da qual pode traficar armas e escravos.

Tédio à controvérsia

Personagem do romance *Esaú e Jacó*, de 1904, o conselheiro Aires – em cujos posicionamentos filosóficos muitos críticos reconheceram o *alter ego* de Machado de Assis – regressa ao Brasil depois de representá-lo, por cerca de trinta anos, na Venezuela, onde "fora diplomata excelente" e onde se lhe aguçou a vocação de conciliar dois verbos parentes: "descobrir e encobrir"[12]. O conselheiro reaparece em *Memorial de Aires*, romance editado em 1908, ano da morte de Machado de Assis.

Esse tipo de personagem ocupa expressivo lugar na galeria dos "conciliadores" machadianos, e não deixa de ser curioso que, na correspondência estreitamente mantida com Joaquim Nabuco, durante 33 anos, Machado de Assis, na última carta a este endereçada (1/8/1908), avisa estar-lhe enviando o romance recém-editado. Em melancólicos timbres de despedida, confidencia-lhe estar certo de este ser seu último livro, visto já ter entrado na casa dos 70, estar fraco e enfermo e sobretudo não se ter nunca recuperado da enorme falta que lhe faz Carolina, sua fiel companheira morta em 1904. De fato, este é o último livro de Machado e última a correspondência inaugurada em 1º de fevereiro de 1865, por iniciativa do jovem Nabuco. A interrupção do enlace entre vida privada e obra ocorre em 29 de setembro de 1908, com a morte de nosso ficcionista maior, que, desse modo, não chega a ler a resposta do afetuoso amigo. Este, em carta datada de Hamilton, Mass., setembro 3, 1908, comenta a carta "desconsolada" de Machado e, contra o isolamento e a solidão, aconselha-o a "tomar um banho de mocidade prolongado e constante", esquivando-se do convívio com gente triste e da amizade dos velhos. Sobre o livro que lhe chegou junto com a carta, comenta:

> Quanto ao seu livro li-o letra por letra com verdadeira delícia por ser mais um retrato de v. mesmo, dos seus gostos, de sua maneira de tomar a vida e de considerar tudo. É um

livro que dá saudade de v., mas também que a mata. E que frescura de espírito! É o caso de recomendar-lhe de novo a companhia dos moços, mas íntima, em casa. V. parece sentir isto com o Tristão e com o Mário de Alencar. Mas o benefício de infiltrar mocidade não seria para v. só, seria também para eles, v. é a mocidade perpétua cercada de todas essas afetações de velhice.[13]

Desafortunadamente, as palavras alentadoras do velho amigo não alcançam Machado, que falece antes da chegada da carta. Todavia, o acaso, em lugar de suspender, faz perdurar o retrato de luzes e sombras em que autor e personagem fazem interface. De fato, a sabedoria e o tédio à controvérsia do conselheiro lembram a Nabuco um traço marcante do amigo e correspondente de longa data. Mas não se trata contudo apenas do caráter conciliador. Ambos, Machado e Aires, mostram-se comprometidos com a denúncia da corrupção, do clientelismo, da abolição, e cada um deles, autor e personagem, a partir da própria instância e dos limites enunciativos, o expressa em seus respectivos escritos.

Enfim, porta-voz do Machado de Assis político, abolicionista, o conselheiro Aires é um raro exemplar da *intelligentsia* mestiça que, sob perspectiva estrangeira e descolado das questões locais, registra, em seu "memorial", acontecimentos datados entre 1888 e 1889, agitado período político antecedido de pressões nacionais e internacionais, tendo em vista a proibição do tráfico de escravos e a abolição da escravatura. Em meio a posições antagônicas, entre monarquista e republicanos, conservadores e liberais, o conselheiro, aparentemente isento, registra notícias da iminência da abolição, bem como a reação dos fazendeiros que, até o último momento, ameaçando o Império de retirar a sustentação política, pressionam-no contra a extinção da escravidão. Não obstante, as tensões desembocam, como se sabe, na assinatura da Lei Áurea, em 13 de maio de 1888, que extingue a escravidão no Brasil. Porém, o fim da escravatura não garante a melhoria da condição social e econômica dos ex-escravos cuja simples emancipação jurídica não mudará sua condição subalterna, muito menos ajudando a promover sua cidadania ou ascensão social.

Como já o fizera em outras obras, Machado de Assis introduz, no romance *Memorial de Aires*, discussões sobre esse caráter falacioso da abolição da escravatura, desvelando-se, por trás dele, mal encoberta, a dialética do senhor e do escravo. Tais discussões encarnam-se, segundo Aires, na resistência provinciana dos "barões" nordestinos em relação à nova ordem liberal, cuja adoção no Brasil já estaria ocorrendo com um atraso considerável, tendo em vista mudanças já efetivadas e, portanto, superadas na Europa e nos Estados Unidos, o que se confirma, no *Memorial*, nesta passagem do dia 19 de abril 1888:

> Lá se foi o barão com a alforria dos escravos na mala. Talvez tenha ouvido alguma cousa da resolução do governo; dizem que, abertas as câmaras, aparecerá um projeto de lei. Venha, que é tempo. Ainda me lembra do que lia lá fora, a nosso respeito, por ocasião da famosa proclamação de Lincoln: "Eu, Abraão Lincoln, presidente dos Estados Unidos da América..." Mais de um jornal fez alusão nominal ao Brasil, dizendo que restava agora que um povo cristão e último imitasse aquele e acabasse também com os *seus* escravos. Espero que hoje nos louvem. Ainda que tardiamente, é a liberdade, como queriam a sua os conjurados de Tiradentes.[14]

Mesmo sendo inquestionável o "comprometimento" político e ético em relação à emancipação dos escravos aí expresso por Aires – reconhecido por Nabuco como um *alter ego* machadiano –, o autor de *Memorial de Aires* foi inúmeras vezes alvo de interpretações equivocadas. É bem provável que, juntamente com o preconceito racial contra o escritor "mulato", o "tédio à controvérsia", a ironia, a ambigüidade (deliberada) nas tomadas de posição de narradores e personagens machadianos constituam a principal fonte dos equívocos. O fato é que tais interpretações acabaram fornecendo, a desafetos ou a críticos mal instrumentados, a arma de que necessitavam para desferir a acusação de "absenteísmo" que não deixa de comprometer, por quase um século, posições político-filosóficas de Machado de Assis.

Discriminação intelectual e racial

É bem conhecida a discriminação racial sofrida por Machado de Assis em seu próprio país: não foram poucos os críticos que – posto reconhecerem nele a mais alta expressão brasileira do homem de letras – o estigmatizaram como o bem-sucedido "mulato da sub-raça americana", a exemplo de Sílvio Romero, cujo intolerante julgamento de valor é agora um triste legado à fortuna crítica de nosso mais importante ficcionista. A maior parte das razões arroladas por Romero para julgar a obra machadiana ampara-se em afiados critérios deterministas, aplicados no sentido de recensear falhas étnicas, psicológicas e fisiológicas do escritor carioca. De fato, o crítico sergipano classifica Machado como "*um brasileiro de regra*, um nítido exemplar dessa sub-raça americana que constitui o tipo diferencial de nossa etnografia"[15]. Quanto à obra, esta não desmentiria a fisiologia do autor, "nem o peculiar sainete psicológico originado daí"[16]. Empregando semelhante diagnóstico como "livre" operador de leitura, Romero ainda postula que epilepsia, gagueira, mestiçagem racial se teriam impregnado na dicção machadiana, como o confirma o recorte abaixo:

> Vê-se que ele apalpa e tropeça, que sofre de uma perturbação qualquer nos órgãos da palavra. Sente-se o esforço, a luta. [...] Machado de Assis repisa, repete, torce, retorce, tanto suas idéias e as palavras que as vestem, que deixa-nos a impressão dum eterno tartamudear. Esse vezo, esse sestro, para muito espírito subserviente tomando por uma coisa conscientemente praticada, elevado a uma manifestação de graça e humor, é apenas, repito, o resultado de uma lacuna do romancista nos órgãos da fala.[17]

Contrapondo-se aos tropeços romerianos, Haroldo de Campos entende que, em Machado, o tartamudeio estilístico era uma forma voluntária de metalinguagem. Ou seja: uma forma dialógica (bakhtiniana) implícita de desdizer o dito no mesmo passo em que este se dizia. O "perpétuo tartamudear" da "arte pobre" machadiana é, para Campos, uma forma de dizer o outro e de dizer outra coisa abrindo lacunas entre as reiterações do mesmo, do "igual", por onde se insinua o distanciamento irônico da diferença[18].

Além dos ataques de Romero, Machado de Assis recebeu, de outros críticos, acusação de plágio, absenteísmo e antinacionalismo, falhas oriundas, dentre outras razões, da omissão de cores locais a pintarem seus cenários, que, a partir do Romantismo brasileiro, se tornaram um dos mais fortes emblemas de nacionalismo literário. Particularmente nessa falha, a justificativa será como, quase sempre, atribuída ao melancólico e envergonhado caráter mulato de Machado, o qual deveria culminar na reclusão e ensimesmamento do escritor. Exemplo não menos eloqüente dessa estigmatização encontra-se na segurança luso-tropical com que Gilberto Freyre, ao confrontar Alencar com o autor de "Instinto de nacionalidade", parece esquecer seu próprio princípio de "democracia racial", para identificar, em grosseiros critérios de gênese e etnia, a razão da ausência de "cor local" na obra de Machado.

> Um Machado de Assis a fingir-se o tempo inteiro de branco fino: o tempo inteiro a bater janelas e a fechar portas contra toda a espécie de paisagem mais cruamente brasileira, fluminense e carioca em suas cores vivas; contra todo o arvoredo mais indiscretamente tropical que lhe recordasse sua meninice de rua e de morro, sua condição de filho de gente de cor, filho de família plebéia, de descendente de escravo negro. Nada de paisagem, nada de cor, nada de árvore, nada de sol.[19]

Em recente ensaio[20], Domício Proença Filho discorre sobre a presença do negro na literatura brasileira e defende a importância de espaços literários e culturais serem ocupados por negros e seus descendentes, aferindo que tais espaços, até hoje "timidamente freqüentados", vêm sendo aos poucos ocupados, já com alguns resultados[21]. Retomando, a partir da literatura machadiana, antigas e discordantes considerações críticas sobre pares antinômicos como absenteísmo ou compromisso, mulatismo ou branqueamento, o ensaísta – posto ter concluído o texto com a feliz afirmativa de que "literatura não tem cor" – afirma que Machado ignorou a problemática do escravagismo, sob uma forma que vale a pena ser reproduzida:

> De minha parte, entendo que a literatura machadiana é indiferente à problemática do negro e dos descendentes de negro, como ele. Mesmo os dois contos que envolvem escravos, "O caso da vara" e "Pai contra mãe", não se centralizam na questão étnica, mas no problema do egoísmo humano e da tibieza do caráter [...] O distanciamento se evidencia também no espaço da crônica.[22]

O ensaísta não justifica a razão de serem tais "contos" indiferentes à problemática do negro. Para, contudo, fundamentar a hipótese acerca da indiferença machadiana na "crônica", ele exemplifica com os recortes abaixo, extraídos da crônica "Bons dias!", de 19 de maio de 1888.

> Eu pertenço a uma família de profetas *après coup*, *post factum*, depois do gato morto, ou como melhor nome tenha em holandês. Por isso digo, e juro se necessário for, que toda a história desta lei de 13 de maio estava por mim prevista, tanto que na segunda-feira, antes mesmo dos debates, tratei de alforriar um molecote que tinha, pessoa de seus dezoito anos, mais ou menos. Alforriá-lo era nada; entendi que, perdido por mil, perdido por mil e quinhentos, e dei um jantar. [...]
>
> No golpe do meio (*coup du milieu*, mas eu prefiro falar a minha língua), levantei-me eu com a taça de champanha e declarei que acompanhando as idéias pregadas por Cristo, há dezoito séculos, restituía a liberdade ao meu escravo Pancrácio; que entendia que a nação inteira devia acompanhar as mesmas idéias e imitar o meu exemplo; finalmente, que a liberdade era um dom de Deus, que os homens não podiam roubar sem pecado.[23]

Chamou-nos a atenção o fato de ter o autor do ensaio desconsiderado uma das farpas mais sibilinas de Machado, desfechada contra um representante da classe senhorial que, na crônica em questão, "alforria" um escravo, comemorando o ato "libertário" com banquete e champanhe. Libertado e sem alternativas, Pancrácio, o bom escravo, é, todavia, instado a continuar com seu dono, que lhe acena com o pequeno ordenado de

> uns seis mil-réis; mas é de grão em grão [diz-lhe o senhor] que a galinha enche o seu papo. Tu vales muito mais que uma galinha [...] daí pra cá, tenho-lhe despedido alguns pontapés, um ou outro puxão de orelhas, e chamo-lhe besta quando lhe não chamo filho do diabo; cousas todas que ele recebe humildemente, e (Deus me perdoe!) creio que até alegre. [...] O meu plano está feito; quero ser deputado, e, na circular que mandarei aos meus eleitores, direi que, antes, muito antes da abolição legal, já eu, em casa, na modéstia da família, libertava um escravo, ato que comoveu a toda a gente que dele teve notícia; que esse escravo tendo aprendido a ler, escrever e contar (simples suposições) é então professor de filosofia no Rio das Cobras [...].[24]

A despeito de não estar-se referindo diretamente à crônica supracitada, John Gledson, por seu turno, se debruça sobre o tema "abolição", guardando o enfoque histórico-ficcional machadiano. Em consonância com a crônica de Machado, Gledson denuncia o relativismo da abolição, pois, ainda que liberte os escravos, liberta-os para um mercado de trabalho que lhes oferece salários miseráveis, contrata-os, mas os demite. Indaga ele se a liberdade, numa situação dessas, não estaria conduzindo a outra forma de submissão dos fracos aos fortes: "Machado, entre ironias e 'pilhérias', traz à atenção do leitor algo essencial. A abolição não é um movimento da escuridão para a luz, mas a simples passagem de um relacionamento econômico e social opressivo para outro"[25].

Um dos contos mencionados no ensaio "O negro no Brasil" é "O caso da vara", sobre cujo enredo faremos um breve resumo: Damião, um rapaz fugido do seminário, esconde-se na casa da amante do padrinho. Sinhá Rita é o nome da amante deste, uma costureira que guarda em casa "crias" negras que lhe produzem, com esmero e sem ônus algum, costuras e bordados para serem vendidos a ricas senhoras. O jovem fugitivo manipula Sinhá Rita, implorando-lhe que intervenha a seu favor junto ao padrinho para que este convença o compadre, pai de Damião, a libertá-lo do seminário. Curiosa em acompanhar o imbróglio, a "negrinha" Lucrécia atrasa-se com o serviço, e é advertida por Sinhá Rita de que, não terminando a tarefa do dia, será castigada. Tendo obtido a cumplicidade de Sinhá Rita, Damião promete apadrinhar Lucrécia caso necessário; todavia, quando ela está para ser surrada e lhe pede o prometido socorro, ele, que acabara de ser favorecido, sem despender nenhum esforço, não só a abandona, mas também, para não perder seus próprios privilégios, faz-se cúmplice do castigo, ao entregar a vara a Sinhá Rita.

– Dê-me a vara, Sr. Damião!

Damião chegou a caminhar na direção da marquesa. A negrinha pediu-lhe então por tudo o que houvesse mais sagrado, pela mãe, pelo pai, por Nosso Senhor...

– Me acuda, meu sinhô moço!

Sinhá Rita, com a cara em fogo e os olhos esbugalhados, instava pela vara, sem largar a negrinha, agora presa de um acesso de tosse. Damião sentiu-se compungido; mas ele precisava tanto sair do seminário! Chegou à marquesa, pegou na vara e entregou-a a Sinhá Rita.[26]

Como se pode verificar, o conto não trata apenas do "problema do egoísmo humano e da tibieza do caráter". É evidente que o rapaz, filho e respectivamente afilhado de senhores da classe senhorial, possui prerrogativas socioeconômicas, existenciais e étnicas que a "negrinha" não possui, justamente porque é escrava e negra. Assim sendo, é de constatar que o conto encerra uma indubitável denúncia à discriminação racial.

Não deixa de ser procedente, nesse sentido, que Octavio Ianni filie Machado de Assis a um "sistema literário que se configura na literatura negra", por ele parcialmente endossada como "aquela desenvolvida por autor negro ou mulato que escreve sobre sua raça dentro do significado do que é negro, da cor negra, de forma assumida, discutindo os problemas que a concernem: religião, sociedade, racismo. Ele tem de se assumir como negro"[27]. Descontado o excesso de adesão que não raramente tenta subordinar a arte em geral e a literatura em particular a programas políticos ou a engajamentos ideológicos, o próprio Ianni reconhece que, em muitos de nossos escritores "mulatos ou negros", a exemplo de Machado de Assis e Cruz e Souza, o universo humano, social, cultural e artístico nem sempre está explícito ou pleno, aparecendo em fragmentos, de forma recôndita ou sublimada. Nas palavras dele, "o tema da negritude ou negrícia, estaria [em tais autores] implícito, subjacente, decantado"[28].

Sidney Chalhoub, historiador e crítico machadiano, chama por sua feita a atenção para o fato de que, em meados do século XIX, e ao menos até a crise que resultou na lei de 1871, "o Brasil imperial oferecia ao mundo o curioso espetáculo de um país no qual todos condenavam a escravidão, mas quase ninguém queria dar um passo para viver sem ela".

> Algo mudara, porém, ao longo dos anos de 1860, para dar a retórica habitual outro sentido. O Brasil tornara-se o último baluarte da escravidão no mundo ocidental: "Resta só o Brasil; resta o Brasil só", declamou Pimenta Bueno, após relatar o processo mundial de emancipação dos escravos, desde as colônias britânicas na década de 1830 até as recentes 'ondas de sangue' na América do Norte [...] Entre as potências coloniais européias, apenas a Espanha ainda mantinha escravos em suas colônias na América – Cuba e Porto Rico.[29]

Depois de examinar a correspondência entre ficção e história sob o enfoque machadiano, Chalhoub alerta: a ideologia de colonizadores e escravocratas brasileiros decorre de "interpretações correntes no manancial racista europeu, segundo as quais a miscigenação degenerava os povos". Nesse sentido, havia políticos e intelectuais brasileiros "esperançosos de que o influxo de sangue europeu, 'superior', produzisse, ao contrário, o branqueamento gradual da população e, no futuro, a própria regeneração nacional"[30].

De fato, muito embora já houvesse antigas "teorias raciais", elas só virão a ter substância e repercussão após as colonizações e os imperialismos. Em *História das colonizações*, Marc Ferro denuncia que elas foram aplicadas até na Europa continental, onde "a ideologia racista produziu um totalitarismo particular, legitimando o poder total de uma 'elite', de uma raça superior, sobre outros europeus, mas com argumentos semelhantes"[31].

Contemporâneo de Machado de Assis, Joaquim Nabuco, um dos mais atuantes e respeitados abolicionistas de sua época, mostra, com conhecimento de causa, os reflexos dessa ideologia em países colonizados e escravocratas como o Brasil: "A escravidão moderna repousa sobre uma base diversa da escravidão antiga: a cor preta. Ninguém pensa em reduzir homens brancos ao cativeiro: para este ficaram reservados tão-somente os negros. Nós não somos um povo exclusivamente branco, e não devemos portanto admitir essa maldição pela cor"[32].

A "maldição da cor", os turvos limites entre escravidão e liberdade em um cenário paternalista, como os que dão suporte histórico e político ao problema da emancipação em inúmeros textos machadianos, são índices que enfatizam a reprodução dos laços de dependência pessoal, politizando eficazmente o drama do processo de emancipação dos escravos, então em evidência: "Escravidão e paternalismo, cativeiro e dependência pessoal, pareciam duas faces da mesma moeda"[33].

"Mariana", conto de 1871, explora, de forma exemplar, essa questão. Nesse conto, trata-se de um narrador inescrupuloso, um dândi, que, à maneira eciana, tendo regressado da Europa depois de quinze anos de ausência, encontra-se na corte com antigos companheiros de boêmia, todos personagens senhoriais, sobre os quais "pesavam 15 anos de desilusão e cansaço", diferentemente dele, "que vinha com alma e coração em flor". O narrador "retornado" convida dois antigos companheiros para um lauto almoço no hotel onde se hospeda, e os três estróinas fazem suas confidências. Inescrupuloso, Coutinho confidencia em tom de galhofa que, como nenhum outro homem, fora tão amado e se vangloria especialmente da paixão letal que provocara em Mariana, escrava, "mulatinha", cria da casa. Uma espécie de *bord on line* da ideologia paternalista dos senhores e suas cínicas relações de dependência, Mariana, de acordo com o narrador do relato, era "escrava, é verdade, mas escrava quase senhora" que aprende bordado e boas maneiras, até mesmo a ler e falar bem o francês. Inteligente, bonita, quase branca, os pés notadamente pequenos e delicados, tinha todas as prerrogativas das "quase" irmãs e, "não obstante receber de minha mãe os mesmos afagos que ela dispensava às outras filhas, não se sentava à mesa, nem vinha à sala em ocasião de visitas, eis a diferença; no mais era como se fosse pessoa livre, e até minhas irmãs tinham certa afeição fraternal". Possuindo a inteligência da sua situação, Mariana não abusava dos cuidados com que era tratada, compreendendo bem que, "na situação em que se achava, só lhe restava pagar com muito reconhecimento a bondade de sua senhora".

Na ocasião do trágico desenlace de Mariana, Coutinho é o herdeiro dos bens patrimoniais da família e noivo da prima Amélia, branca e rica como ele. Desesperadamente apaixonada pelo senhorzinho branco, Mariana foge por duas vezes, na última das quais, descerrando a máscara encobridora de sua efetiva condição, mata-se na frente do rapaz. Ainda que ele tentasse dissuadi-la do suicídio, enfatizando a estima que sua boa família lhe concede, ao mesmo tempo, ele lhe lembra a condição de dependência, deixando entrever a impossibilidade de um homem em suas condições casar-se com uma dependente, mulata e escrava. O sofrimento e a humilhação não oferecem à "mulatinha" outra saída senão a morte, antes da qual ela culpa, por sua tragédia pessoal, não o patrãozinho, mas a "natureza", ou seja, a maldição da cor, a escravidão e o paternalismo, o cativeiro e a dependência pessoal. "Nhonhô não tem culpa – a culpa é da natureza"[34], são as amargas e lúcidas palavras com que ela define a própria condição.

Afro-descendência abortada

Também emblemático no sentido de explicitar o tema do escravagismo e da discriminação racial, o conto "Pai contra mãe", de 1906, desenvolve uma dramática história de perseguição a uma escrava grávida. A despeito e por causa da alegoria do "era uma vez" de que se reveste a narrativa, cria-se uma inesperada inversão irônica que nos surpreende com a intestina crueldade do narrador e do protagonista do conto. Em correspondência com o título, negros insurgentes são massacrados por seus "senhores" brancos, que preferem tirar-lhes a vida a perder poder sobre eles. Terminado o conto, subsiste a imagem brutal de uma criança natimorta, frontal e inassimilável metáfora de afro-descendência abortada[35].

Sem recorrer a panfletarismo ou a concessões demagógicas, o Machado de Assis abolicionista, implícito nesse conto, avulta como *ficcionista social*, que, sem eufemismo e de forma contundente, examina as cruéis relações de dominação que reificam homens, tornando-os mercadoria escrava, reflexo espúrio da ordem escravocrata ainda vigente no Brasil, sob as expensas de traficantes de escravos. Desse modo, ao tematizar a sujeição da raça negra e da mãe escrava, o conto denuncia a reprodução e a legitimação desse sistema social cuja iniqüidade tem como uma de suas mais perversas conseqüências, além da escravização de seres humanos, a destruição em larga escala de escravos e de sua descendência.

Em resumo, Cândido Neves, protagonista do conto "Pai contra mãe" (do livro *Relíquias da casa velha*, de 1906), torna-se, por falta de outra opção, caçador de escravos fujões. Casado, a mulher Clara grávida, as dívidas, o despejo e a posterior ameaça de perder, para a roda dos enjeitados, o filho recém-nascido mostram uma gradativa degradação, que milagrosamente se reverte mediante a captura de uma escrava fugida e valiosa porque prestes a dar à luz um novo escravo. Das chibatadas exemplares, decorre o aborto, para desespero do dono, "porque perder dinheiro também dói". Todavia, recuperado o próprio filho, Cândido Neves o beija "entre lágrimas, verdadeiras, abençoava a fuga e não se lhe dava do aborto". Em seguida, reflete: "– Nem todas as crianças vingam, bateu-lhe o coração"[36].

De fato, nem todas as crianças vingam, sobretudo num contexto em que grande parte da população é social e economicamente excluída dos quadros hegemônicos. A sobrevivência fica, então, na dependência da roda da fortuna ou da etnia que define a raça e a cor do indivíduo. Cândido Neves e a escrava fujona fazem ambos parte dessa porção marginalizada. O que dá alternativas, ainda que execráveis, a Cândido Neves e a sua descendência em detrimento da escrava e seu filho abortado são fatores como a cor dele e a anomia dela.

A descrição de instrumentos de controle e tortura dos escravos – revelando o funcionamento de alguns dos aparatos físicos e ideológicos empregados pelos "senhores" contra seus escravos – é detalhada com precisão naturalista. Um exemplo contundente é o ferro ao pescoço, descrito no conto como "uma coleira grossa, com a haste grossa também à direita ou à esquerda, até ao alto da cabeça e fechada atrás com chave". Ironicamente, essa coleira era menos castigo do que estigma de reincidência.

> Há meio século, os escravos fugiam com freqüência. Eram muitos, e nem todos gostavam da escravidão. Sucedia ocasionalmente apanharem pancada, e nem todos gostavam de apanhar pancada. Grande parte era apenas repreendida; havia alguém de casa que servia de padrinho, e o mesmo dono não era mau; além disso, o sentimento da propriedade moderava a ação, porque dinheiro também dói. A fuga repetia-se, entretanto.[37]

Visto incomum na poética machadiana, a imagem frontal da máscara de "folha-de-flandres", desumano instrumento de tortura e silenciamento de escravos, nos servirá de chave para desocultar segredos tão bem guardados pelas construções alegóricas que muitas vezes sufocam as denúncias encerradas em poemas e narrativas a nós legados por escritores afro-descendentes. Explorando a ambigüidade, o emprego da metáfora machadiana sugere recalcamento e submissão e, noutra direção, desvelamento e denúncia, como se pode verificar na passagem irônica "Mas não cuidemos de máscaras", que finaliza o trecho a seguir:

> A escravidão levou consigo ofícios e aparelhos, como terá sucedido a outras instituições sociais. Não cito alguns aparelhos senão por se ligarem a certo ofício. Um deles era o ferro ao pescoço, outro o ferro ao pé; também havia a máscara de folha-de-flandres [...]. Tinha só três buracos, dous para ver, um para respirar, e era fechada atrás da cabeça por um cadeado [...]. Era grotesca tal máscara, mas a ordem social e humana nem sempre se alcança sem o grotesco, e alguma vez o cruel. [...] Mas não cuidemos de máscaras.[38]

"Mas não cuidemos de máscaras", uma importante denegação do narrador machadiano, desfere um golpe no ventre da mal resolvida cordialidade racial brasileira, compelindo o leitor a assumir a perspectiva dos milhões de seres humanos que tiveram sufocada sua voz e abortada sua cultura, sua formação acadêmica, sua história pessoal e coletiva. Ou seja, não vamos mascarar o que mal pode ser encoberto. A perspectiva denunciadora dos contos citados lembra-nos Fanon a alertar para a necessidade de povos subordinados afirmarem suas tradições culturais nativas e assim recuperar suas histórias reprimidas. Mas é também com ele que pensamos no equívoco que incorremos quando nos atemos à fixidez ou ao fetichismo de identidades inteiras, para recomendar a elaboração de um "romanceiro celebratório" do passado ou das etnias há muitos séculos reprimidas, correndo o risco de homogeneizar a história do presente[39].

Uma alternativa mais consistente seria talvez a de dotar – não com encobrimentos, eufemismos ou máscaras, mas com suplementos – os silêncios, as lacunas, os interditos, enfim, aquilo que, uma vez recalcado, ficou de fora, não se deixando simbolizar. No Brasil, em particular, há de se ter o cuidado para evitar armadilhas ou estereótipos como o "sincretismo" ou mesmo a "cordialidade racial", cujo maior risco é a homogeneização e o edulcoramento dos conflitos e das diferenças que, postos na vala comum das igualdades sociorraciais, acabam legitimando os aparatos físicos, econômicos e ideológicos empregados no sentido de favorecer os donos do poder.

Na mesma direção que Fanon, Homi Bhabha sugere ao crítico da cultura e/ou do pós-colonialismo que se empenhe em "apreender totalmente e assumir a responsabilidade pelos passados não ditos, não representados, que assombram o presente histórico"[40]. Esse nos parece ser, num sentido amplo, o projeto político e estético de Machado em "Pai contra mãe", conto em que o escritor não economiza fel nem sarcasmo para denunciar a truculência contra escravos, sua descendência e também a recorrência ao racismo, é uma das facetas da ideologia escravagista. Ainda que a alegoria machadiana seja atravessada pelo viés irônico, não é de todo impossível sentir o amargor do autor implícito a alertar o leitor para o perigo de apagamento da afro-descendência no Brasil, visto a ameaça de ser esta abortada desde sua gênese.

Machado e o cânone ocidental

Harold Bloom, crítico norte-americano que, a partir de seu *front*, sediado na Universidade Yale, aposta no poder da literatura enquanto agente civilizacional, exercita contumaz combate a quaisquer apelos multiculturalistas, feministas, marxistas. Embasado em critérios excludentes, ele considera a obra de Machado de Assis o avesso, e não a representação do mundo e da época machadiana. Desse modo, não consegue explicar o talento do escritor "afro-brasileiro" a não ser pela ocorrência de um "milagre":

> Machado de Assis é uma espécie de milagre, mais uma demonstração da autonomia do gênio literário, quanto a fatores como tempo e lugar, política e religião, e todo o tipo de contextualização que supostamente produz a determinação dos talentos humanos. Eu já havia lido e me apaixonado por sua obra, especialmente *Memórias póstumas de Brás Cubas*, antes de saber que Machado era mulato e neto de escravos, em um Brasil onde a escravidão só foi abolida em 1888, quando o escritor estava com quase 50 anos.[41]

A perplexidade de Bloom, ante o "milagre" machadiano, nada mais é que uma variante yankee do eurocentrismo, ideologia hegemônica, cada vez mais anacrônica, depois do 11 de setembro do século XXI, tendo-se sobretudo em vista o locus a partir do qual o crítico norte-americano pronuncia seus julgamentos de valor. Tal perplexidade provavelmente decorre da inabilidade para julgar o "outro", do desconhecimento ou desprezo pela heterogeneidade étnica e cultural, falha autocêntrica que o compele a mensurar, pela cor da pele, a competência literária de escritores como Machado ou Alejo Carpentier e, como conseqüência, a cometer gafes que ele ingenuamente confessa:

> Ao ler Alejo Carpentier, inicialmente, cometi o equívoco de presumir que fosse o que chamamos "negro". Ao ler Machado de Assis, presumi, erroneamente, que fosse o que chamamos "branco" (mas o que E. M. Foster, com muita graça, chamava "rosa-cinzento"). Carpentier, em *O reino deste mundo*, escreve a partir de uma perspectiva que hoje consideramos negra. Machado, em *Memórias póstumas*, ironicamente, adota uma perspectiva luso-brasileira branca, bastante decadente.[42]

Não obstante a discriminação e os reducionismos, não deixamos de louvar a iniciativa bloomiana, em face do fato de que hoje, por ser ele um *best-seller*, está a figurar nos primeiros lugares da crítica literária universal. Dessa forma, sua magnânima iniciativa, ou seja, incluir Machado de Assis no panteão dos *gênios*, logrou um outro tipo de "milagre", doutra forma inimaginável. Ou seja, ele acabou agenciando a circulação do nome do Bruxo do Cosme Velho, entre os escritores de seu "cânone" ocidental, em inglês, o que é hoje sinônimo de assegurar prestígio e universalidade. Assim, ao fulgurar numa listagem de cem escritores canônicos, obtém visibilidade, no seletivo mercado editorial dos *bestsellers*, um escritor afro-descendente, de Terceiro Mundo, com obras (quase sempre primas) escritas em português, língua praticamente desconhecida no mundo ocidental.

Recentes recepções críticas de Machado no exterior

Ainda que tardia, a consagração de Machado de Assis no exterior começa a ganhar espessura, sobretudo a partir dos últimos decênios do século XX. Um exemplo de recepção crítica digna de nota é a de Susan Sontag, que, confessando-se retrospectivamente influenciada por *Memórias póstumas de Brás Cubas*, elege esse romance como o melhor de Machado e um dos melhores do mundo. Inconformada com o parco reconhecimento do escritor brasileiro pela literatura mundial, ela desconfia que a resposta para isso esteja na marginalização oriunda de noções etnocêntricas. Fosse Machado europeu, italiano, russo, ou mesmo português, estaria ocupando hoje o lugar que sua genialidade merece. Ela lastima ainda que, bem provavelmente por racismo e desdém hispanófono, Machado permaneceu quase desconhecido na América Latina, tendo apenas sido traduzido para o espanhol, na década de 1960, ou seja, oitenta anos depois de escrito e uma década depois de traduzido duas vezes para o inglês. Identificadas, na originalidade, no ceticismo radical e na modernidade, as grandes qualidades do romance eleito, Sontag afirma:

> Com tempo bastante, vida póstuma bastante, um grande livro termina por encontrar o seu lugar de justiça. E talvez alguns livros precisem ser redescobertos seguidas vezes. *Memórias póstumas de Brás Cubas* é pelo visto um desses livros arrebatadoramente originais, radicalmente céticos, que sempre impressionarão os leitores com a força de uma descoberta particular. É pouco provável que soe como um grande elogio dizer que esse romance, escrito há mais de um século atrás, parece, bem... moderno.[43]

É bem provável que recepções reverberantes como as de Sontag tenham influído no sucesso de *Memórias póstumas de Brás Cubas*, um dos livros de Machado mais comentados no exterior. Embora tal razão possa parecer fútil, não deixa de ter sentido, considerando-se o acaso, doutra forma inimaginável, de terem as *Memórias póstumas* ido parar nas mãos do cineasta nova-iorquino Wood Allen; e de, ademais, receberem dele, em entrevista, este entusiástico comentário:

> Há pouco tempo, li Machado de Assis. Achei que é um escritor excepcional. Uma amiga me deu um livro de Machado de Assis – *Epitaph for a Small Winner* (título da tradução para o inglês de *Memórias Póstumas de Brás Cubas*). Fiquei muito, muito impressionado. Dei o livro a meus amigos. Porque Machado de Assis não é bem conhecido [...] Achei Machado de Assis excepcionalmente espirituoso, dono de uma perspectiva sofisticada e contemporânea, o que é incomum, já que o livro foi escrito há tantos anos. Fiquei muito surpreso. É muito sofisticado, divertido, irônico [...] li – e gostei muito.[44]

Outro grande divulgador de modernidade e competência estético-histórica machadiana é Carlos Fuentes, escritor-crítico mexicano, que lastima o fato de a literatura hispano-americana não ter tido, no século XIX, um único escritor da estatura de Machado de Assis, o que só irá compensar-se no século XX com a obra de Jorge Luis Borges[45]. Salienta ademais que se deveria atribuir, ao genial narrador de suas *Memórias póstumas de Brás Cubas*, a rescrita póstuma de quase toda uma tradição canônica, que este desconstrói para depois reconstruir, sob o conúbio da pena da galhofa com a tinta da melancolia.

Endossando a atribuição de Fuentes, é inegável que Machado, em afinidade com seu defunto autor, soube satirizar, com seu incomensurável desdém dos finados, todo um intocável cânone literário, histórico, filosófico e político, dialogando com elegância e insubmissão com seus predecessores. Logrou assim inaugurar, junto com a aurora de nossa independência política, uma nova literatura, inserindo-a na tradição ocidental e, ao mesmo tempo, dando-lhe a carta de alforria que a coloca em consonância com o espírito renovador e emancipador da modernidade.

NOTAS

[1] Machado de Assis, *Crítica*, em *Obras completas* (Rio de Janeiro, Nova Aguilar, 1992, 3 v.), v. 3, p. 786. "Instinto de nacionalidade".

[2] Ibidem, p. 789.

[3] Ibidem, p. 801-2.

[4] Ibidem, p. 804.

[5] Sobre "sistema literário" em *Formação da literatura brasileira*, ver adiante o artigo de Abdala Junior.

[6] Antonio Candido, *Formação da literatura brasileira: momentos decisivos* (São Paulo, Martins Fontes, 1959, 2 v.), v. 1, p. 117.

[7] Roberto Schwarz, *Um mestre na periferia do capitalismo: Machado de Assis* (São Paulo, Companhia das Letras, 1990), p. 8.

[8] Roberto Schwarz, "A nota específica", *Folha de S.Paulo*, São Paulo, 22/3/1998. Mais!, p. 12.

[9] Machado de Assis, *Memórias póstumas de Brás Cubas* em *Obras completas*, cit., v. 1, p. 415.

[10] Ibidem, p. 442.

[11] Edward Said, *Representações do intelectual* (trad. Milton Hatoum, São Paulo, Companhia das Letras, 2005), p. 53.

[12] Machado de Assis, *Esaú e Jacó*, em *Obras completas*, cit., v. 1, p. 999.

[13] Graça Aranha (org., introd. e notas), *Machado de Assis e Joaquim Nabuco: correspondência* (Rio de Janeiro, ABL/Topbooks, 2003), p. 180.

[14] Machado de Assis, *Memorial de Aires*, em *Obras completas*, cit., v. 1, p. 1048.

[15] Sílvio Romero, *Machado de Assis: estudo comparativo de literatura brasileira* (São Paulo, Editora da Unicamp, 1992), p. 66-7.

[16] Ibidem, p. 67.

[17] Ibidem, p. 122.

[18] Haroldo de Campos, "Arte pobre, tempo de pobreza, poesia menos", em *Metalinguagem e outras metas* (São Paulo, Perspectiva, 1992), p. 221-2.

[19] Freyre apud Abel Barros Baptista, *A formação do nome: duas interrogações sobre Machado de Assis* (Campinas, Unicamp, 2003), p. 33.

[20] "A trajetória do negro na literatura brasileira", *Estudos Avançados*, São Paulo, Universidade de São Paulo, n. 50: *O negro no Brasil*, jan./abr. 2004.
[21] Ibidem, p. 188.
[22] Ibidem, p. 172.
[23] Machado de Assis, em *Obra completa*, cit., v. 3, p. 489-90.
[24] Ibidem, p. 490-1.
[25] John Gledson, *Machado de Assis: ficção e história* (trad. S. Coutinho, São Paulo, Paz e Terra, 2003), p. 145.
[26] Machado de Assis, *Conto e teatro*, em *Obras completas*, cit., v. 2, p. 582.
[27] Semog, apud Octavio Ianni, "Literatura e consciência", *Revista do Instituto de Estudos Brasileiros*, ed. comemorativa do centenário da Abolição da Escravatura. São Paulo, USP/CNPq, n. 28, 1988, p. 32.
[28] Ibidem, p. 32.
[29] Sidney Chalhoub, *Machado de Assis historiador* (São Paulo, Companhia das Letras, 2003), p. 141.
[30] Ibidem, p. 122.
[31] Marc Ferro, *História das colonizações: das conquistas às independências – séculos XIII a XX* (trad. Rosa Freire d'Aguiar, São Paulo, Companhia das Letras, 2002), p. 42.
[32] Joaquim Nabuco, *O abolicionismo* (São Paulo, Publifolha, 2000, Grandes nomes do pensamento brasileiro da Folha de S.Paulo), p. 9.
[33] Sidney Chalhoub, *Machado de Assis historiador*, cit., p. 135.
[34] Ibidem, p. 783.
[35] Machado de Assis, cit., p. 659-67.
[36] Ibidem, p. 667.
[37] Ibidem, p. 659.
[38] Idem.
[39] Fanon apud Homi K. Bhabha, *O local da cultura* (trad. Myriam Ávila et al., Belo Horizonte, Editora UFMG, 1998), p. 29.
[40] Idem.
[41] Harold Bloom, *Gênio: os 100 autores mais criativos da história da literatura* (Rio de Janeiro, Objetiva, 2003), p. 688.
[42] Idem.
[43] Susan Sontag, *Questão de ênfase: ensaios* (trad. Rubens Figueiredo, São Paulo, Companhia das Letras, 2005), p. 58-9.
[44] Woody Allen, entrevista, 17 de abril de 2004, disponível em: <http://www.geneton.com.br/archives/000070.html>. Acesso em: 4/5/2005.
[45] Carlos Fuentes, "O milagre de Machado de Assis", *Folha de S.Paulo*, São Paulo, 21/11/ 1999. Mais!, p. 9.

O FASCÍNIO DOS CONFINS
Walnice Nogueira Galvão

Desde os primeiros escritos de Euclides da Cunha, constituídos por poemas que uma nota da mão do adulto atribui a seus 14 anos[1], o sertão está presente. Pode ser como mera rima para alexandrinos terminados na mais fácil das rimas da língua, aquela em *ão*, o que ocorre no poema "Eu quero", de 1883, expressando um voluntarismo juvenil. O que se reitera no poema "A cruz da estrada", de 1884, só que dessa vez em decassílabos e no plural, em versos que reaparecerão com pequenas modificações em "Fazendo versos", de 1888:

> Se vagares um dia nos sertões,
> Como hei vagado – pálido, dolente,
> Em procura de Deus – da fé ardente
>   Em meio das soidões...

Com um toque de decadentismo, a convenção romântico-simbolista, sobrepujando a parnasiana que ressoa nesses poemas, revela o mesmo tema da evasão rumo ao interior; e "As catas", datado de "Campanha, 1895", começa por uma declaração de princípios nesse sentido:

> Que outros adorem vastas capitais
>   Aonde, deslumbrantes,
> Da Indústria e da Ciência as triunfais
> Vozes se erguem em mágico concerto;
>   Eu, não: eu prefiro antes
> As catas desoladoras do deserto,
> Cheias de sombra, de silêncio e paz...
>
> [...] Fazem-me mal as multidões ruidosas
>   E eu procuro, nesta hora,
> Cidades que se ocultam majestosas
> Na tristeza solene do sertão.

Essas miragens urbanas, abandonadas e desertas, configurando anfiteatros e outras obras afeiçoadas pela mão do homem – uma "arquitetura titânica", segundo um viandante do deserto[2] –, são as catas advindas da fase da mineração do ouro, "a coorte febril dos Bandeirantes,/ Nas marchas triunfais pelos sertões".

Por volta dessa época, Euclides pedia a Reinaldo Porchat bibliografia sobre os bandeirantes, sem declarar o motivo da solicitação:

> Não terás por aí qualquer folheto, qualquer velho alfarrábio, que trate da época colonial, de 1640 até 1715; qualquer coisa sobre a antiga S. Vicente, princípios de S. Paulo, excursões dos *bandeirantes* etc.? Tenho grande necessidade de qualquer escrito sobre isto; mais tarde saberás porque. Mandando-os farás extraordinário favor ao teu menor amigo e maior cacete.[3]

E ainda em 1897, durante a Guerra de Canudos, quando em Salvador oferece amostras desses lavores a Pethion de Vilar, conforme bilhete num cartão de visitas: "Ontem à noite procurei recordar alguns trechos dos 'Holandeses' e dos 'Bandeirantes'. Aí vão truncados, mal recordados. É uma lembrança vaga e nada mais"[4]. Várias vezes Euclides já expressara, escrevendo a amigos e familiares, uma velha fantasia sua, recorrente, e que virá à tona em vários passos de sua biografia: a de internar-se pelo país adentro. A fantasia assumiria diferentes formas de realização, como tornar-se engenheiro de obras públicas no interior de São Paulo e no litoral, repórter na Guerra de Canudos e, mais tarde, explorador na missão ao Alto Purus, todas elas posições que Euclides despendeu esforços para conquistar. Na imaginação, tal como se manifesta na epistolografia, é explícito o desejo de evasão rumo *aos sertões* – tal como era praxe dizer e escrever à época, assim no plural –, o que vinha de longe, radicando na educação absorvida na Escola Militar no período da agitação republicano-abolicionista e se expressando como dever patriótico de explorar a imensidão do país[5]. Pode-se erigir em modelo um ideal de bandeirante, ou de desbravador, ou de aventureiro, norteando uma vocação. Entretanto, essa tradição já vinha de antes, e foi diagnosticada por Antonio Candido como traço constitutivo da elite letrada brasileira[6].

Nesse período de nossa história, dominado pela galomania da *belle époque*, tal traço compõe o perfil de vários intelectuais desviantes, que voltam as costas para as galas dos salões e das modas da capital então em acelerado processo de modernização. Euclides não era o único e, dentre os vários desse tipo que sua geração na Escola produziu, talvez o fruto mais característico seja seu colega Cândido Mariano da Silva Rondon, instalando as linhas de telégrafo que através do sertão cingiram o país de sul a norte, além de ser pioneiro na proteção aos índios e criador do indigenismo. Em todo caso, quando se cotejam esses reiterados anseios de *ir para dentro* com as parcas vezes em que se referiu ao impulso de ir para fora do país, pode-se perceber o peso que a primeira hipótese teve nas objetivações de seu percurso de vida. A mais antiga dessas referências, e no caso a ambas as possibilidades extremas (anunciando os oxímoros que serão a figura retórica predileta do futuro escritor), surge numa carta a seu grande amigo da fase anterior a *Os sertões*, livro que ainda levaria dez anos para vir a lume.

O amigo e principal correspondente dessa fase, bem como segundo maior correspondente dentre todos, só ficando em segundo lugar para Francisco Escobar, é Reinaldo

Porchat. A referência é explícita, consciente e, ao que parece, bastante racional também, sendo a menos enigmática dentre todas as que fornece:

> [...] não dou para a vida sedentária, tenho alguma coisa de árabe – já vivo a idealizar uma vida mais movimentada, numa comissão qualquer arriscada, aí por estes sertões desertos e vastos de nossa terra, distraindo-me na convivência simples e feliz dos bugres. Se o meu velho for, agora como intenta, à Europa, irei com ele; eu sinto necessidade de abandonar por algum tempo o meio civilizado da nossa terra: assim ou aspiro os sertões desertos ou as grandes capitais estrangeiras – hei-de seguir para um destes destinos daqui a alguns meses.[7]

Ou, fazendo a balança pender para o lado da Europa, o que é raríssimo, e nem se referindo ao outro pólo:

> Felizmente – o meu pai pretende seguir comigo em março para a Europa e lá, graças à minha índole exagerada de fetichista, doido pelos modernos prodígios de civilização, talvez eu me esqueça um pouco do triste rebaixamento em que caiu esta nossa pátria – entregue inteiramente às insânias dos caudilhos eleitorais e ao maquiavelismo grosseiro de uma política que é toda ela uma conspiração contra o futuro de uma nacionalidade [...][8]

No mesmo diapasão voltaria à carga pouco depois: "[...] tenho, em perspectiva, no futuro uma viagem à Europa com o meu pai [...]"[9]. Mas a almejada vilegiatura nunca ocorreu e se desvaneceria mesmo no plano da fantasia, só reaparecendo bem depois da publicação de *Os sertões*, quando as ambições de Euclides mudaram um pouco de direção. E as razões que fornecerá em carta a José Veríssimo – "[...] anelo de revelar os prodígios da nossa terra" –, cujo empenho junto ao barão do Rio Branco solicita para conseguir-lhe a nomeação na comissão de reconhecimento do Alto Purus, emparelham-se às da criança de "Le voyage", de Baudelaire, maravilhada antes as paragens aventurosas e os topônimos forasteiros: "Para mim esse seguir para Mato Grosso, ou para o Acre, ou para o Alto Juruá, ou para as ribas extremas do Maú, é um meio admirável de ampliar a vida, o de torná-la útil e talvez brilhantíssima. Sei que farei muito"[10]. E mesmo numa única carta dirigida à sogra, em que extravasa rancores contra intrigas domésticas que lhe teriam sido armadas pelo cunhado Adroaldo Solon Ribeiro, a quem apoda de "beleguim", entre os motivos que invoca, acrescentando-os a seu pedido de que o deixem em paz, está expresso o anseio de escapar para o interior:

> Depois da triste desilusão que sofri, só tenho uma ambição; afastar-me, perder-me na obscuridade a mais profunda e fazer todo o possível para que os que tanto me magoam esqueçam-me, como eu os esqueço. Quando se terminar a agitação da nossa terra eu realizarei ainda melhor este objetivo, procurando um recanto qualquer dos nossos sertões. É uma coisa deliberada, visto como convenci-me afinal que a dignidade e toda a sensibilidade, mesmo dos que vivem constantemente ocupados da própria honra, são, na nossa sociedade, coisas perigosas, que levam ao martírio.[11]

Afora isso, são freqüentes as menções ao nomadismo a que sua profissão obriga, referindo-se a seu lar mais de uma vez como "tenda árabe", a si mesmo como "peregrino" e a sua vida como "peregrinação", ao seu ofício como a uma "engenharia errante" ou "andante". A viagem, tema por excelência do Romantismo, tão importante enquanto evasão na obra de um *globetrotter* do naipe de Oswald de Andrade (ou, a propósito, na de Sousândrade), conforme vimos em análise de Antonio Candido[12], encontra em Euclides uma variante mais concorde com a tópica tradicional do *fugere urbem*[13], a qual deve ser desligada da continuação do verso de Virgílio – *et vivere in aurea mediocritate* –, porque essa parte nada tem a ver com seus ideais. Estes, ao contrário, como na supracitada carta a Veríssimo, aspiram a uma vida, além de útil, "brilhantíssima", num desejo permanentemente manifestado em vários tipos de escrito bem como na atuação pessoal. Os sertões vêm a ser para ele um misto de Pasárgada espartana e Ilhas Afortunadas, lugar da plenitude, da realização pessoal e do exercício das virtudes viris, removido da urbana Sodoma. Esta se encarnava na única cidade digna desse nome no Brasil de então, em que mesmo São Paulo mal atingia os 200 mil habitantes, e que era a capital, Rio de Janeiro, onde os desmandos dos novos donos do poder eram ostensivos.

A utopia coincide, historicamente, com o vasto movimento de corrupção desenfreada que se seguiu à proclamação da República, quando, como já assinalou Caio Prado Jr.[14], ganhar dinheiro de qualquer jeito tornou-se objetivo geral e sem camuflagem. De observações sobre esse processo a epistolografia de Euclides está cheia. Em certo momento, até cômico, o escritor perversamente faz votos de que a restauração monárquica ganhe a parada, só para voltar aos bons tempos em que os republicanos eram poucos, mas para valer:

> A História tem também seus absurdos; talvez tenhamos que lhe fornecer mais um. Confesso-vos que a coisa será interessante e – por que não levar ao extremo a confissão? – asseguro-vos que intensa curiosidade dá-me alguma vontade de que o absurdo se realize. Tenho saudades daquela minoria altiva anterior ao 15 de novembro... há tanto republicano hoje... Para mim Restauração teria o valor de fazer ressurgir a legião sagrada mais enérgica e mais orientada, capaz de vencer com mais dignidade e com mais brilho. Com certeza, porém, esta linguagem não está agradando ao meu digno amigo e torno a outro assunto.[15]

Está quase deixando o Exército, reformando-se em 1896 enquanto passa a exercer a engenharia nas obras públicas do Estado de São Paulo, o que significava morar em cidades pequenas – São José do Rio Pardo, Lorena e depois Guarujá – e viajar incessantemente, de trem e a cavalo, ausentando-se dos confortos do lar e expondo-se às intempéries por largos períodos. Um ano antes, voltara a bater na mesma tecla, declarando-se "quase engenheiro – graças às peregrinações pelo sertão e a um trabalho intensivo de três meses"[16]. Não era infenso à prática da lucidez autocrítica, pois na mesma carta faz o comentário geral sobre esses impulsos: "Sou incorrigível, meu caro João Luís: não sei quando acabarei de iniciar e destruir carreiras" – o que faria sem cessar, até à morte.

Dois temas correlatos dominam a obra de três escritores da virada de século[17]: o espaço sem limites, seja ele oceano, deserto ou sertão; e a movimentação por esse espaço. Os escritores são Joseph Conrad, T. E. Lawrence e Euclides da Cunha, embora os perímetros de sua predileção sejam diversos. Bardos da amplidão, Conrad estará para sempre associado ao mar, Lawrence ao deserto e Euclides ao sertão. A associação talvez não seja injusta nem descabida, quando se considera que os três falavam do lance mais pujante de suas vidas, que foi a experiência de um certo recorte geográfico.

As circunstâncias poderiam ter operado de outra maneira e esse recorte ser apenas uma edificação do imaginário, como foi para tantos que apenas o fantasiaram, e tal é o caso de Júlio Verne. O que sem dúvida foi igualmente para eles: ou não teria rendido as obras literárias que ora lemos. Mas constituem os capítulos mais marcantes da biografia de cada um, mesmo que as modalidades da escrita sejam divergentes. O único francamente autobiográfico é Lawrence, que escreve em primeira pessoa: sem disfarces, é ele o protagonista de seu livro. Para Euclides, tal é a idealização a que submete seu papel na história, e tal sua preocupação com a objetividade científica, que sua participação nos eventos narrados pouco aparece. Em contrapartida, agiganta-se o papel visionário que *não* teve nos acontecimentos, mas que reivindica no momento de escrever um "livro vingador" que faça justiça, mesmo que *a posteriori*, aos canudenses imolados no altar da modernização, em nome de falsas concepções. E Conrad está escrevendo ficção, ou seja, contos e romances, coalhados de personagens. No entanto, todos os três trabalharam materiais ambiciosos.

O tema da viagem é inseparável da tópica do espaço, pois os itinerários se perfazem enquanto deslocamento através da terra, dos ares, do mar. É de Thesiger, andejo das vastidões áridas da África, onde perambulou por 25 anos, a observação de que a travessia cria o eixo de um horizonte circular que se desloca sem cessar[18]. São muitos os escritores dublês de exploradores que se lançam ao desconhecido, esporeados por algum demônio recôndito. Já se observou, e não poucas vezes, que a aventura exterior se desdobra na aventura interior. Bachelard, ao estudar em vários livros "a imaginação dos quatro elementos" – terra, água, ar e fogo – chamou a atenção para a vontade de dominação, ao dizer, ecoando Thesiger, que

> o nômade se desloca, mas está sempre no *centro* do deserto. [...] Dando volta ao horizonte, o sonhador toma posse de toda a terra. *Domina* o universo [...]. Assim, uma espécie de onirismo panorâmico responde à contemplação da paisagem, cuja profundidade e extensão parecem chamar os sonhos do ilimitado.[19]

No caso de Conrad, a existência aventurosa precedeu a de escritor. São etapas que se sucedem, com uma fratura absoluta: mas uma é matéria da outra. O mesmo se passa com T. E. Lawrence, outro estilista, celebrado pelo inglês culto – o *King's English* – que maneja com maestria digna de um fruto talentoso de Oxford e Cambridge. Os três escritores dão sinais de uma relação especial com o imperialismo finissecular, que condiciona suas vidas e suas obras. A percepção agônica e antitriunfalista que expressam é que dá a garra acerba ao que escreveram. Todos os três são arautos dilacerados do colonialismo e de seu corolário, o genocídio, que, além de testemunhar, deploraram. A busca de valores autênticos em outras sociedades e culturas, já que o Ocidente estaria exaurido e nada mais ofereceria, parte de impulso semelhante ao que originou o verdadeiro epítome desse filão que é "A terra desolada", de T. S. Eliot, de 1922. Subseqüente ao desengano causado pela recaída na barbárie que foi a Primeira Guerra Mundial, o poema acusa a civilização ocidental de falta de vitalidade e de valores espirituais. À míngua de algo que lhe dê sustento contra o materialismo ou abrigo ante a degradação de um mundo desencantado, a civilização soçobra. Em contraste com a grandiloqüência da visão, imagens de futilidade enfatizam a abjeção da vida moderna, conotada pelas novidades tecnológicas ("*She smooths her hair with automatic hand/ And puts a record on the gramophone*" [Ela deita a mão aos cabelos em automático gesto/ E põe um disco na vitrola]). Tudo é vão, tudo é estéril. Em paralelo, o rei do qual depende a ordem cósmica, ora impotente, perdeu a capacidade de fecundar e não mais comanda a ressurreição anual da primavera ("*April is the cruellest month*" [Abril é o mais cruel dos meses[20]]), de modo que as searas não medram, a flora não frutifica, os rebanhos não se reproduzem, as mulheres não engravidam. Simboliza o processo a seca, desencadeada pela estiagem.

    Há traços em comum entre os três prosadores aqui estudados. Primeiro, a demanda de arenas propícias ao heroísmo, às provações do corpo e da alma. Segundo, a percepção da sociedade desse espaço como melhor que a outra, da qual provêem. E, terceiro, a idealização do coletivo. Faz-se presente o sentimento da camaradagem viril ante tarefas hercúleas, no enfrentamento de forças externas e internas. As externas são representadas pelos fenômenos naturais e pelo inimigo humano. As internas, mais que forças, são fraquezas, sob a forma de fome, frio, medo, músculos insuficientes, exaustão. Na imensidão, apenas uma fração de segundo, um átimo, separa a vida da morte. Ou, pior ainda, da desonra, como bem sabe o leitor de Conrad. Tais escritores se sentem bem no androceu constituído pela coletividade com que aí deparam.

    A apropriação do espaço, em princípio hostil ou refratário e demasiadamente "natureza", exige *homens* — mesmo tendo de permeio o homoerotismo, como se dá com Lawrence. Nos três verifica-se a oposição entre duas sociedades, aparecendo a marítima para Conrad, a dos beduínos para Lawrence, a sertaneja para Euclides, como o lugar de todas as virtudes, em contraste com a urbana, onde a deterioração predomina. Para Euclides a cidade é Sodoma, sede do vício e da degradação, da valorização do dinheiro, da corrupção, da troca mercantil generalizada. Ninguém ignora que "o sertanejo é antes de tudo um forte", preservado que foi pelo isolamento — dádiva de um meio inclemente — do "raquitismo exaustivo dos mestiços neurastênicos do litoral". O imaginário do deserto não escapa às associações bíblicas[21]. Povo do deserto, egresso do deserto, circundado pelo deserto, aquele que escreveu a Bíblia deixou no texto a cicatriz da origem. A começar pelo território calcinado que foi obrigado a percorrer, no Êxodo, ao evadir-se do exílio no Egito — a casa da servidão — para ganhar a liberdade e a terra prometida. Jeová, que mora no deserto, na solidão, longe de todo agrupamento, guiava a jornada dos filhos de Israel rumo a Canaã, revestindo a forma de uma coluna de nuvens durante o dia e de uma coluna de fogo durante a noite. Na desolação do Sinai, ao fim do trajeto, Jeová entrega a Moisés os Dez Mandamentos e ordena que as tábuas da Lei em que estão gravados sejam preservadas dentro da arca da aliança, e esta dentro do tabernáculo, até que repouse no futuro templo, em Jerusalém. Tudo isso é narrado minuciosamente, com as especificações e medidas, no livro do Êxodo. No entanto, a idolatria ao bezerro de ouro vai magoar Jeová e acarretar o castigo. Como diz o salmista: "Quantas vezes o provocaram no deserto, e o ofenderam na solidão!" (Salmos 78, 40). O povo eleito vagueará perto de quarenta anos pelos descampados, em penitência, antes de merecer a terra prometida.

    O deserto é, portanto, o lugar onde se sela o pacto com a divindade. É no deserto que Deus fala e que o homem pode ouvir sua voz. Por isso atraía profetas nos tempos do Velho Testamento e anacoretas no cristianismo primitivo, seres vocacionados para um recolhimento propício ao silêncio, caixa de ressonância para a voz de Deus. Em diferentes instâncias, tanto no Velho quanto no Novo Testamento, profetas como Elias, Isaías, João Batista, ou então o próprio Jesus Cristo, demandaram o deserto. Mais tarde Maomé proviria igualmente dali, revelando a palavra divina a outro Povo do Livro, o Islã. É usual que as religiões comecem por um "afastamento" nos termos de Propp[22], a exemplo da expulsão do Jardim do Éden, ou então por uma viagem iniciática. O Islã também: o ano zero da era muçulmana é até hoje referido à Hégira (= fuga, êxodo, emigração) em 622 d. C., quando Maomé escapou de Meca para Medina com seus sequazes; assim como Jesus Cristo nasceu no roteiro da fuga para o Egito, para precaver-se da matança dos inocentes ordenada por Herodes. E fora naqueles recantos, no isolamento em que vivia, nutrindo-se de mel e gafanhotos, que João Batista ouvira a revelação de que seria o anunciador do Messias. Por isso, Deus costumava falar ao povo eleito utilizando metáforas extraídas do deserto e de suas práticas de pastoreio[23], urdindo parábolas, de que Jesus Cristo também se serve, chamando seus filhos de ovelhas e dispondo-se a acolhê-los em seu redil. É o procedimento poético de Davi nos Salmos, inclusive no mais difundido deles, o Salmo 23, ao cantar: "O Senhor é meu pastor; nada me faltará. Deitar-me faz em verdes pastos. Guia-me mansamente a águas tranqüilas. [...] A tua vara e o teu cajado me consolam".

Isaías, um dos quatro profetas maiores, refugiado no deserto – onde tantos foram parar, salvando-se da perseguição movida pelos reis e por outros poderosos cuja iniqüidade denunciavam –, veicula a voz de Jeová, vaticinando que, com a vinda do Messias, "o deserto e os lugares secos se alegrarão; e o ermo exultará e florescerá como a rosa" (Isaías 35, 1). E transmite a promessa do mesmo Deus que tirara água da rocha para desalterar o povo eleito, no Êxodo, de que "águas arrebentarão no deserto e ribeiros no ermo" (Isaías 35, 6). Prediz que a "terra horrível" (Isaías 21, 1), o "ermo solitário cheio de uivos" (Deuteronômio 32,10) onde Jeová foi buscar seus filhos – "esse povo que formei para mim, para que me desse louvor" (Isaías 43, 21) – desabrochará quando o Messias vier. A aridez acolhia banidos, como no episódio de Hagar e Ismael, quando este filho de Abraão foi enviado como escravo para o exílio (Gênesis 21), sob a proteção de Jeová, que lhe prometeu frutificar sua semente em doze príncipes e uma grande nação, contanto que não disputasse a legitimidade da linhagem direta de Isaac. Um tal território, portanto, também serviu, mais de uma vez, como santuário para os desvalidos, à semelhança de um Deus iracundo às voltas com a impiedade de seus filhos, ao procurar ali abrigo de onde invectivar os homens. A essa função aludem os versos de Victor Hugo, do poema "Ultima verba", dos *Châtiments* ("*Quand le désert, où Dieu contre l'homme proteste/ Bannirait les bannis, chasserait les chassés*" [Ainda que o deserto, onde Deus contra o homem protesta/ Banisse os banidos, expulsasse os expulsos...][24]).

Mas as mesmas paragens também são morada do Grande Adversário. Jesus Cristo para ali foi levado pelo Espírito, vivendo entre as feras e sendo servido por anjos, para ser posto à prova pelo Diabo, após quarenta dias e quarenta noites de jejum. Satanás tenta-o três vezes. Na primeira, capcioso, pede-lhe um milagre, o de transformar pedras em pães para saciar sua fome. A resposta de Cristo reboará pelos séculos afora: "Nem só de pão vive o homem, mas de toda palavra que sai da boca de Deus" (Lucas 4, 4). Na segunda, ordena-lhe atirar-se do alto do templo, que os anjos o apararão e atalharão sua queda, se for mesmo o filho de Deus. Na terceira, oferece-lhe o mundo inteiro, em troca de apostasia. É o que conta Mateus, o evangelista, citando-o: "Tudo isto te darei, se prostrado me adorares" (Mateus 4, 9). Repudiado, o Diabo perde a parada para Jesus Cristo. De modo similar, outras fontes, não bíblicas, como Marco Polo e Ibn Battuta[25], dão tais lugares como habitados por demônios, que ali estão para extraviar os transeuntes mediante visagens e falsas aparências, precipitando-os no desastre.

Com tantas implicações, não é de admirar que um erudito orientalista como T. E. Lawrence tenha cedido ao fascínio dessas plagas. E ele próprio, ao se metamorfosear em Lawrence da Arábia, cativou, e continua cativando, as imaginações. Com formação de historiador em Oxford e Cambridge, entregou-se inicialmente a pesquisas arqueológicas no Oriente Médio. Apesar da vocação para *scholar* — mais tarde traduziria a *Odisséia* —, seria apanhado pela Primeira Guerra Mundial e, engajando-se no serviço secreto, viu-se encarregado de fomentar a rebelião árabe contra o Império Otomano, já que a Turquia era no momento aliada da Alemanha e adversária da Inglaterra. Vestido de beduíno e adotando táticas de guerrilha — o verbete "Guerilla warfare" da *Enciclopédia Britânica* ostentou sua assinatura por muitas edições, pelo menos até a de 1958, aqui citada —, liderou os árabes em sua marcha vitoriosa, dinamitando trens e ferrovias para impedir a movimentação das tropas e o abastecimento turco, através do deserto até a Síria, cuja capital ocuparam, triunfantes em toda a linha. Mas a desunião entre tantas nações, etnias, tribos e estirpes prevaleceria, cuidadosamente fomentada pelas potências agora ocupantes, os novos senhores ingleses e franceses que substituíram os turcos, subjugando os árabes.

Lawrence — cujo nome foi decomposto e ressemantizado para *El Orens, o destruidor de trens* — não revelara a seus camaradas beduínos a condição de agente secreto. Convicto de que a Inglaterra traíra os árabes, não lhes dando a independência ao fim da guerra, terminaria desgostoso de seu próprio papel de espião. E isso apesar de seu sucesso e popularidade, pois aparecera nos jornais do mundo inteiro vestido em esvoaçantes albornozes, alvos e bordados a ouro, com uma adaga cravejada de pedrarias à cinta e comandando uma metralhadora — ícone que o cinema perpetuaria. Abandonaria tudo e voltaria ao país natal, adotando um nome falso e vivendo na obscuridade até a morte. Suas memórias constituem uma obra extraordinária, de uma qualidade literária invejável, cujo renome decorre não só das aventuras que narram, mas também da opulência da linguagem que utilizam. Até hoje as biografias se multiplicam, tentando iluminar um pouco o perfil enigmático de um homem de tantas facetas. Conforme relata em *Os sete pilares da sabedoria*, suas reminiscências desse período, tomou-se de amores pela vida no deserto e pelos homens que ali viviam. Também ele opinaria que duras condições de vida forjam pessoas melhores:

> Sua força era a força de homens geograficamente além da tentação: a pobreza da Arábia fê-los simples, frugais, estóicos. Se forçados à vida civilizada, teriam sucumbido como qualquer raça selvagem a suas doenças, à mesquinharia, ao luxo, à crueldade, ao comércio desonesto, ao artifício; e, como selvagens, delas teriam padecido exageradamente por falta de inoculação.[26]

O que mostra pelo avesso seu vaticínio sobre o que aguarda a civilização. O livro é reputado igualmente por suas descrições do deserto e da vida que ali se leva, sem esquecer suas notáveis personagens árabes.

A trajetória de Conrad é rara[27]: esse polonês que adotou a língua inglesa, depois da uma primeira fase em que foi profissional da marinha mercante da Inglaterra, atracou em terra firme e dedicou-se a escrever. Toda a sua obra teria por matéria as vivências do marinheiro, boa parte das quais nos confins da civilização, principalmente na Malásia, mas um pouco também na África. Conservador por convicção e britânico por naturalização, quando a Inglaterra comandava o mundo e se vangloriava de constituir um império sobre o qual o sol nunca se punha, tal estatuto não o impediu de ser um arguto observador das situações de encontro de culturas e, especialmente, dos males que daí advêm. *O coração das trevas* é o mais terrível de seus livros, até hoje insuperável na transfiguração dos horrores do imperialismo. Apesar de situar-se na África, levaria Francis Ford Coppola a adaptá-lo em *Apocalypse now* (1979), um filme sobre os americanos no Vietnã e as atrocidades que cometeram, ao lançar sobre um povo inerme o maior poderio bélico do planeta. Publicado em 1899 em folhetins, sairia em livro em 1902, juntamente com duas outras histórias. Ao exotismo presente em Conrad, moda da época, deve-se creditar boa parte de seu sucesso entre os coevos; depois de passada a moda, tem sido possível apreciar seu alcance, que ultrapassa esses limites. E que não se confunde tampouco com o exotismo mais frívolo de seus contemporâneos, por exemplo de seu confrade francês Pierre Loti, que se travestia de beduíno para receber em seu pavilhão "à turca", em Rochefort.

Saída das mãos de um escritor refinado, a prosa de Conrad teve um papel incontornável no desenvolvimento do discurso indireto livre e do fluxo da consciência. Foi crucial o afeiçoamento do narrador Marlow, que conta os entrechos com um certo viés, assim como a montagem de uma proliferação de pontos de vista, alguns até englobando o de Marlow. Desenrola-se uma técnica sofisticada, e cada vez mais sofisticada, do foco narrativo, que se relativiza e perde o eixo, ao traçar um arco na língua inglesa que passa por Henry James, Conrad, James Joyce, Virginia Woolf, até desembocar em Faulkner. Henry James praticava algo similar nesses tempos e teorizava em seus prefácios – tão interessantes que foram várias vezes publicados separadamente, em várias línguas e até em português[28] – a respeito da personagem "refletor", criação sua[29]. Com esse recurso, em vez de narrar a fábula diretamente, obtinha espessura através do ponto de vista de uma personagem secundária, que observava os protagonistas e os acontecimentos a partir de uma posição periférica, enquanto absorvia opiniões alheias.

Na obra de Conrad, *O coração das trevas* tem-se destacado, apesar de pertencer aos primeiros cinco anos da produção do escritor e nem de longe chegar ao requinte do foco narrativo múltiplo e caleidoscópico que já se verificara, por exemplo, em *Lord Jim*[30]. Mas é uma das estórias "de Marlow" – apesar de não ter foco único, porque o narrador reporta visões de Kurtz veiculadas por outras pessoas, e até por um discípulo seu, que muito o admira –, o que permite adensar as contradições ou inconsistências com que personagens e eventos são delineados. O tempo não desmentiria que aludia ao rio Congo, a Bruxelas e ao Congo Belga, um caso ímpar de cupidez capitalista aliada a genocídio dentre os do imperialismo do final do século XIX, quando as potências européias, na Conferência de Berlim (1883-1885), partilharam entre si, no mapa, a África. Hoje em dia, todos conhecem a história, fartamente documentada[31]. O rei Leopoldo II da Bélgica perpetrou a proeza de reservar, não para seu país, mas para si próprio, como propriedade privada, uma vasta área na África, a qual passou para a história como a maior colônia que já houve pertencente a um único dono. Como é que fez para conseguir, numa monarquia constitucional e não absoluta, algo que se pensaria impossível? Criando uma campanha de publicidade e relações públicas sem precedentes.

Para começar, a colônia foi batizada como Estado Livre do Congo. A cortina de fumaça foi a filantropia. Leopoldo instituiu uma associação (que aparece em Conrad sob o rótulo transparente de Sociedade Internacional em Prol da Supressão dos Costumes Selvagens) que apregoava o objetivo de converter os africanos para trazê-los à cristandade e protegê-los dos traficantes de escravos. Só que, como observou um empregado da companhia de navegação que fazia ligação com o Congo no porto de Antuérpia, os navios arribavam abarrotados de marfim e borracha, zarpando com soldados, armas e munições. Ou seja, não havia comércio porque não havia troca mercantil: trocava-se matéria-prima valiosa por instrumentos de repressão. Alardeando metas hipocritamente altruísticas, Leopoldo funda, com o apoio de governos e de exploradores, a Associação Internacional Africana. Contratou como testa-de-ferro um dos homens mais populares à época, o explorador Stanley, que atravessara a África a pé à procura do missionário David Livingstone, com cobertura jornalística diária. O pretexto era levar assistência hospitalar e religiosa aos nativos, bem como recolher dados científicos, para isso instalando uma rede de entrepostos fortificados ao longo do rio Congo. Passava por ser uma missão desinteressada e servir apenas à causa do progresso. Stanley capitaneou uma guerra sem quartel para submeter os quinhentos chefes tribais de um território de 1 milhão de milhas quadradas, obrigando-os a aceitar o monopólio de Leopoldo. Começou então a extração de marfim e borracha mediante trabalho escravo e condições tão duras que levaram ao extermínio de 5 a 8 milhões de africanos. Trata-se de uma abominação que constituiu um dos mais vergonhosos capítulos da história. Só no Congo e naquele período, houve um morticínio equivalente ao Holocausto na Segunda Guerra.

A passagem de Conrad pela colônia foi breve e inglória. À cata de emprego como oficial da marinha, achou um posto num dos pequenos barcos a vapor que singravam o rio Congo, em 1890. Apesar de ter assinado um contrato de três anos, ficaria apenas seis meses. Antes de *O coração das trevas* escreveria um conto longo sobre a mesma matéria, em 1896 – "A guarda avançada do progresso" – irônico até no título, no qual dois pequenos funcionários brancos da companhia exploradora, em lento processo de deterioração, acabam se entrematando, culminando num assassínio e num suicídio, a propósito de uma disputa irrisória pela provisão doméstica de açúcar. Afora essas duas prosas de ficção, comentaria a experiência nos diários e na correspondência; e não era algo que lhe desse prazer recordar. A propósito da primeira das duas, assim se manifestou: "É uma história do Congo... Toda a amargura dessa temporada, toda a minha estupefação e minha incompreensão quanto ao significado de tudo aquilo que via, reviveram em mim enquanto escrevia"[32].

Para Euclides, a viagem a Canudos foi uma descida aos infernos, ao seio da esterilidade, gerando um epos no modo irônico da inversão de imagens apocalípticas. O império do Belo Monte, que deveria ser um paraíso para seus habitantes, transformara-se, irrisão cabal, numa *wasteland* governada não pelo Rio da Vida à margem do qual viceja a Árvore da Vida, mas por um rio seco e uma vegetação de garranchos, com o bode substituindo o Cordeiro. A imagem da Árvore da Vida seria obliterada pela Árvore da Morte, da qual pendiam os despojos do coronel Tamarindo como Absalão em fuga, suspenso vivo pelos cabelos e traspassado por dardos até morrer (II Samuel, 15 a 17). Euclides se apropria da imensidão em que se encontrou: conforme Júlio Verne, "a imensidão é uma espécie de eternidade" (*Cinco semanas em um balão*). Mostraria a analogia possível entre dois espaços ilimitados, ou seja, aquilo que há de comum, abstratamente, entre ambos, apesar de pertencerem a elementos distintos – à terra e à água, ou ao seco e ao úmido. Em conseqüência, usaria várias vezes o oceano para elaboração de metáforas. Leitor de Castro Alves, certamente conhecia estes versos de "O navio negreiro" que falam do mar: "Neste saara os corcéis o pó levantam,/ Galopam, voam, mas não deixam traço".

As metáforas náuticas vêm de outros tempos, e Homero, com propósito, já as empregou em abundância. Os gregos da época clássica aplicavam-nas à condução dos negócios do Estado, e a alcunha de "Grande Timoneiro" dada a Mao Tsé-tung ainda releva essas associações. Curtius mostra como a latinidade as utilizou para falar do poeta e de seus versos[33], quando este solta as amarras de seu estro para velejar na composição, finda a qual colherá as velas e fechará o livro. No caso de todos os que escreveram sobre o deserto, a equiparação com o mar é a linha de menor resistência para a construção de analogias. Enquanto espaço homogêneo[34], percebido em sua generalidade, o deserto tem sido imemorialmente comparado ao oceano[35]. Nem escapou a Homero, que, operando ao contrário e invertendo a direção, cunhou a fórmula: "o mar estéril". Enquanto espaços heterogêneos, decomposto o deserto em seus elementos constitutivos, a areia é equiparada à água e suas ondulações à arrebentação. Tudo o que se move, seres humanos ou animais, lembra barcos; enquanto tudo o que interrompe a homogeneidade sem se mover – tendas, penhascos, tufos de vegetação seca – lembra ilhas, arquipélagos, cascos sobrenadando de naufrágios, recifes que afloram à superfície.

O deserto é um oceano fulvo ou então um mar encapelado. Assemelha-se o deslizar dos passos a ecos de ressaca; o calor a uma torrente de lava; o ar noturno e gelado ao frescor das águas; as dunas a vagas ígneas; os oásis a portos; o sibilo da areia ao marulho e suas oscilações a rodamoinhos líquidos; o viandante a um piloto sem bússola; o balouço da montaria ao tombo ou jogo do navio; as miragens, quase sempre aquáticas, a fosforescências e ardentias. No deserto, como no sertão, vêem-se enseadas ou golfos, sentem-se borrifos e salpicos não de água, mas de areia. Se não há vento, há calmaria, sucedendo-se às borrascas, que também podem ser secas; e nestas, a tenda *fazia areia* como uma embarcação faz água. Induzido por essas analogias, Euclides prestou atenção a uma profecia encontrada em Canudos. Ao verificar como a profecia operava essa reversibilidade dos espaços, transcreveu-a em seu livro, dando-lhe outro alcance: "O sertão vai virar praia e a praia vai virar sertão". Os sobretons apocalípticos da frase adequavam-se, ademais, ao princípio geral de inversão que ali se apoderara de tudo, travestindo em inferno o paraíso terreal do Belo Monte. Transitando do mineral para o zoomórfico, assemelharia as manobras do exército, mais de uma vez, aos cambaleios de uma massa líquida e à oscilação das marés.

Por aquilo que podemos chamar de uma coincidência da História, os três escritores foram participantes e, em certa medida, membros ativos do imperialismo finissecular, que vigorou até a Primeira Grande Guerra, pela qual é responsável. Os casos de Lawrence e de Conrad ressaltam com clareza devido a serem ambos ingleses, um por nascimento e o outro por adoção, operando fora de seu país, em quadrantes remotos e cheios de exotismo, que tão bem souberam captar. No entanto, nos três escritores impressiona a acuidade com que apanharam as rupturas resultantes do contacto de civilizações e do advento do "terror da História", nos termos de Mircea Eliade. O caso de Euclides mostra-se um pouco divergente por pertencer ao Brasil. Mais que de um imperialismo muito mediado, foi testemunha do colonialismo, se for permitido abusar dessa noção estentendo-a a episódios da modernização capitalista ocorridos dentro de um mesmo país, não só no nosso, mas também por toda parte na América Latina desde a independência. Nesses casos, os desígnios do poder central, implementados pelas Forças Armadas, são impostos à plebe rural da hinterlândia remota, os quais nem sequer concebem as razões da catástrofe que sobre eles se precipita, e que acaba resultando em seu extermínio[36].

Afora sua participação na Guerra de Canudos, em que uma tal modernização levou de roldão o povo do Conselheiro, o imperialismo de que foi agente foi mais o imperialismo das idéias. É impossível ler *Os sertões* sem inteirar-se – a cavaleiro de um século – de que os autores estudados por Euclides formam, no seu conjunto, a ponta-de-lança do imperialismo repertoriando as riquezas nativas para explorá-las em benefício das metrópoles. São mapeamentos que ninguém disfarça de recursos minerais, animais, vegetais e humanos, das vias de acesso a eles, das maneiras de preservá-los e enviá-los para a Europa ou de explorá-los localmente; e assim por diante. Pode ser que Euclides não tivesse o recuo necessário para perceber do que se tratava: antes dava graças por ter acesso a uma taxonomia comentada de seu país. Mas em carta a Veríssimo[37], ao falar das razões pelas quais desejava integrar a Comissão de Reconhecimento do Alto Purus, faz a seguinte observação: "[...] se as nações estrangeiras mandam cientistas ao Brasil, que absurdo haverá no encarregar-se de idêntico objetivo um brasileiro?". O que mostra que não andava inteiramente distraído desses movimentos da ciência internacional.

NOTAS

[1] *Poesia*, em *Obra completa* (org. Afrânio Coutinho, Rio de Janeiro, Aguilar, 1966), v. I, p. 629-58. Seleção feita por Manuel Bandeira de poemas do manuscrito autógrafo *Ondas*. Edição integral em preparo por Leopoldo M. Bernucci e Francisco Foot Hardman.
[2] Alain Laurent (org.), *Histoires de déserts* (Paris, Sortilèges, 1998), p. 46.
[3] A Porchat – Belém do Descalvado, 15 de maio de 1895, em Walnice Nogueira Galvão e Oswaldo Galotti, *Correspondência de Euclides da Cunha* (São Paulo, Edusp, 1997), p. 76.
[4] A Pethion de Villar, sem local, sem data, ibidem, p. 109.

[5] Ver "Euclides, elite modernizadora e enquadramento", introdução a Walnice Nogueira Galvão (org.), *Euclides da Cunha* (São Paulo, Ática, 1984).

[6] Antonio Candido, *Formação da literatura brasileira* (São Paulo, Martins, 1959), esp. Introdução, "2. Uma literatura empenhada", p. 19-22.

[7] A Porchat – Rio, 26 de agosto de 1892, em *Correspondência...*, cit., p. 37.

[8] Ao mesmo – Rio, 25 de novembro de 1893, ibidem, p. 52.

[9] Ao mesmo – Rio, 29 de dezembro de 1893, ibidem, p. 58.

[10] A José Veríssimo – Guarujá, 24 de junho de 1904, ibidem, p. 207-8.

[11] A d. Túlia – Rio, 7 de janeiro de 1894, ibidem, p. 61.

[12] Antonio Candido, "Oswald viajante", em *Vários escritos* (3. ed., São Paulo, Duas Cidades, 1995).

[13] E. R. Curtius, *Literatura européia e Idade Média latina* (trad. Teodoro Cabral e Paulo Rónai, 2. ed., São Paulo, Edusp, 1996), cap. X – "A paisagem ideal".

[14] Caio Prado Jr., *História econômica do Brasil* (São Paulo, Brasiliense, 1945), p. 161-3.

[15] Ao dr. Brandão – São Paulo, 6 de novembro de 1895, em *Correspondência...*, cit., p. 88.

[16] A João Luís Alves – São Paulo, 8 de dezembro de 1895, ibidem, p. 90.

[17] Walnice Nogueira Galvão, "Anseios de amplidão", em *Cadernos de Literatura Brasileira – Euclides da Cunha* (São Paulo, Instituto Moreira Salles, 2002).

[18] Thesiger, "Désert des déserts", em *Histoires de déserts*, cit.

[19] Gaston Bachelard, *A terra e os devaneios da vontade* (trad. Paulo Neves da Silva, São Paulo, Martins Fontes, 1991), p. 300-1.

[20] Trad. Ivan Junqueira.

[21] Jean-Robert Henry, "Le désert nécessaire", em *Désert: nomades, guerriers, chercheurs d'absolu* (Paris, Autrement, Hors série n. 5, nov. 1983).

[22] V. I. Propp, *Morfologia do conto maravilhoso*, trad. Jasna Paravich Sarhan (Rio de Janeiro, Forense Universitária, 1985).

[23] Northrop Frye, *O código dos códigos* (São Paulo, Boitempo, 2004); idem, *Words with power* (Toronto, Penguin Books, 1992).

[24] Trad. de Gilberto Pinheiro Passos.

[25] *Histoires de déserts*, cit.

[26] T. E. Lawrence, *The seven pillars of wisdom* (Londres, Penguin, 2000), p. 227 (tradução minha).

[27] John Batchelor, *Joseph Conrad: a critical biography* (Oxford, Blackwell, 1994).

[28] Henry James, *A arte do romance* (trad. Marcelo Pen, São Paulo, Globo, 2003).

[29] Wayne C. Booth, *A retórica da ficção* (trad. Maria Teresa H. Guerreiro, Lisboa, Arcádia, 1980).

[30] Antonio Candido, "Catástrofe e sobrevivência", em *Tese e antítese* (São Paulo, Companhia Editora Nacional, 1964).

[31] Adam Hochschild, *O fantasma do rei Leopoldo* (trad. Beth Vieira, São Paulo, Companhia das Letras, 1999).

[32] Carta a Fisher Unwin (22/7/1896), apud John Batchelor, *Joseph Conrad*, cit.

[33] E. R. Curtius, *Literatura européia e Idade Média latina*, cit., cap. VII, "Metaforismo".

[34] Gaston Bachelard, *A poética do espaço* (trad. Antonio de Pádua Danesi, São Paulo, Martins Fontes, 1998).

[35] *Histoires de déserts*, cit.

[36] Ángel Rama, *La crítica de la cultura en América Latina* (Caracas, Biblioteca Ayacucho, 1985), p. 350.

[37] A José Veríssimo, 24 de junho de 1904, em *Correspondência...*, cit., p. 208.

III
FULGURAÇÕES DO MODERNO

PONTEIO DA VIOLINHA: O RAPSODO MODERNO E O HERÓI SEM NENHUM CARÁTER
Maria Augusta Fonseca

Para d. Gilda e Telê:
brava gente

Na crônica "A raposa e o tostão" (1939) Mário de Andrade pôs em foco problemas concernentes à arte verbal na década de 1930, questionando escritores que se submetiam à imposição de urgência do mercado em troca de tostões, e assim permitindo embrutecer sua arte; daí o exemplo do homem que transformado em raposa passa a ensinar seus hábitos, agora toscos, à mulher. Com isso em vista, Mário de Andrade volta sua crítica a certa tendência da literatura engajada de valorizar apenas o assunto, descuidando do trabalho estético-formal, porque, sendo força motriz, organiza e configura o conteúdo. Para reforçar seus argumentos, o crítico recorre a outras esferas artísticas, como a pintura e a música, explicando que é

> exatamente pela realização em formas plásticas e sonoras, pela transposição em beleza, que o assunto, mesmo de violenta intenção social como uma "Heróica" ou um Goya, representa realmente uma concepção estética do mundo e da vida, uma nova síntese, um valor crítico que se inclui no sentimento de beleza.[1]

Com base nessas reflexões e no interesse de rastrear particularidades da vida brasileira, pela fibra poética de *Macunaíma: o herói sem nenhum caráter*[2] (1928), serão examinados aqui dois de seus afamados refrãos, por entender que resumem problemas e fundem questionamentos relativos a nossa cultura, a seu processo social e ao fazer literário[3]: "Ai! que preguiça!" e "Pouca saúde e muita saúva/ Os males do Brasil são".

Nas palavras de abertura de seu ensaio "Rapsódia e resistência", Telê Ancona Lopez considerou *Macunaíma* "rapsódia que transcende o nacionalismo modernista de programa, sulcando profundamente a literatura do Brasil, e, desta forma, crescendo até uma representação dos povos do terceiro mundo ou dos donos do pensamento selvagem e do próprio homem do século XX [...]"[4]. A formulação, com a qual se concorda, foi ponto de partida para uma análise complexa que a crítica engendrou sobre a rapsódia de Mário de Andrade. Outro ensaio a ser mencionado, visto que também alimenta a presente leitura, é *O tupi e o alaúde: uma interpretação de Macunaíma*[5], de Gilda de Mello e Souza, notadamente pela referência que faz àquelas duas falas emblemáticas do herói. Interpretou o primeiro refrão como manifestação individual – princípio de prazer – e o segundo como manifestação de traço coletivo, a expressar um princípio de realidade; ambos, postos em tensão, afirma, resumiam "as contradições insolúveis espalhadas pela narrativa"[6]. Esses dois momentos distintos guardam reflexões penetrantes do autor.

A história de *Macunaíma*, acompanhada pelo toque da violinha, reúne no mesmo artista tanto o tupi que tange o alaúde – por uma junção díspar: a que acultura e sofistica o selvagem, tendo em vista o domínio que tem de instrumento musical alheio – quanto o homem culto, por um rapsodo moderno que "ponteia a violinha em toque rasgado". Esse homem de espírito elevado, e que não se encastela, maneja um instrumento musical popular, característico do lugar em que vive. Usa um instrumento coerente com o canto e no interesse de ampliar o alcance da história que conta: difundir amplamente as proezas de Macunaíma, "herói de nossa gente". Por esse intermédio põe em tensão na rapsódia o elevado e o popular.

Com berço em São Paulo e na alvorada do século XX, sabe-se que a obra foi contemporânea das grandes transformações operadas no país: econômicas, tecnológicas, sociais, culturais, artísticas; e ela própria contribuindo para mudanças radicais no campo literário, pois trata-se de um dos momentos mais altos da produção literária do país e do Modernismo brasileiro. Nela Mário de Andrade nos traz o desenho de um país de contrastes e paradoxos, de extrema pobreza e atraso, de riqueza nas mãos de poucos, apresentando-o como um vasto território de desigualdades econômicas e sociais, de convívio ambíguo e cheio de arestas e, na esteira do "herói de nossa gente", culturalmente (mas não apenas) marcado pela ausência de caráter.

Na década de 1920, em que a obra se inscreve, a modernização e a industrialização do país têm como ponto de referência a cidade e o Estado de São Paulo. Esse anseio de atualização atingirá também uma parte da elite intelectual que arejou idéias, repensou modelos estéticos, alimentada em boa parte de suas formulações pela vanguarda artística européia. Por certo a condição de todo movimento de vanguarda é ser passageira, assim pensa Mário de Andrade, que, já em 1925, numa entrevista, fazia um balanço do movimento de 22, considerando aquele momento da vida intelectual brasileira como propiciador de reflexões de fundo. E assim se manifestou: "Ora, de todas as tentativas de modernização artística do mundo, talvez a que achou melhor solução para si mesma foi a brasileira". Para ele os modernistas não pararam na revolta da Semana, "esse foi o jeito com que acertamos a primeira pergunta do nosso exame"[7]. No fluxo da década, porém, essa compreensão do Brasil nos permitirá reconhecer nas convergências e divergências ideológicas os traços contraditórios e por vezes inconciliáveis. Um fator de agregação talvez tenha sido a consciência de que a literatura necessitava assimilar contingentes da linguagem diária veiculada no país, já eivada de empréstimos, e também considerar nesse rol a babel de falares que invadia o espaço público da cidade de São Paulo. Sabe-se que essa fala do cotidiano em muito se distanciava do português da metrópole, aquele mesmo que se aprendia na escola brasileira. Um registro pândego da escrita de lei, conforme cometida por Macunaíma, está na carta que escreve às índias icamiabas. Nela o herói observa com argúcia: "Mas cair-nos-iam as faces, si ocultáramos no siléncio, uma curiosidade original deste povo. Ora sabereis que a sua riqueza de expressão intelectual é tão prodigiosa, que falam numa língua e escrevem noutra"[8].

E a cidade de onde o herói escreve é terra habitada pela velha Ceiuci e seu marido Piaimã (gigante comedor de gente), também conhecido pelo nome de Venceslau Pietro Pietra, colecionador de pedras preciosas, personagem ávida por dinheiro e de índole maléfica, figurado em seu caráter pelo traço de perversidade. É o antagonista do piá Macunaíma, mas não em termos de bem e mal. O conflito se dá porque o herói de nossa gente não tem caráter assumido, oscila de acordo com as circunstâncias. Avesso ao trabalho, libertino com as mulheres, ora medroso, ora tomado de coragem para enfrentar situações de perigo (matar o gigante), Macunaíma é por vezes de uma astúcia infantil. Desbocado, pândego nas trapalhadas, pode-se dizer que já é malandro de nascença[9].

Conforme o relato, a permanência do herói em São Paulo, assim como a de seus dois irmãos, Maanape e Jiguê, será desastrosa, mesmo considerando a heróica façanha de matar Piaimã. Esses habitantes da selva são homens de outro estrato cultural. Como desconhecem regras essenciais da sociedade do dinheiro, orientada pela ganância, pela vontade de poder a qualquer preço, serão massacrados pelo meio. Para conseguir um bom convívio, ou para compreender a lógica da civilização do lucro a qualquer preço, não bastou a Macunaíma substituir as filhas de Vei a Sol pela portuguesa, transformar homens e animais em máquinas ou traduzir termos de uma língua para outra ("icamiabas" por "Amazonas", por exemplo), porque assim tomadas são fórmulas de superfície, insuficientes para enfrentar o mundo do capital. Fisicamente, o próprio organismo se ressentia, sem condições de criar defesas para os males da cidade. Assim, socialmente marginalizados, pobres, contraindo doenças, como empaludismo e maleita, o herói Macunaíma e seus irmãos tarde demais baterão em retirada para o fundo do Mato Virgem. Nesse momento Macunaíma apelará para sua força vingativa, embora não seja mais possível reverter situações. Então, ao sair, usará os poderes extra-humanos, que a condição de mito lhe permitia, para num passe mágico transformar a cidade que o maltratara num bicho-preguiça de pedra. Com o gesto podia elaborar a decepção, em conformidade com o sofrimento, transformando o "tabu" da cidade num "totem", vale dizer, petrificando (transformando em estátua) o mundo que o rejeitou. De modo significativo escolherá um animal dos domínios de sua cultura. Não fosse a mediação do pensamento mágico, da fantasia, poderíamos pensar que com isso o herói se impunha. Note-se ainda que, nesse andamento da narrativa, Macunaíma repetirá a sentença (negativa) e proverbial de sua forja, reiterando num murmúrio a condição precária e desumana do país:

— Pouca saúde e muita saúva, os males do Brasil são.

Enxugou a lágrima, consertou o beicinho tremendo. Então fez um caborge: sacudiu os braços no ar e virou a taba gigante num bicho preguiça todinho de pedra. Partiram.[10]

O exemplo vale (entre outras razões) porque, coerente com o mito, mostra-o na força de seus atos. De modo simultâneo, o rapsodo secunda e nos remete a uma situação da realidade externa e aos sentimentos da personagem, dimensionando o herói na sua humanidade.

Sobre o Brasil e seu contingente de asperezas, Mário de Andrade formulou questões incisivas na rapsódia. Coincidem, e muito, com reflexões que anotou para *A gramatiquinha da fala brasileira*: "Brasil, corpo espandongado, mal costurado, que não tem direito de se apresentar como pátria porque não representando nenhuma entidade real de qualquer caráter que seja nem racial, nem nacional, nem siquer [sic] sociológica é um aborto desumano e anti-humano"[11]. Em busca de respostas, Mário de Andrade dirigiu sua pesquisa para as tradições populares que, ainda pouco modificadas no fluxo dos séculos, deixavam aflorar mais vivamente conflitos de nossa formação. Por isso investigava com perseverança esse manancial de nossa memória coletiva, recolhendo dados, formulando e reformulando suas indagações. Música, folguedos, danças dramáticas (como o bumba-meu-boi), lendas, mitos, hábitos, costumes, modalidades da língua falada, estão no rol da matéria pesquisada, levando em conta o caldeamento de raízes: européias (principalmente), ameríndias, africanas. Nesse entender, teceu a seguinte consideração sobre ele mesmo em *A escrava que não é Isaura*: "Três raças se caldeiam na minha carne". Mas consciente de uma outra pluralidade, como homem do mundo contemporâneo, prossegue:

> Três?/ Fui educado em colégio francês. Palpito de entusiasmo, de amor ante a renovação da arte musical italiana. Admito e estudo Uidobro e Unamuno. [...] Sou brasileiro. Mas além de ser brasileiro sou um ser vivo comovido a que o telégrafo comunica a nénia dos povos ensangüentados, a canalhice lancinante de todos os homens e o pean dos que avançam na glória das sciências, das artes e das guerras. Sou brasileiro. Prova? Poderia viver na Alemanha ou na Áustria. Mas vivo remendadamente no Brasil, coroado com os espinhos do ridículo, do cabotinismo, da ignorância, da loucura, da burrice para que esta Piquirí venha a compreender um dia que o telégrafo, o vapor, o telefonio, o Fox-Jornal existem e que a SIMULTANEIDADE EXISTE.[12]

Essas reflexões datam de 1924 e antecipam questionamentos que depois serão enredados em *Macunaíma: o herói sem nenhum caráter*. Nessa obra o escritor apresaria traços marcantes de nossa formação lingüística, dos bens da cultura, das mazelas sociais, do sincretismo religioso. Transforma mitos e manifestações artísticas populares no assunto de sua literatura culta. E é essa vasta assimilação de memórias que protagoniza a viva leitura que faz de sua atualidade. Visto desse prisma, o Brasil se apresenta na rapsódia como um país de forças antagônicas, crivado de conflitos, chagado de injustiças, e de difícil compreensão. Se isso for verdade, como entender seu nacionalismo? Melhor dizendo, que sentido emprestava ao termo, no final dos anos de 1920, quando concluía a rapsódia? Recorre-se a carta enviada a Manuel Bandeira em que teceu comentários nessa direção, referindo-se a *Clã do jaboti* (1927): "Já temos nacionalismo por demais e tão besta! Vão julgar meu livro nacionalista, que eu entrei também na onda"[13]. Alude, provavelmente, aos movimentos Verde-amarelo e Anta, que em nome de um nacionalismo vesgo, determinado por visão de classe, maquiava e mascarava o país uma vez mais, ferindo na base os princípios de Mário de Andrade.

Dessa perspectiva, sobre considerar o herói de sua rapsódia como um símbolo nacional, o escritor cedo procurou desfazer equívocos, escrevendo ao amigo Manuel Bandeira:

Macunaíma não é símbolo do brasileiro, nem no sentido em que Shylock é da Avareza. Se escrevi isso, escrevi afobado. Macunaíma vive por si, porém possui um caráter que é justamente o de não ter caráter. Foi mesmo a observação disso, diante das conclusões a que chegara, no momento em que lia Koch-Grünberg, a respeito do brasileiro, do qual eu procurava tirar todos os valores nacionais, que me entusiasmou pelo herói.[14]

Depois, referindo-se a Venceslau Pietro Pietra, esclarece: "Macunaíma não é símbolo do brasileiro assim como Piaimã não é símbolo do italiano. Eles evocam 'sem continuidade' valores étnicos ou puramente circunstanciais de raça. Se Macunaíma mata Piaimã [...] é porque de fato mata na lenda arecuná"[15].

Em "Uma palavra instável", o crítico Antonio Candido discute o vocábulo "nacionalismo", explorando usos do termo no país numa linha temporal, incisa no processo histórico. Por diferentes perspectivas, então, observa oscilações de sentido e marcas ideológicas desse uso, no contexto brasileiro do século XX. A leitura alcança tanto a exacerbação acrítica do "meufanismo" como postula que o termo poderá configurar a "consciência da diferença e critério para definir nossa identidade". Numa passagem, explica: "Com os modernistas ficou bastante desmoralizado o *ufanismo* dos decênios anteriores, a ótica deformante do otimismo patrioteiro"[16]. Nesse particular, caberia incluir aqui um desabafo de Mário de Andrade, feito em carta a Augusto Meyer, no ano em que lança o *Macunaíma*:

> Se foi escrito brincando, ou melhor, divertidamente, por causa da graça que eu achara no momento entre a coincidência dum herói ameríndio tão sem caráter e a convicção a que eu chegara de que o brasileiro não tinha caráter moral, além do incaracterístico físico duma raça em formação, se foi escrito divertidamente, a releitura do livro me principiou doendo fundo em seguida. Hoje ele me parece uma sátira perversa. Tanto mais perversa que eu não acredito que se corrija os costumes por meio da sátira.[17]

Divina preguiça

O desabafo, "– Ai! que preguiça!...", destacado como um elemento substantivo na compreensão de *Macunaíma*, cumpre na construção do relato o papel de um bordão, que, repetido a intervalos no andamento da história, crava-se como marca do herói, princípio de prazer, como já se disse. Presente nos primeiros parágrafos da rapsódia, é antecedido pelo silêncio eloqüente – iminência narrativa –, aquele que anuncia o parir da história. Impregna-se nesse silêncio um momento muito particular, aquele do ócio criador. Sobre o silêncio e duplicidades de suas interpretações, o filósofo Santiago Kavadloff observa que essa quietude representa "tanto o corolário excelso da lucidez, como a bruma irremediável, na qual se dilui a aptidão – e às vezes a necessidade de articular uma idéia ou uma emoção com a qual deixa para trás o mundo do previsível e do codificado"[18]. No caso de *Macunaíma*, o silêncio do início da história precede o relato do nascimento do herói. Contrapõe-se ao silêncio do epílogo, "acabou-se a história e morreu a vitória" (final à moda do fabulário popular), e ao silêncio do fim escolhido pelo herói: ser "brilho inútil" de estrela. Há, porém, outros meandros nesses silêncios que alcançam vida (*eros*) e morte (*thânatos*) e envolvem o narrar e a preservação da memória. No entanto, sabe-se que antes de subir para o céu, pelo cipó trançado de matamatá, e se transmutar em constelação, Macunaíma libertará sua voz, contando sua história a um papagaio (aruaí) que mecanicamente passou a repeti-la, assim permitindo que chegasse aos ouvidos do rapsodo. Este, no papel de contador, reinventou a história (quem conta um conto) e a dispôs na escrita. Em vista disso, precisará subverter usos da forma culta, extraindo a seiva de sua palavra artística de uma voz impura, fala "muito nova, muito! Que era canto e que era cachiri com mel-de-pau, que era boa e possuía a traição das frutas desconhecidas do mato"[19]. Essa fala oralizada, que orienta a consciência estética de Mário de Andrade, e particulariza a fala brasileira, tensiona o relato pela base.

O desabafo-marca do herói, conforme registrado pela primeira vez, tem como reforço expressivo dois sinais de exclamação, reticências (encomprida a voz e interrompe o sentido) e travessão (indicando a dramaticidade da fala). A interjeição formada por um ditongo decrescente, *ai*, é sucedida por uma explicação, *que preguiça*, que também serve para espichar na escrita um bocejo de tédio, de lassidão sexual, de indolência, ou mesmo de gracejo. Em seu território de ambivalências, esse desafogo exprime uma face do mito, bem como faces do comportamento humano. Tomado no sentido literal, pensa-se de imediato num extravasamento individual, por um gesto vagaroso, a nos inculcar uma característica que o colonizador atribuiu ao brasileiro. Sem desprezar esse filão interpretativo, com implicações de preconceito, a expressão de Macunaíma permite conjecturar nos domínios da palavra poética. Na ordem dos acontecimentos, lembra-se a abertura do relato e o nascimento do herói:

> No fundo do mato-virgem nasceu Macunaíma, herói de nossa gente. Era preto retinto e filho do medo da noite. Houve um momento em que o silêncio foi tão grande escutando o murmurejo do Uraricoera, que a índia tapanhumas pariu uma criança feia. Essa criança é que chamaram de Macunaíma.

No parágrafo imediato, o silêncio será retomado como tema, envolvendo o herói e o tempo que demorou para falar, mais de seis anos. As primeiras palavras pronunciadas reiteram sensações de moleza e cansaço:

> Já na meninice fez coisas de sarapantar. De primeiro passou mais de seis anos não falando. Si o incitavam a falar exclamava:
> – Ai! que preguiça!...
> e não dizia mais nada. Ficava no canto da maloca, trepado no jirau de paxiúba, espiando o trabalho dos manos que tinha, Maanape já velhinho e Jiguê na força do homem.

Como entidade mítica que se preza, o herói é mostrado desde criança por suas proezas, em que se inclui uma diversão peculiar, "decepar cabeça de saúva". Suas ações enredam tanto o mito quanto o homem secular, numa mistura de tempos e espaços. Nota-se que Macunaíma gostava de espiar do alto o trabalho dos irmãos. Porém esbaldava-se nos banhos com as cunhãs. Esse primeiro capítulo nos mostra um Macunaíma sexualmente audaz, interesseiro nas ações, irreverente no trato. Fazia festinha para as mulheres; "dandava pra ganhar vintém"; e "nos machos guspia na cara". Mas respeitava os ritos presididos pelos velhos, participando das "danças religiosas da tribo". O desabafo repetido no fluxo fabular, como insígnia do "herói de nossa gente", e espalhado pelos capítulos, sofre ligeiras alterações (sempre justificadas) em algumas passagens. Por exemplo, a interjeição "Ai!" será substituída por "Ara", ou por "Ah" (XVII. "Ursa Maior"), e a pontuação modificada[20]. No capítulo XIV, "Muiraquitã", a mudança pretende dar conta de uma ameaça, para exprimir um som cavo e entre dentes. Isso ocorre momentos antes de Macunaíma matar o gigante Piaimã: "[...] olhou cheio de raiva pro gatuno da muiraquitã e rosnou: – Hhhm que preguiça!". Essa variação extremada da expressividade respeita o contexto. Em outras situações e contextos, a interjeição testemunha estados emocionais do herói – contemplação, gozo, raiva – e não se esgota numa única mirada.

Sobre ser a expressão de um traço coletivo, como o da indolência do brasileiro, reitera-se que Mário de Andrade não afiança esse juízo do colonizador, que afinal embute preconceitos em relação ao ameríndio, ao escravo, ao homem simples do campo e a outros homens em condição de pobreza, já que a pecha não afeta o *far niente* burguês. A propósito desse juízo, por viés de classe, evoca-se a palavra de Mário de Andrade numa entrevista ao *Diário Nacional*, em agosto de 1927. Acabava de retornar de uma longa excursão ao Norte do país, em companhia de Olívia Guedes Penteado. Granjeando impressões o jornalista em questão o interpela: "– Mas, sob essa atmosfera [fala-se do calor], como é possível trabalhar? Lá os homens devem ser preguiçosos como o diabo!". O entrevistado reage: "– É engano lamentável: o tapuio trabalha bem e é alegríssimo. Para ganhar uma ninharia quase degradante, a tapuiada passa uma noite inteira carregando lenha para dentro os navios. Tudo isso no meio de ditos e gargalhadas"[21]. No tocante a esse atributo de mandrancie e de vadiagem, Paulo Prado trouxe um registro mais abrangente em *Retrato do Brasil*, por uma quadrinha popular: "São desgraças do Brasil/ Um patrimônio fofo,/ Leis com parolas, preguiça,/ Ferrugem, formiga e mofo"[22].

Conforme gravado em muitos relatos de cronistas no Brasil colonial, o vocábulo "preguiça" (do latim *pigritia*) serviu para designar genericamente um animal nativo, classificado como mamífero desdentado (apesar de não ser), da família dos bradipodídeos. Habitante do alto das imbaúbas, o animal foi assim chamado pelo europeu por causa de seus movimentos vagarosos. E aqui não se descarta uma expansão do termo no desabafo de Macunaíma, aproximando sons na linguagem oral. Na sua representação escrita, as partes são assimétricas: 1) *Ai!* 2) *que preguiça!* No primeiro segmento, curto e incisivo, a interjeição exprime certo estado de espírito do herói, por uma espécie de onomatopéia, que poderá ser grito de dor ou de alegria, de lástima ou prazer, de cansaço, enfado, melancolia, prostração, e também secundar o grito do animal. Tal expressão interjectiva, com ênfase na expansão vocálica, se faz acompanhar de uma explicação que alonga o desafogo. Sinais gráficos, como as reticências, contribuem para essa configuração: *que preguiça!...* A voz encomprida de Macunaíma, fingindo esforço e fadiga, mostra indisposição para o trabalho, que, aliás, seria incompatível com sua condição de herói. E isso também vai se confirmar. Chegando em São Paulo,"adonde até liga pra meia ninguém comprava por vinte mil cacaus, Macunaíma ficou muito contrariado. Ter de trabucar, ele, herói Murmurou desolado: – Ai! que preguiça!...".

Como símbolo expressivo que é, o desabafo coloca em tensão outros elementos de significação, além do seu próprio, e parece guardar na escrita traços fundos da oralidade. Alargando campos de ação, confirma seu papel estruturante na rapsódia. Sendo assim, afora o duplo resgate de modos de ser de Macunaíma, e da relação colonizado e colonizador, que carrega, a expressão também se orienta para uma problemática universal, incluindo no princípio de prazer, um desejo ancestral, o direito à preguiça[23]. Nele se confirma um princípio poético de tradição longínqua: "A arte nasceu porventura dum bocejo sublime, assim como o sentimento do belo deve ter surgido de uma contemplação ociosa da natureza"[24]. Desse ângulo, e pela voz do rapsodo, a expressão secundaria no próprio relato uma alusão ao cansaço e solidão também daquele que escreve. O problema diz respeito ao artista e a seu isolamento produtivo, conforme explicita Maurice Blanchot em *O espaço literário*[25]. Nesse particular aproxima-se de reflexões de Mário de Andrade, registradas na crônica "A raposa e o tostão", na década de 1930, a propósito do trabalho do escritor: "Progressos, decadência? Tudo é possível neste mundo vasto, mas também é incontestável que somente na solidão encontraremos o caminho de nós mesmos"[26].

Além do que já foi inventariado sobre a expressão, há indícios de uma outra complexidade subjacente, voltada para a natureza poética do relato. Um rastro a seguir seria uma carta do século XVI, da lavra do padre José de Anchieta, enviada aos superiores da Igreja no Velho Mundo. A edição dessas *Cartas inéditas*, pela Typographia da Casa Eclectica, datada de São Paulo, 1900, faz parte do acervo de Mário de Andrade (hoje no Instituto de Estudos Brasileiros – USP). No início do documento, lê-se: "Carta fazendo a descrição das inúmeras coisas naturais, que se encontram na província de S. Vicente hoje S. Paulo. Escripta em *São Vicente* (que é a última residência dos portugueses na India Brazileira, voltada para o sul) pelos fins de Maio do ano de 1560".

No relato descritivo de Anchieta, há várias considerações sobre costumes dos habitantes da terra, o lugar, a natureza – em que amiuda aspectos da flora e da fauna. Na passagem em que trata do bicho-preguiça, refere-se a sua lentidão ao se mover. Dentre as características do animal destaca as unhas compridas e curvas, e ainda observa que a cara do animal "parece assemelhar-se alguma cousa do rosto de uma mulher". Mas aqui interessa assinalar a passagem em que Anchieta primeiro se refere ao animal, transliterando um termo de origem tupi para esclarecer: "Ha outro animal que os índios chamam *Aig*, e nós 'Preguiça'[...]"[27].

Por esse resgate, a expressão "– Ai! que preguiça!" esconderia motivações mais complexas, respondendo por interesses de Mário de Andrade: a musicalidade e o caráter mesclado da língua falada no Brasil. A reboque disso, ainda, o escritor poderia ter considerado modulações próprias da prosódia ibérica que permitem pensar variações de pronúncia: aig(ue) = aiq(ue). Avançando nessa direção, nota-se que no desabafo do herói acomodam-se elementos sonoros que reavivam a explicação de Anchieta.

Aig Preguiça

Dicionários de zoologia (como o de Von Ihering), outros etimológicos, aqueles especializados, ou não, registram por diferentes transliterações do tupi (língua geral) as grafias *ai*, *aí*, *aig*, *aígue*, *ahú*, como variações para a nomenclatura tupi do bicho-preguiça, compreendendo a reprodução do som cavo e longo emitido pelo bicho (*a*), finalizado pelo (*i*) breve. O filólogo Antenor Nascentes confirma: "Aí (substantivo).

Do tupi **a'i**. Vocábulo onomatopéico. O animal articula um **a** fechado, muito prolongado, seguido de um **i** curto e aspirado"[28].

Dessa perspectiva a expressão do herói seria, em acréscimo, um artifício de caráter enigmático, porque esse possível amálgama camuflaria um traço desviante da fala brasileira – como face deformada em relação à matriz portuguesa. Pouco evidente na superfície do texto, a fusão mostraria problemas locais, por engenhos do artista, cujo papel, como escreveu Mário de Andrade a Camargo Guarnieri, "não é figurar uma nacionalidade, mas transfigurá-la, de maneira a sintetizar na obra dele o que na pátria está disperso"[29]. Nesse sentido, conjectura-se que, ao ampliar o campo de significações da obra, o artista fundiu grito e jogos acústicos, desafogo e musicalidade da palavra, expressão e características da história local, aproximando línguas e culturas tão diferentes, nessa exploração da paridade sonora, *ai que = aigue*. Desse modo, o que parecia encerrado em si mesmo seria revelador de um diferencial, ou seja, um elemento perturbador no âmbito da nacionalidade que representa. Pesquisador interessado nessas relações conflitantes, Mário de Andrade considerava por contraste os despropósitos da língua "oficial emprestada" de Portugal, que julgava de "feiúra morna". Se deslocarmos o problema pela malha poética, e pela ordem do dia dos debates modernistas, os questionamentos de Mário de Andrade se alinham ainda com uma assertiva de Oswald de Andrade no *Manifesto da Poesia Pau Brasil* (1924): "Como falamos. Como somos".

Na expressão reelaborada na rapsódia empresta-se o som emitido por um animal totêmico e paradisíaco. Assim, de um lado, temos a preguiça emaranhada no Eldorado de Pindorama; de outro, associada a um vocábulo do repertório do colonizador, evocando o ócio improdutivo, parasitário, o ócio pecaminoso do pensamento cristão, ou mesmo o ócio patológico, todos em divergência com aquele ócio divinizado de priscas eras. Ao fundir os dois termos na voz de uma única personagem e torná-los passíveis de reconhecimento na estilização poética, Mário de Andrade estaria explorando zonas de sombra da fala brasileira. O caminho reflexivo, pela imaginação criadora, o leva ao ócio que propicia o florescimento artístico, aquele evocado em seu artigo de 1918 (e depois em *A escrava que não é Isaura*), aproximando a preguiça divinizada de certo pensamento elevado, e de um comportamento contemplativo próprio do homem natural das Américas.

Em relação ao preguiça, há outros caminhos para explorar. Esse bicho emblemático para Mário de Andrade, conforme gravado no poema "Brazão", ocupará lugar de destaque em *O turista aprendiz*. Numa parte desses escritos, o artista inventa uma lenda, apresentando os preguiças como antepassados dos índios Do-Mi-Sol. Essa tribo fictícia teria como traço peculiar a comunicação por meio da música. Articulando uma contraposição, explica:

> Também poderia por junto da tribo Do-Mi-Sol, outra tribo inferior, escrava dos Do-Mi-Sol, justamente porque falava com palavras como nós, e daí um estreitamento de conceitos que a tornava muito inferior. Mas por intermédio desta tribo, poderei criar um vocabulário de pura fantasia, mas com palavras muito mais sonoras e de alguma forma descritivamente expressivas, onomatopaicamente expressivas, dos meus sentidos.[30]

Essas palavras servem para referendar preocupações de Mário de Andrade naquele momento em que dava novos acabamentos à rapsódia, sempre interessado na história cultural e na expressividade da fala brasileira. O próprio artista afirma, em outra passagem de *O turista aprendiz*, fazer parte daquela facção dos Do-Mi-Sol que tem no preguiça um animal totêmico, em função da "'Lenda do Aparecimento do Homem' que lhe contaram"[31]. Os exemplos bastam para firmar no relato a intersecção de muitos planos, mostrando o simultaneísmo nas significações de idéias, a polifonia nos significantes sonoros e a escolha pertinente da rapsódia como forja literária.

Subtração e soma: saúde e saúva

Se, de um lado, a preguiça dá conta de particularidades individuais, em consonância com o coletivo, tensionando usos da língua, para expor conflitos de identidade, e essa fusão de seus termos também reaviva questões sobre a arte, na sua universalidade, de outro lado, o dístico "Pouca saúde e muita saúva/ Os males do Brasil são" empresta à rapsódia uma força crítica diferente. Nesse segundo exemplo, a declaração de Macunaíma não mais se prende a uma referência íntima e isolada, senão que pretende dar visibilidade a uma conjunção de problemas de ordem externa, ligando sujeito e atributos, explicitamente, um país e seus males. E tais males referem-se à sobrevivência e à subsistência dos habitantes de um determinado lugar. Voltam-se para uma situação de precariedade, que é por assim dizer estado de rebaixamento da condição humana, mas particularizado num tempo e numa coletividade. Significa dizer que os adjetivos que quantificam "saúde" e "saúva", respectivamente, "pouca" e "muita", sintaticamente corretos, parecem deslocados em relação ao sentido que atribui aos vocábulos que a eles se atrelam na primeira linha do dístico. Na segunda, não mais se aplica a inversão de termos que altera sentidos na qualificação dos substantivos. Desta feita é a ordem sintática que se desestabiliza. Nesse segundo verso, que resume fatos da primeira linha, o substantivo plural, "males", acompanhado de artigo definido, fixa o sujeito e a parte afetada – um país cujo nome é "Brasil". O termo usado nessa declaração peremptória tem similar de oposição (bem e mal), consignando na forma construtiva diferentes explorações de contraste, como aquela primeira inversão de posse: "Pouca saúde e muita saúva". Tal operação de subtração e de soma contraria razões de ordem social e econômica, pois as saúvas que devastam a lavoura poderiam existir em pequena quantidade, enquanto a saúde, que deveria ser abundante, é escassa. A título complementar retoma-se o artigo "A divina preguiça" num trecho em que Mário de Andrade apresenta os períodos gloriosos das artes na Grécia e em Roma, como "tempos de formoso trabalho, onde *as saúdes abundavam de seiva* [...]"[32].

Isso posto, e centrando problemas na saúva, lembra-se de que são muitas as formigas que povoam a rapsódia e que variam as suas funções na narrativa. Por exemplo, Maanape, irmão feiticeiro de Macunaíma, usa uma formiguinha sarará no ritual em que faz ressuscitar o "herói de nossa gente". Em outra circunstância, quando morre sua mulher, Cy, e ela vai para o céu, Macunaíma faz questão de dizer que estava "liberta das formigas"[33]. Ainda, uma formiga muito pequena, como a tracuá, salva sem querer o herói de uma enrascada, mordendo-lhe o calcanhar e assim livrando-o da fúria de Capei[34], monstro que escravizava uma tribo. E, diga-se, morava no covão das saúvas.

Essa avantajada cortadeira, sinônimo de praga na lavoura, é a mesma que servia para a diversão cruel do herói na sua infância. Ainda, lembra-se de que, antes de percorrer territórios à procura de sua muiraquitã, Macunaíma vai à ilha de Marapatá e lá dependura sua consciência num mandacaru bem alto: "Deixou-a bem na ponta dum mandacaru de dez metros, pra não ser comida pelas saúvas". Em *Roteiro de Macunaíma* Cavalcanti Proença mostra o alcance da proeza no relato rapsódico: "[...] na época da exploração da borracha diziam que todos que entravam seringais adentro deixavam a consciência na ilha de Marapatá e sem ela estavam aptos a tudo fazer para conseguir riquezas"[35]. O fragmento citado comporta elementos significativos para a estrutura do capítulo V, "Piaimã". Como se observa, o gesto tem muitas implicações e permite estabelecer relações nada desprezíveis, porque é nesse capítulo que se registra a chegada de Macunaíma a São Paulo, terra das máquinas, sendo conseqüentemente seu primeiro contato com a civilização do dinheiro.

Quanto à saúva, ganhará estatura simbólica na rapsódia por uma declaração do herói, conforme se lê no capítulo VIII, "Vei a Sol": "E uma luz vasta brilhou no cérebro dele. Se ergueu na jangada e com os braços oscilando por cima da pátria decretou solene: – POUCA SAÚDE E MUITA SAÚVA, OS MALES DO BRASIL SÃO!".

As letras garrafais impressas distinguem a fala altissonante e com força de lei. Para Haroldo de Campos trata-se de "discurso com *slogan* político"[36]. Gilda de Mello e Souza, com base em Herbert Marcuse (*Eros e civilização*), o considera princípio de realidade. O capítulo em que esse desabafo declamatório aparece pela primeira vez é o mesmo em que Macunaíma "bate continência para Santo Antônio", e logo depois rejeita se casar com as filhas de Vei a Sol (desprezando a origem), para se juntar com uma portuguesa vendedora de peixe. E é antes disso que o herói, iluminado como um deus por raios de luz, luminosidade da razão, vai parir não um outro ser (como bem pode, na qualidade de mito), mas dará vida a uma composição que condensa uma crítica contumaz. A forja poética será "criada ritmicamente à maneira de um provérbio", no entender de Mário de Andrade, como citado por Gilda de Mello e Souza em *O tupi e o alaúde*.

A propósito dessa elaboração do herói, temos no capítulo IX, "Carta pras icamiabas", mais uma explicação. Dessa vez, feita por Macunaíma, ressaltando a natureza artística do refrão. A carta, que é um relato pândego e repleto de segundas intenções, contrasta vigarice, ironia e embasbaque do Imperador do Mato Virgem. Macunaíma despeja sua lábia para conseguir das icamiabas muitas igaras de cacau. Sua intenção é trocar a mercadoria pela moeda da terra, não para a subsistência alimentar, mas para farrear com as mulheres da "zona estragada". Para disfarçar o objetivo, escreve um texto enrodilhado e tece considerações sobre o país, e sobre São Paulo, e nisso inclui suas palavras proverbiais:

> Porém, senhoras minhas! Inda tanto nos sobra, por este grandioso país, de doenças e insectos por cuidar! Tudo vai num descalabro sem comedimento, estamos corroídos pelo morbo e pelos miriápodes! Em breve seremos novamente uma colônia da Inglaterra ou da América do Norte! Por isso e para eterna lembrança dos paulistas, que são a única gente útil do país, e por isso chamados de Locomotivas, nos demos ao trabalho de metrificarmos um dístico, em que se encerram os segredos de tanta desgraça:

"POUCA SAÚDE E MUITA SAÚVA,
OS MALES DO BRASIL SÃO."

Este dístico é que houvemos por bem escrevermos no livro dos Visitantes Ilustres do Instituto Butantã, quando foi da nossa visita a esse estabelecimento famoso na Europa.

A sentença registrada na carta mostra contradições do herói: deslumbrado e sorrateiramente crítico.

Sobre o herói e seu contato com a civilização moderna, Cavalcanti Proença aponta outros malefícios: "formigas e doenças: o herói tem de tudo [...] E são doenças que apanha na cidade que não tinha lá no mato. Dava razão a Saint-Hilaire e Miguel Pereira"[37]. Em *O tupi e o alaúde*, Gilda de Mello e Souza retoma a passagem de Proença, para expandir a explicação e lembrar que Mário de Andrade fundiu nesse dístico duas declarações, a do viajante naturalista – "Ou o Brasil acaba com a saúva ou a saúva acaba com o Brasil" – e a do médico sanitarista – "O Brasil é ainda um vasto hospital"[38]. Somando propósitos, resgata-se ainda um poema satírico de Gregório de Matos que, segundo Segismundo Spina, "tem como modelo um poema de Quevedo, cujo refrão é 'Milagres de corte son'"[39]. Nesse poema de Gregório de Matos, endereçado ao padre Lourenço Ribeiro, o verso "Milagres do Brasil são"[40] é repetido nas últimas linhas das estrofes, no feitio de refrão. Seus rastros são visíveis em *Macunaíma*.

Observou-se anteriormente que, no dístico do herói, os males do país são quantificados por dois adjetivos opostos, "pouco" e "muito", que por sua vez qualificam os substantivos "saúde" e "saúva" com carga negativa. Mas o campo de tensões não se resume a essas evidências. O termo "saúde", por exemplo, é um substantivo da língua portuguesa, de origem latina; ao passo que "saúva", vocábulo com o qual faz parelha, é constituído por um termo de origem tupi, vale dizer, de novo uma transliteração feita de uma língua sem registro na forma escrita, a descaracterizar a língua-mãe. O substantivo "saúva", que designa a formiga graúda (fem. içá), é estranho ao léxico do colonizador. Significa dizer que sua presença no relato constitui por si só um elemento de turbulência expressiva. Por essa junção, que também guarda princípios estruturantes do relato, Mário de Andrade uma vez mais põe em confronto um vocábulo culto da língua portuguesa com outro de uma língua ameríndia, inculta, trazendo à tona variações e perturbações que tensionam a fala local.

De outra parte, considerando na rapsódia os malefícios praticados pelas saúvas, lembra-se, em primeiro lugar, da devoração da consciência do herói. Mas outros se somam. As saúvas são forças devastadoras, capazes de destruir uma coletividade, assim, arruinaram a casa, a memória, a cultura e a vida social da comunidade habitada pelo homem e pelo mito: "A tribo se acabara, a família virara sombras, a maloca ruíra minada pelas saúvas e Macunaíma subira pro céu, porém ficara o aruaí do séquito daqueles tempos de dantes em que o herói fora o grande Macunaíma imperador"[41].

Biscoito fino

Na tentativa de enfeixar outras questões, para alargar ou corroborar o que foi exposto nesta leitura, busca-se por fim aproximar a formiga saúva da figura de Piaimã no papel de antagonista do piá Macunaíma. E aqui não apenas pelo corpo agigantado, mas também pela voracidade que caracteriza sua ação e pelo poder avassalador de destruir. Em linhas gerais, lembra-se de que a formiga tanto povoa contos-da-carochinha (no imaginário de tradição mesclada) como é personagem de histórias do fabulário europeu. Em relatos exemplares, como o das fábulas, em que se transfere a animais toda sorte de alusão a respeito dos homens, a formiga já foi destinada a figurar o burguês. Num trecho de *Visão do paraíso*, Sérgio Buarque de Holanda observa: "Não admira se em muitas peças La Fontaine, um crítico moderno, que evocou símiles, pode discernir um retrato moral da burguesia ascendente, cônscia de seus direitos e já preparada, em alguns casos, para os fazer valer a qualquer preço". E assim ajunta: "A formiga, já o tinha notado Taine, é o animal burguês por excelência, de espírito claro e firme, prático, raciocinador e calculista, rude como um homem de negócios e incisivo como um advogado"[42]. Outro que se deteve sobre o assunto – o escritor inglês Aldous Huxley – consignou em "Guerra e nacionalismo" que

> há somente duas criaturas que fazem guerra: uma é a formiga cortadeira, a outra é o homem. Essas duas criaturas têm em comum a instituição da propriedade. Apesar de a formiga cortadeira não possuir linguagem e por isso não ter sistema conceitual de princípios ou noções éticas, tais guerras podem durar bastante tempo.[43]

Ainda, nesse enredar de gigantes destruidores e saúvas, é possível aproximar a formiga cortadeira do "homem-nádegas" de um poema de *Paulicéia desvairada* (1922), "Ode ao burguês"[44], em que o eu do poema se manifesta atacando "o burguês níquel", invectivando contra "a digestão bem feita de São Paulo", "as aristocracias cautelosas", "os barões lampeões!", "os condes Joões!", os "duques zurros!" para, a cada verso, anaforicamente reiterar insultos.

No mito taulipangue, Piaimã está entre aqueles registrados por Koch-Grünberg[45] e aproveitados na base da rapsódia de Mário de Andrade. Aqui, uma vez mais, é facultado pensar a convivência de outros dois registros, o de origem tupi, e o de tradição européia, pois o comedor de gente Piaimã (do tupi, piá muito grande) se duplica em Venceslau Pietro Pietra, que fora regatão, mascate, negociante de beira-rio. Ao mesmo tempo, trata-se de um novo milionário, que mora em palacete de Higienópolis, em referência explícita a um bairro da cidade de São Paulo habitado pela elite de então. Venceslau Pietro Pietra "enriquecera e parava fazendeiro e baludo lá em São Paulo [...]"[46]. Detentor de fortuna, poderoso, colecionador de pedras preciosas, é ele quem consegue comprar a pedra muiraquitã, engolida por uma tracajá quando o herói ainda vivia na selva. Piaimã é casado com a velha Ceiuci, também um nome da tradição lendária ameríndia, mas repertório extraído por Mário de Andrade de *O selvagem* (1876), de Couto de Magalhães. Mostrada como mulher "gulosa", ávida, cruel, Ceiuci forma parceira perfeita com o gigante. O herói Macunaíma tem ganas de infernizar e destruir os dois, a fim de recuperar sua pedra mágica. Contrariando esse desejo, porém, é ele sempre o vitimado, caindo por descuido e atrevimento nas armadilhas que o casal lhe prepara.

A despeito dessa situação beligerante que se apresenta ao herói, na carta que escreve às índias icamiabas Macunaíma manifesta inversão de juízo. Disposto a contar vantagens às suas "súbditas", despejando mentiras sobre a relação que trava com Venceslau Pietro Pietra. É que, no momento em que escreve, o "herói de nossa gente" está encantado não só com os poderes da palavra escrita e com a língua do colonizador, mas também com a força de que se investem os homens de fortuna. Está deslumbrado com os homens de mando, com o poder de compra do dinheiro, e quer se igualar pois só assim pagaria o alto custo das farras com as "francesas".

Nesse interregno dedicado à escrita, Macunaíma apagará da memória os contratempos recentes. Assim, "o talismã perdido estava nas dilectas mãos do doutor Venceslau Pietro Pietra, súbdito do Vice-Reinado do Peru, e de origem francamente florentina, como os Cavalcântis de Pernambuco". Nessa passagem, além do tratamento diferenciado, qualificando o gigante, este é enobrecido por títulos e marcas de estirpe local. E aqui se soma uma leitura que não escapou a Mário de Andrade, lição de Frei Vicente do Salvador, num trecho de *História do Brasil (1500-1627)*, em que se refere a Filipe Cavalcanti (que dá nome a uma das mais tradicionais famílias pernambucanas), observando que era "[...] fidalgo florentino, capitão dos que foram por mar [...]"[47]. A outra caracterização de Pietro Pietra tem chave em *O turista aprendiz*: "19 de junho – Peru"/ "Os peruanos nascem todos na Itália, gesticulam, fazem um barulhão". Note-se que, ao escrever, o herói também procura se ombrear com os grandes da cidade, assumindo título e posto de Imperador do Mato Virgem. Numa inversão de valores, rejeita a própria tradição e se curva diante de tudo o que lhe parece estranho. Para mostrar intimidade com o ricaço, explica: "E como o doutor demorasse na ilustre cidade anchietana, sem demora nos partimos para cá, em busca do velocino roubado. As nossas relações com o doutor Venceslau são as mais lisonjeiras possíveis [...]"[48].

Nesse engrandecimento acrítico do alheio, a reverência vocabular "dilectas mãos" nos mostra um Macunaíma subserviente, interesseiro, que rápido esquece as perseguições sofridas, garantindo pela palavra escrita um lugar diferenciado ao perverso e enganador Venceslau. A prática não nos é indiferente. A propósito do repertório de bajulações, por exemplo, não é gratuita a ênfase que Macunaíma imprime ao vocábulo "doutor". O desacerto tem sua razão de ser. Sabemos que no Brasil republicano o título de doutor foi apropriado pelos senhores de mando, com significado que se despoja daquele originário, grau institucionalmente conferido por mérito acadêmico. Assim falsificado, transformou-se em indicativo externo de *status* social, por estratégia ridícula dos detentores de poder – quase sempre poder econômico ou político –, que disso se valiam, e ainda se valem, para manter distância dos que muito pouco ou nada possuem. No Brasil tal fenômeno ocorre em diferentes áreas de atuação, envolvendo o grande e médio proprietário, o político, o empresário, o delegado de polícia, o síndico de prédio. Sendo uma apropriação circunscrita ao universo masculino, outro não poderia ser o tratamento dispensado a Pietro Pietra, "doutor Venceslau".

Nessa visão do Brasil que se constrói, Piaimã/Pietra se aproxima do burguês novo-rico, e de sua atualidade, como provam as marcas da industrialização local, e a "Carta" datada de "idos de maio de 1926". Nessa personagem, que resume a ambição sem freios, está impregnada uma herança perversa, que foi dotada ao Novo Mundo. Um capítulo de *Retrato do Brasil* pode servir de exemplo. Nele, Paulo Prado estabelece diferenças entre os que iam para as Índias Orientais e os que vinham para as Índias Ocidentais. Com respeito às primeiras, considera que, nas suas conquistas, os navegantes valorizavam tanto as armas como o comércio (as armas e o dinheiro), servindo igualmente a dois deuses (Marte e Mercúrio). O lado de cá, porém, era morada do "aventureiro miserável, resolvido a tudo". Tratava-se de "cobiça insaciável, na loucura do enriquecimento rápido"[49]. Tal aspecto da herança de rapinagem e da imediatez de ganho sem escrúpulo é parte significativa na construção de Venceslau Pietro Pietra e revelador de atitudes ainda longe de superação.

O dinheiro fácil, a qualquer custo, reconhecido por Macunaíma como vício da terra, é o interesse maior dos habitantes do centro urbano no seu dia-a-dia, como observa a personagem, e em diferentes níveis da sociedade. Disso não escapam as damas encasteladas, particularmente as que moram na "zona estragada": "Assim vos diremos que vivem á noute, e se não dão aos afazeres de Marte nem queimam o destro seio, mas a Mercúrio cortejam tão somente [...]"[50]. Sempre enaltecendo os novos valores, o "herói de nossa gente" tem o dinheiro como fetiche, chamando-o de "pequeninas e voláteis folhas de papel". Mais incisivo, grava-o como "*curriculum vitae* da Civilização, a que hoje fazemos ponto de honra em pertencermos".

Como se observa, o astucioso Macunaíma logo se dá conta tanto da eficácia monetária quanto de outro recurso da civilização citadina, com igual propriedade de ludibriar: o dinheiro. Por meio dele, entende ser possível dissuadir o outro para conseguir lucros; daí escrever pedindo "sorrateiramente" vultosas quantias de cacau, e espertamente se valendo do prestígio de sua posição, Imperador do Mato Virgem. Trocando em miúdos, Macunaíma rápido percebeu e aderiu a essa outra manha da terra. A equação é simples: para obter favores e dinheiro é necessário ter lábia, ou seja, esbanjar palavrório, para pedir os favores "sub-repticiamente". Pensando outro diálogo entre pares, cogita-se um segmento do *Manifesto antropófago* (1928), em que Oswald de Andrade igualmente se refere à arte de enganar pelas palavras. Por um resgate da história colonial brasileira, o escritor associa dinheiro, interesses comerciais e palavra mentirosa. Eis a cutilada oswaldiana: "Contra o Padre Vieira. Autor do nosso primeiro empréstimo para ganhar comissão. O rei-analfabeto dissera-lhe: ponha isso no papel mas sem muita lábia. Fez-se o empréstimo. Gravou-se o açúcar brasileiro. Vieira deixou o dinheiro em Portugal e nos trouxe a lábia".

Sabemos que os tempos mudam, que as vontades são outras, interesses e homens, também. O próprio latinório, como arma de convencimento que é, hoje se esconde sob outro repertório de palavras mágicas, mascara outras intenções. Também sabemos que a complexidade artística e a leitura do Brasil que se projetam na rapsódia transcendem, e muito, os problemas aqui atacados. *Macunaíma*, com seus "assombros de miséria e alegria", povoados por enigmas e ações, continua sendo um campo de tensões criado pela forja artística. Pelo poder transformador de sua palavra poética, preserva o frescor de obra-prima, ou seja, é terra feraz que a inteligência e a sensibilidade de um grande artista deixaram como legado ao povo brasileiro.

NOTAS

[1] Mário de Andrade, "A raposa e o tostão", em *O empalhador de passarinho* (Belo Horizonte, Itatiaia, 2002), p. 110.

[2] Todas as referências à rapsódia de Mário de Andrade serão extraídas de *Macunaíma: o herói sem nenhum caráter*, edição crítica de Telê Porto Ancona Lopez (Coleção Archivos, Unesco, 1988).

[3] Muitas das formulações são devedoras de "Literatura e formação do homem" e *Literatura e sociedade*, de Antonio Candido.

[4] Telê Porto Ancona Lopez, "Rapsódia e resistência", em *Macunaíma: o herói sem nenhum caráter*, cit., p. 266.

[5] Gilda de Mello e Souza, *O tupi e o alaúde* (1979) (São Paulo, Duas Cidades/Ed. 34, 2003).

[6] Ibidem, p. 53.

[7] Mário de Andrade, "1925 – Assim falou o papa do futurismo", em *Mário de Andrade: entrevistas e depoimentos*, org. Telê Porto Ancona Lopez (São Paulo, T. A. Queiroz, 1983), p. 17.

[8] *Macunaíma*, cit., p. 84.

[9] A formulação é de Antonio Candido, em "Dialética da malandragem", texto em que situa Macunaíma na linhagem de Leonardo, personagem de *Memórias de um sargento de milícias*, de Manuel Antônio de Almeida.

[10] *Macunaíma*, cit., p. 137.

[11] Mário de Andrade, "Início – Gramatiquinha – Introdução – capítulo I", em *A gramatiquinha de Mário de Andrade* (texto e comentário de Edith Pimentel Pinto, São Paulo, Duas Cidades, 1990), p. 321.

[12] Mário de Andrade, "A escrava que não é Isaura" (1925), em *Obra imatura* (São Paulo/Brasília, Martins/INL, 1972), p. 266.

[13] *Correspondência Mário de Andrade & Manuel Bandeira*, org., introd. e notas de Marcos Antonio de Moraes (São Paulo, Edusp/IEB, 2000), p. 340.

[14] Ibidem, p. 363-4.

[15] Ibidem, p. 364.

[16] Antonio Candido, "Uma palavra instável", em *Vários escritos* (3. ed. rev. e ampl., São Paulo, Duas Cidades, 1995), p. 299 (grifo meu).

[17] *Mário de Andrade escreve cartas a Alceu, Meyer e outros* (Rio de Janeiro, Ed. do Autor, 1968), p. 58.

[18] Santiago Kavadloff, "A palavra no abismo: poesia e silêncio", em *O silêncio primordial* (trad. E. Nepomuceno e Luís C. Cabral, Rio de Janeiro, José Olympio, 2003), p. 23.

[19] *Macunaíma*, cit., p. 168.

[20] A expressividade coincidirá com um verso de "Noturno de Belo Horizonte": "Um grande Ah! aberto e pesado de espanto"; ou repercutir em "As estrelas acordadas enchem de Ahs! ecoantes o ar." Mário de Andrade, "Noturno de Belo Horizonte" (1924), em *Clan do Jaboti* (1927), ed. crítica de Diléa Zanotto Manfio (Belo Horizonte/São Paulo, Itatiaia/Edusp, 1987).

[21] Mário de Andrade, "Uma excursão ao Amazonas", em *Entrevistas e depoimentos* (São Paulo, T. A. Queiroz, 1983), p. 28.

[22] Paulo Prado, *Retrato do Brasil*, org. Carlos A. Calil (São Paulo, Companhia das Letras, 1997), p. 161.

[23] Paul Lafargue, *O direito à preguiça* (São Paulo, Unesp/Hucitec, 2000).

[24] Mário de Andrade, "A divina preguiça" (1918), em Marta Rossetti Batista e outros, *1º tempo modernista – 1917-29: documentação* (São Paulo, Instituto de Estudos Brasileiros), 1973.

[25] Maurice Blanchot, *O espaço literário* (Rio de Janeiro, Rocco, 1987), p. 16-9.

[26] Mário de Andrade, "A raposa e o tostão", em *O empalhador de passarinho*, cit.

[27] José de Anchieta, *Cartas inéditas* (São Paulo, Typ. Da Casa Eclectica, 1900), p. 31 e 50. O volume consultado, contendo anotações de Mário de Andrade, é posterior à edição de *Macunaíma*, pois data de 1933, mas, conforme afirmado, a edição de 1900 já fazia parte da biblioteca do autor.

[28] Antenor Nascentes, *Dicionário etimológico resumido* (Rio de Janeiro, INL, 1966), p. 23; Antônio Geraldo da Cunha, *Dicionário histórico das palavras portuguesas de origem tupi* (São Paulo, Melhoramentos, 1978), p. 46.

[29] Mário de Andrade, "Carta a Camargo Guarnieri", citada por Edith Pimentel Pinto, em *Gramatiquinha de Mário de Andrade: texto e contexto* (São Paulo, Duas Cidades, 1990), p. 39.
[30] Mário de Andrade, *O turista aprendiz* (São Paulo, Duas Cidades/SCET-CEC, 1976), p. 139.
[31] Ibidem, p. 162.
[32] Mário de Andrade, "A divina preguiça", cit., p. 182, grifos meus.
[33] *Macunaíma*, cit., p. 27.
[34] Ibidem, p. 31.
[35] Osvaldo Orico, citado por Cavalcanti Proença em *Roteiro de Macunaíma* (Rio de Janeiro, Civilização Brasileira, 1978), p. 151.
[36] O autor destaca que "a configuração paronomástica, com a repetição das figuras fônicas SAÚ SAÚ SAO e o reforço aliterativo-coliterativo [...] que põem a função poética da linguagem a serviço das técnicas de persuasão" (Haroldo de Campos, *Morfologia do Macunaíma*, São Paulo, Perspectiva, 1973, p. 187).
[37] Cavalcanti Proença, *Roteiro de Macunaíma*, cit., p. 23.
[38] Gilda de Mello e Souza, *O tupi e o alaúde*, cit., p. 57.
[39] Segismundo Spina, *A poesia de Gregório de Matos* (São Paulo, Edusp, 1995), p. 74.
[40] O poema citado por Manuel Bandeira, em "Estudos literários", encerra ataques de Gregório de Matos a negros e mulatos. No comentário de Bandeira, lê-se: "Não lhe dava, porém, a sua vida autoridade para verberar os vícios da colônia [...]", em *Seleta de prosa* (Rio de Janeiro, Nova Fronteira, 1997), p. 363.
[41] *Macunaíma*, cit., p. 168.
[42] Sérgio Buarque de Holanda, *Visão do paraíso* (São Paulo, Cia. Ed. Nacional, 1985), p. 219.
[43] Aldous Huxley, "Guerra e nacionalismo", em *A situação humana* (São Paulo, Globo, 1992), p. 82.
[44] Mário de Andrade, "Ode ao burguês", em *Poesias completas* (São Paulo, Martins/INL, 1972), p. 37-8.
[45] Theodor Koch-Grünberg, *Mitos e lendas dos índios Taulipang e Arekuná* (trad. Renata Mautner, 1968; inédito, Biblioteca IEB-USP).
[46] *Macunaíma*, cit., p. 74.
[47] Frei Vicente do Salvador, *História do Brasil (1500-1627)* (Belo Horizonte/São Paulo, Itatiaia/Edusp, 1982), p. 172.
[48] *Macunaíma*, cit., p. 74.
[49] Paulo Prado, *Retrato do Brasil*, cit., p. 91.
[50] *Macunaíma*, cit., p. 78.

NO ATOLEIRO DA INDECISÃO: *BREJO DAS ALMAS* E AS POLARIZAÇÕES IDEOLÓGICAS NOS ANOS 1930

Vagner Camilo

Partindo de uma afirmação certeira de Tristão Athayde em breve artigo de 1967, em que Drummond figura como "uma espécie de Baudelaire da nossa poesia moderna", José Guilherme Merquior demonstra que o poeta itabirano foi o primeiro, em toda a história da lírica brasileira, a alcançar as duas principais conquistas do autor de *As flores do mal*, a saber: a introdução da "sensibilidade moderna, isto é, da experiência existencial do homem da grande cidade e da sociedade de massa, na alta literatura lírica", e a criação de uma "escrita poética moderna, escrita de ruptura radical ao mesmo tempo com a tradição clássica e com o romantismo"[1].

Sem ignorar o fato de o autor de *Alguma poesia* não ter sido o iniciador da moderna lírica brasileira, nem quanto ele deveu à reviravolta estética patrocinada pelos primeiros modernistas, Merquior não hesita em afirmar que a grande contribuição do verso drummondiano consistiu em apreender o sentido profundo das evoluções social e cultural de seu país, partindo da

> própria situação de filho de fazendeiro emigrado para grande cidade, justamente na época em que o Brasil começava sua metamorfose [...] de subcontinente agrário em sociedade urbano-industrial [...] Desde então, tornou sua escrita extraordinariamente atenta aos dois fenômenos de base desta mesma evolução histórica: o sistema patriarcal e a sociedade de massa. Sua abertura de espírito, sua sensibilidade à questão social, sua consciência da história impediram-no de superestimar as formas tradicionais de existência e de dominação, mas, ao mesmo tempo, ele se serviu do "mundo de Itabira" – símbolo do universo patriarcal – para detectar, por contraste, os múltiplos rostos da alienação e da angústia do indivíduo moderno, esmagado por uma estrutura social cada vez menos à medida do homem.[2]

Nessa síntese lapidar o crítico atina com o essencial do legado de Drummond: a envergadura baudelairiana de seu projeto poético, ao apreender em profundidade o sentido de um processo muito *peculiar* de modernização como o brasileiro, e a condição de *desplaced person* por ele forjada em função da posição *deslocada* de filho de fazendeiro emigrado para a grande cidade, em um momento de transição da velha ordem patriarcal para a sociedade urbano-industrial. Isso ajuda a assentar em bases histórico-sociais mais precisas a tão propalada *gaucherie* de Drummond, sem ter de recorrer à generalidade de um *tipo* literário que acolhe figuras tão díspares quanto os *anti-heróis* de Kafka e Truman Capote, Beckett e Miller, Ionesco e Falkner, Hesse e Musil, Camus e Joyce, como faz Sant'Anna em clássico estudo[3]. Nem é preciso, também, apelar para a condição *marginal* do poeta moderno, como fazem outros intérpretes, ao abrigarem o *gauche* mineiro sob as asas tronchas do albatroz baudelairiano. Não resta dúvida de que Drummond sentiu o roçar dessas "grandes asas brancas" (como todo e qualquer poeta moderno), mas restringir sua *gaucherie* a isso ainda é incorrer na generalidade e na abstração.

No mais, nosso poeta já havia facilitado a investigação aos futuros intérpretes ao cunhar o retrato acabado desse seu ser *despaisado* com o rótulo do *fazendeiro do ar*, lugar-comum repisado à exaustão pela maioria deles sem, contudo, levarem em conta ou aprofundarem de forma satisfatória a relação com a ordem social a que ele imediatamente remete e na qual encontra sua razão de ser.

Do que se falou a respeito, vale lembrar a definição de Roberto Schwarz, para quem essa personagem central e recorrente na literatura brasileira do século XX corresponde a "o homem que vem da propriedade rural para a cidade, onde recorda, analisa e critica, em prosa e verso, o contato com a terra, com a família, com a tradição e com o povo, que o latifúndio possibilitava"[4].

Em ensaio dedicado ao *romance da urbanização* de Cyro dos Anjos, o mesmo crítico trata de examinar a posição e o vínculo indissociável dessa personagem recorrente em relação ao modo muito particular por que se deu o trânsito do passado rural para o presente urbano no Brasil. Onde era de esperar conflito, desintegração ou qualquer mudança radical própria desse tipo de transição, houve aqui a persistência do tradicional e o convívio promíscuo com o moderno, visíveis sob as formas de privilégios, favores, sinecuras e os inúmeros *inconciliáveis* que definem o modo de ser e agir de *O amanuense Belmiro*, outro dos retratos literários consagrados do *fazendeiro do ar*, em que se reúnem "o democratismo e o privilégio, o racionalismo e o apego à tradição, o impulso confessional, que exige veracidade, e o temor à luz clara"[5]. Mas enquanto o amanuense de Cyro opta por uma atitude *acomodatícia* em face das contradições que cercam sua posição nesse contexto de modernização conservadora, no qual é ao mesmo tempo *vítima* (pela vida urbana de aperturas econômicas e de medíocre convívio social) e *beneficiário* (pelos pequenos privilégios e sinecuras), o *fazendeiro do ar* de Drummond busca, ao contrário, trazê-las para o centro do palco e dramatizá-las a fundo, fazendo disso o cerne do conflito encenado em sua obra.

A devida equação desse conflito requer, todavia, a adição de um terceiro elemento à formulação de Merquior: *o desejo de afirmação da autonomia do indivíduo moderno*, que comparece desde o livro de estréia, a começar pelo auto-retrato mais antigo de nosso poeta na pele do pequeno Robinson Crusoe (um dos grandes *mitos do individualismo moderno*[6]) no idílio familiar de "Infância". Esse desejo comparecerá com insistência na trajetória poética de Drummond, em tensão ou contradição evidente com o próprio estatuto do fazendeiro do ar e as persistências de nossa modernização conservadora que impõem sérios (ou mesmo intransponíveis) obstáculos à sua plena satisfação.

Tal contradição tenderá a recrudescer com a opção por uma poesia de cunho mais abertamente participante pelo então chefe de gabinete do ministro da Educação getulista – tendo em vista a condição conflituosa de dependência do intelectual de esquerda cooptado pelo Estado ditatorial cuja ideologia, obviamente, condena. Mas mesmo no período posterior à poesia social dos anos 1940, vinda a desilusão com a militância, visível no pessimismo da lírica do pós-guerra – embora sem jamais abandonar o interesse pelas questões do tempo e pelo posicionamento social do artista –, Drummond continuará empenhado em indagar criticamente sobre as reais (im)possibilidades da constituição autônoma do indivíduo moderno entre nós[7].

Creio que uma das tarefas da crítica é examinar as particularidades históricas e estéticas dos vários momentos da lírica drummondiana em função dessa tensão ou contradição nuclear, que parece subsumir todas as *constantes* já identificadas no conjunto da obra. É o caso da *gaucherie*; da culpa social e da familiar; de todas as *inquietudes* apontadas por Antonio Candido; dos impasses e da situação paradigmática de confronto com um obstáculo (a tão *decantada pedra no meio do caminho*); do talhe meditativo dessa poesia, da ironia e de outros expedientes ou recursos formais, que, desde a primeira recepção até os estudos mais recentes, têm sido repisados sem grandes avanços, porque não subordinados (por toda sorte de mediações próprias à poesia) à matriz social da qual derivam. Só então será possível inventariar devidamente o alcance histórico-crítico (nada pequeno) do legado do fazendeiro do ar em face dos percalços de nossa modernização periférica. Visando contribuir para essa tarefa, o presente ensaio se deterá no momento inaugural dessa tensão representado por *Brejo das almas* (1934), em que o individualismo vai se defrontar com as primeiras demandas de socialização, em vista da exigência de participação e posicionamento ideológico que marcou a vida intelectual e artística nos anos 1930.

O *individualismo exacerbado* reconhecido pelo próprio poeta no livro de 1934 chega quase a abolir por completo toda e qualquer preocupação para além da esfera do sujeito isolado, não fosse uma rara exceção representada por um poema como "Hino nacional", que se ocupa de uma aspiração ou sentimento coletivo, embora a tematização do nacionalismo se dê aqui de modo extremamente irônico e acabe sendo negado: "Nenhum Brasil existe. E acaso existirão os brasileiros?".

É bem verdade que Drummond recorre à ironia e à negação final no momento em que o conceito de nacionalismo – depois da valorização dialética pelos modernistas de 1920, sob influxo das vanguardas européias – passa a ser reapropriado nos anos 1930 por tendências autoritárias ou mesmo fascistas que convergiram para a ditadura estado-novista e o tornaram "uma fórmula de salvação do *statu quo*". Em especial, um termo como "brasilidade" assumia conotação negativa, com "toques de xenofobia, patriotada, autoritarismo e saudosismo" pelo emprego que lhe davam conservadores ciosos de prolongar o passado e "envenenar o presente, opondo-se a concepções mais humanas, isto é, as que miravam o futuro e procuravam pensar os problemas da sociedade além do âmbito das nações, como o socialismo, mais atento ao conceito de luta das classes e da solidariedade internacional dos trabalhadores, do que os estados nacionais se afirmando com vontade de poderio"[8]. Sem dúvida, é à luz desse contexto que devemos compreender a recusa de Drummond em pactuar com a ideologia nacionalista – claramente reconhecida no poema como subordinada aos interesses de classe e do Estado – e, portanto, não apenas em função de seu individualismo extremo. No entanto, esse individualismo persiste de modo determinante, impedindo a opção do poeta por "concepções" ideológicas como essas que polarizavam a intelectualidade do período. Assim, antes da opção de esquerda marcante na sua lírica social dos anos 1940, Drummond fará da própria *indecisão político-ideológica* o fundamento do conflito dramatizado em *Brejo das almas*, em que ela comparece como uma presença em negativo, conforme veremos a seguir.

O que havia de inquieto por sob as águas calmas?

Na visão do próprio Drummond, *Brejo das almas* representou certo avanço em relação à "grande inexperiência do sofrimento" e à "deleitação ingênua com o indivíduo" marcantes no livro de estréia. Segundo o dizer do poeta, "alguma coisa se compôs, se organizou" no livro de 1934; "o individualismo será mais exacerbado, mas há também uma consciência crescente de sua precariedade e uma desaprovação tácita da conduta (ou falta de conduta) espiritual do autor"[9]. Ditas em 1940, essas palavras revelam algo de mais positivo na apreciação de um livro que, tão logo publicado, foi considerado por seu autor uma verdadeira "derrota literária"[10].

Vinte anos depois, Drummond voltaria, ainda uma vez, o olhar bem mais experimentado a um exemplar desse "velho livro" de 1934, em um dos poemas de *Fazendeiro do ar*: "Neste brejo das almas/ o que havia de inquieto/ por sob as águas calmas!".

A antítese entre inquietude e calmaria, entre o conturbado interior e a placidez de fachada, organiza em torno de um só núcleo todo um repertório de imagens disseminadas nas demais estrofes (*susto secreto, palmas furtivas, louco inseto batendo, desejo obscuro de modelar o vento, setas no muro*), que remetem à idéia de movimento represado, de um impulso cego interceptado por uma força contrária. É possível mesmo afirmar que se trata aqui de uma dinâmica da ordem do *pulsional*, tendo naquela *desaprovação tácita* referida na "Autobiografia para uma revista" o obstáculo *moral* que lhe é interposto. Certo é que, desse embate, resulta um "grave sentimento" que, se não afeta mais o varão maduro de 1953, justamente por isso o atormenta: "[...] um grave sentimento/ que hoje, varão maduro,/ *já não punge, e me atormento*".

O paradoxo da situação – sofro porque não sofro – remete a um sem-saída, cuja razão de ser a maioria dos intérpretes tenderia a associar de pronto ao pessimismo dominante na lírica drummondiana dos anos 1950. Não é todavia o momento de entrar nessa discussão, uma vez que ela remete ao momento terminal do conflito que Drummond parece reconhecer em estado *germinal* no livro de 1934. Dada a natureza do repertório das imagens inventariadas acima, é como se *Brejo das almas* contivesse, em *estado de latência*, as ditas *inquietudes* (e note que agora é o próprio Drummond quem emprega o termo e não um dos seus mais argutos intérpretes) que viriam aflorar com intensidade crescente nos livros seguintes, rompendo assim com a apreciação freqüente do livro e do lugar costumeiramente destinado a ele na trajetória da poesia de Drummond.

Via de regra, a crítica tem afinado a poética desse segundo livro de Drummond pelo mesmo diapasão do primeiro. Isso porque, segundo Antonio Candido, ambos "são construídos em torno de um certo reconhecimento do fato", como se o poeta se restringisse ao mero *registro* do sentimento e dos acontecimentos, do "espetáculo material e espiritual do mundo", o que garantiria, assim, "a validade do fato como objeto poético bastante em si, nivelando fraternalmente o Eu e o mundo como assuntos de poesia"[11].

A meu ver, muito embora possa dar continuidade ao emprego de certos expedientes recorrentes no livro de estréia, *Brejo das almas* representa um momento totalmente distinto, já pelas particularidades ressaltadas pelo próprio poeta em sua "Autobiografia para uma revista". Tanto o despontar da consciência do precário, que seria o traço marcante da sua "lírica social" dos anos 1940, quanto o conflito entre a falta de conduta espiritual e a desaprovação tácita são aspectos mais que suficientes para instaurar uma visão *problemática* em face da existência, minando por dentro a suposta atitude distanciada e o nivelamento fraternal referidos por Candido[12].

Contribuiu sobremodo para o deflagrar dessa visão certas exigências de contexto, devidamente assinaladas por John Gledson, que definiu o livro de 1934 como "produto de uma crise" de natureza "ideológica". Diz ele, "a crise de 30 teve uma repercussão profunda na época, e podemos dizer que de certa forma *Brejo das Almas* foi escrito 'em face dos últimos acontecimentos' embora seja muito perigoso ligar de uma maneira excessivamente estreita os acontecimentos e os poemas"[13].

A natureza da crise envolve mais diretamente a pressão experimentada pelo poeta em virtude de sua indecisão ideológica, justamente no momento em que se verificava a inserção política cada vez maior de nomes representativos do grupo modernista. A prova mais significativa disso, Gledson encontrará em uma entrevista de 31, concedida ao jornal *A Pátria*, na qual o poeta lançava um ataque virulento e pessimista à sua geração que, já na casa dos 30, nada havia construído de permanente. Drummond reconhecia, ainda, que as únicas *soluções* possíveis encontravam-se *fora* da literatura; melhor dizendo na religião, na política e na psicanálise:

> Espiritualmente, a minha geração está diante de três rumos, ou de três soluções – Deus, Freud e o comunismo. A bem dizer, os rumos são dois apenas: uma ação católica, fascista, e organizada em "Defesa do Ocidente" de um lado; do outro lado o paraíso moscovita, com a sua terrível e por isso mesmo envolvente sedução. Que é um apelo a tudo quanto subsiste em nós de romântico e descontrolado. Mas entre as duas posições, que impõem duas disciplinas, há lugar para a simples investigação científica, que nos fornece a chave, e por assim dizer o perdão dos nossos erros mais íntimos e das nossas mais dolorosas perplexidades. "Vamos todos para Pasárgada" é o grito que o crítico Mário de Andrade ouviu de quase todas as nossas bocas, e creio que ouviu bem... Aqueles a quem o tomismo não consola e o plano quinqüenal não interessa, esses se voltam para libertação do instinto, o supra-realismo e a explicação dos sonhos, no roteiro da psicanálise. Ao ceticismo, à disponibilidade, à não-opção sucede – nova moléstia do espírito – essa "ida a Pasárgada", paraíso freudiano, onde o poeta Manuel Bandeira afirma que tem "a mulher que eu quero, na cama que escolherei", além de muitas outras utilidades que correspondem à satisfação de muitos outros impulsos seqüestrados.
>
> Quanto à minha atitude pessoal diante desses três rumos possíveis, creio que não interessa aos leitores de *A Pátria*.[14]

Para Gledson, embora o poeta declare o pouco ou nenhum interesse que possa ter sua opinião pessoal, ele acaba por deixar explícita sua posição, ou seja, sua não-pactuação com qualquer das três soluções. "Mesmo os seus comentários sobre a psicanálise e o surrealismo", diz o crítico, lembrando notadamente as referências à primeira contidas nos poemas de *Brejo das almas*, "não são os de um aderente. Interessa-se por eles como sintomas, e não como soluções"[15].

Ainda assim, importa assinalar que, embora não sendo uma solução para a crise ideológica, não era pequeno o interesse de Drummond, à época, pela psicanálise, fato comprovado não só pelas alusões contidas em *Brejo das almas*, mas ainda por uma carta a Tristão de Athayde de 1º de abril de1931, na qual o poeta recorre de modo significativo à terminologia freudiana para justificar os traumas e os conflitos que marcaram sua trajetória de vida desde a infância[16]. Chega mesmo a colocar seus problemas "freudianos" — como ele mesmo diz — acima da discussão sobre as diretrizes ideológicas do tempo, o que não deixa de ser contraditório se considerarmos que é a atitude condenada na entrevista citada, aliás concedida praticamente um mês após a carta! Veremos porém que essa contradição não deixa de ser ainda um *sintoma* da indecisão marcante no livro de 1934, levando o poeta a oscilar entre os conflitos pessoais (sobretudo os que dizem respeito à frustração amorosa) e a condenação dessa preocupação individualista (para a qual, entretanto, não encontra solução) em face das exigências prementes de posicionamento ideológico e participação social.

Volto ainda ao ensaio de Gledson. Dentre as referências psicanalíticas contidas em *Brejo das almas*, o crítico destaca o "emprego insólito" da palavra "seqüestro" (presente em um dos poemas e também na entrevista citada), tomada no sentido que lhe dava Mário de Andrade, como sinônimo de *recalque* ou *sublimação*:

> "Seqüestro", para ambos os escritores, parece ter tido o sentido mais geral de um processo por meio do qual qualquer impulso é utilizado para um fim diferente do seu uso primário ou normal. Poderia, portanto, referir-se igualmente aos processos de repressão e de sublimação. É, sem dúvida, palavra curiosa porque, ao passo que sabemos que alguma coisa foi distorcida ou seqüestrada, *é muito mais difícil dizer o que foi submetido a este processo, ou por quê. Percebemos as forças, mas não compreendemos a sua razão de ser.*[17]

Em vários poemas do livro Gledson defronta-se com a dificuldade evidenciada acima, pois neles verifica que "há soluções falsas", cuja verdadeira causa não se pode entender, "embora haja a sugestão de algo mais fundamental". É o que ele demonstra em versos como estes, de "Convite triste":

> Vamos xingar a mulher,
> que está envenenando a vida
> com seus olhos e suas mãos
> e o corpo que tem dois seios
> e tem um embigo também.
> Meu amigo, vamos xingar
> o corpo e tudo que é dele
> e que nunca será alma.

A despeito da "ingenuidade irônica", nota o crítico, há neles a insinuação de "que tudo é uma reação a uma vida sem transcendência possível". Reação essa que, em outros poemas, manifesta-se ainda sob a forma de convite ao desregramento ou de apelo pornográfico, entre outras. Essa visão de um mundo sem transcendência parece, de certo modo, definir a tônica do livro de 1934, como sugere reiteradamente Gledson, que, numa síntese lapidar, define *Brejo das almas* como "um livro sobre o fracasso, não um livro fracassado".

Partindo do mesmo pressuposto do crítico inglês, de que os conflitos encenados nos poemas do livro de 1934 seriam, *em boa medida*[18], decorrência da indecisão diante das exigências de participação e inserção políticas que marcariam a intelectualidade nos anos 1930, proponho estreitar mais os vínculos entre os poemas e os sucessos políticos do momento, que me parecem ser determinantes daquele "algo mais fundamental" que ele diz perceber no livro, mas sem poder defini-lo com clareza. Não ignoro, com isso, a advertência do próprio Gledson sobre o perigo dessa ligação excessivamente estreita, mas sei também que a exigência de cautela, se observada em demasia, pode redundar em limitação imposta à interpretação da obra e, conseqüentemente, ao conhecimento de seu conteúdo de verdade. A superação desse impasse talvez esteja em buscar, sim, esse estreitamento, mas sem recair em associações mecânicas, em respeito às mediações próprias à arte, que é sempre, segundo a grande lição de Adorno, "antítese social da sociedade", a um só tempo autônoma e *fait social*[19]. Com base nesse caráter socialmente mediado – que implica não só identidade, mas também diferença[20] –, pode-se avançar na vinculação mais íntima, e sempre dialética, a que se furta Gledson, de modo a evidenciar como o conflito resultante da irresolução do poeta ante a politização crescente da intelectualidade nos anos 1930 comparece não como dado exterior, mas como *elemento de fatura da obra*. É o que se poderá verificar em alguns dos poemas centrais da coletânea de 1934 analisados aqui, que se ocupam da *poética* e da temática recorrente da frustração do desejo amoroso. Por mais pessoal que seja, tão aparentemente alheia a toda sorte de injunções de contexto, tal temática não deixa de reverberar muito do conflito vivido pelo poeta com sua indecisão quanto às exigências e solicitações do momento. Mas antes de dar início às análises convém proceder a um maior detalhamento do contexto de politização da *intelligentsia* a que se reporta o crítico inglês de maneira sumária.

O contexto da indecisão: polarizações ideológicas nos anos 1930

Retorno, assim, às indicações fornecidas pelo próprio Drummond na já citada entrevista, em que fala dos três rumos à disposição de sua geração, dos quais acaba por se restringir a dois apenas, que implicam uma tomada de posição *efetiva*: de um lado, mais especificamente à *direita*, o fascismo alinhado à ação católica; de outro, o comunismo acenando com um misto curioso de sedução e terror, o que faz pensar se a indecisão do poeta não se resumiria, antes, a uma dúvida mais diretamente ligada à opção de esquerda, visto o modo como ela o atrai e, ao mesmo tempo, o assusta.

Essa polarização ideológica é por demais familiar e dela tratou, entre outros, Antonio Candido em "A revolução de 30 e a cultura", em que aponta a "correlação nova entre, de um lado, o intelectual e o artista; de outro, a sociedade e o Estado, devido às novas condições econômico-sociais" surgidas com a revolução e "à surpreendente tomada de consciência ideológica de intelectuais e artistas, numa radicalização que antes era quase inexistente". Sobre essa conscientização surpreendente, esclarece:

> Como decorrência do movimento revolucionário e das suas causas, mas também do que acontecia mais ou menos no mesmo sentido na Europa e nos Estados Unidos, houve nos anos 30 uma espécie de convívio íntimo entre a literatura e as ideologias políticas e religiosas. Isto, que antes era excepcional no Brasil, se generalizou naquela altura, a ponto de haver polarização dos intelectuais nos casos mais definidos e explícitos, a saber, os que optavam pelo comunismo ou o fascismo. Mesmo quando não ocorria esta definição extrema, e mesmo quando os intelectuais não tinham consciência clara dos matizes ideológicos, houve penetração difusa das preocupações sociais e religiosas nos textos, como viria a ocorrer de novo nos nossos dias em termos diversos e maior intensidade.[21]

Assinalando uma dupla motivação, Candido busca evidenciar que o alinhamento ideológico da nossa inteligência estava inscrito numa tendência internacional, sem deixar, por isso, de contar com a emulação direta dos acontecimentos locais. Em contexto europeu, a questão do engajamento dos intelectuais já havia se verificado antes, mas sem talvez assumir a amplitude e, sobretudo, o "internacionalismo" das preocupações que os mobilizavam a partir de 1930, diante da iminência de uma nova guerra, da ascensão do nazi-fascismo, das discussões em torno da experiência soviética e da Guerra Civil Espanhola[22]. A essa configuração assustadora no panorama internacional, que, dadas as implicações mundiais, já era suficiente para exigir da inteligência brasileira um posicionamento, somavam-se as transformações internas advindas com a Revolução de 30, reforçando a necessidade da opção ideológica, que muito freqüentemente se moldava de acordo com a inspiração dos principais gurus europeus do tempo. Como depõe o próprio Candido em entrevista mais recente: "Sabíamos, por exemplo, que Charles Maurras era de direita e André Malraux de esquerda, e optávamos freqüentemente por influência deles, mas estimulados pelos acontecimentos locais posteriores a 30"[23].

Assim, sob o influxo europeu, mas sem deixar de responder às solicitações locais, foram se constituindo os pólos em confronto político-ideológico na arena intelectual brasileira. Pela direita, ainda nos anos 1920, a Igreja Católica empenhava-se em uma estratégia de "rearmamento"[24] institucional, criando uma série de órgãos paralelos à hierarquia eclesiástica e geridos por intelectuais leigos, a exemplo daqueles que, sob influência do nacionalismo integral de Maurras veiculado pela Action Française, reuniam-se em torno do Centro Dom Vital e da revista *A Ordem*[25]. Destaque-se ainda, no campo especificamente literário, o grupo de escritores católicos ligados à revista *Festa*, cultivando uma estética espiritualista que, segundo eles, estaria na raiz de uma "tradição brasileira autêntica"[26]. A ampliação dos quadros institucionais da Igreja não era apenas produto das diretrizes do Vaticano, então preocupado em deter o florescimento dos movimentos operários de esquerda na Europa. Era também, como afirma Miceli, fruto da "tomada de consciência por parte do episcopado brasileiro da crise com que se defrontavam os grupos oligárquicos". Numa visível política de acomodação, o apoio dispensado pelas autoridades eclesiásticas ao poder oligárquico na década de 1920, "com vistas a recuperar o *status* de sócios privilegiados do poder político [...] desfrutado até a queda do Império", passou então a ser dirigido ao regime Vargas, "antes e após o golpe de 37, em troca da caução oficial à criação de novas instituições no campo da educação e da cultura"[27].

O alinhamento internacional, mencionado por Drummond, da Ação Católica (implantada aqui em 1935 e moldada segundo os padrões italianos) ao fascismo redundaria, entre nós, no apoio explícito dos católicos ao integralismo de Plínio Salgado e seguidores, que consolidava a versão verde-amarela do ideário fascistóide, tendo justamente no substrato cristão a marca da aclimatação local[28]. Ainda aqui, embora a inspiração fosse européia, com os integralistas ansiando pela criação de um Estado novo forte, a exemplo do italiano, havia também uma motivação local mais imediata, que era buscar uma participação efetiva no corpo de Estado.

No âmbito da esquerda, os anos 1930 foram marcados pelo crescimento do Partido Comunista criado em 1922; pela organização e êxito da Aliança Nacional Libertadora e "por certo espírito genérico de radicalismo que provocou as repressões posteriores ao levante de 1935 e serviu como uma das justificativas do golpe de 1937"[29]. Também aqui, tal como lá fora, ganharia especial relevo a discussão em torno da experiência soviética[30]. Em virtude desse interesse "as livrarias pululavam de livros a respeito", alguns de grande êxito como o famoso livro de John Reed, além de "traduções de narradores engajados na esquerda, como Boris Pilniak, Panai Istrati, Ilia Ehrenburg, Fiodor Gladkov, Michael Gold, Upton Sinclair, Jack London"[31]. Além das traduções, surgem as primeiras obras brasileiras de orientação marxista, a exemplo do clássico de Caio Prado Junior, *Evolução política do Brasil*, que veio a lume no mesmo ano de *Brejo das almas*. E "assim como o espiritualismo atingiu largos setores não religiosos", lembra Candido, "o marxismo repercutiu em ensaístas, estudiosos, ficcionistas que não eram socialistas nem comunistas, mas se impregnaram da atmosfera 'social' do tempo"[32]. Essa impregnação iria evidenciar-se, no plano literário, com o romance de 30 no Nordeste, ou romance proletário, cujos temas diletos evidenciam, de imediato, a "consciência social" do tempo, antes mesmo do Congresso de Karkov instituir em 1934 o "realismo socialista" como padrão.

A polarização ideológica descrita até aqui incluía, como decorrência natural, um momento de auto-análise e questionamento da própria intelectualidade sobre sua posição e papel social em um contexto de "desaristocratização" da cultura. É ainda Antonio Candido quem assinala, e mais de uma vez nesse sentido, que uma das conseqüências da Revolução de 30 sobre a cultura "foi o conceito de intelectual e artista como opositor, ou seja, que seu lugar era no lado oposto da ordem estabelecida; e que faz parte de sua natureza adotar uma posição crítica em face dos regimes autoritários e da mentalidade conservadora"[33].

Esse conceito de intelectual, todavia, ganharia entre nós uma feição muito freqüentemente paradoxal, em virtude de suas reais condições de inserção social, às quais retornarei adiante. Por ora, importa assinalar que, ainda na definição desse papel, o influxo europeu teve, decerto, sua contraparte. Especialmente na França, de onde continuava a proceder nosso modelo de civilização humanística, a discussão do papel da *intelligentsia* se processou mais cedo, desde que o caso Dreyfus obrigou-a a assumir uma posição, tendo talvez em Zola o grande protótipo. Antes ainda da Primeira Guerra, com Maurras, a intelectualidade também começou a se pronunciar politicamente. Mas foi em fins dos anos 1920 que a problemática de sua inserção política ganhou especial alento, com a publicação do famoso estudo de Julien Benda (*La trahison des clercs*, 1927), denunciando com veemência o desvio de rota em que havia incorrido a intelectualidade com Barrès, Maurras e "outros doutores" da Action Française. Benda ainda estendia sua denúncia para além do domínio francês, a outros tantos *chefs spirituels* do tempo, como D'Annunzio na Itália, Kipling na Inglaterra ou William James no Estados Unidos, que ao se engajarem em lutas sociais concretas, tornando-se partidários de facções políticas do tempo ou abraçando as causas nacionais, estariam "traindo" o ofício único dos *clercs*, que sempre foi o de zelar pelos valores eternos: Liberdade, Justiça, Razão...[34]

A ressonância da polêmica causada pela obra de Benda pode ser flagrada em estudos publicados ao longo dos decênios seguintes, que são ainda hoje referência obrigatória para a discussão do *engagement* e do papel social do intelectual, como o clássico estudo de Sartre, *Qu'est-ce que la littérature?*. A ele também se reportava Benjamin – que resenhou *La trahison des clercs* – em alguns ensaios fundamentais dos anos 1930, que nos colocam no centro das discussões do período, como é o caso de "A atual posição do escritor francês" (1932), no qual o filósofo alemão promove a triagem de muitos dos principais escritores em evidência no parlamento das letras francesas, de acordo com seus posicionamentos políticos. Lembre-se ainda, nos Estados Unidos, de Archibald MacLeish, que combateria vivamente a tese de Benda em *Os irresponsáveis*, tomando a defesa do intelectual militante[35].

No Brasil, a repercussão da obra de Benda parece ter ocorrido logo em seguida à sua publicação, no calor da polêmica desencadeada nos meios europeus, pois em 1932 Mário de Andrade refere-se, como fato já ocorrido[36], a certa "comoção" – de resto, inconseqüente – causada pelo livro entre os nossos *clercs*:

> O famoso *Trahison des clercs* também fez alguma comoção nos meios intelectuais "modernos" do Brasil: mas se no mundo ele teve como espléndido, inesperado e humano ofício tornar os traidores mais conscientes e decididos de sua traição, parece que entre nós serviu só pra que cada qual aceitasse a tese falada de Benda, e ficasse inda mais gratuito, mais trovador da "arte pela arte", ou do pensamento pelo pensamento.[37]

A referência acima consta de um dos dois artigos estampados, no mesmo período, nas páginas do *Diário Nacional* e dedicados ao papel e à situação dos intelectuais. A simples publicação desses artigos já é por si só um bom indício da importância que a questão do papel do intelectual assumia à época. No primeiro deles, Mário lançava um severo ataque à pasmaceira em que vivia a inteligência nacional, que desde o Império continuava a "tocar viola de papo pro ar" (segundo a expressão tomada de empréstimo a Olegário Mariano), permanecendo alheia e omissa em relação aos "fenômenos tamanhamente infamantes" que ocorriam no resto do mundo. Denunciava ainda a leviandade e o oportunismo de alguns que se faziam passar por intelectuais de esquerda, blasonando-se "de socialistas, de comunistas já, porque isso está na moda, e também porque é uma forma disfarçada de ambição. Mas tudo não passa de um deslavado namoro, dum medinho que o Comunismo venha e eles sofram. É tudo apenas um toque de viola"[38].

No segundo artigo, Mário contrapunha ao "paraíso da inconsciência" nos trópicos a mobilização e os riscos corridos pela intelectualidade européia e norte-americana diante da ofensiva burguesa sob a forma de represálias à liberdade de exposição e denúncia, como bem ilustravam, então, os processos e os escândalos envolvendo os nomes de Aragon, Gide e Roman Rolland na França; Joyce tendo de explicar seu *Ulisses* na Inglaterra; Dreiser e John dos Passos promovendo inquéritos *in loco* e denunciando o massacre dos mineiros grevistas do Harlan, Kentucky. "São esses fatos edificantes dos nossos dias", conclui Mário, "que demonstram muito bem que os excessos duma Rússia encontram sua identidade nas pátrias mais ciosas do seu liberalismo burguês"[39].

Essa contraposição entre a práxis política do europeu ou do norte-americano e a inconsciência do intelectual brasileiro é reforçada por Mário quanto ao modo como se deu a recepção de *La trahison des clercs* por um e outro: enquanto o primeiro, acusado por Benda, tornou-se ainda mais consciente e conseqüente no seu papel de *traidor*, o segundo parece ter encontrado na concepção do *clerc* como defensor dos valores universais e abstratos, portanto alheio às lutas sociais concretas, um reforço para seu total absenteísmo. Diante das duas posturas, Mário, obviamente, toma o partido da traição conseqüente. À imagem do *traidor*, propõe a do intelectual como protótipo do *fora-da-lei*, que, sem ignorar as grandes Verdades clamadas por Benda, deverá sempre se pôr a serviço das verdades locais e temporárias:

> Na realidade a situação pra quem queira se tornar um intelectual legítimo é terrível. Hoje mais que nunca o intelectual ideal é o protótipo do fora-da-lei, fora de qualquer lei. O intelectual é o ser livre em busca da verdade. A verdade é a paixão dele e de fato o ser humano socializado, as sociedades, as nações nada têm que ver com a Verdade. Elas se explicam, ou melhor, se justificam, não pela Verdade, mas por um sem-número de verdades locais, episódicas, temporárias, que, estas, são frutos de ideologias e idealizações. O intelectual pode bem, e deverá sempre, se pôr a serviço duma dessas ideologias, duma dessas verdades temporárias. Mas por isso mesmo que é um cultivado, e um ser livre, por mais que minta em proveito da verdade temporária que defende, nada no mundo o impedirá de ver, de recolher e reconhecer a Verdade da miséria do mundo. Da miséria dos homens. O intelectual verdadeiro, por tudo isso, sempre há de ser um homem revoltado e um revolucionário, pessimista, cético e cínico: fora da lei.[40]

Ora, era justamente em prol de uma dessas verdades temporárias que o nosso poeta itabirano não conseguia se definir, assumindo uma posição tanto mais incômoda e conflituosa quando se considera que a chamada para a ação partia, com tamanha radicalidade, daquele seu correspondente contumaz da Lopes Chaves, que sempre lhe serviu de mestre e modelo acabado de integridade e coerência intelectual – a despeito das discordâncias que separavam o "indivíduo encaramujado" de Minas do "escritor socializante, antiartístico por deliberação, apesar de fundamentalmente artista"[41]. Incapacitado por ora de abraçar uma dessas verdades temporárias referidas por Mário, Drummond tendia a resvalar para aquela zona tão condenável do apoliticismo, para a qual convergiam os adeptos das incursões psicanalíticas, que aos olhos do poeta, na entrevista de *A Pátria*, não chegavam a constituir rumo propriamente dito, justamente porque lhe falta o empenho participante, afigurando-se mais como escapismo, individualismo alienador. Dito de outro modo, era a opção de quem permanecia "em cima do muro".

A (não-)opção representada pela psicanálise vinha reeditada em certa tendência evasionista diagnosticada por Mário de Andrade no ensaio sobre "A poesia em 1930", em que reconhecia no famoso poema de Bandeira ("Vou-me embora pra Pasárgada") a obra-prima desse *estado de espírito generalizado* entre os poetas do período. Esclarecendo o *voumemborismo*, nota que, "incapazes de achar a solução, surgiu neles [poetas de 30] essa vontade amarga de dar de ombros, de não amolar, de *partir* para uma farra de libertações morais e físicas de toda espécie"[42] – vontade essa que reaparecerá com insistência em vários poemas de *Brejo das almas*, seja sob a forma do apelo pornográfico, do convite ao desregramento, ao porre e ao xingamento, para a qual, conforme vimos, Gledson não conseguiu encontrar a causa.

Também Mário de Andrade – sendo ele próprio um dos poetas a revelar esse "sintoma" comum[43] – não chega a diagnosticar a causa no ensaio sobre a poesia de 1930. Isso só viria a ocorrer dez anos depois, com certo benefício da distância histórica e dos rumos tomados pela intelectualidade com a implantação do Estado Novo. Assim, na célebre "Elegia de abril", de 1941, Mário retorna a esse estado de espírito generalizado, alinhando-o a certa tendência verificada na ficção do período: a *freqüentação* da figura do "fracassado", esse "herói novo", desfibrado que transitava nas páginas de Oswaldo Alves, Gilberto Amado, de Lins do Rego e Graciliano Ramos, entre muitos outros. Buscando a justificativa para a recorrência de um "tipo moral" dessa ordem na ficção, Mário afirma existir "em nossa intelectualidade contemporânea a pré-consciência, a intuição insuspeita de algum crime, de alguma falha enorme, pois que tanto assim ela se agrada de um herói que só tem como elemento de atração, a total fragilidade, e frouxo conformismo"[44]. Em seguida, estabelecendo a ponte com a tendência correspondente na lírica de 1930, diz ainda:

> Porque os poetas, por isso mesmo que mais escravos da sensibilidade e libertos do raciocínio, ainda são mais adivinhões que os prosistas. Já em 30, a respeito de *Vou-me embora pra Pasárgada* de Manuel Bandeira, pretendi mostrar que esse mesmo tema da desistência estava freqüentando numerosamente a poesia moderna do Brasil. Se o complexo de inferioridade sempre foi uma das grandes falhas da inteligência nacional, não sei se as angústias dos tempos de agora e suas ferozes mudanças vieram segregar aos ouvidos passivos dessa mania de inferioridade o convite à desistência e a noção de fracasso total. E não é difícil imaginar a que desastrosíssima incapacidade do ser poderá nos levar tal estado-de-consciência. Toda essa literatura dissolvente será por acaso um sintoma de que o homem brasileiro está às portas de desistir de si mesmo?[45]

A explicação para a sensação de fracasso total e para a tendência generalizada à desistência, na ficção e na poesia, decorreria, portanto, de algum "crime" ou "falha grande", ainda da ordem da "intuição", da "pré-consciência", possivelmente porque fruto da vivência muito imediata (sem o distanciamento necessário à avaliação lúcida) dessa época de "angústias" e "ferozes mudanças", que vieram exacerbar um já antigo "sentimento de inferioridade" da inteligência nacional, redundando, assim, na referida tendência. Em outra passagem, Mário trata de precisar em que consistem tais mudanças e angústias, ao admoestar severamente os companheiros daqueles anos "em que o Estado se preocupou de exigir do intelectual a sua integração no corpo de regime". Lastima, assim, essa "dolorosa sujeição da inteligência a toda espécie de imperativos econômicos", vendo em muitos de seus contemporâneos apenas "cômodos voluntários dos abstencionismos e da complacência", quando não da "pouca vergonha".

É, portanto, a cooptação do intelectual pelo Estado Novo a responsável, na visão de Mário, pela intensificação desse velho sentimento de inferioridade que por certo devia envolver a posição, historicamente conhecida, de dependência do intelectual brasileiro em relação às elites e ao poder central, seja ao solicitar, durante o Segundo Reinado, a mão protetora do imperador, na forma de honrarias, mecenato, patronagem[46]; seja ao sujeitar-se àquele mesmo sistema de favores que, como demonstrou Schwarz, constrangia os homens livres na ordem escravocrata[47]. Ainda com o advento da República, embora se operasse certa mudança nos padrões do trabalho intelectual, as relações de dependência persistiriam. Um bom exemplo dessa persistência é dado pelos "primeiros intelectuais profissionais" surgidos à época, os chamados "anatolianos", polígrafos obrigados a se ajustar aos gêneros importados da imprensa francesa, a fim de satisfazer as demandas da grande imprensa, das revistas mundanas, dos dirigentes e mandatários políticos da oligarquia (sob a forma de crônicas, discursos, elogios etc.), visando assim, pelo êxito de suas penas, alcançar melhores salários, sinecuras burocráticas e favores diversos[48]. Ao lado deles, os que não se sujeitaram ao gosto dos novos-ricos e às solicitações dos proprietários de jornais e editoras beneficiados pela expansão do público viveram a experiência do isolamento, tendo de disputar "a sobrevivência no concorrido mercado urbano recém-ativado, e a participação no sistema de hegemonia no espaço público"[49]. Era decerto essa trajetória de dependência que Mário de Andrade via se reatualizar com a cooptação do intelectual pelo Estado Novo – apesar da diferença, assinalada depois por Miceli, entre o processo de burocratização e "racionalização" das carreiras provocado pelo número considerável de intelectuais convocados pelo governo getulista e a concessão de postos e prebendas aos escribas e favoritos dos chefes políticos oligárquicos[50].

Em vista do exposto, não seria demais supor que o poema de Bandeira tornou-se o mais representativo do estado de espírito generalizado entre os intelectuais e escritores do período não apenas pelo desejo de evadir-se do presente, alienando-se das solicitações do momento, e "partir para uma farra de liberações morais e físicas" (os alcalóides, as prostitutas bonitas...). Talvez o que também o torne representativo, na perspectiva de Mário, seja a própria criação imaginária – segundo a lógica afim à dos devaneios[51] – de um mundo compensatório para as insatisfações da realidade presente *assentado nas velhas relações de compadrio, privilégio e favor herdadas de nosso passado patriarcal*, justamente às vésperas do governo getulista *reeditá-las* a seu modo com a concessão de postos e prebendas que permitiu a ramos empobrecidos da velha ordem oligárquica fugir da desclassificação social. Afinal, o que garante o desfrute pleno do paraíso imaginário de Pasárgada é o fato de seu idealizador ser, antes ou acima de tudo, o *amigo* ou... *compadre do rei*.

Indecisão amorosa

À luz do histórico traçado, vimos como a questão da opção político-ideológica repercutia entre os intelectuais e os artistas brasileiros do período, tendo por referência o quadro internacional e os problemas específicos da realidade local advindos com a Revolução de 30. Vimos também, com Mário de Andrade, como o conflito decorrente dessa necessidade de opção e das reais condições de inserção social do artista e do intelectual respondia por certos temas e personagens recorrentes na prosa e na poesia do período, como a figura do *fracassado* e o *voumemborismo* que traduz um *estado de espírito generalizado* entre os poetas e partilhado, segundo Gledson, pelo próprio Drummond em 1934, que o vê ao mesmo tempo como "lamentável e necessário"[52]. A presente abordagem, todavia, sustenta hipótese um pouco diversa: em *Brejo das almas*, o impulso evasionista implícito no *voumemborismo* permanece a meio caminho, não chegando a bom termo, pois, ao mesmo tempo em que se verifica em vários poemas o desejo de fuga, a busca do desregramento e da "farra de libertações morais e físicas" a que alude Mário de Andrade, há um movimento contrário que emperra esse desfrute imaginário, muito possivelmente um impedimento ético, moral: "a desaprovação tácita da falta de conduta espiritual" referida por Drummond em sua "Autobiografia para uma revista" como traço marcante do livro. Isso se torna particularmente notório na *temática do amor e do desejo frustrados* que avulta em todo o livro e que, na verdade, já havia se manifestado em *Alguma poesia*.

No mesmo ensaio sobre a poesia de 1930, Mário de Andrade detectava na poesia de Drummond a presença de pelo menos dois *seqüestros*

> que me parecem muito curiosos: o sexual e o que chamarei "da vida besta". Ao seqüestro da vida besta, Carlos Drummond de Andrade conseguiu *sublimar* melhor. Ao sexual não; não o transformou liricamente: preferiu romper adestro contra a preocupação e lutas interiores, mentindo e se escondendo.[53]

Por meio dessa atitude diante da frustração sexual – ainda segundo Mário, numa das cartas endereçadas ao poeta mineiro, na qual retoma a questão em detalhe –, Drummond quis "violentar-se, espécie de *masoquismo*, dar largas às suas tendências sexuais, inebriar-se delas [...] Ser grosseiro, ser realista, já que não achava saída delicada ou humorística pros seus combates interiores"[54].

Prova de que Drummond não conseguiu "resolver", de fato, esse "seqüestro sexual" está na persistência e na freqüência ainda maior com que a temática do desejo frustrado comparece no livro seguinte, em praticamente *metade* dos poemas. É ainda essa frustração sexual que responde, em boa medida, pela presença significativa da imagem da *femme fatale*, já uma vez denunciada por Merquior a propósito de "Desdobramento de Adalgisa", depois endossada e identificada por Gledson em outros momentos do livro, mas sem promover um comentário mais detido, que delineasse melhor os contornos dessa figuração feminina, articulando-a com a problemática central de *Brejo das almas*.

Tal figuração não recorre aqui às representações tradicionais da literatura e da arte *fin-de-siècle*, como Herodíade, Helena de Tróia ou a célebre "irmandade castradora" representada por Salomé, Dalila e Judite[55]. A exemplo de Keats, Drummond preferiu enriquecer essa galeria de personagens femininas esboçando um retrato todo próprio de sua *belle dame sans merci*. Ainda assim, é óbvio, ela preserva alguns dos atributos essenciais que definem o tipo, como a função de chama que atrai e queima, a inacessibilidade física e o prazer perverso com o sofrimento causado aos apaixonados. Além disso, Drummond tende a situar algumas das mulheres em terras distantes como as Ilhas Fidgi ("Oceania"), Peiping ("O procurador do amor") ou mesmo Ostende ("Registro civil"). Lugares distantes como esses parecem comportar o mesmo significado que o das terras *exóticas* onde a literatura e a arte do século passado tendiam a buscar os grandes exemplos das mulheres sedutoras. Como bem nota Praz, aliado ao erotismo, esse exotismo é claramente "uma projeção fantástica de uma carência sexual" que materializa a inacessibilidade feminina *em termos de distância espacial, geográfica*[56]. Em outro poema ("Canção para ninar mulher"), essa inacessibilidade física, além de projetada espacialmente em terras distantes, é reiterada pela imagem da *mulher adormecida*, que não pode ser possuída fisicamente – imagem essa examinada por Mário de Andrade entre os nossos poetas românticos, em clássico estudo[57] publicado pela mesma época, que Drummond devia bem conhecer:

> [...]
> Dorme bem manso,
> senão eu te pego,
> te dou um abraço
> e te espinho toda.
> [...]
> Dorme na Argentina,
> dorme na Alemanha
> ou no Maranhão,
> dorme bem dormido.
>
> Dorme que o capeta
> está perguntando
> quedê a mulher acordada
> para dormir com ela.

De todas as figurações femininas de *Brejo das almas*, porém, o retrato mais acabado da mulher fatal é, sem dúvida, Adalgisa, um dos "nomes da musa" na poesia modernista, como diz Merquior, lembrando o título de um conhecido poema de Jorge de Lima[58] e sugerindo a conexão com a bela poetisa Adalgisa Nery, que forte impressão deixou em poetas como Murilo Mendes, Jorge de Lima, Bandeira e Schmidt, a ponto de freqüentar-lhes as obras.

Do poema, interessa ressaltar sobretudo a projeção fantástica de duplicação (e posterior multiplicação) da figura feminina, em atenção ao puro e simples desejo dos homens, que "preferem duas", como bem ilustra o exemplo evocado de Salomão, perito nas artes do amor e amante de muitas mulheres. Assim, para ser mais bem adorada, Adalgisa faz-se também Adaljosa: uma é "loura, trêmula e blândula"; outra é "morena esfogueteada"; uma é "lisa, fria"; a outra é "quente e áspera". Como Adalgisa trata de esclarecer, não se trata aqui de duas que são uma, e sim de uma que são duas, unidas por um só e "indiviso sexo", alternando-se ao sabor dos desejos do homem. Figura onipresente e eterna, ela é ora uma voz que se faz ouvir, uma presença impositiva, ameaçadora ou mesmo... fálica ("serei cipó, lagarto, cobra, eco de grota na tarde"), ora anulação e silêncio ("serei a humilde folha, sombra tímida, silêncio entre duas pedras"); ora fonte de vida ("serei ar de respiração"), ora de morte ("serei tiro de pistola, veneno, corda..."); ora vítima da traição, ora mulher vingativa. Como se pode notar por essas alternâncias, a musa de Drummond não é um exemplo *puro* da mulher fatal. Trata-se, na verdade, de uma figura ambígua, misto de mulher submissa e *femme fatale*, que ora se sujeita, ora se impõe. De qualquer modo, permanece sendo uma projeção dos desejos masculinos e, enquanto tal, revela que a ambigüidade decorre deles próprios, os quais parecem comportar uma dupla componente *sadomasoquista*, encarnada pelas duas figurações femininas. Ao invés de ambigüidade, talvez fosse o caso de falar, mais de acordo com a psicanálise, em *ambivalência*, a propósito da manifestação conjunta dessas duas manifestações antitéticas da vida pulsional. O próprio poema, todavia, apresenta a razão de ser dessa ambivalência, no momento em que Adalgisa justifica seu desdobramento em virtude dos desejos de homens "que mal sabem escolher". Essa indefinição na escolha é ainda uma vez reforçada na seguinte estrofe:

> Adalgisa e Adaljosa,
> parti-me para o vosso amor
> que tem tantas direções
> *e em nenhuma se define*
> mas em todas se resume.

Ora essa indecisão ou indefinição tem histórico no contexto de *Brejo das almas*, respondendo pela atitude do poeta diante das opções e exigências de participação política, conforme vimos. "Desdobramento de Adalgisa" parece, assim, evidenciar certa correlação entre o conflito amoroso e o ideológico, que se confirmará em "Registro civil":

> Ela colhia margaridas
> quando eu passei. As margaridas eram
> os corações de seus namorados,
> que depois se transformavam em ostras
> e ela engolia em grupos de dez.
>
> Os telefones gritavam Dulce,
> Rosa, Leonora, Cármen, Beatriz,
> porém Dulce havia morrido
> e as demais banhavam-se em Ostende
> sob um sol neutro.
>
> As cidades perdiam os nomes
> que o funcionário com um pássaro no ombro
> ia guardando no livro de versos.
> Na última delas, Sodoma,
> restava uma luz acesa
> que o anjo soprou.
> E na terra

eu só ouvia o rumor
brando, de ostras que deslizavam
pela garganta implacável.

Trata-se de um poema central para a compreensão do conjunto da coletânea. Na verdade, o interesse reside aqui menos na figuração feminina em si e muito mais nas articulações que se estabelecem entre as frustrações e as obsessões sexuais por ela representadas, a indecisão político-ideológica do eu lírico e sua condição efetiva de inserção social, que parece ser a razão determinante de todo o resto.

Já na estrofe de abertura, "Registro civil" ocupa-se da tematização do desejo frustrado, projetado na imagem de uma mulher que comparece nos dois primeiros versos em um quadro bucólico e ingênuo, a colher margaridas no momento em que o eu lírico passa por ela. A meiguice do retrato, porém, é desmentida de chofre, quando se sabe que as margaridas eram, na verdade, os *corações* dos namorados que, em nova metamorfose surreal, são transformados em *ostras*, engolidas de dez em dez. Trata-se, literalmente, de uma destruidora (melhor, *devoradora*) de corações, que se compraz no gozo sádico com o sofrimento amoroso impingido aos namorados.

Apesar do metamorfoseamento surreal, essa figuração feminina nada tem de exclusivamente modernista ou vanguardista, mas remete a um momento muito anterior da tradição literária ocidental, quando os *stilnovisti* fixaram certa convenção lírico-amorosa que iria perdurar no tempo. Refiro-me à alusão contida nesses versos ao terceiro capítulo (que inclui o primeiro soneto) de *Vita nuova*, em que Dante descreve um sonho terrível, depois de encontrar Beatriz pela segunda vez. No sonho, ela aparece carregada por um vulto assustador, representação do próprio Amor que se identifica como *senhor* do poeta e traz na mão o *coração* flamejante deste. Depois de exibi-lo ao poeta ("Vide cor tuum"), desperta Beatriz e obriga-a a *comer* o coração. Dante acorda angustiado e compõe o soneto, indagando aos famosos trovadores da época pelo sentido desse sonho premonitório e desencadeador de seu próprio poetar[59]. Ao invés da imagem final de Beatriz, como espírito de luz, figura beatífica e guia protetora do poeta, Drummond escolhe, como a mais adequada para dramatizar seu conflito amoroso, justamente a representação primeira, mais "terrena" da amada de Dante, embora transfigurada no soneto pelo pesadelo verdadeiramente macabro ao qual se associa o sentimento de opressão, de angústia experimentado por ele.

As figurações femininas persistem na segunda estrofe de "Registro civil", agora em número de cinco, dentre as quais a própria Beatriz – o que ajuda a reforçar a hipótese de diálogo com Dante. Ainda em reforço a tal hipótese, poderíamos pensar em tais figurações como alusivas ao grupo de damas que acompanham Beatriz em suas aparições pelas ruas de Florença onde o poeta a encontra e a saúda – tal como o suposto encontro do eu lírico drummondiano na primeira estrofe, que *passa* pela amada quando ela está colhendo margaridas. O que caracteriza a atitude de tais damas é o "gab", a zombaria e o menoscabo diante do sofrimento do apaixonado[60]. Já no contexto moderno do poema de Drummond, as cinco mulheres que também parecem fazer pouco caso da paixão de seus amantes são chamadas a *telefones* que não tocam mas "gritam", de modo a assinalar a insistência e o desespero daqueles que as procuram em vão. Das cinco, porém, uma havia morrido – não por acaso *Dulce*, cujo nome pode ainda ser lido como uma alusão ao *dolce stil nuovo* da época de Dante: sua *morte* representaria o desejo de Drummond de sinalizar a impossibilidade de persistir na velha convenção e concepção idealizada de amor e de mulher para lidar com o conflito amoroso experimentado no presente.

Se Dulce morreu, as demais, de acordo com a segunda estrofe, "banhavam-se em Ostende, sob um sol neutro". Observei atrás o sentido da evocação de lugares distantes como esse, enquanto projeção espacial da inacessibilidade física da mulher amada, mas aqui cabe ainda um particular em relação a Ostende, principal porto belga, conhecido por seu elegante balneário e pelo cultivo de lagostas e ostras – o que explica a metamorfose dos corações dos namorados na primeira estrofe. A qualidade do sol que aí paira encarna, decerto, a sabida neutralidade política do país, rompida só mesmo à força pela invasão das tropas alemãs a caminho de Paris, durante a Primeira Guerra. Ora, a *neutralidade política* do cenário em que o eu projeta suas figuras femininas não é gratuita. Sendo uma projeção das carências do eu lírico, é esse um modo de ressaltar a própria condição do poeta que, na impossibilidade de se definir ideologicamente, permanece centrado em seu individualismo e na sua problemática amorosa. Drummond acaba, assim, por atestar de forma cabal a articulação existente entre obsessão sexual e neutralidade política.

Até aqui, portanto, nada de novo; nada além da confirmação do que se viu anteriormente. A novidade reside na terceira estrofe, quando o eu lírico, como que se olhando de fora, oferece um registro mais objetivo de sua condição social: "As cidades perdiam os nomes/ que o funcionário com um pássaro no ombro/ ia guardando no livro dos versos".

Lançando mão do recurso de "personificação do eu"[61], Drummond – que em 1934 iria ascender do serviço público estadual ao federal – projeta-se na figura do funcionário com o pássaro no ombro a fazer, mecânica e burocraticamente, o registro a que alude o título cartorialesco do poema. É a primeira figuração do *poeta-funcionário*, antes do famoso auto-retrato do fazendeiro do ar em "Confidência do itabirano".

Atente-se ainda para a referência às cidades que perdiam os nomes, dentre as quais deve se incluir o próspero município mineiro que dá o nome ao livro de 1934, conforme esclarece a conhecida epígrafe de abertura, extraída do mesmo jornal mineiro *A Pátria* para o qual Drummond concedera, também em 1931, a entrevista, já mencionada mais de uma vez aqui, sobre os dilemas de sua geração. Assim como Mário de Andrade havia descoberto em um vilarejo amazônico consumido pela miséria e pela maleita o nome expressivo para sua coletânea de poemas publicada em 1930 (*Remate de males*), Drummond, inspirado pela lição do *turista aprendiz*, encontrará no próspero município mineiro a denominação adequada para metaforizar a crise espiritual vivida por ele e por sua geração. Diz a epígrafe:

> Brejo das Almas é um dos municípios mineiros onde os cereais são cultivados em maior escala. Sua exportação é feita para os mercados de Montes Claros e Belo Horizonte. Há também grande exportação de toucinho, mamona e ovos. A lavoura de cana-de-açúcar tem-se desenvolvido bastante. Ultimamente cogita-se da mudança do nome do município, que está cada vez mais próspero. Não se compreende mesmo que fique toda a vida com o primitivo: Brejo das Almas, que nada significa e nenhuma justificativa oferece. (D'*A Pátria*, 6-VIII-1931)

Brejo das Almas, que em sua prosperidade cogita da mundança do topônimo, por não significar nada aos moradores, tem seu nome resgatado do olvido pelo poeta que o resguarda no livro de versos. E se o regata é porque, diferentemente dos demais homens, reconhece no nome da cidade algo de mais significativo e sugestivo de sua condição *estanque*, preso no *atoleiro* da indecisão e dos desejos frustrados, portanto, sem possibilidade de sublimação, de transcendência.

Dentre essas cidades que perdiam os nomes, a derradeira é Sodoma, com toda a força de seu significado bíblico como cidade do sexo e do pecado. Sendo ela a última a apagar a luz — e a escuridão remete aqui à perda da referencialidade exterior —, Drummond busca assinalar o mergulho na problemática da sexualidade frustrada, a única a lhe absorver por inteiro: "E na terra/ eu só ouvia o rumor/ brando, de ostras que deslizavam/ pela garganta implacável".

A total imersão no atoleiro dos desejos frustrados responde, assim, pela visão de um mundo sem transcendência, dominante em todo o livro, conforme se vê em poemas como o "Soneto da perdida esperança", em que não falta a alusão a um "flautim" (e, por meio deste, à própria poesia) qualificado(a) justamente como "insolúvel" — referência explícita à situação de impasse, de indecisão aqui examinada.

Considerem-se ainda os versos de "O vôo sobre as igrejas", que se assemelham ao soneto não só na visão de um mundo sem transcendência, de total imanência para aqueles que um dia gritaram "sim! ao eterno", mas também no uso de uma figura com idêntico significado simbólico, como a hipálage[62] presente na "lenta ladeira" em que todos os caminhos se fundem e conduzem ao princípio do drama e da flora. Esse momento *inaugural* em "O vôo..." coincide com a referência à freguesia de Antônio Dias, que deu *origem* à cidade de Ouro Preto.

O poema abre-se com um convite à procissão de Semana Santa rumo à Matriz de Antônio Dias, que abriga a campa do Aleijadinho. A procissão, transfigurada de forma fantástica, seria posteriormente descrita em detalhe pelo próprio poeta em uma das crônicas de *Passeios na ilha*[63], contrapondo a suntuosidade da freguesia de Ouro Preto à simplicidade austera da de Antônio Dias na celebração dos ritos de Semana Santa, com visível preferência do poeta por esta última. A posição topográfica da igreja, situada no centro da parte *alta* da cidade (bairro de Antônio Dias), bem como a "lenta ladeira" a ser galgada pela romaria fantástica, que a dada altura descola o pé do chão e alça vôo, respondem pelo impulso ascensional, cuja natureza sublimatória[64] e evasionista logo se evidencia nos versos. Desejo de fuga e transcendência que não é satisfeito sem mais, sem o embate contra a total imanência no tempo presente, com seus apelos dirigidos aos sentidos: "[...] as cores e cheiros do presente são tão fortes e tão urgentes/ que nem se percebem catingas e *rouges*, boduns e ouros do século 18".

O eu lírico, todavia, persiste em sua escalada ascensional ao encontro do artista barroco, acompanhado apenas por um séquito de querubins: "Nesta subida só serafins, só querubins fogem conosco,/ de róseas faces, de nádegas róseas e rechonchudas,/ empunham coroas, entoam cantos, riscam ornatos no azul autêntico".

A descrição dessa escalada remete, de pronto, aos tetos de algumas igrejas mineiras. Gledson lembra o de Ataíde, na igreja de São Francisco de Assis, mas é bem provável que Drummond se referisse aqui ao teto da própria matriz de Antônio Dias da qual se ocupa o poema, o que faz pensar que o encontro com o artista barroco acaba por se processar aqui. Não por acaso, a passagem para a próxima estrofe desloca o enfoque do esforço ascensional do eu lírico, descrito nas três primeiras estrofes, para a figura do *gênio* barroco:

> Este mulato de gênio
> lavou na pedra-sabão
> todos os nossos pecados,
> as nossas luxúrias todas,
> e esse tropel de desejos,
> essa ânsia de ir para o céu
> e de pecar mais na terra;
> esse mulato de gênio
> subiu nas asas da fama,
> teve dinheiro, mulher,
> escravo, comida farta,
> teve também escorbuto,
> e morreu sem consolação.

Atente-se, antes de tudo, à regularidade métrica dessa 4ª estrofe, toda ela (ou quase toda) em redondilha maior, cuja função principal é a de reforçar, mimeticamente, o poder do gênio barroco de dar *forma* e expressão aos conflitos e dilacerações mais íntimas, traduzidas na contradição entre a ânsia do pecado e o anseio de purificação. O único verso irregular na estrofe é justamente o último, e não por acaso: ele introduz a nota dissonante da *ironia* que, diante da sublimidade do *gênio* descrita nos versos anteriores, contrapõe a condição demasiadamente humana da morte sem consolação, da qual nem mesmo o artista excepcional conseguiu escapar. Dessa condição, havia partido o poema ao se referir à campa "onde repousa, pó sem lembrança, pó sem esperança, o Aleijadinho", para alçar, na seqüência, à dimensão sublime do gênio e depois retornar, no final da 4ª estrofe, à condição de partida. A ironia acaba, assim, por descrever um movimento contrário – isto é, de natureza *dessublimatória* – ao descrito pelo grande artista barroco em sua criação.

A notação irônica, obviamente, diz respeito ao destino do artista e não de sua obra, uma vez que esta, sim, permaneceu viva e alçou à imortalidade, talhando à perfeição as dilacerações mais íntimas, que foram vivenciadas a fundo não só por ele, mas também por *todos*, já que os pecados lavados na pedra-sabão são "nossos". Nesse aspecto em particular, como bem notou Gledson, Drummond parece tematizar, implicitamente, o que para ele constitui uma relação viva e criadora entre o artista e a sociedade:

> O artista compartilha os pecados e doenças dos outros, o seu desejo de pecarem e serem inocentes ao mesmo tempo (o tema de "Castidade"), mas pelo dom da expressão, de alguma maneira expia esses pecados. A frase "Lavou em pedra-sabão", por mais humorística que seja, não é em última análise irônica: a verdadeira relação entre o artista e a sociedade tem este aspecto simbólico e representativo, quase religioso.[65]

O enfoque dirigido à relação entre o artista e a sociedade encarnada por Aleijadinho atende, assim, ao intuito de estabelecer um modelo *ideal*, tomado como parâmetro para que o poeta avalie o *alcance* de sua própria criação ao lidar com um conflito que se lhe afigura afim ao supostamente vivenciado pelo *gênio* do barroco mineiro. Não seria, aliás, a única vez que Drummond encontraria no Aleijadinho uma espécie de *alter ego*, uma *persona* que poderia ser aproximada de outras tantas esposadas pelo poeta e já uma vez denunciadas por Romano de Sant'Anna. Em sua deformidade física, a figura *mítica* do gênio barroco parece materializar a *deformidade moral* experienciada pela subjetividade lírica de Drummond, que responderá pelos impulsos castradores, de natureza autopunitiva, examinados por Antonio Candido sob o rótulo de "inquietudes". O próprio Gledson lembra, muito a propósito, que em outra passagem da entrevista de *A Pátria* Drummond descreveria a experiência do fracasso literário (e lembremos que ele considerava, então, *Brejo das almas* uma "derrota literária") em termos muito próximos à imagem que nos oferece do Aleijadinho nesse poema: "A derrota literária tem isso de suave: o derrotado não a percebe. Ou se percebe é como um indivíduo que, passado o desastre, a síncope e os cuidados médicos, se vê com uma perna a menos, mas por mais que se esforce, não sente dor com esse menos"[66].

Esse conflito supostamente comum justifica-se, no caso do artista barroco, pelos dualismos e tensões, sabidos de cartilha, entre o espírito racional e secularista de procedência renascentista e o *ethos* cristão contra-reformista, traduzidos nas conhecidas polarizações entre terra e céu, carne e espírito, mundanidade e ascetismo, sensualidade e misticismo, erotismo e religiosidade, atrações e solicitações terrenas e ideal de fuga e renúncia... Tais antagonismos, entretanto, encontrariam no próprio dirigismo ideológico contra-reformista – exercido como "inquisição imanente" à alma dos artistas fiéis à Igreja – uma forma de conciliar os interesses de Deus com as exigências humanas, mediante a reorientação da ascese cristã, cujo método eficaz seria fornecido pelos *Exercícios espirituais* de Inácio de Loyola. Como diz Benedito Nunes, foi por meio dessa ação persuasiva e conciliadora do "humanismo devoto" que a arte,

> destinada a fins de piedade, à glorificação de Deus e à exaltação da Igreja, pôde associar, na iconografia ou na imaginária, a sensualidade erótica ao misticismo e o ideal heróico-clássico do Renascimento, inseparável da beleza do corpo, à santidade, à militância da fé, à profissão do Credo. Por força dessas [...] ações sublimadoras, prosperaram até a teatralidade, por vezes "mediante um sentimentalismo sem fundo", os efeitos dramáticos já congênitos ao próprio estilo. Da dramática teatralidade do barroco, que transformou, como dizia Germain Bazin, a figura do santo num ator antes de tudo, partilham os Santos e Profetas de Aleijadinho.[67]

Ora, é a ausência de qualquer orientação ideológica que parece impedir nosso poeta de *dar forma* ao conflito experimentado – o oposto, portanto, do que supostamente ocorreria com o artista barroco. É isso o que ele parece querer evidenciar no contraste com Aleijadinho: a impossibilidade de alcançar minimamente a sublimação necessária para dar forma artística a um conflito seu e de sua época, garantindo com isso o maior alcance e o poder de comunicação com a sociedade da arte do "mulato de gênio" que "lavou na pedra-sabão todos os nossos pecados". Tal impossibilidade levará Drummond à costumeira depreciação de sua própria poesia[68].

Esse contraste com Aleijadinho é evidenciado no poema por meio do jogo entre as estrofes isométricas e heterométricas. Em contraposição à uniformidade métrica da 4ª e da 6ª estrofes, dedicadas ao poder da criação do artista barroco, as três primeiras estrofes e a 5ª, que tratam especificamente do anseio ascensional e sublimatório do eu lírico, são todas elas compostas de versos livres, cuja *irregularidade métrica* (indo do verso de quatro ao de vinte ou mais sílabas) parece mimetizar, por contraste, a *impossibilidade* dele sublimar, de *dar forma* e expressão a conflitos e dilacerações similares. Além disso, ao chegarmos aos derradeiros versos – quando supomos que o eu lírico e o "nós" a que ele se dirige tenham alçado à sublimidade da arte de Aleijadinho –, o desfecho irônico tende a converter o mulato de gênio e seu poder de sublimar arte os anseios partilhados com a comunidade no "era uma vez" da *lenda* ou do *conto da carochinha*:

> Era uma vez um Aleijadinho,
> não tinha dedo, não tinha mão,
> raiva e cinzel, lá isso tinha,
> era uma vez um Aleijadinho,
> era uma vez muitas igrejas
> com muitos paraísos e muitos infernos,
> era uma vez São João, Ouro Preto,
> Mariana, Sabará, Congonhas,
> era uma vez muitas cidades
> e o Aleijadinho era uma vez.

Com isso, Drummond busca assinalar quão distante da realidade presente se mostra esse poder de comunhão plena encarnada pela obra de Aleijadinho, a ponto de se converter na irrealidade da lenda. Ao artista moderno, tão centrado na própria individualidade e no próprio isolamento, só resta mesmo ponderar sobre essa distância e traduzi-la na forma *dissonante* (própria da lírica moderna, segundo Friedrich[69]) acima assinalada. É a consciência dessa distância que dá a medida do valor dos versos e permite ao lírico dar forma (*informe*) aos conflitos e dilacerações mais íntimos, ainda que pela negação de sua própria possibilidade.

Lido em sintonia com a revalorização modernista do barroco mineiro, "O vôo sobre as igrejas", se por um lado reitera certas atribuições e mitificações discutíveis – como a concepção romântica do *gênio* criador associação ao artista mulato, *gênio da raça*, muito explorada por Mário de Andrade em conhecido estudo dedicado a Francisco Lisboa –, por outro delas se afasta ao conferir à história e à figura de Aleijadinho esse estatuto de *lenda*[70].

A poética da indecisão

Para Gledson, "O vôo sobre as igrejas" é um dos dois poemas a se ocupar da poética subjacente a *Brejo das almas*. O outro é "Segredo", que gostaria de considerar por fim, com o intuito de evidenciar mais uma vez como as exigências de participação do intelectual, reverberadas sobre a subjetividade na forma de dúvida ou indecisão, comparecem tão bem sedimentadas nos versos a ponto de dispensar a tematização explícita:

Segredo

A poesia é incomunicável.
Fique torto no seu canto.
Não ame.

Ouço dizer que há tiroteio
ao alcance do nosso corpo.
É a revolução? o amor?
Não diga nada.

Tudo é possível, só eu impossível.
O mar transborda de peixes.
Há homens que andam no mar
como se andassem na rua.
Não conte.

Suponha que um anjo de fogo
varresse a face da terra
e os homens sacrificados
pedissem perdão.
Não peça.

Muito embora tenha sido o primeiro a apontar a problemática da indecisão político-ideológica como o drama subjacente a *Brejo das almas*, Gledson não chega a tecer nenhuma consideração a esse respeito na abordagem dos versos que encerram justamente a *poética* subjacente a todo o livro. Entretanto, essa problemática comparece entranhada no poema, podendo-se mesmo dizer que, em dada medida, é esse o próprio *segredo* a que alude o título. Para desvelá-lo, começo por ressaltar, mais uma vez, o emprego do já referido recurso de "personificação do eu", também denominado de "diálogo a um" por Sant'Anna[71], que funciona como estratégia de dramatização do conflito subjetivo, com o desdobramento do sujeito lírico em dois.

No poema, a alternância das pessoas de verbo dá-se do seguinte modo: na primeira e na última estrofes, o eu lírico se auto-refere ou se projeta num falso "tu", ou melhor, "você", enquanto nas intermediárias lança mão da primeira pessoa do verbo. Em todas as estrofes, porém, o curto verso final sempre apresenta o eu lírico referindo-se a si mesmo como "você". Enquanto estratégia de personificação, o emprego do "você" permite ao eu lírico constituir-se a si mesmo como *alteridade*. Com isso, ele pode ver-se como que *de fora*, preservando certo grau de *distanciamento* em relação aos conflitos e às dúvidas nos quais se encontra imerso o eu que fala em primeira pessoa nas estrofes intermediárias. É o que se pode observar na passagem de uma a outra estrofe. Nos momentos em que se enuncia essa *alteridade*, ela se mostra ciosa de afirmar sua crença de maneira impositiva, visível no uso do imperativo. Essa certeza vem expressa de maneira categórica logo no verso de abertura, ao afirmar a "incomunicabilidade da poesia", que condena o eu lírico a isolar-se e voltar-se sobre si mesmo, torcendo-se e retorcendo-se em seu *canto* (no duplo sentido do termo) com seus conflitos interiores. Ela é ainda reiterada ao fim de cada estrofe, por meio da negação de atos fundamentados numa relação de comunicação ou de interação com o outro: "não diga nada", "não conte", "não peça" e mesmo "não ame"[72].

Se a alteridade do eu lírico se mostra tão enfática na afirmação de sua crença, é porque esta não tem sido observada, encontrando-se, de certo modo, ameaçada. A ameaça vem representada pela atitude *dubitativa* do eu que fala em primeira pessoa nas estrofes intermediárias e que, sem o benefício da distância e do não-envolvimento, parece sentir o apelo muito próximo da realidade exterior, que lhe chega de maneira um tanto confusa, indistinta, como é visível na referência ao tiroteio ao alcance do corpo, sem saber ao certo se é o amor ou a revolução. Essa indefinição entre o dado interno (amor) e o externo (revolução) já foi assinalada por Gledson acerca de outros momentos de *Brejo das almas*. A meu ver, a sua função aqui é justamente a de indiciar o individualismo extremo dominante em todo o livro e denunciado pelo próprio poeta no trecho citado da "Autobiografia para uma revista"; um autocentramento tamanho, a ponto de o eu não distinguir se o que "ouve" vem de fora ou dentro. Ainda assim, é certo, o eu lírico parece abrir-se à percepção da realidade exterior que lhe é *segredada* ao ouvido, mesmo que de maneira confusa, mesmo que impossibilitado de revelá-la abertamente, por força da voz imperativa que ordena: "Não diga nada".

Um novo apelo da realidade exterior se faz sentir na 3ª estrofe com a referência ao mar que "transborda de peixes" e aos "homens que andam no mar como se andassem na rua". Imagens como essas vêm justificar a afirmação do eu lírico no primeiro verso dessa estrofe: "Tudo é possível, só eu impossível". Com isso, ele parece querer assinalar, por contraste, o tamanho de sua limitação em face de um real em que tudo pode acontecer, até mesmo o mais fantástico e inverossímil, enquanto ele permanece inalterado, imutável. Sem querer forçar a nota, vale ainda observar que uma dessas imagens fantásticas parece também comportar uma dimensão social, bastando ao leitor recordar comigo que, já no livro seguinte, em um dos primeiros poemas mais abertamente participativos, Drummond retornaria ainda uma vez a essa imagem bíblica do homem caminhando sobre as ondas, mas agora mais bem caracterizando-o socialmente: é o "operário no mar", que tem nas águas o domínio simbólico da *instabilidade de sua posição social* e do *desconhecido* para um eu que fala de *outra* posição.

Assim, entre a incomunicabilidade do canto e os apelos da realidade exterior, "Segredo" parece confessar veladamente ao leitor a dúvida na qual se encontra imersa a subjetividade lírica de Drummond, entre optar ou não por uma poesia mais abertamente participativa. A opção partidária implicaria atender às pressões ideológicas experimentadas no período e, mais ainda, conciliar o ofício poético com algumas das "soluções" que, segundo o poeta em *A Pátria*, se encontravam fora da literatura. Os livros seguintes viriam dizer da opção tomada por Drummond, assumindo os *riscos* da escolha na imagem da poesia e do poeta *precários*. Em *Brejo das almas*, porém, impera ainda a dúvida expressa no embate dialético entre as duas vozes de uma consciência dividida, confirmando, assim, que a indecisão está no cerne da poética de todo o livro, sem ter de recorrer – repito – à tematização aberta. Com isso, Drummond parece confirmar a verdade das palavras de Adorno, quando observa que em todo poema lírico, a relação histórica do sujeito à objetividade, do indivíduo à sociedade, precisa ter encontrado sua materialização no elemento do espírito subjetivo, reverberado sobre si mesmo. Essa sedimentação será tanto mais perfeita quanto menos a formação lírica tematizar a relação entre eu e sociedade, quanto mais involuntariamente cristalizar-se essa relação, a partir de si mesma, no poema.[73]

Nesse embate, porém, é ainda a voz imperiosa da alteridade do eu lírico que parece dar a última palavra, pois é ela que retorna na última estrofe, evocando uma situação hipotética e extrema, a fim de assinalar o limite a que deve ser levada a recusa a todo e qualquer ato de comunicação: diante da visão *apocalíptica* do anjo exterminador, cabe ao eu lírico furtar-se, peremptoriamente, ao pedido de perdão clamado por toda humanidade sacrificada. Ato de recusa que, se por um lado visa reforçar a crença na incomunicabilidade do canto defendida pela alteridade do eu, por outro revela, mesmo na indecisão, o poder de resistir a toda e qualquer espécie de sujeição: "Não peça"!

NOTAS

[1] José Guilherme Merquior, *Verso universo em Drummond* (Rio de Janeiro, José Olympio, 1975), p. 243.

[2] Ibidem, p. 243-4.

[3] Affonso Romano de Sant'Anna, *Drummond: o gauche no tempo* (Rio de Janeiro, Record, 1992).

[4] Roberto Schwarz, "Cultura e política, 1964-1969", em *O pai de família e outros ensaios* (Rio de Janeiro, Paz e Terra, 1978), p. 92.

[5] Roberto Schwarz, "Sobre *O amanuense Belmiro*", em *O pai de família e outros ensaios*, cit., p. 11-20.

[6] Cf. Ian Watt, *Mitos do individualismo moderno* (Rio de Janeiro, Zahar, 1997). Em uma crônica publicada anos depois, o próprio Drummond trataria de reconhecer com agudeza no personagem de Defoe a encarnação do individualismo econômico, cuja história lera primeiramente quando menino em versão adaptada pela revista *Tico Tico*. Ver Carlos Drummond de Andrade, "Opiniões de Robinson", em *Auto-retrato e outras crônicas* (Rio de Janeiro, Record, 1989).

[7] Examinei a problemática da cooptação, o conflito de fazendeiro do ar, a tensão entre culpa social e culpa familiar e os desdobramentos desse conflito nos impasses e na melancolia da lírica classicizante dos anos 1950 em *Drummond: da* Rosa do povo *à* rosa das trevas (Cotia, Ateliê Editorial/Anpoll, 2001).

[8] Antonio Candido, "Uma palavra instável", em *Vários escritos* (3. ed., São Paulo, Duas Cidades, 1995), p. 300-2.

[9] Carlos Drummond de Andrade, "Autobiografia para uma revista", em *Poesia e prosa* (Rio de Janeiro, Nova Aguilar, 1992), p. 1344.

[10] De acordo com o biógrafo do poeta, "[s]eu segundo livro de poemas, *Brejo das almas*, tinha sido lançado [...] numa tiragem de duzentos exemplares, com o selo Amigos do Livro. Mas Drummond não estava satisfeito. Dizia para quem quisesse ouvir que o livro, com o seu título 'mole', regressivo, um pouco fantasmático, era uma 'derrota literária'" (José Maria Cançado, *Os sapatos de Orfeu: biografia de Carlos Drummond de Andrade*, São Paulo, Scritta, 1993, p. 147).

[11] Antonio Candido, "Inquietudes na poesia de Drummond", em *Vários escritos*, cit., p. 111.

[12] É bem verdade que Antonio Candido, em outro momento de seu ensaio, chega a reconhecer em *Brejo das almas* uma maior maturidade do poeta em relação ao livro de estréia.

[13] John Gledson, *Poesia e poética de Carlos Drummond de Andrade* (São Paulo, Duas Cidades, 1981), p. 89-90. Uma apreciação posterior do livro de 1934 em confronto com os narradores-

funcionários de Cyro dos Anjos e Graciliano Ramos está em idem, "O funcionário público como narrador: *O amanuense Belmiro* e *Angústia*", em *Influências e impasses: Drummond e alguns contemporâneos* (São Paulo, Companhia das Letras, 2003), p. 201-32.

[14] Carlos Drummond de Andrade apud John Gledson, *Poesia e poética de Carlos Drummond de Andrade*, cit., p. 90-1. Uma cópia da entrevista integral, também consultada, encontra-se no Acervo de Carlos Drummond de Andrade, no Arquivo-Museu de Literatura Brasileira da Fundação Casa de Rui Barbosa (RJ).

[15] Ibidem, p. 91.

[16] A "carta-desabafo" foi publicada posteriormente por Augusto Massi, "Manuscrito do poeta Carlos Drummond de Andrade", *Cultura Vozes*, n. 4, jul.-ago. 1994, p. 75-82.

[17] John Gledson, *Poesia e poética de Carlos Drummond de Andrade*, cit., p. 94. Sobre o emprego do termo em Mário de Andrade, Gledson lembra o seguinte comentário de Telê Ancona Lopez: "Seqüestro é interpretação de 'Refoulement' que Mário passa a empregar de 1928-1929, numa tentativa de aplicar elementos psicanalíticos; sublimação, transferência, repressão, ligando-os diretamente ao comportamento afetivo e sexual" (ibidem, p. 113).

[18] Digo "em boa medida" por estar ciente de que o conflito decorrente da indecisão ideológica pode ser apenas *uma* das razões (de todo modo, a meu ver, das mais determinantes) da crise existencial que parece ter vitimado o poeta à época, levando-o mesmo a considerar a hipótese de suicídio. De forma que, como bem me observou Alcides Villaça, o "Carlos, não se mate", de um dos poemas de *Brejo das almas*, pode ser mais do que mera retórica. A menção à crise e à hipótese de suicídio é feita pelo poeta na citada carta a Tristão de Athayde, mas não se pode esquecer de que a "confissão" de Drummond ao líder da inteligência católica (que havia pouco tinha feito sua "opção", em um conhecido "adeus à disponibilidade") vinha em resposta à indagação deste a respeito da "atitude pessoal (do poeta) em face dos caminhos propostos à gente de hoje", o que remete imediatamente ao problema da opção ideológica.

[19] Theodor W. Adorno, *Teoria estética* (Lisboa, Martins Fontes, 1988).

[20] Cf. explicação de Fredric Jameson sobre o conceito de *mediação* na tradição da crítica marxista, em "A interpretação: a literatura como ato socialmente simbólico", em *O inconsciente político* (São Paulo, Ática, 1992), p. 35 ss.

[21] Antonio Candido, "A Revolução de 30 e a cultura", em *A educação pela noite e outros ensaios* (São Paulo, Ática, 1987), p. 188.

[22] A observação é de Lottman: "[u]ma das características que diferenciava os escritores e artistas da década de 30 daqueles que os precederam em envolvimentos políticos era a internacionalização das suas preocupações, a convicção, para usar as palavras de Gide, de que cada um 'tinha o direito de inspecionar o território de seu vizinho'. Naturalmente, artistas, escritores, professores e poetas haviam se envolvido antes em eventos de seu tempo, e os franceses transformaram em heróis um Victor Hugo, exilado republicano, e um Émile Zola, defensor de Dreyfus e da justiça. Geralmente, porém, contestavam atos de seu próprio governo ou abusos atribuídos às classes dominantes. Na década de 30 era outro o estado de espírito. A partir daí, tornaram-se externas as principais preocupações dos engajados e de suas organizações. Na França, isto significava reagir à ascensão do fascismo, ao perigo da guerra, à Guerra Civil Espanhola e seus conflitos ideológicos, defender a União Soviética... ou atacar os seus líderes" (Herbert R. Lottman, *A Rive Gauche: escritores, artistas e políticos em Paris, 1930-1950*, Rio de Janeiro, Guanabara, 1987, p. 81).

[23] "Antonio Candido: marxismo e militância" (entrevista concedida a José Pedro Renzi em fev. 1992), *praga: revista de estudos marxistas*, São Paulo, Boitempo, n. 1, 1996, p. 5.

[24] Cf. Sérgio Miceli, *Intelectuais e classes dirigentes no Brasil (1920-1945)* (São Paulo, Difel, 1979), p. 51 ss.

[25] Cf. Lúcia Lippi de Oliveira et al., *Estado Novo: ideologia e poder* (Rio de Janeiro, Zahar, 1982), p. 7.

[26] Cf. Neusa Pinsard Caccese, *Festa: contribuição para o estudo do modernismo* (São Paulo, IEB, 1971).

27 *Intelectuais e classes dirigentes no Brasil*, cit., p. 51 e 55.
28 Sobre o cunho "brasileiro, cristão e mesmo classe-média" da versão local do ideário fascista, ver Antonio Candido, "Integralismo = fascismo?", em *Teresina etc.* (Rio de Janeiro, Paz e Terra, 1980), p. 130.
29 "A Revolução de 30 e a cultura", cit., p. 189.
30 "No extenso e superficial debate de idéias sociais, literárias, artísticas e científicas (marxismo, psicanálise, pós-modernismo artístico etc.), que acompanhou a vitória da também extensa e superficial Revolução de 30, avultava o interesse em torno da Rússia forjada pela revolução de outubro de 1917" (Paulo Emílio apud Antonio Candido, ibidem).
31 Ibidem, p. 189.
32 Idem.
33 Idem.
34 O termo *clerc* é empregado por Benda para designar "todos aqueles cuja atividade, por essência, não persegue fins práticos, mas que buscam seu prazer no exercício da arte ou da ciência, ou na especulação metafísica, numa palavra, na posse de um bem não temporal, como que a dizer, de alguma maneira: 'Meu reino não é deste mundo'" (Julien Benda, *La trahison des clercs*, Paris, Grasset, 1975, Les Cahiers Rouges, p. 131-2).
35 O contraponto representado pela visão de Benda e a de MacLeish sobre o papel do intelectual ganharia certa difusão entre nós nas décadas de 1930 e 1940, como bem demonstram o depoimento de Eduardo Frieiro a Edgard Cavalheiro (*Testamento de uma geração*, Porto Alegre, Globo, 1944, p. 122 ss) e o ensaio de Álvaro Lins a respeito dos jovens da *Clima* ("Sinais da nova geração", *Clima*, São Paulo, n. 3, ago. 1941, p. 138-44), depois reproduzido no seu *Jornal da Crítica*).
36 O próprio Drummond dará um exemplo de quanto eram correntes as idéias de Benda nos anos 1930, a ponto de falar naturalmente em clérigo e traição do intelectual, sem nenhuma indicação expressa, em um ensaio de 1938 dedicado à trajetória de Gustavo Capanema. O texto em questão ("Experiência de um intelectual no poder") permaneceu inédito e os originais encontram-se no Arquivo Capanema (CPDOC/FGV). Dele dá notícia Simon Schwartzman (que parece não ter atentado muito para o diálogo implícito com Benda, assinalando suas dúvidas com relação ao sentido com que Drummond emprega o termo "traição") em "O intelectual e o poder: a carreira política de Gustavo Capanema", em *A Revolução de 30: Seminários Internacionais* (Brasília, Editora da UnB, 1983), p. 365 ss.
37 Mário de Andrade, "Intelectual – I", em *Táxi e crônicas no Diário Nacional* (org. Telê P. A. Lopez, São Paulo, Duas Cidades/Secretaria da Cultura, Ciência e Tecnologia, 1976), p. 516.
38 Ibidem, p. 515.
39 "Intelectual – II", em *Táxi e crônicas no Diário Nacional*, cit., p. 519-20.
40 "Intelectual – I", cit., p. 516.
41 Cf. o belo ensaio que Drummond dedicaria, anos mais tarde, a Mário de Andrade, focalizando a "deseducação salvadora" dos moços de Minas promovida pelo amigo e "professor" da Lopes Chaves através de "suas cartas", verdadeiros "torpedos de pontaria infalível". Ver "Suas cartas", em *Poesia e prosa*, cit., p. 1345-54.
42 "A poesia em 1930", em *Aspectos da literatura brasileira* (São Paulo, Martins, 1974), p. 31.
43 Além do poema de Bandeira, que seria a expressão mais acabada, Mário reconhece no "dar de ombros" de seu "Danças" (*Remate de males*) e em *Os poemas de Bilu*, de Augusto Meyer, outras expressões desse estado de espírito generalizado no período. Posteriormente, viria a fazer a autocrítica dessa atitude descompromissada, como no seguinte trecho de uma das cartas enviadas a Henriqueta Lisboa, datada de 16 de junho de 1942: "Engraçado: se há poema terrivelmente 'imoral' anti-social, desumano no meu livro é 'Danças' que ninguém condena! E se o pus, também pra caracterizar a 'selva oscura' em que me perdi, é porque depois o repudiei: 'Não

danço mais a dança-do-ombro, Eu reconheço que sofro'. Mas 'Danças', poema que não trabalhei, que saiu assim mesmo como está, me desagrada e me apequena" (*Querida Henriqueta*, org. Lauro Palu, Rio de Janeiro, José Olympio, 1990, p. 97). Devo a indicação a Marcos Antonio de Moraes.

[44] Mário de Andrade, "Elegia de abril", em *Aspectos da literatura brasileira*, cit., p. 191.

[45] Idem.

[46] Para um histórico sucinto da posição do intelectual desde o Império, remeto a Daniel Pécaut, *Os intelectuais e a política no Brasil* (trad. Maria Júlia Goldwasser, São Paulo, Ática, 1990), que tem justamente por objetivo melhor precisar, à luz da trajetória passada, a posição assumida a partir de 1930.

[47] Roberto Schwarz, *Ao vencedor as batatas* (São Paulo, Duas Cidades, 1977).

[48] Sobre os "anatolianos", ver Sérgio Miceli, *Poder, sexo e letras na República Velha* (São Paulo, Perspectiva, 1977). A eles, Miceli retornaria ainda outra vez, para estabelecer o confronto com os intelectuais do período Vargas, em *Intelectuais e classes dirigentes no Brasil*, cit., p. 15 e 131.

[49] Nicolau Sevcenko, *Literatura como missão* (São Paulo, Brasiliense, 1999).

[50] *Intelectuais e classes dirigentes no Brasil*, cit., p. 131-2. Apesar disso, o próprio Miceli alinha seu estudo a uma tradição de trabalhos como os de Faoro ou Sérgio Buarque, preocupados em diagnosticar "a *persistência* dos mecanismos de cooptação impregnando os padrões de concorrência estimulados pelos processos de urbanização e industrialização, [que] aparece como o cerne da história das transformações políticas no Brasil contemporâneo" (ibidem, p. 195).

[51] Cf. o conhecido estudo de Freud sobre esse mecanismo compensatório afim, visando à satisfação de desejos ou pulsões negada pelo presente mediante a ação inibidora de um sensor. Para isso, o "trabalho anímico", flutuando entre os três tempos, parte de uma impressão atual, capaz de "despertar um dos grandes desejos do sujeito; apreende regressivamente, desde este ponto, a recordação de um sucesso passado, quase sempre infantil, no qual acabou satisfeito tal desejo, e cria então uma situação referida ao futuro", que se apresenta como satisfação do dito desejo, sob a forma de devaneio ou criação literária, ambos trazendo em si "os vestígios de sua procedência da ocasião e da recordação". Portanto, "o pretérito, o presente e o futuro aparecem como que amalgamados no fio do desejo que passa através deles" ("El poeta y los sueños diurnos", em *Obras completas*, Madri, Nueva, 1973, v. II, p. 1345). Em Pasárgada, enquanto projeção imaginária (portanto, ainda ligada ao futuro) e compensatória das frustrações do presente ("aqui eu não sou feliz"), é evidente essa amálgama de tempos fundindo vestígios do presente (telefone automático, alcalóides, métodos contraceptivos etc.) e do passado (as brincadeiras infantis, as histórias ouvidas de Rosa, como a da mãe d'água, condensando o papel do protagonista e narradora no poema...).

[52] *Poesia e poética de Carlos Drummond de Andrade*, cit., p. 91-3.

[53] Mário de Andrade, "A poesia em 1930", cit., p. 35.

[54] Carta datada de 1/7/1930. Mário de Andrade, *A lição do amigo: cartas de Mário de Andrade a Carlos Drummond de Andrade* (Rio de Janeiro, Record, 1988), p. 151.

[55] Cf. Mario Praz, *La carne, la morte e il diavolo nella letteratura romantica* (Florença, Sansoni Editore, 1988), p. 181-2. Para uma retomada do tema numa perspectiva "histórico-psicanalítica", ver Peter Gay, *A paixão terna* (São Paulo, Companhia das Letras, 1990).

[56] Ibidem, p. 172.

[57] Refiro-me, obviamente, ao clássico "Amor e medo" (em *Aspectos da literatura brasileira*, cit.), em que a imagem da "bela adormecida" é examinada com índice da impossibilidade de posse física, só que motivada pelo temor adolescente do sexo, o que não parece ser o caso do nosso poeta itabirano.

[58] José Guilherme Merquior, *Verso universo em Drummond*, cit., p. 32.

[59] Vejam-se aqui os dois tercetos em que Amor obriga Beatriz a devorar o coração do poeta: "Alegre parecia, mas levando/ meu coração na mão; no braço eu via/ a minha dama em trapos

ressonando/ e ele a acordava e o coração queimando// humilde e com receio ela comia./ Depois Amor partia, soluçando" (Dante, *Lírica*, trad. Jorge Wandeley, Rio de Janeiro, Topbooks, 1996). Para uma análise do sonho de Dante, seu caráter premonitório e desencadeador do poetar entre outros aspectos, ver Robert P. Harrison, *The body of Beatrice* (Baltimore, Johns Hopkins University Press, 1988).

[60] É o que ocorre no capítulo 14, com o soneto cujo primeiro verso diz: "Com outras moças a zombar de mim..." ("Con l'altre donne mia vista gabbate"). Exemplos dos passeios e encontros pelas ruas da cidade aparecem, por exemplo, no poema da parte 7 ("A voi che per la via d'Amor passate..."). Cf. Dante, *Lírica*, cit.

[61] Para o exame dos vários modos por que se realiza esse recurso (freqüente em toda a lírica de Drummond) no caso específico de *Brejo das almas*, a começar por "Registro civil", ver José Guilherme Merquior, *Verso universo em Drummond*, cit., p. 35 ss.

[62] Vide a respeito Othon M. Garcia, *Esfinge clara: palavra-puxa-palavra em Carlos Drummond de Andrade* (Rio de Janeiro, São José, 1955).

[63] "Contemplação de Ouro Preto", em *Poesia e prosa*, cit., p. 1392 ss.

[64] A relação entre as imagens dinâmicas de ascensão e vôo e a sublimação, embora flagrante, é examinada em detalhe por Gaston Bachelard, *O ar e os sonhos: ensaio sobre a imaginação do movimento* (São Paulo, Martins Fontes, 1990).

[65] *Verso universo em Drummond*, cit., p. 110.

[66] John Gledson, *Poesia e poética de Carlos Drummond de Andrade*, cit., p. 91.

[67] Benedito Nunes, "O universo filosófico e ideológico do barroco", em *Barroco*, 12, anos 1982/83, Congresso do Barroco no Brasil/Arquitetura e Artes Plásticas, Ouro Preto, 3-7 set. 1981. Comitê Brasileiro de História da Arte/Revista *Barroco*/Instituto Estadual do Patrimônio Histórico e Artístico de Minas Gerais (IEPHA/MG), 27.

[68] A atitude de desmerecimento em relação à própria poesia é assinalada, entre outros, por Iumna Simon (*Drummond: uma poética do risco*, São Paulo, Ática, 1978) no caso de *A rosa do povo*, ao examinar o confronto estabelecido por Drummond com a obra de outros poetas e artistas admirados pelo poder de resistência às condições adversas e pelo alcance de comunicação, a exemplo de Lorca, Mário de Andrade e Chaplin.

[69] Hugo Friedrich, *Estrutura da lírica moderna* (São Paulo, Duas Cidades, 1978).

[70] Na crônica de 1928, "Viagem de Sabará", originalmente publicada no número especial de *O Jornal*, que recolhe as contribuições dos modernistas sobre o barroco mineiro (incluindo a primeira versão do estudo de Mário de Andrade sobre o Aleijadinho), Drummond já falava no artista barroco como um "personagem mítico, de contornos indefinidos, autor de uma porção de obras que nunca fez e possuidor de uma série de características que jamais o distinguiram" (*Poesia e prosa*, cit., p. 1368).
Para o exame da *revalorização* modernista do Barroco, ver Guilherme Simões Gomes Jr., *Palavra peregrina: o Barroco e o pensamento sobre artes e letras no Brasil* (São Paulo, Edusp/Educ/Fapesp, 1998).

[71] *Drummond: o gauche no tempo*, cit.

[72] Iumna Simon reconheceu em "Segredo" o "germe da radicalidade de 'Procura da poesia'" (*Drummond: uma poética do risco*, cit., p. 148).

[73] Theodor W. Adorno, "Lírica e sociedade", em Walter Benjamin, Max Horkheimer, Theodor Adorno e Jürgen Habermas, *Textos escolhidos* (São Paulo, Abril Cultural, 1980), p. 197.

O CANIBAL E O CAPITAL
A ARTE DO "TELEFONEMA" DE OSWALD DE ANDRADE
Vinicius Dantas

> "Os métodos modernos de negócio
> tornaram obsoleta a antropofagia."
> Carlos Drummond de Andrade

"Telefonema" é a coluna de quando muito uma lauda que Oswald de Andrade manteve no *Correio da Manhã*, entre 1944 e 1954 – de todas as suas colaborações regulares, a mais duradoura (seiscentos artigos)[1]. O que significa a arte de fazer o mundo caber num telefonema?

É claro que passou o tempo em que o telefone simbolizava, com o cinema e o aeroplano, a própria modernidade, quando até um futurista paulista lhe devotava embevecida e boba celebração:

> Pequeno monstro que tens uma boca e um ouvido, monstro de nervos metálicos e insensíveis, que, entretanto, vibram mais que uma alma em desespero!
>
> Pequeno monstro vivo e inerte, que semeias o pavor e a ventura, com uma indiferença de carrasco, eu te amo e te odeio, eu te desejo e te fujo![2]

Vinte anos depois o aparelho, sinônimo de alto-falante, é sinal de que a própria comunicação se tornou problemática e o escritor grita ao mundo suas opiniões meio ao léu. Telefonema também significa que nessa conversa íntima em público existem, no mínimo, duas vozes, atendendo o visceral dialogismo do estilo oswaldiano; o vezo chega a tal ponto que nas ocasiões em que dispensa os diálogos imaginários ou a transcrição de falas populares, ele simplesmente paragrafa com travessões ou dialoga consigo na terceira pessoa. Dialogismo quer dizer também que nenhum argumento vale em si mesmo, precisando ser cruzado com os demais, nenhum dá conta da situação que a todos envolve e contra todos se impõe: a opinião de Oswald é seu estilo de movimentar essas opiniões contraditórias, incorporando suas parcialidades para abrangê-las num mosaico significativo e em aberto.

Habitualmente, ele dá notícias de um livro, de uma exposição de pintura, da evolução de um artista, da regressão de outro, ataca o formalismo das gerações novas ("a peste parnasiana que de novo invade os campos da arte e da literatura"[3]), apóia as marchas para Oeste e os sertanistas em geral, manda recados aos poderosos do dia (sempre com ânimo reformista), denuncia a tacanhez comunista, filosofa sobre moral e costumes, provoca os companheiros de geração e espinafra o conservadorismo, seu vizinho de todas as horas. Sua matéria cotidiana tanto podem ser os acidentes e os desastres de todo tipo, os crimes ("A cidade que produz um grande crime pode dar uma grande literatura"[4]), os quebra-quebras e as manifestações de fanatismo popular quanto os avanços da medicina, a roubalheira da burguesia, a agricultura que sucumbia à indústria (solidariedade pelo poder econômico em declínio), o horário de verão, a qualidade do cafezinho, as migrações que chegam de pau-de-arara. Resumindo suas preocupações intelectuais e inquietações artísticas, ele decifra os destinos da política e os acontecimentos, sempre interpretados como sinais de uma tendência geral do mundo, a qual ainda não se configurou nem enterrou completamente seu próprio passado. Mas sobretudo Oswald tem dúvidas: não sabe se o espetáculo que lhe é dado assistir anuncia, com o fim da guerra, uma sociedade mais livre e mais justa, ou um mundo sem fraternidade e sem paz[5]. "Telefonema" não passa de dois dedos de crônica mundana e cultural, escrita com espírito subversivo de modernista radical que teve um dia de se duplicar em reformador social, visto que a modernização não coincidiu com suas próprias expectativas. É uma posição que tem pontos de contato com as posições finais de Mário de Andrade, por exemplo, no balanço da conferência do Itamaraty, embora Oswald fabricasse diariamente – e o "Telefonema" é prova disso – uma teia enredadíssima de esperanças. Só isso é suficiente para que avaliemos a humanidade e a grandeza da posição artística e intelectual dos modernistas – capazes de compreender o Modernismo no momento em que ele fizera água.

A crônica, na versão oswaldiana, não pretende se integrar no cotidiano, nele habitar com naturalidade, falando uma linguagem solta e simples para aproximar os homens numa momentânea comunidade lírica[6]. Existem aí um ânimo teórico e uma agressividade especiais, de quem dispõe em sistema seus dados, procurando compreendê-los ideologicamente a partir de um remoto significado político mundial. Oswald não é um amante do miúdo, com o enleio de uma conversa-fiada sedutora, escrita com oralidade e humanismo conservador. Seu cronismo tem muito de comentário jornalístico e filosofia espontânea – fatos, idéias, posições políticas, medidas governamentais, atitudes artísticas são o apoio de sua breve divagação que, sem preconceito, coloca todas as coisas na mesma igualdade de condições expositivas[7]. Se a experiência intelectual está voltada para o cotidiano, que a magnetiza, seu estilo atesta a dificuldade de aderir à vida, de se reconhecer nos outros ou no Brasil, cuja realidade tem um teor de brutalidade maior que o de poesia – daquela "poesia que existe nos fatos" dos tempos do "Manifesto da Poesia Pau-Brasil". Quase sempre Oswald procura com a ciência das pequenas observações, com o refabrico do fato registrado, alguma faísca de ficção que atice sua imaginação, produzindo um fabular marcadamente literário. Uma grã-fina com seu copo de uísque é o imperialismo que já se intrometeu nas festas da burguesia paulista, é o fracasso dos jesuítas que fundaram São Paulo, é o paroxismo racial dos que não se misturaram, é a estreiteza nacionalista que a cada dia adquire hábitos americanizados (esses croquis repetem na coluna do *Correio da Manhã* o clima de conflagração e debate existente na sociedade paulista de *Marco zero*). Tudo vibra alegoricamente, dado que a caricatura generaliza as reações, desindividualizando-as numa extensão vasta de grande literatura, embora o espaço seja exíguo e os figurantes nunca planem por sobre o diz-que-diz paulistano. Temos portanto um escritor implantado numa sociedade moderna, circulando entre classes sociais opostas, atento às coisas do dia-a-dia, às opções ideológicas e práticas, à vida intelectual e às oficialidades, cujo vasto conhecimento da política é exposto e posto à prova. Justamente a figura do escritor realista, se não for deselegante a lembrança, capaz de participar dos acontecimentos e se enfronhar na transformação do processo social, que Georg Lukács acreditava que 1848 havia enterrado.

Seu instrumento é uma frase carregada de estilo, às vezes preciosa nas imagens e humorística nas designações, que dramatiza por sinédoque o mundo, transferindo os vocábulos de seu uso habitual para a dimensão mais conceitual da generalização. Referindo-se a certa figura modesta que virou ladrão influente, ele diz que vivia "enterrado na antiga geléia dos bons costumes"; o sr. Animal de Barros, Adhemar, é "esse ladrão de galinha de ouro"; a conjuntura é a "pororoca mundial"; um deputado é um "caramelo de mediocridade"; de um intelectual, autoritário nas maneiras, diz que "não tendo cabeça tem voz"; do chefe integralista fazendo discurso numa festa diz: o "túmulo desdentado do sr. Plínio Salgado deitou falação". O estilo brilhante dessa escrita viva e sarcástica dinamiza em grau máximo o universo do cronista e, ao seu toque, o mundo se torna pitoresco e essencialmente engraçado. É um estilo folhetinesco no metaforismo intenso, na adjetivação latejante, no ritmo de surpresas e fundos falsos da argumentação. Sua prodigiosa invenção verbal transforma em noção abstrata palavras concretas, mantendo na abstração o travo do localismo ou da gíria familiar, deixando-as porém impregnadas pela proximidade do mundo do trabalho ou pela experiência cotidiana da cidade, embora não menos transfiguradas em um plano de poesia que é também interpretação da sociedade contemporânea. A linguagem desses "Telefonemas" está longe da simplicidade e do despojamento da tradição brasileira da crônica, renovada que fora havia pouco, graças ao Modernismo[8]. Ao contrário, seu encadeamento retórico, com alguma altissonância, tem muito do esteticismo pré-modernista, o que não é óbice para a desmistificação contundente e a espinafração sem dó (convém lembrar que a expressividade sintática da frase a muitos fôlegos, cerrada e subordinante, de Mário de Andrade e Gilberto Freyre, sofre do mesmo atavismo sem prejuízo da beleza e força dela).

Depois que Vera Chalmers organizou e apresentou a coleção completa de *Telefonema*, ficou mais fácil avaliar a qualidade e também o limite desse estilo transbordante de sugestão, movimento, zoada, cujas vistosas figuras de linguagem lutam com o real[9]. Um pouco como se fosse função obrigatória da escrita (modernista?) captar o mundo com vivacidade e produzir entre chistes e qüiproquós verbais um encanto desautomatizador que quer para si toda a atenção. A dimensão trágica do pesadelo da história surge assim transfigurada nessa taquigrafia de imagens que mais se parece a um desenho animado, cheia de *nonsense* com cor local. A despeito de registrar uma época em que a falta de liberdade da vida se amplia, Oswald reitera com seu estilo agitado toda a liberdade de expressão de que é capaz, misturando fuxico e teoria da História, crítica literária e esbregues que só duram até a manhã seguinte, pois ele se reconcilia sem rancor. Drogado por sua espirituosidade e alegria, Oswald não teme colocar a moldura do pitoresco sobre tudo e encontrar a esculhambação exata e cômica que redima expressivamente aquilo que combate e destrói. Veja-se a maneira como noutro lugar referiu-se à Guerra Fria que começava, resumindo pitorescamente a tragédia: "Estamos num regime democrático, sob a proteção da bomba atômica"[10].

Estamos em certa São Paulo ("essa província lusa do Juízo Final") dos anos 1940 e 1950 em que a alta burguesia toda se conhece e se freqüenta, em que a vida cultural está sob a égide da grã-finagem que soube se adaptar ao Estado Novo e à industrialização. Seu cenário típico é um apartamento vasto da praça da República ou a casona do Jardim América onde desfilam numa reunião festiva os principais personagens do pós-guerra: os ricos que só planejam abusar da margem de lucro, burlar o fisco e enriquecer à custa do estatismo, as novas gerações que adquirem uma naturalidade que não dá para saber se é uma nova barbárie ou uma humanidade pacificada com o instinto, a intelectualidade que se acomoda em inquietações existenciais inflando veleidades universalistas. É uma comunidade primitiva na qual as relações pessoais prevalecem sobre a inexorabilidade dos processos econômicos e a ciranda do jogo político, o que permite que Oswald se dirija pessoalmente aos governantes e aos grandes empresários, tomando satisfação, aconselhando ou bronqueando em clima cordial. Tenho para mim que essa personalização excessiva deforma sua percepção: a proximidade é humanizadora e muito paternalista, vincando inclusive o estilo oswaldiano, que, salvo erro, pressupõe o efeito da piada sobre o salão e o posterior congraçamento da audiência. Todavia, nosso Antropófago sublinha a ferocidade dessa classe e sua infinita capacidade adaptativa, descrevendo-lhe o comportamento anti-social em toda a gama de venalidade, corrupção, esperteza política e falta de traquejo. A humanização em parte é devida a seu fraco pelos ricos que patrocinam as artes, compram quadros e promovem este ou aquele artista, afinal estamos numa sociedade em que um mero concerto de música contemporânea vira uma eterna estréia de *Le sacre du printemps* e um empresário amigo das artes adquire logo as feições de um Lourenço de Médicis[11]. Oswald também tem uma caidinha pelo assistencialismo e pela filantropia, não obstante o viés humanizador provenha sobretudo do papel que, segundo ele, a cultura passaria a desempenhar no mundo do pós-guerra com a atenuação do poder econômico.

Oswald jogava desse modo sua última cartada de utopia – o fim da guerra acarretará, profetiza, uma inflexão histórica ora no "crisol de um amanhã melhor". Tanto a volta ao estado de direito, com a queda de Getúlio Vargas, quanto a vitória dos aliados sobre o nazi-fascismo acenderam nele tal otimismo que a redemocratização é vivida como o fim do clientelismo ("a política de clã"), e o Tratado de Teerã sinaliza o início de uma coabitação pacífica dos dois sistemas. O imperialismo aceitará (só Deus sabe como) as regras de uma civilização contratual e democrática em que a ingerência do poder militar e econômico já não será aberta[12]. Controlados os interesses do capital, haverá uma democratização geral, com melhoria material da vida e primazia do tempo livre, pois a diminuição da necessidade do lucro conduz à auto-reforma do capitalismo. Por outro lado, o socialismo se humanizará com o fim da ditadura do proletariado e da luta de classes, ocasião para se pleitear, na linha de Earl Browder, a autodissolução dos partidos comunistas[13]. Logo, porém, os fatos rechaçam uma por uma as esperanças atiçadas com fervor, propondo novas realidades que escapam à lógica linear da sua idiossincrasia utópica. Todos os acontecimentos e tendências sociais registrados cotidianamente nessas crônicas o desmentem, e ele muitas vezes o reconhece, porém Oswald enfuna as velas da utopia do matriarcado e da Antropofagia, tudo para não admitir, como faz ainda hoje um Fukuyama, que o particularismo cultural não salvará o capitalismo. Mas é preciso dizer que a utopia não embaraça certa compreensão do processo mundial, chegando a ser originalmente sistêmica nos momentos em que o esforço soviético de industrialização parece idêntico à tentativa levada a cabo por Vargas, cujo resultado porém... não vai muito além do capitalismo. De passagem, note-se que os artigos sobre política brasileira são a maioria e, em geral, têm grande interesse e graça, desmentindo sob a pátina de sarcasmo a idéia de que Oswald era um franco-atirador irresponsável – a crônica "Palavras a Prestes", por exemplo, demonstra, mesmo depois de afastado dos quadros comunistas, a sua correção e senso de justiça com aquele de quem há pouco, num desatino, dissera ser "depois da morte de Roosevelt, a maior figura política das Américas"[14]. É importante frisar que Oswald rompeu com o comunismo por atritos pessoais e sem uma crítica consistente ao stalinismo, desentendendo-se com o rumo local da linha política imposta e com a ortodoxia, que, segundo ele, não via a mudança das condições objetivas no pós-guerra[15] (Stalin continuava apesar de tudo aquela mesma "Ponte de aço conduzindo a humanidade ao futuro" da hipérbole hedionda e publicitária de dez anos atrás[16]).

Enfim, Oswald se converteu *malgré lui* num moralista que encara contrafeito a modernização do país, a destruição da vida popular, a americanização dos costumes e a manipulação da linha de massa do populismo que, em países como o Brasil, barra os avanços da classe trabalhadora e a democratização profunda das estruturas sociais[17]. Continua a amar senhorialmente o povo, este povo que saltava da miserabilidade para a proletarização e, por isso, demonstrava reconhecimento e admiração pelos demiurgos desse salto – o que explicaria a base social do populismo (vejam a cena no enterro de Roberto Simonsen dos populares disputando as alças do esquife burguês...). Ou, como diz num "Interurbano oficial" (dirigido ao general Dutra): "O Brasil é um país de escravos que teimam em ser homens livres. É essa toda a nossa tragédia". A proletarização também fica aquém da expectativa, traz consigo diversa anomia e o mais despoetizado plebeísmo, a que, noutro lugar, ele reage com decepção: "Estamos longe da Casa Grande mas não da Senzala"[18]. Tendo em alta conta as conquistas sociais do trabalhismo, denuncia a burrice comunista que preferiu se submeter às ordens de Moscou e parasitar o sindicalismo oficial. Em grande número de crônicas protesta contra a liquidação do lirismo popular – aquela reserva florestal de brasilidade (que Caetano Veloso até hoje acredita que existe na Bahia) estava acabando justo para o poeta que lhe vislumbrara a beleza vanguardista nos anos 1920. Graças a *Telefonema*, a gente acompanha a transformação desse povo lírico e bom em proletário, em consumidor americanizado, em mão-de-obra espoliada pelo trabalho fabril e mecânico, a caminho da sindicalização e do paletó preto – o símbolo da reificação trazida pelo varguismo. Se é verdade que houve melhoria de vida e diminuição da miséria, o povo desrecalcado e desneurotizado sumiu do mapa. Paradoxalmente, a difusão da civilização técnica e a cultura de massa desassossegam o velho poeta pau-brasil que, sem entusiasmo, as observa no diário, registrando o consumismo, a falta de caráter, o comercialismo das mulheres automáticas, a desmoralização do lar, a crise do parentesco, que destruíram as fontes dionisíacas (portanto, pré-freudianas) da vida[19]. Todavia o otimismo criançao de nosso Antropófago luta o tempo inteiro com aquilo que vê e descreve e, com o orgulho de quem contribuiu para tirar o país da pasmaceira da República Velha, reafirma suas convicções agarrando-se nostalgicamente à tradição que ajudou a abalar. Tem muita fé no Brasil, "este velho país sem pecados, sem remorsos e portanto sem culpa", o país "secularmente democrático e popular" que assiste o desenrolar de nosso tempo, ao largo de seus horrores (o tradicionalismo aqui é similar ao de Gilberto Freyre, embora a teoria seja outra). A experiência de vida do cronista desmente, porém, sua positividade ingênita, tanto que seu populismo radical sabe que agora é preciso salvar o povo da cultura de massa, das classes dirigentes e do exemplo desagregador dos políticos — mas salvar como[20]? Mesmo que o comunismo tenha permitido que ele refundisse seu sentimentalismo, aguçando-lhe o senso de indignação contra a pobreza e as desigualdades sociais, as possibilidades de transformação têm pernas curtas, geralmente decepadas pelo trabalhismo apoiado pelo PCB. Diga-se o que se disser dessas posições polêmicas, acho que elas tiveram contudo o mérito de incorporar para a crítica e a discussão política o perfil novo do proletariado, da classe média, atentando na distribuição da riqueza no país com seu padrão de desigualdade peculiar, num mundo em que, segundo ele, a luta de classes se atenuou, a ideologia se tornou técnica social e o progresso material não teve equivalência espiritual. Vejam só:

> Meu caro, o conceito de proletariado mudou de Marx para cá. Houve uma redistribuição da mais-valia, houve as leis sociais. A ciência nos países avançados fez do trabalhador um técnico. Nos países atrasados tem havido uma proletarização em massa. Não se pode mais invocar seriamente a ditadura duma classe que deixou de ser "revolucionária", que se aburguesou. O que resta é mesmo o grupo, o partido, o fascismo. Eles![21]

Se a mitopoética antropofágica não é senão outro modo de tratar a cena contemporânea, devemos compreender sua retomada nas condições do pós-guerra como uma resolução positiva e brasileirista do mesmo processo histórico-social que produziu a dialética do Iluminismo de Adorno e Horkheimer, o teatro do absurdo, a escultura de Giacometti ou o neo-realismo italiano. Recolhendo a experiência recente e formulando uma espécie de diagnóstico de seu tempo, essa mitopoética esquematicamente se propõe assim:

> [...] é a seguinte a formulação essencial do homem como problema e como realidade:
> 1º termo: tese – o homem natural
> 2º termo: antítese – o homem civilizado
> 3º termo: síntese – o homem natural tecnizado
> Vivemos em estado de negatividade, eis o real. Vivemos no segundo termo dialético da nossa equação fundamental.[22]

O homem natural tecnizado é a meta dessa teoria – uma solução para a crise final do ciclo do individualismo burguês. O bárbaro tecnizado na antiga Antropofagia representava, como se sabe, o rebelde colonial, ou da periferia, que ousava se apropriar da cultura e da civilização européias para fazer, por meio da técnica alheia, a emancipação nacional ou, então, completar sua modernização – consumando aquela vingança extrema que subsiste, segundo Montaigne, na idéia da antropofagia indígena. Oswald não dormiu no ponto: discerniu rapidamente que a emancipação genuína só podia mesmo ocorrer no campo da sociedade revolucionária e comunista – sua adesão ao comunismo, por assim dizer, decorreu do visionarismo antropofágico e teve por isso qualquer coisa de lógico, comprovando a consistência social e política da invenção poética. Mais adiante, tampouco lhe escapariam as implicações que esse primitivismo, com seus aspectos de expropriação direta e estilização da violência, adquiria numa época marcada pelo nazismo. Tanto que um personagem de *Marco zero*, o Major da Formosa, latifundiário em decadência, grileiro, alcoólatra, na mocidade estudante de Oxford, onde viveu uma época de nietzschianismo prático, espírita e integralista no presente, a certa altura de *Chão* observa:

> A Antropofagia, sim, a Antropofagia só podia ter uma solução – Hitler! No entanto os integralistas cristianizaram-se. Deus, Pátria e Família! E eles, os antropófagos que tanto prometiam, foram para o marxismo. É ininteligível! Eles cantavam o bárbaro tecnizado! E que é o bárbaro tecnizado senão Hitler?[23]

Em 1943, ao advertir em depoimento a Edgard Cavalheiro que a imagem antropofágica estava suspensa até segunda ordem, pois fora usurpada pelo nazismo, Oswald não perdeu o azo de ironizar que a Antropofagia tinha tudo para se tornar uma filosofia da devoração pela devoração, podendo legitimar qualquer forma de regressão e barbárie como aquela a que se assistia, agravada pela guerra. Chega a aventar com algum sarcasmo a possibilidade de que surgisse uma Antropofagia transcendental, pregando a devoração como um estilo de ataque conservador, a favor do fascismo. Mas vai logo esclarecendo: seu primitivismo opunha-se a tal vertente de direita porque apostava inequivocamente no progresso técnico com socialização de seus benefícios e transformação das relações sociais[24]. Cabe à retomada da teoria antropofágica no pós-guerra desbarbarizar o bárbaro tecnizado, reencontrando um fundamento progressista para responder de modo peremptório ao impacto do nazismo e ao autoritarismo da engenharia social totalitária. É curiosamente nas crônicas de *Telefonema* que o leitor começa a conhecer a formulação filosófica, antropológica e existencial da devoração pela devoração, a mesma que ele havia descartado. Para a nossa surpresa nos deparamos com um arremedo da mencionada Antropofagia transcendental, o qual no entanto tem clareza suficiente para vincular progresso técnico à utopia de uma sociedade revolucionada pelo ócio, pela liberdade e pelos afetos. Oswald insistirá na utopia, doravante fundindo temas da Antropofagia, do marxismo, do existencialismo, do comunismo, com o retorno do matriarcado, às vezes sem muita consistência, mas sempre dando precedência à literatura sobre a ciência. A verdade é que a esperança antropofágica, travestida de cultura matriarcal, lhe resta como o único legado do tempo das possibilidades extraordinárias abertas pela revolução. Que ele não quer deixar morrer.

Causa espécie que o impulso dessa retomada se deva – é o que esses "telefonemas" só confirmam – às leituras existencialistas, as quais estimularam Oswald a converter a Antropofagia numa argumentação filosófica ou num *kit* de filosofemas para defender um fundamento antimessiânico e não-autoritário de uma teoria do ciclo cultural. Sobretudo depois de Auschwitz, ela ainda oferece um destino espetacular e auspicioso ao Brasil (e não menos ao Novo Mundo) – e não custa lembrar, sem traço algum do piadismo dos anos 1920. Tendo a aparência de uma autêntica teoria da História, essa Antropofagia tardia leva a realidade nacional a se debater com os destinos mundiais da civilização. Outros temas igualmente assimilados foram a valorização absoluta da liberdade e da irredutibilidade individuais, conciliáveis com o sentimento religioso e místico. A influência do existencialismo se prestaria, por outro lado, a barrar o materialismo freudiano que desmantelou o mistério do inconsciente e da interioridade (Oswald repete antigas posições antipsicanálise dos anos 1920). A fenomenologia dos encalacramentos da intersubjetividade impulsionou essa nova dialética da devoração a se tornar mais e mais existencial e se tingir de uma angústia temporal que faria rir a turma da *Revista de Antropofagia*. Nada disso quer dizer que nosso Antropófago tenha virado, como Chiquita Bacana, um "existencialista com toda a razão", pois sua filosofia desconhece o absurdo primordial e não privilegia a ação ou a escolha individual (tudo se resolvendo pela evolução cultural). Porém, a influência existencialista me parece decisiva para Oswald aceitar a submissão como liberdade, tal como fica patente nessa Antropofagia devotada à "irreversibilidade do acontecer": "Mas, de pé diante do irreversível, o homem deve se deixar devorar sem medo. Não é outra a função da vida"[25]. Aqui não há lugar mais para a devoração guerreira; ao contrário, o homem se oferece à vida num gesto de conciliação, ou fusão moral, interpretado como abertura ao mundo ou ida ao Outro, que o devora em harmonia. A Antropofagia vira comunhão, compartilhamento da alteridade, um "viver nos outros" que modifica a relação Eu-Outro e permite que a relação intersubjetiva traga em si uma célula anticoncorrencial, portanto, anticapitalista. Com ceia e eucaristia a devoração moral traz para dentro do Eu a responsabilidade pelo Outro, ao qual agora o Antropófago dedica desvelos de mãe ou amor ao próximo (como queiram). O Eu é o Outro numa figuração humanizadora em que a devoração, sem nenhum canibalismo, é um modo de vencer a solidão e superar o desamparo, tendo porém assegurada dentro de si a vigência da totalidade. A Antropofagia, cada vez mais enfraquecida, como se vê, se deslocou do âmbito do conflito cultural, do colonialismo, da dominação técnico-militar, dos mecanismos de apropriação e da insuficiência de formação cultural, para o espaço da experiência interior e da teoria dos ciclos e arquétipos culturais, tornando-se uma inesperada teoria da conciliação. Ela não é mais uma tática, um procedimento crítico, uma ação revolucionária para surpreender o inimigo ou a reivindicação espalhafatosa da parte do vencido na história do vencedor. Na versão nova, ficou de fora inclusive o tema da inautenticidade nacional, tão importante nos anos 1920; mas o que é mesmo uma pena é Oswald lhe ter quebrado a viva aresta polêmica.

Com a perda de sua fibra libertária, esse pensamento da devoração passa a expressar uma consciência histórica difusa, mais característica de um ser complexo e torturado (nascido de hibridizações e bifurcações da história da humanidade) do que de um mau selvagem, jamais de um homem natural e livre. A cúpula dessa arquitetura especulativa é justamente a ressurgência da cultura matriarcal – um mundo íntegro de sentido, tal qual fora para ele o comunismo. Oswald argumenta que o estilo de dominação patriarcal, tendo atravessado a Antiguidade e os tempos modernos, culminando no stalinismo, foi o responsável pelo recalque das potencialidades de uma civilização coletivista. Imagina que a sua tarefa intelectual é agora inventariar os indícios da passagem do matriarcalismo pela História, atestando a presença de uma possibilidade não-cumprida e sempre abortada. Até a imagem da Idade de Ouro (tempo de suspensão de toda contradição, plenificado pela inexistência de bem e mal) é restaurada para que a especulação matriarcalista seja dotada de um vetor apoteótico, o que desequilibra a sua negatividade crítica[26]. Porém, se Oswald persevera insistindo no desenlace positivo, é porque o tabu, pela própria lei do progresso antropofágico, será permanentemente transformado em totem. Ainda assim, a teoria do matriarcado (pouco presente nas crônicas de *Telefonema*) acabou sendo o último sopro anticapitalista de Oswald, com sua defesa visionária do ócio contra as pressões da concorrência e do negócio. Tudo isso no entanto nos previne contra o culturalismo de seu remoto marxismo, entregue à luta entre matriarcado e patriarcado e que, outra vez, volta a apregoar a chance nacional de países anticapitalistas como o Brasil, feito de liberdade, confusão racial e preguiça, num tempo em que o capitalismo estaria superando a vulgaridade do lucro. Se o otimismo da teoria foi ultradesmentido pelo andamento da História, o mesmo não se pode dizer do estilo literário que a formula nas crônicas: muitos "telefonemas" nos interessam e ainda podem ser lidos apetitosamente porque a imaginação do escritor é maior, muito maior, que a sua filosofia, já arquivada mas sempre ressuscitada toda vez que se quer exibir na mídia e nas instituições oficiais de cultura uma imagem de quanto o Brasil oligárquico é confusamente transgressivo e nacionalista.

Em linha contrária à da sua prosa filosófica ou da sua teoria do matriarcado, a crônica jornalística descreve uma sociedade que está longe da síntese tão apregoada e que tem tudo para infirmá-la. O Brasil de *Telefonema* assinala direta e indiretamente a gratuidade da especulação utópica, enraizando suas teses numa matéria de interesses concretos, alheios (e como!) à racionalidade civilizatória do prometido ciclo cultural. A técnica está enredada nas relações sociais brasileiras, que dela se apropriam e a parcializam, o que a modifica inteiramente, a ponto de desidealizá-la por seus resultados limitados. A prosa do cronista não a mitifica, diversamente do que faz a prosa do filósofo, que a transformou num conceito dissociado da reprodução do social, embora fosse o motor das potencialidades abstratas de transformação. Encarnada no dia-a-dia brasileiro, a técnica não está separada da reprodução do social e tem uma função econômica que desabona a especulação teórica, aí sua vigência desqualificada é também espoliadora. Nos "telefonemas", ela é descrita, à maneira expressiva do escritor, sob a batuta paulista de uma galeria de gente inescrupulosa, simpática e insaciável, cuja cegueira política e social, para bem da miséria geral, não impede o bom êxito nos negócios. O aceno à esperança subsiste, porém denota tão-somente o lado pio do próprio Oswald, que sempre que pode elogia a eficiência moderna da técnica – no hospital limpo, na dedicação do enfermeiro ou até na criança que gosta de mecânica de automóvel; vê-se que ele aprecia mesmo a superação da miséria e um pouco de progresso, sem os quais reconhece que não dá para viver. A crônica oswaldiana não mascara o abismo entre projeção utópica e realidade, abismo grotesco que lucidamente é escancarado. Reagindo como cidadão enxovalhado, o cronista é obrigado a enfrentar atenta e criticamente as formas novas e terríveis de sociabilidade capitalista que surgiam, ao mesmo tempo em que não lhe escapa a parte (inesperada) que as forças progressistas tinham nelas. "Telefonema" é o picadeirinho onde o mundo desfila suas guerras e escaramuças, animado (em primeiro plano) pela política de âmbito nacional, em que ainda se pode ter iniciativa e mesmo mudar o jogo, e (em segundo) pelos destinos do mundo, cujos peões já não podem ser movidos (a não ser na vigência do tão aguardado ciclo do matriarcalismo). Na coluna do *Correio da Manhã*, a tirada aguda não precisa forjar uma doutrina para se justificar, dispensando o apoio do amadorismo especulativo e da erudição improvisada. Nesse picadeirinho, a vedete é a frase cheia de exemplificações concretas que mimetiza argumentos de muitas vozes e desenha um perfil complexo das dificuldades que esse homem admirável tem para definir, sem voltar atrás, uma posição à altura de seu horror ao mundo da concorrência e da neurose.

Bem se viu que o Antropófago sobreviveu ao canibalismo – feio e vulgar – do capital. Por isso, o Antropófago que sai dessas crônicas mais parece o homem polido e cordial que, antigamente, na boa civilização patriarcal de nossos avoengos, estaria a salvo da lógica do dinheiro e da sociedade de massas. Só lhe resta agora descobrir aos trancos, e muito a contragosto, a lógica conservadora da modernização real[27]. Trinta anos depois, num aforismo, Carlos Drummond de Andrade concluiria sem hesitações: "Os métodos modernos de negócio tornaram obsoleta a antropofagia"[28]. Claro que, por superestimar a utopia, Oswald não pode ter essa clareza drástica, afinal pequenos e grandes sinais de progresso na vida brasileira, todos eles, derretem seu velho e carcomido coração – como se estivéssemos nos movendo devagar mas sempre para adiante, por comparação com o passado. A série de meditações hospitalares com que Oswald dá um balanço na vida é um momento de extrema resignação e apaziguamento; por fim a Antropofagia se converteu para ele numa consolação filosófica, um espiritualismo moderno e órfico, um autêntico cristianismo tropical, socialmente generoso e ecumênico[29]. A trajetória se encerra com amargura e muita fé, acrescida do sofrimento da doença e do cansaço. Um dado a mais da humanidade de Oswald é a sua consciência de que chegou ao fim iludido sistematicamente por seu otimismo social, pois o tempo que lhe foi dado viver encobriu e distorceu sua percepção. Ao fim e ao cabo, tanto a República Velha quanto o Estado Novo e o governo Vargas, uma embalada pelo último ciclo do café, os outros, pela industrialização de base, foram interregnos em que as condições internacionais favoráveis fizeram-no acreditar ilusoriamente numa chance nacional de modernização genuína[30]. Mas ele não é homem de escomotear que a miséria permanente desse povo, que já nem povo é, a brutalidade modernizadora, o absurdo beckettiano da política brasileira[31], a parcialidade da revolução artística, estão aí a machucá-lo. Digamos que foram ilusões históricas poderosas, mais do que ilusões meramente pessoais desse filhinho de mamãe canibal, tanto que se precisou esperar até 1964 para serem dissipadas de vez (acho que minto) do nosso horizonte.

APÊNDICE I
As relações de Oswald de Andrade com o Partido Comunista

Até hoje não existe um estudo que examine a temporada comunista de Oswald de Andrade, para a qual arregimentou a própria obra e o Modernismo e, a reboque, levou mulheres, filho e parentes. Lança-se na política radical em março-abril de 1931 com *O Homem do Povo*, um jornalzinho de comunismo experimental, independente e irresponsável em que pôde demonstrar seu potencial de agitador e começar a pleitear sua entrada no Partido Comunista do Brasil. Sob a animação de Oswald, Queiroz Lima e Patrícia Galvão, *O Homem do Povo* congraçou gente das mais diversas origens – artistas, jornalistas, lideranças operárias, ao lado de comunistas momentaneamente em desgraça como Astrojildo Pereira. Seu jornalismo panfletário fundava-se na provocação (direcionada à elite jurídica e empresarial de São Paulo e à Igreja) e jogava o leitor diante da contradição econômica e social. O estilo de *agit-prop* era agressivo, voltado para a demolição crítica do mundo burguês, assumindo a propaganda comunista como arte e a revolução como meta, inclusive transformando o espaço do jornal e sua linguagem num palco esquerdista e coletivista que materializa a proposta revolucionária. *O Homem do Povo* militava idealmente a favor da organização popular em cooperativas do Estado, pregando a estatização dos meios de produção, a educação das massas, o abatimento dos aluguéis, dirigindo-se não somente às "classes pobres[,] os trabalhadores rurais e urbanos", mas também à "miséria de gravata". E apresenta sua linha política: "Nós não estamos filiados a nenhum partido, mas faremos da fraqueza força em apoio da esquerda revolucionária para a realização das reformas necessárias ao bem-estar da Nação"[32].

A essa altura, a literatura oswaldiana passou a defender as possibilidades revolucionárias das condições brasileiras e a certeza da revolução na crise mundial. São representativos desta inflexão o prefácio de *Serafim Ponte Grande* (1933), a produção teatral (a partir de 1934) e sua disposição (incomum) de refazer (desajeitadamente) um romance dannunziano como romance da revolução (caso de *A escada vermelha*). Mas foi o prefácio a *Serafim* a manifestação mais estrepitosa do que para ele era tornar-se comunista: uma auto-exposição violenta e implacável da própria condição burguesa, a qual era submetida ao escárnio e o antigo Oswald tratado como "um palhaço da burguesia"[33]. O epitáfio de sua classe social se confundia, com rara e portentosa emoção, ao seu próprio epitáfio – a vida só começaria quando mudasse de lado e traísse a própria condição de classe. O tratamento que dava a si mesmo nesse auto-expurgo de seus podres era o mesmo que oferecia à classe que espetacularmente abandonava, numa escrita sem papas na língua e com desprezo desrespeitoso pelo panteão ou pelo sistema de consagração oficial da "estupidez letrada da semicolônia". Tudo isso deveria valer como o penhor de uma adesão sincera à luta do proletariado, mas uns poucos viram esse aspecto, entre eles Aníbal Machado:

> Com a intuição do ridículo, a capacidade de apreender o grotesco das coisas e uma vontade determinada de desmontar as grandes armações solenes, Oswald dispõe de uma

máquina de acelerar a liquidação dos valores burgueses que é um dos instrumentos mais eficientes que um escritor, vivendo num regime burguês, pode pôr a serviço das reivindicações populares.[34]

Esse modelo literário se, na aparência, mimetizava a veemência do obreirismo, então dominante no PCB, ia muito além da rusticidade ideológica dessa linha de "classe contra classe", propondo uma relação crítica com a realidade brasileira e a cultura burguesa, de roldão engajando o próprio modernismo, que ele acabava de superar. Assim, Oswald extrapolava as demarcações usuais da militância daqueles dias que, como se sabe, estava segregada às fábricas, aos sindicatos e aos quartéis, onde fervia. Tal radicalização literária implicava visibilidade revolucionária de tipo menos clandestino e levava a luta de classe a toda a extensão do mundo burguês, como um desafio ao próprio comunismo que precisava, por conseguinte, responder à complexidade do campo cultural. O nosso Antropófago tinha gosto por mediações mais complexas que as formulações toscas do stalinismo e seus raciocínios marxistizantes incorporavam o legado anterior e o inscreviam, de modo criticamente drástico, na desqualificação burguesa da vida brasileira. Desacreditando a classe dominante e as instituições da sociedade (em particular a Igreja Católica), colocava como tarefa do comunismo a criação e a experimentação de novas práticas de vida e cultura. Tudo isso era uma tremenda e mal aceita novidade, com a pretensão ademais de assimilar politicamente a experiência do Modernismo dos anos 1920 e das vanguardas artísticas, sem acatar, como era costume entre os comunistas, as formas do naturalismo do século XIX e as fórmulas retumbantes de patriotismo, como o de Euclides. Do lado da esquerda, Oswald quebrava de um só golpe com o que Antonio Candido chamou de

> uma cultura dos conteúdos, inteiramente voltada para a mensagem explícita das obras, sem preocupação específica pelo caráter avançado ou não da forma, que poderia inclusive ser a mais acadêmica. É o problema da mistura de intenção política avançada e gosto atrasado, freqüente no universo cultural das esquerdas.[35]

O período de 1930 a 1934 foi um período de explosiva fusão de energias sociais, atravessado por uma radicalização e partidarização da vida nacional como nunca se vira. No Partido Comunista intensificava-se o contato com a massa trabalhadora para conscientizá-la e conquistá-la para a luta; com esse intuito acorreu ao partido grande número de intelectuais e escritores, possibilitando então uma aliança nova e bastante tensa com operários e lideranças populares – o fechamento da Aliança Nacional Libertadora data o fim desse período tremendamente complexo. Em relação aos simpatizantes, no começo dos anos 1930, não existia da parte dos dirigentes controle sobre as atividades externas (e culturais) desses intelectuais, artistas e pequeno-burgueses que se identificavam com o partido, ao qual escapava igualmente uma orientação centralizada[36]. Rachel de Queiroz, nas suas memórias, comenta:

> Quando nele entrei [em 1931], o Partido mal completara dez anos de vida no Brasil. E já havia uma rede de comunistas pelo país inteiro: onde a gente chegava, encontrava amigos. Os mais ruidosos eram os simpatizantes, os que não tinham compromisso ideológico firmado. Aliás, nessa época, entrar para o Partido não era fácil. Os simpatizantes ficavam

muito tempo em período de provação. Era mister dar provas durante anos, principalmente no que se referia à submissão ideológica ao stalinismo.[37]

Colocamos Oswald como simpatizante porque, até onde foi possível averiguar, não há sequer provas de que se tenha consumado a sua filiação, ou se não foi ela rejeitada. O que é certo é que a partir de 1931 se inicia uma sucessão de tentativas suas de ingresso no PCB.

Numa passagem de um dos "telefonemas", revela sinteticamente: "Durante quinze anos dei a minha vida e a de meus filhos para ser apenas um obscuro membro do Socorro Vermelho. Prisões, fugas espetaculares, a ruína financeira e até a fome foram os títulos que conquistei nessa gloriosa militância"[38]. Ou seja, colaborou por um longo período com o Socorro Vermelho – não com o Partido, no qual provavelmente nunca o deixaram entrar, nem lhe deram o título oficial de comuna. Vale esclarecer que a Comissão de Socorro Vermelho Internacional era um órgão da Internacional Comunista de apoio à militância e às suas famílias, para ajudar e defender as vítimas da luta de classes, investigar assassinatos e torturas e manter um cadastro atualizado dos presos políticos. Cabia-lhe prestar assistência financeira, jurídica e moral aos presos, clandestinos ou desaparecidos, assim como angariar fundos e assegurar condições para o prosseguimento da luta, organizando protestos e manifestações (sobretudo campanhas internacionais em contato com agências do Socorro de outros países), sem o risco de descontinuidade dos trabalhos na eventualidade de prisões. Contava para tanto com uma rede de colaboradores comunistas ou não-comunistas que, por terem vida legal e profissional reconhecida, podiam desincumbir-se de tarefas e escapar da vigilância com liberdade de circulação e, mesmo, ter acesso às instâncias de poder, ao governo e ao Judiciário. Recomendava-se a notoriedade profissional dos colaboradores como requisito para a direção do órgão que, de preferência, não seria ocupada por militantes; no Rio e em São Paulo, nomes conhecidos como Otávio Malta, Cid Franco, Galeão Coutinho secretariaram seus comitês. O Socorro Vermelho (fundado por Astrojildo Pereira) começou a atuar no Brasil ao redor de 1927, concentrando sua ação no Rio de Janeiro, onde em 1930 parece já completamente desestruturado. Essa inconstância ocorreria muitas vezes, mas sempre que as prisões se enchem de presos políticos, por exemplo na repressão de agosto de 1932, o Socorro Vermelho será reativado para amparar jurídica e financeiramente a militância caída. Também era rotina ser atribuída à Juventude Comunista a tarefa de arrecadar dinheiro para o Socorro – tarefa obrigatória como teste de determinação da garotada. É possível imaginar que Oswald tenha sido usado como recolhedor de fundos para o Socorro, isso se ele próprio não se tornou, com sua generosidade proverbial, um financiador do comunismo[39]. É claro que, pela confusão das suas finanças, Oswald não poderia ter a mesma prodigalidade de Procópio Ferreira e Celestino Paraventi, o dono do Café Paraventi, que eram, conforme suspeitas da Delegacia de Ordem Social por volta de 1936, os grandes financiadores do Socorro. Nos anos 1930, o Socorro teve papel importante em campanhas internacionais, tanto de apoio à Guerra Civil Espanhola quanto de denúncia de extradições de militantes estrangeiros, entregues pela polícia política aos governos fascistas (o Socorro contou, dadas suas ligações européias, com a colaboração ativa da comunidade judaica).

Num manuscrito só há pouco publicado, Oswald acrescenta mais um pouco sobre a natureza dessas relações com o PCB:

> No Brasil, mesmo dentro do Partido Comunista, no tempo em que eu lá me encontrava, dizia-se que a carreira de militante era a seguinte: entrava na Juventude Comunista, galgava os quadros partidários, ia mofar no Socorro Vermelho para ser inevitavelmente expulso. Era Juventude, Partido, Socorro e Expulsão.[40]

Se o Socorro era uma espécie de ante-sala, o próprio Oswald nos confirma que foi posto de molho – até mofar! –, rechaçado como um corpo estranho burguês, dadas as evidentes dificuldades para um intelectual (ainda por cima um ex-milionário) ser aceito pela organização nos inícios dos anos 1930. Patrícia Galvão, no depoimento citado, descreve minuciosamente o teste da proletarização, quase um processo iniciático, a que ela própria foi submetida antes de conquistar a aquiescência partidária – claro que Oswald, com outra origem social e envolvimento bem menor, enfrentou provações do mesmo tipo. Pagu retrata-o no seu formidável resumo de vida como um simpatizante distanciado das tarefas organizativas, de quem aliás foi, por volta de 1932, forçada a se afastar pela desconfiança que despertava nos quadros partidários:

> Eu não era ainda membro do Partido Comunista. O preço disso era o meu sacrifício de mãe. Ainda havia condições mais acentuadas. Oswald era considerado elemento suspeito por suas ligações com certos burgueses, e eu teria de prescindir de toda e qualquer comunicação com ele e, portanto, resignar-me à falta de notícias de meu filho. Não discuti as exigências. Apenas transmiti tudo a Oswald quando chegou, bem como a minha resolução de partir. A atitude de Oswald foi simpática. Não opôs o menor obstáculo. Disse-me apenas que esperaria a minha volta, que eu teria sempre um lugar junto dele. Que voltasse quando quisesse.[41]

Nesse relato, ela descreve com detalhes o esforço para se criar em Santos uma agência do Socorro Vermelho, cujo trabalho de recrutamento e propaganda parece então confundir-se com a atividade do próprio partido[42].

Dessa fase, pouco se conhece das relações de Oswald com o Socorro, se recebia tarefas, se era encarregado de ações específicas ou se agia por conta própria, embora se conheça a vasta *mise-en-scène* por ele preparada para o seu viver comunista. É certo porém que ele dava publicidade às posições comunistas, ostentando uma "proletarização" vistosa e contraditória que confrontava com a austeridade cinza e rígida dos militantes. A tirar pelas restrições impostas pelo partido a sua mulher, que não só participou diretamente de ações políticas como também esteve envolvida com militância, dirigentes e meio operário, fica difícil de imaginar que tarefas lhe seriam confiadas. No *Boletim Regional – Região do Rio do PCB*, n. 17, de 23/8/1932, a própria Pagu é acusada de ser elemento suspeito e ser "agente miguel-costista" (isto é, ligada ao antigo chefe da Coluna, agora presidente da Legião Revolucionária, chefe da Força Pública e em seguida da polícia da cidade de São Paulo, cuja disputa com João Alberto movimentou a política da interventoria paulista). Nesse mesmo boletim, a secretaria do Socorro denuncia a infiltração da pequena burguesia nas suas fileiras, isto é, de intelectuais que não tiveram ingresso no partido – temia-se, sugeria o boletim, que estivesse surgindo "uma espécie de segundo partido com maioria de ativistas pequeno-burgueses", enfim sectarizando o órgão. Ainda no seu relato, Patrícia Galvão narra os caminhos do obreirismo no final de 1932:

> Essas expulsões [da escritora Eneida e de um militante chamado Villar] deram origem à luta contra os intelectuais e os pequenos burgueses. A campanha de depuração era encabeçada por dois ou três intelectuais de direção. Eles foram os maiores inimigos da aproximação intelectual. Excetuando-se, claro, da depuração, procuraram afastar da organização todos os elementos que não tinham origem proletária.[43]

Novamente em julho de 1934, há registros na correspondência da agência brasileira com o Comitê Excecutivo do Socorro Vermelho Internacional de que o Comitê Executivo de São Paulo é considerado liberal demais e acusado de resistir à centralização por excesso de autonomia do grupo de aderentes. Portanto, é nessa agremiação, e nessas circunstâncias, que ocorreu a atuação comunista de Oswald de Andrade, com a ressalva de que a permanência (mesmo prolongada indefinidamente à maneira de punição) no Socorro era uma condição normal imposta a muitos artistas e intelectuais (aliás, trajetória similar nele teve Oscar Niemeyer a partir de meados dos anos 1930 até a sua filiação oficial ao partido, em 1945)[44].

Não custa lembrar que a partir de 1935 o Partido Comunista imergiu na clandestinidade, sob duríssima repressão, e teve sua organização desmantelada, o que liberou os artistas de terem de enfrentar uma instância central de controle. Após 1939, ao estourar a Segunda Guerra, a luta contra o fascismo permitiu que a defesa da cultura e da democracia criasse certa unidade, na qual a fraternidade comunista adquiriu novo significado. Ao contrário da União Soviética, onde o aparecimento do realismo socialista veio centralizar a política cultural (e, pelo mundo afora, seria desastrosamente imitado por satélites), existia por aqui, paradoxalmente, grande liberdade de criação e pensamento enquanto as facções se digladiavam e o dirigismo não era sufocador – na prática não havia controle direto sobre artistas e intelectuais. É essa a época em que Oswald conquistou a estima esquerdista de escritores e jornalistas da nova geração como Carlos Lacerda, Paulo Emílio, Rubem Braga e Jorge Amado. A amizade com este foi intensa, a ponto de Oswald ter nele encontrado um continuador a quem passaria o bastão: "Devo-lhe mais que uma ressurreição" – conta em "Fraternidade de Jorge Amado"[45]. Desde 1936, Jorge Amado vinha reavaliando o papel de Oswald no romance modernista de uma perspectiva revolucionária, como neste trecho de artigo para uma revista argentina em que assinala a consonância das posições do Oswald de *Serafim* em diante com a sua própria posição:

> Movimento intelectual num sentido puramente revolucionário (falo de novo como concepção de literatura), o modernismo destruiu os velhos padrões literários do país. Mas não os renovou. Deixou uma página em branco. O modernismo, que destruiu tantas coisas, nada construiu. Deu alguns grandes poetas e vários ensaístas de valor. Onde se encontra, não obstante, o grande romancista do modernismo? [...] Somente depois de verificado o movimento, somente também depois de terminado o movimento modernista, foi que Oswald de Andrade se revelou em toda sua força de romancista. É o romancista do modernismo. Que só se revelou por completo depois de terminado o movimento, quando a luta deixou de ser puramente literária, para ser uma luta política.[46]

Podemos especular sobre as razões dessas afinidades: Jorge lhe apreciava certamente a sensibilidade lírica, o humor, certa franqueza sexual e o gosto pela esculhambação. O romancista baiano também deve ter acompanhado (e discutido) a construção do vasto painel social que, entre 1933 e 1943, Oswald preparava – o ciclo de *Marco zero*. Esse projeto tinha tudo para interessá-lo: com a ambição de um "romance-mural" tomava como assunto uma experiência histórica recente (a Revolução Constitucionalista). Agora Oswald desejava engrandecer a luta revolucionária, demonstrando que havia superado, pela sobriedade estética, os cacoetes modernistas, ou, como disse Roger Bastide, Oswald quis fazer "um romance modernista para o povo". Algo dessa solução ecoará no ciclo do cacau, iniciado por Jorge também no final dos anos 1930. Por isso, no balanço (precário) do Modernismo paulista feito por ele, Oswald é o único salvado a desembarcar na revolução e manifestar real simpatia popular: "Un modernista de genio, dejando atrás el Modernismo, hace la necrología del movimiento y de la burguesía del café en novelas candentes de sátira. Hablando de un 'modernista' de genio, tu ya sabes, negra, que hablo de Oswald de Andrade"[47]. Foi ainda em *Vida de Luiz Carlos Prestes* (bastante alterado nas edições em português) que Jorge Amado cunhou uma visão crítica do movimento modernista que seria adotada pelo Partido Comunista e adjacências, mas que, no fundo, retoma as palavras do próprio Oswald no prefácio auto-acusador a *Serafim*, em que o Modernismo é descrito como um movimento a serviço da grande burguesia e do imperialismo[48]. É curioso que ele visse em Oswald traços de escritor avançado e moderno, capaz de falar a linguagem revolucionária em termos populares, com disposição para atacar com conhecimento de causa as instituições burguesas. Na sua leitura, o Modernismo é expressão da oligarquia paulista, incapaz de participar da inquietação política das ruas e engrossar as fileiras da revolução brasileira (leia-se: da revolução sob a direção do PC). É a mesma interpretação que quase trinta anos depois aparece requentada nas lembranças de Nelson Werneck Sodré:

> As manifestações de radicalismo político que surgiram, no conjunto do Modernismo, esporádicas, isoladas, individuais, não caracterizaram o movimento. No conjunto e na essência, o Modernismo correspondeu às necessidades artísticas da burguesia brasileira, em seu processo ascensional. A ausência de qualquer sentido revolucionário autêntico, de exigência de alteração estrutural do regime, é fácil de provar. O simples fato de ter sua base em São Paulo já era significativo: o Modernismo encontrou ali, naturalmente, o agrupamento mais forte e mais organizado da burguesia; conseqüentemente, condições mais próprias, favoráveis, ambiente mais receptivo.[49]

Foi portanto na condição de simpatizante que Oswald confraternizou com o bloco de escritores que afiançavam a força cultural do partido, apoiando-o na imprensa, nas associações de classe e nas campanhas de popularização, embora as restrições à sua pessoa e à sua literatura fossem severas, visto que uma e outra não primavam pela seriedade e disciplina que os comunistas esperavam dos adeptos. Ainda mais, acalentava com alguma ingenuidade o sonho de que os intelectuais e os artistas pudessem dotar o partido de uma autêntica vanguarda, lançando teorias e idéias novas. Essas circunstâncias, mais o desmantelamento do partido na clandestinidade (Leôncio Basbaum chega a afirmar que em 1940: "Da vida partidária somente um sinal existia: o

Socorro Vermelho"[50]), atenuaram decerto os problemas que surgiam de militância tão independente e algo extravagante quanto a dele, nada levada a sério sobretudo por suas antigas e profundas ligações com os mandatários da República Velha. Nos raros testemunhos que encontramos da reação dos militantes à figura do escritor modernista, é patente a desaprovação a Oswald pelo fato de ele ostentar o comunismo como moda e usar a imprensa e a literatura para imprimir visibilidade revolucionária máxima, oposta por sinal à discrição necessária aos trabalhos da clandestinidade. É por exemplo o que se lê no depoimento cáustico de Leôncio Basbaum:

> Um desses elementos, podemos dizer perniciosos, era uma moça (poetisa) chamada Pagu, que vivia, às vezes, com Oswald de Andrade. Ambos haviam ingressado [sic] no Partido, mas para eles, principalmente para Oswald, tudo aquilo lhes parecia muito divertido. Ser membro do P.C., militar ao lado de operários "autênticos" [...], tramar a derrubada da burguesia e a instauração de uma "ditadura do proletariado" era sumamente divertido e emocionante.[51]

Ou nas memórias de Nelson Werneck Sodré, para quem Oswald não encarnava senão a inconseqüência e a superficialidade de um radicalismo puramente verbal para chocar – perfeitamente dentro, aliás, do espírito modernista, segundo esse operoso criticastro:

> Em outra época, sob outras condições, Oswald de Andrade fez justamente o que seus atuais admiradores estão fazendo e pregando, particularmente no teatro: valorizou o radicalismo político e as ações individuais, como o radicalismo artístico, pela negação do passado de forma total, em seu patrimônio, principalmente, e ainda insubmisso às formas organizadas de trabalho político, a que se julgava superior e a que não desejou jamais acompanhar, quanto mais submeter-se, e que considerava mesmo como secundários, até humilhantes.[52]

Ou na reação de Tito Batini, que considerava "anarquista" e palhacesca a influência do escritor[53]. Por mais desfrutável que fosse a maneira de ser comunista de Oswald, e realmente o era, ela feria os princípios de sacrifício e autodisciplina necessários para o desempenho das tarefas revolucionárias e apontava o caráter autoritário e primitivo da militância profissional. Sua "proletarização" baseava-se no escândalo e na provocação, abalava a moral de sacrifício e máxima austeridade da disciplina comunista, que adiava para o futuro toda a prática socialista, mostrando que podia existir prazer na clandestinidade e correr perigo possuía um ingrediente de transgressão que calava fundo na vida acomodada. A metamorfose do ricaço em agente comunista, malvestido em suas roupas suadas e sujas, morando provisoriamente em pensões modestas, convivendo com gente pobre, prenunciava para os que estavam fora uma debandada geral da burguesia para os quadros da revolução e alimentava uma mitologia subversiva que falava para toda a sociedade e não exclusivamente para a organização (no meio paulistano, o comunismo milionário de Oswald tem que ser comparado com o de Caio Prado Jr., membro de uma das maiores fortunas paulistas, que se dedicou monasticamente a uma vida de *scholar*, fazendo seus estudos e escrevendo uma obra excepcional e única nos quadros do comunismo brasileiro, todavia sem criar atritos com as diretrizes do Comitê Central, as quais acatava com um silêncio obsequioso – quebrado só em 1955 com a fundação da *Revista Brasiliense* –, ao mesmo tempo em que preservava sua liberdade intelectual).

Todavia, no início dos anos 1940, com a entrada do Brasil na guerra, o partido foi sentindo necessidade de ter "mensageiros" que viabilizassem o programa de união nacional (determinação do Comintern acatada por um Comitê Central em frangalhos), isto é, mensageiros que circulassem por toda a sociedade, com acesso à burguesia, aos governantes e ao empresariado (qualidades que faltavam à militância formada no obreirismo e que, no curso da guerra e com a perspectiva de legalidade, passariam cada vez mais a ser necessárias para pleitear os interesses do partido e de suas lideranças presas). Não sabemos se nessas novas circunstâncias Oswald não chegou a ser aproveitado por suas relações sociais, porém, mais adiante, com o relaxamento do Estado Novo, o próprio passa a aspirar à condição de porta-voz comunista e, a partir de abril de 1945, a manobrar como agente de ligação entre o partido esfacelado e o mundo paulista – não sabemos se por conta própria ou não, visto que nenhum dos seus biógrafos conseguiu desvendar a natureza desse vínculo, embora só então ele se filie efetivamente ao partido. De início, posta-se como mensageiro das posições (até então desconhecidas) de um Luís Carlos Prestes ainda na prisão, difundindo pela imprensa os pontos de vista dele[54]. Oswald vai apresentando as suas como posições do partido (ou vice-versa) e esboça até uma estratégia mais ampla para os tempos de paz, mais ou menos inspirada, como vimos, nas propostas de Browder. Alega ter recebido de Prestes a incumbência de organizar uma Ala Progressista no meio empresarial paulista, entre industriais, banqueiros e grandes fortunas – um arremedo da futura burguesia nacional. Numa carta de 28 de abril de 1945 ao Cavaleiro da Esperança, ele presta conta da missão e assim explica seu programa de "conciliação de classes e esforços comuns": "Tenho a comunicar-lhe que, seguindo a rota, iniciei a organização da Ala Progressista Brasileira, trabalhando principalmente elementos ativos da grande burguesia e da classe média"[55]. Não custa recapitular que ele já orbitava em torno do herói da Coluna desde 1931, quando foi especialmente a Montevidéu visitá-lo e ouvi-lo, para tirar uma orientação política, portanto numa fase anterior ao ingresso do próprio Prestes no partido (essa relação com o prestismo foi outro fator que dificultou, a meu ver, sua aceitação pelo partido em plena vigência da linha obreirista, até 1934). Oswald sempre afirmou que essas conversas em Montevidéu foram decisivas para a sua opção política e o início de sua militância (ficou-nos dessa época de longas conversações e proselitismo mútuo o admirável retrato que Patrícia Galvão fez de Prestes: "um homem de aparência medíocre", mas iluminado pela "pureza de convicção" e por uma veemência serena que fugia ao lugar-comum do heroísmo revolucionário[56]). Retomadas as relações com Prestes nessa conjuntura de anistia e democratização, passou Oswald a desejar receber do partido a consagração de herói modernista e artista revolucionário com nutrida folha corrida de façanhas antiburguesas, coisa que lhe fora negada até aí, com a possível exceção de Jorge Amado, ou uns raros; ou, na menor das compensações, sair na chapa do partido com uma candidatura para deputado. Tanto Jorge Amado lhe acompanhava as pretensões que em abril declara: "1945 é um ano decisivo para a obra de Oswald de Andrade", "um dos pujantes criadores do Brasil" que não só estava publicando as *Poesias reunidas O. Andrade*, *Ponta de lança* e *Chão*, como também era "um soldado de Prestes" em serviço na praça pública[57]. À medida que ia ficando nítido o alinhamento de Prestes com Getúlio, o apoio incondicional da direção do PCB à nova divisão de forças políticas concebida pelo ditador, Oswald entornou o caldo – ficava desautorizada a conduta de intelectuais como ele que havia algum tempo vinham divergindo das diretrizes da Cnop de união nacional interna (as suas eram posições próximas do grupo formado entre outros por Caio Prado Jr., Mario Schenberg e pelos comunistas da Fiesp). Prontamente o velho Antropófago reagiu a qualquer política de aliança com o ditador, defendendo, pelo contrário, a desmontagem da estrutura de poder do Estado Novo, pedindo inclusive liberdade sindical; tampouco compreendia por que o partido não se aproximava da burguesia industrial e bancária concentrada em São Paulo, que poderia assegurar uma nova orientação econômica para quebrar a agenda política conservadora das oligarquias rurais. Oswald passou a ser alijado em várias de suas iniciativas e, sentindo-se cerceado pela direção paulista do partido, tornou pública a divergência, e a leva ao ponto espalhafatoso de ruptura. Tenta então usar Jorge Amado como bode expiatório, imputando-lhe diretamente o descrédito de que gozava no partido e responsabilizando-o pela exclusão de seu nome da chapa eleitoral.

> Oswald se magoara por não ter sido indicado candidato à Câmara Federal na lista do Partido, nela figuravam escritores: Monteiro Lobato, Caio Prado Júnior, José Geraldo Vieira e eu – Lobato renunciou à candidatura antes da eleição. Quanto a mim, na medida de minha influência, tudo fizera para que Oswald figurasse na chapa, cheguei a ir ao Rio conversar com Prestes, dizer-lhe da importância cultural do pai da antropofagia, Prestes não o considerava confiável, Arruda pôs uma pedra sobre o assunto: *não traz nem meia dúzia de votos.*[58]

Não sei quanto de credibilidade merecem as anotações que Jorge Amado fez do ocorrido (vindas de um memorialista que filtra sem parar o passado a seu favor e pratica a autojustificação de longo curso), porém reconheça-se que ele se empenha, quarenta anos passados, em esclarecer os desentendimentos sem encobrir sua admiração pela figura estabanada de Oswald e sem denotar ressentimento pelas acusações feitas pela imprensa. Conclusão: já em setembro de 1945, Oswald se desliga do Partido Comunista e passa a fazer campanha aberta contra a sua direção paulista em termos violentos e pessoais. É verdade que ele continuou stalinista por mais algum tempo e, diferentemente da trajetória de sua ex-mulher, Patrícia Galvão, nunca procurou outro agrupamento de esquerda, fazendo até o fim uma política personalista e sem rumo.

APÊNDICE II
"Antropofagismo" por Antonio Candido

Voltando a mexer no arquivo de Oswald de Andrade que permaneceu duplicado em fotocópia no Instituto de Estudos Brasileiros da Universidade de São Paulo, encontrei numa pasta dedicada a entrevistas três folhas soltas e manuscritas de uma "Nota da redação", sem nenhuma identificação ou assinatura. Acompanhava o conjunto um bilhetinho curto: "Mestre Oswald:// O original, como v. sabe, se perdeu com outros originais de *Paralelos*. Com as poucas notas do rascunho, procurei reconstituir.// Abraço, A.". Reconheci a letra de Antonio Candido e, logo às primeiras frases do manuscrito, tive certeza de que se tratava de um texto seu ou no qual teve participação. Lembrei que ele fizera parte, juntamente com Décio de Almeida Prado e Lourival Gomes Machado, da comissão de seleção da revista *Paralelos*, publicada por alunos da Faculdade de Filosofia, Ciências e Letras da USP com intenção de ocupar o espaço deixado por *Clima*. Por isso, três antigos colaboradores desta haviam sido convidados para imprimir um pouco do seu espírito inaugural à sucessora. *Paralelos* era feita por um grupo formado por Maria Isaura Pereira de Queiroz, Flávia de Barros, Edgard Carone, Jorge Wilheim, Pasquale Petrone, e circulou de setembro de 1946 a setembro de 1947, quando saiu o sétimo número. A empreitada seria interrompida justamente quando o oitavo se encontrava na gráfica, trazendo, entre outras matérias, a transcrição da entrevista de Oswald de Andrade a Paulo Mendes Campos, "O êxito na terra substituiu a esperança no céu", originalmente publicada em 12 de outubro de 1947 pelo *Diário Carioca* (e que hoje pode ser lida em meio à barafunda da coletânea *Os dentes do dragão*). Vale ressaltar que essa é das mais substanciosas entre as entrevistas de Oswald, por dar notícias de seus novos interesses filosóficos e revelar a ambição com que ele se lançava no estudo sobre o matriarcado e a crise contemporânea. Já aparecem nela muitos temas que seriam aproveitados para a redação da tese *A crise da filosofia messiânica*, de 1950, como a interpretação histórico-filosófica (inspirada em Bachofen) da importância da *Oréstia*, o papel do Direito Romano na estruturação de uma cultura da servidão e a crítica à ambigüidade existencialista de Sartre em relação ao matriarcalismo.

A republicação em *Paralelos* pode ter sido sugerida por Antonio Candido para ampliar o eco do depoimento de Oswald fora do Rio de Janeiro. Todavia, o maior atrativo dessa nota de abertura está na leitura empática e política que o jovem crítico faz da Antropofagia. Antonio Candido valoriza na Teoria da História oswaldiana a invenção de uma perspectiva audaciosa para enfrentar questões até aí negligenciadas pelo pensamento social contemporâneo. De imediato identifica na devoração antropofágica (o que desbanaliza a metáfora digestiva) a procura de um sentido novo para a emancipação humana, que pode afinal unificar, com imaginação e sem a limitação dos catecismos partidários, as revoluções da ciência, da arte e da política. Temos de sublinhar a convergência dessa leitura da Antropofagia com o socialismo democrático defendido na época pelo próprio Antonio Candido. É por isso que ele se detém justamente no uso crítico e aberto que Oswald faz da herança cultural e da técnica, insistindo que aí se esboçava uma conceituação nova da dinâmica revolucionária da História que humaniza o processo transformador por se completar com o legado cultural do vencido, do reprimido e do superado (numa formulação que lembra a "simultaneidade do não-simultâneo" de Ernst Bloch). Esta "Nota da redação" situa a inspiração antropofágica no contexto do desenlace da Segunda Guerra e explica como os impasses do capitalismo e do comunismo passam a exigir que a emancipação seja pensada fora da pauta do progressismo linear e parcial. Com alguma certeza, pode-se datar de outubro de 1947 a sua escrita.

Os originais do documento devem hoje se encontrar no Centro de Documentação Alexandre Eulalio, do Instituto de Estudos da Linguagem da Universidade Estadual de Campinas, para onde o arquivo de Oswald de Andrade foi transferido. Antonio Candido atestou a autenticidade do manuscrito e autorizou esta publicação. Realmente temos de lhe agradecer o ineditismo iluminador desta breve nota, conservada pelo carinho de Oswald entre seus papéis.

NOTA DA REDAÇÃO

Paralelos *publica hoje a entrevista de Oswald de Andrade, concedida a Paulo Mendes Campos e publicada recentemente no Diário Carioca. É um documento que poderá passar despercebido, pelo caráter circunstancial que o reveste: por isso mesmo, queremos aqui transcrevê-lo, para assinalar que o grupo de moços desta revista tomou nota de sua excepcional importância literária. Importância de tal modo acentuada que a "idéia" central de Oswald de Andrade – provar a validade do seu antropofagismo – deixa de ser o coração da entrevista em benefício de uma compreensão aguda e penetrante da crise do nosso tempo. O movimento ciclônico das suas constatações tritura aquele epicentro ocasional e nos aparece como visão geral de uma direção fecunda de pensamento.*

Expliquemo-nos. Oswald de Andrade consolida, com esta entrevista, a sua atividade recente (não raro confusa, e por vezes contraditória, como os estouros imperiosos), de construir aquilo que para ele é uma razão-de-ser, sob as espécies de um pensamento organizado: mas que nos parece, a nós, um movimento que poderíamos talvez chamar de "inspiração metafórica". Vista desta maneira, a sua palavra adquire um novo sentido; vista, não como a exposição de um pensador, que não é, mas como a mensagem intuída de um artista visceralmente sensível ao problema dos significados gerais que se escondem por trás das manifestações particulares.

– Por exemplo? Em tudo que aqui escreve, Oswald de Andrade procura mostrar a paixão e morte da história universal, que ele chama "cultura da servidão"; e anuncia o advento da "cultura da liberdade", com o renascimento das relações humanas que caracterizam o homem natural. Mas, em lugar de carpir-se diante dos males da "servidão", Oswald constata a sua necessidade histórica e saúda a sua grandeza como parto da ciência moderna, como incubação das condições indispensáveis ao

mundo livre. Este, para nós, deixa de aparecer então, quer como o paraíso burguês do progresso unilinear, que os evolucionistas crismaram e carimbaram, quer como o atoleiro desesperante do retorno eterno dos mesmos males, com que os pensadores dramáticos alimentam o pessimismo reacionário. Temos, atrás de nós, a metáfora deslumbrante do homem natural, bem conformado social e psicologicamente pelo matriarcado; à nossa frente, metáfora semelhante do homem de novo livre: está aí, porém, livre porque incorporou à sua atividade todo o patrimônio da arte, ciência e pensamento desta "cultura intervalar de escravidão". Oswald acena com a humanização do conhecimento acumulado segundo as técnicas da escravidão: o seu homem é o homem no qual a substância mais pura da cultura se transformará em reflexos de atividade mais humana.

Realmente antropofágica é a sua visão compreensiva, graças à qual devora, tritura e irmana valores inconciliáveis para o pensamento lógico, para a rotina universitária que trabalha a 40 graus centígrados e produz sapiência em banho-maria: nas temperaturas altíssimas a mais de 1000 graus fundem-se e ligam-se os metais mais estranhos. É uma liga semelhante que Oswald propõe fazer, com o material que veio às nossas praias, trazido pela maré de tantos séculos; a antropofagia tem uma qualidade onívora e não escolhe para devorar: o ato de devorar é que vai expelindo os detritos; o alimento para ele é sempre bom se for certa a maneira de comer. Por isso, Lenin tem razão ao criar uma teoria revolucionária a partir do materialismo dialético, que, segundo Oswald, "confere"; mas tanta razão quanto ele tinha o vilipendiado Mach do Materialismo e empiriocriticismo: enquanto um preparava a revolução na sociedade, o outro preparava-a na ciência – e toda revolução autêntica é boa.

Aqui tocamos no ponto a nosso ver capital da entrevista: o sentimento, por ele comunicado, de que o mais importante é decantar, nos produtos complexos da "cultura de servidão", as partículas inestimáveis de liberdade, ou seja, depurar o movimento revolucionário, indo buscá-lo onde estiver – na sinfonia, na equação ou no gesto – para integrá-lo, livre de ganga, no gráfico ascendente que busca a "cultura de liberdade". Há na história um sentido revolucionário freqüentemente misturado a obstáculos que o abafam; como há rótulos de revolução que escondem o vazio: donde a necessidade de pesquisar e proclamar esse sentido puro. Equiparar o significado de libertação da teoria da relatividade, do socialismo, da arte moderna.

Desta forma é que interpretamos o fundo das idéias de Oswald. Por isso, matriarcado e homem natural não significam para nós categorias históricas ou culturais concretas, mas metáforas ativas, que validam uma aspiração ascendente de humanização. E como julgamos a metáfora uma força criadora, a par do conceito e da ação, consideramos da maior importância, para os novos, o testemunho de Oswald.

NOTAS

[1] Oswald de Andrade, *Telefonema* (pesquisa e estabelecimento de texto, introdução e notas de Vera Maria Chalmers, São Paulo, Globo, 1996).

[2] Menotti del Picchia, "Elogio do telefone. Poema futurista", em *O Gedeão do Modernismo: 1920/22* (introdução, seleção e organização de Yoshie Sakiyama Barreirinhas, Rio de Janeiro, Civilização Brasileira/São Paulo, Secretaria de Estado da Cultura, 1983), p. 218. Publicado originalmente na "crônica social" assinada por Helios no *Correio Paulistano*, em 1/5/1921.

[3] Oswald de Andrade, *Telefonema*, cit., p. 303.

[4] Ibidem, p. 298.

[5] O itinerário das colaborações deste *Telefonema* está marcado, todo ele, pela dialética da esperança e da decepção. Iniciando-se sob o Estado Novo, aí se expõe largamente de que modo a discussão sobre a noção de responsabilidade intelectual, a crise burguesa, a fase de transição, se beneficiou da gravidade do clima de guerra e fez em seguida emergir uma onda de agitação e participação que logo se articularia com o debate público da esquerda. Esse clima bem se nota na única coletânea editada pelo próprio Oswald de seus escritos de jornal: *Ponta de lança* (São Paulo, Livraria Martins Editora, 1945), uma reunião de artigos, conferências e crônicas, todos tocados pelo desarrocho do debate ideológico e pela relativa liberdade de expressão, já possíveis em 1943 depois da entrada do Brasil na guerra. Recentemente foi publicada outra antologia que não só completa o conjunto de artigos da coluna "Feira das Sextas" (1944-1945) como também lhe acrescenta alguns mais do período: *Feira das sextas* (organização e introdução de Gênese Andrade, São Paulo, Globo, 2004).

[6] Antonio Candido já afirmou que Oswald "foi grande polemista e jornalista, pondo no ensaio curto, no artigo, na breve nota, algumas das suas melhores intuições e das suas melhores realizações estilísticas"; e também Mário da Silva Brito se indagou: "Será apressado afirmar-se que o melhor Oswald está disperso pelos vários jornais onde esbanjou o seu fulgurante talento valendo-se de um estilo nervoso, imprevisto e original. Mas certamente nesses artigos se encontra muito do melhor que pensou e tinha a dizer" (respectivamente em "Prefácio" a Oswald de Andrade, *Memórias sentimentais de João Miramar*, São Paulo, Difusão Européia do Livro, 1964, p. 5, e em Mário da Silva Brito, *As metamorfoses de Oswald de Andrade*, São Paulo, Conselho Estadual de Cultura, 1970, p. 95). Especificamente sobre a prosa dispersa existe matéria esclarecedora no apanhado sintético de Luís Martins, "Oswald de Andrade – jornalista", incluído no seu *Suplemento Literário* (São Paulo, Conselho Estadual de Cultura, 1972, p. 55-64) e na tentativa de lhe examinar bakhtinianamente a trajetória esboçada por Vera Maria Chalmers em *3 linhas e 4 verdades: o jornalismo de Oswald de Andrade* (São Paulo, Duas Cidades/ Secretaria de Cultura, Ciência e Tecnologia do Estado de São Paulo, 1976).

[7] O conjunto é desigual e percorrido por ondas de interesses. Numa fase, a política sobrepuja, noutra, o ramerrame paulistano, chegando Oswald até a praticar um colunismo social intelectualizado. Nos últimos tempos, o telefonema é curto, quase uma nota. Vale registrar alguns momentos altos do conjunto: "Diálogo contemporâneo", "Bilhete aberto", "O homem que jogou no bicho errado", "Interurbano oficial", "Virar índio", "Civilização", "Por uma recuperação nacional", "Serão", "Monólogo do tempo presente". A periodicidade da coluna é irregular, com grandes lacunas, mas por vezes, em horas mais intensas, se torna diária.

[8] "Acho que foi no decênio de 1930 que a crônica moderna se consolidou no Brasil, como gênero bem nosso, cultivado por um número crescente de escritores e jornalistas, com os seus rotineiros e os seus mestres. Nos anos 30 se afirmaram Mário de Andrade, Manuel Bandeira, Carlos Drummond de Andrade e apareceu aquele que de certo modo seria *o* cronista, voltado de maneira praticamente exclusiva para este gênero: Rubem Braga" (Antonio Candido, *Recortes*, São Paulo, Companhia das Letras, 1993, p. 26).

[9] Anteriormente a pesquisadora havia organizado com o mesmo título uma seleta breve de artigos das colunas fixas de Oswald em jornal desde 1909: Oswald de Andrade, *Telefonema*, Brasília, INL-MEC/Rio de Janeiro, Civilização Brasileira, 1974.

¹⁰ É um aparte de Oswald ao debate que se seguiu à conferência de Caio Prado Júnior sobre "Capitais estrangeiros" em 1949. A partir da transcrição taquigrafada pelos policiais do Dops, esse documento interessantíssimo foi reconstituído e publicado por Paulo Henrique Martinez em *praga*, São Paulo, n. 1, set.-dez. 1996, p. 81-97.

¹¹ "Se há um homem que indique e documente as transformações do Brasil, é ele Assis Chateaubriand. Do jornalismo, as suas atividades passaram a intervir na aviação, na indústria, na vida social e política e afinal vieram desaguar num setor até aqui abandonado – o das Belas-Artes. Transformar uma sociedade de pif-pafeiros, de preciosas e de *bookmakers* numa platéia interessada por quadros e esculturas é obra inesperada e gigantesca" (Oswald de Andrade, *Telefonema*, cit., p. 283; fiz duas correções no texto).

¹² É preciso lembrar que, *mutatis mutandis*, são posições compatíveis com a propaganda comunista que não só apresentava a União Soviética como a grande vencedora da guerra, mas também via sob a sua égide a inauguração de uma nova era da humanidade. "O imperialismo está moribundo", também afirmava Luís Carlos Prestes no comício de São Januário, em maio de 1945. Os argumentos de que estavam esgotadas as condições históricas da ditadura e do imperialismo eram de larga aceitação e testemunham a ilusão dos que acreditaram que a vitória aliada, dada a participação soviética, instauraria uma coexistência pacífica duradoura.

¹³ A adesão à posição do líder do Partido Comunista dos Estados Unidos (logo derrubado) talvez hoje só seja compreensível se imaginarmos quanto ela participa dessa poderosa ilusão coletiva da coexistência pacífica (no lusco-fusco de sua saída da prisão, quando Prestes vacilava entre programas e ainda não definira posição, até ele adotaria brevissimamente o liquidacionismo de Browder, conforme nos recorda Tito Batini nas suas *Memórias de um socialista congênito* (Campinas, Editora da Unicamp, 1991), p. 257. No entanto, a posição de Browder confirmava também em Oswald convicções anteriores (formuladas a partir dos anos 1940, certamente amadurecidas ao longo do processo da industrialização brasileira e da experiência do Estado Novo), como, por exemplo, a defesa de uma burguesia social com espírito empreendedor, ligada à produção e não às finanças, capaz de correr risco e multiplicar a riqueza contra o egoísmo do lucro. A idealização titânica do empresário de vocação social antecedeu a adesão às teses de Browder, encontrando-o já predisposto à cooperação de classes e ao apaziguamento dos ânimos revolucionários. Vejam-se nesse sentido "Os princípios eternos...", de 23/7/1943, em Oswald de Andrade, *Feira das sextas*, cit., p. 91-5. As viravoltas de Oswald são menos erráticas ou oportunistas do que parecem...

¹⁴ Oswald de Andrade, *Os dentes do dragão: entrevistas* (pesquisa, organização, introdução e notas de Maria Eugenia Boaventura, São Paulo, Globo/Secretaria de Estado da Cultura de São Paulo, 1990), p. 97.

¹⁵ A crítica ao stalinismo só afloraria a partir de 1948, aparecendo mais desenvolvida na tese *A crise da filosofia messiânica*, porém no bojo da crítica à cultura messiânica que emperra o advento do matriarcado – veja-se em Oswald de Andrade, *Do pau-brasil à antropofagia e às utopias: manifestos, teses de concursos e ensaios* (Rio de Janeiro, Civilização Brasileira/INL-MEC, 1972), p. 115 ss.

¹⁶ Oswald de Andrade, *Dicionário de bolso* (apresentação, pesquisa, estabelecimento e fixação do texto por Maria Eugenia Boaventura, São Paulo, Globo/Secretaria de Estado da Cultura de São Paulo, 1990), p. 83.

¹⁷ Notem a empostação de pai de família na pele do observador de seu tempo: "Quando a família se desmancha em *glamour-girls*, mulheres automáticas e folgados amigos do alheio automóvel e do alheio *drink* é que lavra um evidente desajustamento nos velhos quadros que presidiram a nossa formação. Nem se vai para diante, pois persistem os preconceitos e as leis da velha gente patriarcal, nem se volta para trás, pois acabaram-se as rótulas e não é possível vigilância sobre a meninada de ambos os sexos que parte cedo para as escolas, os centros de esporte, os acampamentos, os grêmios recreativos, o ganha-pão" (Oswald de Andrade, *Telefonema*, cit. p. 319).

¹⁸ Oswald de Andrade, *Feira das sextas*, cit., p. 130.

[19] "[...] não há mais nem biologia, quanto mais mitologia. Que é o Carnaval senão diferenciação, marca, personalismo, arte e floresta? Tudo isso afundou no caos, não porque o povo haja subido. O povo, coitado, está trabalhando e vivendo com vigorosa honestidade e era simplesmente a Grécia que ele ressuscitava no Rio, na Praça da Bandeira, nos tempos idos, anteriores a Getúlio Vargas. O que subiu foi a ilusão de cultura, isto é, o pernosticismo" (Oswald de Andrade, *Telefonema*, cit., p. 140).

[20] Para exemplificar a transformação por que passou o populismo literário após o Estado Novo, lembro que dez anos antes havia uma adesão comovida à força do povo, como por exemplo na crônica revolucionária do Rubem Braga dos tempos da Aliança Nacional Libertadora, que propagava uma imagem de insurreição contida, desespero, alegria e vida sufocada pela exploração: "De longe vem um rumor, um canto. Vem chegando. Toda gente quer ver. São quinze, vinte moleques. Devem ser jornaleiros, talvez engraxates, talvez moleques simples. Nenhum tem mais de 15 anos. É uma garotada suja. Todos andam e cantam um samba, batendo palmas para a cadência. Passam assim, cantando alto, uns rindo, outros muito sérios. Todos se divertindo extraordinariamente. O coro termina, e uma voz de criança canta dois versos que outra voz completa. E o coro recomeça. Eles vão andando depressa como se marchassem para a guerra. O batido das palmas dobra a esquina. Ide, garotos de Vila Isabel. Ide batendo as mãos, marchando, cantando. Ide, filhos do samba, ide cantando para a vida que vos separará e vos humilhará um a um pelas esquinas do mundo" (Rubem Braga, *O conde e o passarinho*, Rio de Janeiro, Livraria José Olympio Editora, 1936, p. 100). Nessa época, Rubem Braga estava inventando na crônica um estilo de inquietação política altamente pessoal: "Aqui encontrareis os queixumes e os palpites de um jovem jornalista pequeno-burguês, de um país semicolonial. Também encontrareis um ou outro sorriso. Mas não muito alegre. Sempre tive maus dentes e não conheço, por isso, o riso rasgado, fácil e feliz" (ibidem, p. 7). Este "Prefácio" foi excluído das edições seguintes. Era a mesma conjunção de lirismo e luta de classes, inspirada pelos experimentos oswaldianos, que tanto Braga quanto Jorge Amado, em seus romances dos anos 1930, incorporaram para radicalizar as contradições sociais, sem deixar no entanto de poetizar a consciência política crescente das classes pobres e espoliadas. É preciso estudar o impacto de *O homem do povo*, de *Serafim Ponte Grande* e seu prefácio, das colaborações jornalísticas de Oswald sobre esses dois escritores que estavam inovando a partir da experiência modernista (diferentemente do romance do Nordeste que a rechaçava) a agitação política na literatura brasileira.

[21] Oswald de Andrade, *Telefonema*, cit., p. 316. O "Telefonema" é de 12/11/1949.

[22] Oswald de Andrade, *Do pau-brasil à antropofagia e às utopias*, cit., p. 79.

[23] Oswald de Andrade, *Chão. Marco zero – 2* (Rio de Janeiro, Civilização Brasileira/INL-MEC, 1974), p. 202.

[24] "[...] continuo a afirmar que cada fase conduz em si a sua própria subversão. Veja como num período em que dominou o individualismo exaltado de Adam Smith a Jeremias Bentham, houve os adeptos de Maquiavel, houve os jesuítas e houve Kant. As contradições permanecem e se avolumam.

VOCÊ – E isso não tem fim?

EU – Se fosse um antropófago transcendental, eu diria que não. A vida na terra produzida pela desagregação do sistema solar, só teria um sentido – a devoração. Mas se bem que eu dê à Antropofagia os foros de uma autêntica *Weltanschauung*, creio que só um espírito reacionário e obtuso poderia tirar partido disso para justificar a devoração pela devoração. [...] A guerra, os terrores do fascismo, o apelo às forças primitivas da humanidade, tudo isso, só, significa descalabro e morte para um ciclo – o ciclo individualista burguês. Nunca para a humanidade. Ao contrário, tudo vem apressar a revolução perpendicular que se está processando, em meio das mais violentas contradições, nos países mártires, nos países algozes e mesmo nos países amortalhados pelo conformismo. Através da reação, crepita e sobe a fé humana, a fé social, a fé numa era melhor. Estamos no verdadeiro limiar da História" (Oswald de Andrade, *Do pau-brasil à antropofagia e às utopias*, cit., p. 28-9).

[25] Oswald de Andrade, *Telefonema*, cit., p. 414.

[26] Na apresentação da obra de Bachofen, escrita em 1935 para o público francês, Walter Benjamin se ocupou em discernir a teoria do matriarcado do sábio suíço da apropriação que faziam dela os teóricos do fascismo, entre os quais Klages. Esses continuadores a empregavam, insistia Benjamin, para justificar uma sociabilidade tutelada e a submissão masculina às forças orgiásticas do símbolo (necessárias à ideologia nazista), em detrimento do equilíbrio do ponto de vista de Bachofen: "Equilíbrio entre a veneração do espírito matriarcal e o respeito à ordem patriarcal. Equilíbrio entre a simpatia pela democracia arcaica e os sentimentos do aristocrata de Basiléia. Equilíbrio entre a compreensão do simbolismo antigo e a fidelidade à crença cristã. Retenhamos este último. Pois face às teorias de um Klages, nada merece tanto ser sublinhado como a completa ausência de neopaganismo em Bachofen. [...] Pois se os sentimentos de Bachofen o inclinavam para o Matriarcado, sua atenção de historiador permanece sempre fixa no advento do patriarcado, cuja forma suprema é representada para ele pela espiritualidade cristã" (Walter Benjamin, "Johann Jakob Bachofen", em *Écrits français*, introduções e notas de Jean-Maurice Monnoyer, Paris, Gallimard, 2003, p. 141).

[27] Talvez haja algum paralelo com a situação descrita por Marcuse para o existencialismo francês: "A absurdidade histórica que reside no fato de o mundo não ter sucumbido após a derrota do fascismo, mas sim retornado a suas formas anteriores, de não ter empreendido o salto para o reino da liberdade, mas sim restaurado com honras a disposição anterior – essa absurdidade vive na concepção existencialista. Mas vive nela como um fato metafísico, não como um fato histórico" (Herbert Marcuse, *Cultura e sociedade*, v. 2, São Paulo, Paz e Terra, 1998, p. 53).

[28] Carlos Drummond de Andrade, *O avesso das coisas: aforismos* (2. ed., Rio de Janeiro, Record, 1990), p. 16.

[29] Refiro-me à série numerada de "Meditações", escritas durante o internamento no Hospital Santa Edwiges, em abril de 1954 (a poucos meses de sua morte, portanto) – ver *Telefonema*, p. 411-14. Lembro que Benedito Nunes já associara a persistência desse "sentimento órfico" à influência do "Catolicismo arrebatado" de Oswald no período anterior ao Modernismo, do qual ele guardara "um núcleo teológico irredutível" (*Oswald canibal*, São Paulo, Perspectiva, 1979, p. 47).

[30] "Tudo tendia se não à revolução pelo menos à renovação e à renovação profunda. Mas atuava um grande amortecedor – o sr. Getúlio Vargas" (Oswald de Andrade, *Telefonema*, cit., p. 420). O texto é de 26/9/1954.

[31] Entre as invenções fortes de *Telefonema* está o comentário político que ressalta a ciranda de posições e o apequenamento da conjuntura brasileira. Nessa linha, Oswald produziu páginas excelentes como "Da política local", "Da luta", "Da ressurreição dos mortos".

[32] Helio Negro, "O nosso programa", *O Homem do Povo*, São Paulo, ano I, n. 1, 27/3/1931. Certamente o texto está assinado com pseudônimo.

[33] Oswald de Andrade, prefácio sem título, datado de fevereiro de 1933 em *Obras completas II: Memórias sentimentais de João Miramar/Serafim Ponte Grande* (Rio de Janeiro, Civilização Brasileira/Instituto Nacional do Livro-MEC, 1971), p. 131-3.

[34] Aníbal Machado, "Utilização social da irreverência", em *Parque de diversões* (organização de Raúl Antelo, Belo Horizonte, Editora UFMG/Florianópolis, Editora UFSC, 1994), p. 92. O artigo foi publicado originalmente em 1935.

[35] Antonio Candido, *Teresina etc.* (Rio de Janeiro, Paz e Terra, 1980), p. 48.

[36] O melhor relato do estilo oswaldiano de agitação nessa fase talvez ainda seja a poderosa e parcial rememoração de Paulo Emílio em "Um discípulo de Oswald em 1935", em *Crítica de cinema no Suplemento Literário*, volume II (Rio de Janeiro, Embrafilme/Paz e Terra, 1982), p. 440-6.

[37] Rachel de Queiroz e Maria Luísa de Queiroz, *Tantos anos* (São Paulo, Siciliano, 1999), p. 73-4.

[38] Oswald de Andrade, *Telefonema*, cit., p. 313.

[39] No depoimento de Pagu recentemente lançado com o título *Paixão Pagu: a autobiografia precoce de Patrícia Galvão* (Rio de Janeiro, Agir, 2005), existe uma sugestão de que isto ocorresse (ver p. 108).

40 Oswald de Andrade, *Estética e política* (pesquisa, organização, introdução, notas e estabelecimento do texto de Maria Eugenia Boaventura, São Paulo, Globo, 1992), p. 226.
41 Patrícia Galvão, *Paixão Pagu*, cit., p. 95.
42 Ibidem; ver em particular p. 82 e 87.
43 Ibidem, p. 111.
44 A redação dessas linhas sobre o Socorro Vermelho só foi possível graças ao material do Arquivo da Internacional Comunista depositado no Centro de Documentação e Memória da Unesp. Agradeço a Celso Frederico e a Emília Viotti da Costa as informações e os esclarecimentos.
45 Oswald de Andrade, *Ponta de lança* (5. ed., São Paulo, Globo, 2004), p. 81.
46 Apud Miécio Táti, *Jorge Amado: vida e obra* (Belo Horizonte, Itatiaia, 1961), p. 90-1.
47 Jorge Amado, *Vida de Luiz Carlos Prestes: el caballero de la esperanza* (Buenos Aires, Claridad, 1942), p. 260.
48 Ibidem, p. 259-60.
49 Nelson Werneck Sodré, *Memórias de um escritor – I* (Rio de Janeiro, Civilização Brasileira, 1970), p. 27-8.
50 Leôncio Basbaum, *Uma vida em seis tempos: memórias* (São Paulo, Alfa-Ômega, 1974), p. 177.
51 Ibidem, p. 119.
52 Nelson Werneck Sodré, *Memórias de um escritor – I*, cit., p. 43-4. O texto refere-se à montagem de *O rei da vela* pelo Teatro Oficina, pois foi escrito no final dos anos 1960.
53 Tito Batini, *Memórias de um socialista congênito* (Campinas, Editora da Unicamp, 1991), p. 199.
54 Vejam-se as inúmeras entrevistas e depoimentos dados por Oswald para divulgar posições que parece não só admirar como também abraçar – muitos estão reproduzidos em Oswald de Andrade, *Os dentes do dragão* (cit.).
55 O documento está depositado no Centro de Documentação Cultural Alexandre Eulálio, do IEL-Unicamp.
56 Patrícia Galvão, *Paixão Pagu*, cit., p. 75-6.
57 Jorge Amado, "Oswald, 1945", *Folha da Manhã*, São Paulo, 26/5/1945, p. 7.
58 Jorge Amado, *Navegação de cabotagem: apontamentos para um livro de memórias que jamais escreverei* (São Paulo, Círculo do Livro, 1992), p. 136.

IV
ORDENS E DESORDENS

A TRÍADE DO AMOR PERFEITO NO *GRANDE SERTÃO*
Luiz Roncari

A síndrome de Beatriz

Este trabalho é uma tentativa de síntese, com algumas amarrações e alguns desenvolvimentos conclusivos, do capítulo onde tratei do amor no *Grande sertão: veredas*, em meu livro, *O Brasil de Rosa*[1]. Usei como epígrafe dessa parte um pequeno trecho do Canto XXIX, do "Purgatório", da *Divina comédia*, de Dante. Nele, o poeta descreve três damas que dançam ao lado da roda direita do carro puxado pelo Grifo, vestidas cada uma de uma cor: vermelho, verde e branco. Elas alegorizam as três virtudes teologais: Caridade, Esperança e Fé, respectivamente. O trecho é este:

> Bailando, à destra roda, sobre a via,
> vinham três damas: uma que, encarnada,
> na luz flamante mal se percebia;
>
> e outra, de um verde vívido trajada,
> que lembrava a esmeralda fulgurando;
> nívea a de trás, qual súbita nevada.
>
> A branca parecia, em seu comando,
> alternar co' a vermelha: e ao canto desta
> os passos iam por ali ritmando.[2]

E tomei também um outro trecho do canto seguinte do "Purgatório", do XXX, no qual Dante descreve o vestido de Beatriz, que reúne em si as três cores que no anterior estavam separadas e cobriam damas diferentes:

> sob alvíssimo véu, a que cingia
> um ramo de oliveira, e verde manto,
> em traje rubro, uma mulher surgia.

> Minha alma, há tanto tempo já do encanto
> da presença dulcíssima privada,
> que a fizera imergir em glória e pranto,
>
> antes de a face contemplar velada
> foi, por força de incógnita virtude,
> pelo fervor antigo dominada.[3]

Com essa dama, Beatriz, que tem em seu vestido as cores das três virtudes e assim alegoriza *o amor perfeito*, Riobaldo jamais se encontrará. Ele terá que se contentar em viver separadamente as três virtudes, seccionadas uma da outra, e com três mulheres diferentes: Nhorinhá, Diadorim e Otacília. Em vez de aspirar ao absoluto inalcançável de uma Beatriz elevada, o herói preferirá seguir o roteiro da vivência do amor perfeito no paraíso colonial/patriarcal brasileiro, o éden do Buriti-Grande, onde o colonizador encontrou uma solução bastante prática para preencher as suas carências: se não encontrava todas as virtudes reunidas numa só mulher, nada mais prático do que vivê-las separadamente com pessoas diferentes, já que, em termos, o problema da realização do absoluto e da totalidade se colocava apenas para os homens[4]. Riobaldo, em vez de se opor aos costumes e procurar uma outra via, como seria próprio dos heróis, ainda que quixotescamente, na travessia do sertão, amou a três pessoas, duas mulheres e um homem (além de outras namoradas), mas diferentemente, usufruindo e sofrendo o que cada um lhe proporcionava.

Nhorinhá é a moça que ele encontrou na Aroeirinha, no portal de uma casa, rindo e "vestida de vermelho". No romance ela representará uma das virtudes, a *Caridade*, porém contextualizada na história. Ela será uma daquelas prostitutas doadoras do amor sexual e sensível, sempre acessível e ao alcance de todos, como as frutas sem dono das beiras de estrada: "Nhorinhá – florzinha amarela do chão, que diz: – *Eu sou bonita!...*" e "Nhorinhá, gosto bom ficado em meus olhos e minha boca"[5]. Ela será representada como a Afrodite pandêmia, cujo nome reúne um masculino e um feminino, um senhor, *nhor* ou *nhô*, e uma senhora, *nhá*, Nhor e nhá, Nhorinhá, simbolizando o feitiço do amor, do qual ninguém está livre, nem homens nem mulheres. Não é por acaso que ela sempre é referida como a filha de Ana Duzuza, a feiticeira, pois ela é a Afrodite filha de mulher, de Zeus e Dione, a vermelha, cor do cio, do "grosso rojo avermelhado", e não a dourada, a nascida do sêmen de Cronos nas ondas do mar, a celeste. E, como toda boa aprendiz de feiticeira, Nhorinhá saiu-se melhor do que a mãe, pois soube se aproveitar do que lhe proporcionava o sincretismo brasileiro: associar no seu feitiço os poderes do terreno e do celeste, do diabo e de Deus: "Nhorinhá. Depois ela me deu de presente uma presa de jacaré, para traspassar no chapéu, com talento contra mordida de cobra; e me mostrou para beijar uma estampa de santa, dita meia milagrosa. Muito foi"[6].

Em oposição a Nhorinhá está Otacília, a *Fé*, capaz de realizar milagres, a quem o herói vê por dois breves momentos, de baixo para cima: ele ao pé da varanda e ela "no enquadro da janela", como a pintura barroca de uma santa: "a Nossa Senhora um dia em sonho ou sombra que aparecesse, podia ser assim"[7]. Porém, não é só a pureza da santidade que revela a brancura de Otacília. Em vários momentos ela é vista assim, como a flor do canteiro da beira da alpendrada com a qual Riobaldo a associa, "era uma flor branca", e que ela lhe diz baixinho se chamar "Casa-comigo"[8]. É assim também que ela aparece quando o herói a imagina, numa das inúmeras projeções que faz, "feito uma gatazinha branca, no cavo dos lençóis lavados e soltos, ela devia de sonhar assim"[9]. O próprio Diadorim, quando a imagina, a vê em tudo branca, com um botão de bogari nos cabelos, a flor branca também chamada de "jasmim das arábias", e de branco se casando com Riobaldo: "Estou vendo vocês dois juntos, tão juntos, prendido nos cabelos dela um botão de bogari. Ah, o que as mulheres tanto se vestem: camisa de cassa branca, com muitas rendas... A noiva, com o alvo véu de filó..."[10].

Os dois breves contatos que Riobaldo teve com Otacília despertaram nele a crença de que ela vinha para suprir, pelo casamento, todas as suas carências, das mais concretas às mais abstratas: ela lhe traria propriedades, família, filhos, conversão da vida guerreira à vida pacífica, remissão das faltas cometidas na jagunçagem e consideração social. Ela representava desse modo para ele Ceres/Deméter, a deusa da agricultura e dos cereais cultivados, dos esponsais, da integração familiar e das virtudes da vida doméstica. Era o seu culto e o respeito às exigências ritualísticas das bodas que permitiriam que a pureza da noiva não fosse manchada pela vivência do amor sensual e terreno:

> Otacília penteando compridos cabelos e perfumando com óleo de sete-amores, para que minhas mãos gostassem deles mais. E Otacília tomando conta da casa, de nossos filhos, que decerto íamos ter. Otacília no quarto, rezando ajoelhada diante de imagem, e já aprontada para a noite, em camisola fina de ló.[11]

Otacília cumpre aqui todas as funções da mulher oficial, a escolhida para o casamento, que traz para o marido além das virtudes pessoais, bons dotes patrimoniais e filhos. Ela é ao longo de todo o romance altamente idealizada pelo herói como a destinada a ser a santa da casa e mãe de seus filhos. Quando Riobaldo lhe conta do seu outro amor, ela se mostra compreensiva ou "resignada", como costumava dizer Machado de Assis das suas heroínas, entre outras, a "santa" e "boa Conceição", do conto "Missa do galo", que, na noite de Natal, ficava só em casa enquanto o marido, o escrivão Menezes, passava-a na casa da amante.

Nhorinhá e Otacília podem ser claramente definidas como dois opostos, porém complementares. Elas são unilaterais nos seus extremos, nada nos permite confundir uma com a outra, e as funções diferentes que cumprem e as formas de suas participações na vida amorosa do herói estão delimitadas. Riobaldo até pode em algum momento almejar se casar com Nhorinhá e sugerir alguma sensualidade na relação com Otacília, mas são breves passagens que não quebram a distância entre elas nem deixam que os dois modelos se misturem. Essa univocidade já não acontece com Diadorim, ela é a própria representação do *humano* e a dificuldade de se definir a sua natureza heterogênea, sem a pureza da animal e da divina, sobre as quais ninguém se engana. O amigo Reinaldo participa das duas, ora demonstra a selvageria da primeira, a ferocidade que revela quando é associado à cobra, à onça, ao veado, e ora mostra estar à altura da natureza de certas entidades míticas inteiramente dedicadas à glória da luta guerreira ou à busca da vingança. A complexidade de Diadorim é dada por aquilo que é do humano: a oscilação entre natureza e cultura, entre natureza animal e divina, e a criação dessa zona de mistura onde todo bem tem também o seu reverso.

Quando Riobaldo se encontra pela primeira vez com Diadorim, ainda menino, o primeiro traço que ressalta ao interlocutor quando o descreve, e se supõe também que tenha sido o primeiro e mais marcante notado por ele, foram os seus olhos verdes: "Os olhos verdes, semelhantes grandes, o lembrável das compridas pestanas"[12]. Esses olhos verdes serão sempre lembrados e vão persegui-lo por toda a narrativa. Eles serão para ele como uma fonte de enganos, a mulher travestida de jagunço, e a *Esperança* que nunca se realiza, como a que Pandora manteve no vaso, para a agonia dos mortais, depois de haver espalhado pelo mundo os males que trazia dentro dele:

> A Esperança era incontestavelmente um *bem* no mito primitivo, e ela é ainda, num certo sentido, em Hesíodo: o Céu a fez, porque os mortais ignoram o futuro, e para que possam sempre esperar e, com isso, suportar a vida de trabalho e miséria. Mas, em realidade, esse bem é ilusório, uma isca pela qual os homens são pegos na armadilha da vingança divina.[13]

Essa mesma ambigüidade do humano, do verde e da Esperança, Diadorim expressa nas suas duas outras representações: nas de Ártemis e da Lua. Como a deusa dos confins, das florestas e das cristas áridas, das matilhas, como caçadora e protetora dos animais selvagens, segundo Jean-Pierre Vernant e Vidal-Naquet, o seu espaço era, mais do que o da completa selvageria, o "das zonas limítrofes em que o Outro se manifesta no contato mantido com ele, selvagem e civilizado lado a lado, para se oporem, é certo, mas para se interpenetrarem igualmente"[14]. É como essa atração que o poderia levar de volta à natureza, à selvageria, à perda da diferenciação com o outro, dos limites do aceito socialmente e, principalmente, à perda de si, do pouco que era para passar a ser o outro, o que gostaria de ser, ter a coragem e filiação de Diadorim, que Riobaldo vive o seu *amor pelo amigo*, com traços misóginos e homossexuais. Esse amor não é por uma terceira mulher, como seria a da hetera, para os gregos, mas por um homem que vem suprir um vazio deixado pelos dois outros amores que já cumpriam as funções da sexualidade: a prazerosa, realizada por Nhorinhá, e a reprodutiva e de integração social, por Otacília. Portanto, esse vazio não é o da sexualidade nem o das carências sociais, ele é de certa forma gratuito e desinteressado, e está entre os dois e não pode ser preenchido por eles. Nesse amor, cheio de perigos e ameaças, tem de tudo e tudo se mistura, e nele o herói pode se perder. Esse risco ele viverá até o limite, quando o herói e Diadorim trocam de posições, um passa para o lugar do outro. Isso foi possível acontecer só depois do pacto, na segunda vez que tentaram atravessar o liso do Sussuarão. Riobaldo percebe que um está se transformando no outro, como o Sol se escondendo atrás da Lua e esta atrás daquele: "eu estivesse para trás da lua" e "hóstia de Deus no ouro do sacrário – toda alvíssima!"[15]. Como sabemos, na porta do sacrário tem sempre estampado um Sol radiante.

É como a Lua, irmã do Sol, assim como Ártemis é irmã de Apolo, que Diadorim é representada também no romance, com as suas duas faces: uma clara, capaz de ensinar as delicadezas à Riobaldo, como o faz quando chama sua atenção para as belezas dos pássaros numa croa de areia amarela do rio, especialmente para aquele que está "sempre em casal", o manuelzinho-da-croa:

> Até aquela ocasião, eu nunca tinha ouvido dizer de se parar apreciando, por prazer de enfeite, a vida mera deles pássaros, em seu começar e descomeçar dos vôos e pousação.

Aquilo era para se pegar a espingarda e caçar. Mas o Reinaldo gostava: – É formoso próprio..." – ele me ensinou. [...] O que houve, foi um contente meu maior, de escutar aquelas palavras. Achando que eu podia gostar mais dele. Sempre me lembro. De todos, o pássaro mais bonito gentil que existe é mesmo o manuelzinnho-da-crôa.[16]

E outra escura, oculta, que vem de uma fonte desconhecida que assusta Riobaldo, como quando ele pega na mão de Diadorim e este chia como uma onça: "Diadorim chiou, por detrás dos dentes. Diadorim queria sangues fora de veias"[17]. O movimento de atração e repulsa vivido entre Riobaldo e Diadorim equivale aos movimentos do Sol e da Lua, astros que se aproximam e se distanciam, sem nunca poderem realizar o impossível de se encontrarem, sob pena de produzirem a indiferenciação e estabelecerem o caos, como acontece nos momentos de eclipse e o dia vira noite. Esse amor do amigo, feito de atrações inexplicáveis e carregado de riscos, sem nunca substituir ou aplacar os impulsos sexuais nem as aspirações integrativas, tendia sempre a se aprofundar com novos laços, à medida que envolvia vivências de combates lado a lado, confidências, segredos, como o nome "Diadorim", que só era revelado ao amigo, ou o simples gozo de apenas se estar junto. Ele supria o espaço da *intimidade*, que não era encontrado nem com a mulher sexual, como Nhorinhá, "eu *nem tinha começado a conversar* com aquela moça, e a poeira forte que deu no ar ajuntou nós dois, num grosso rojo avermelhado" (grifo meu), nem com a santa sublimada, Otacília:

> Minha Otacília, fina de recanto, em seu realce de mocidade, mimo de alecrim, a firme presença. Fui eu que primeiro encaminhei a ela os olhos. Molhei mão em mel, *regrei minha língua*. Aí, falei dos pássaros, que tratavam de seu voar antes do mormaço, aquele assunto de Deus, Diadorim é que tinha me ensinado.[18]

Entre uma e outra ficava o amigo, que tinha a promessa de uma e de outra, mas sem nunca poder realizá-las, o que tornava o seu encanto incompreensível, como tudo o que é do humano. Por isso precisava do discurso, de muito se conversar e contar: "o que fui e vi, no levantar do dia. Auroras". E não é assim que termina a narrativa, em cujo centro está Diadorim e nenhuma outra: "Existe é homem humano. Travessia"?[19]

Variações em torno do mesmo tema: Machado de Assis, Oswald de Andrade, Marques Rebelo, Guimarães Rosa

Foi surpreendente também para mim descobrir que esses autores, apesar da grande diferença entre eles, têm muito mais em comum do que parece à primeira vista. E o ponto de união é dado pelo elemento externo, a vida social brasileira, que, de diferentes modos, é mimetizada em suas obras, o que também as torna mais realistas do que se tem suposto. Procurarei mostrar aqui como, em alguns momentos e sob determinados aspectos, eles executam apenas variações em torno do mesmo tema. Por tema, quero entender o elemento estruturante da ordem familiar: o amor e as formas descompensadas das relações amorosas para o homem e a mulher. Ele se impõe, apesar das variações e performances estilísticas de cada autor. Os quatro, por mais que experimentem, não conseguem fugir do peso de ferro do seu objeto: a vida amorosa numa sociedade de extração escravista e colonial. Selecionei para este trabalho as obras desses autores que estão entre os mais importantes da nossa literatura: *Grande sertão:*

veredas, de Guimarães Rosa; o conto "Singular ocorrência", de Machado de Assis; *Memórias sentimentais de João Miramar*, de Oswald de Andrade; e *O espelho partido*, de Marques Rebelo. O que diferencia os dois primeiros dos dois últimos é o fato de Machado e Guimarães terem se colocado a uma distância máxima dos protagonistas e dos narradores de suas obras; no caso, o Andrade (muito igual ao amigo íntimo que narra a história) e Riobaldo, que está no lado oposto de seu interlocutor, um senhor muito próximo do autor. Isso lhes permitiu maior isenção e abriu espaço para uma visão e apreciação crítica do narrado. Enquanto os livros dos dois últimos, Oswald de Andrade e Marques Rebelo, são quase autobiográficos – os comportamentos e os fatos da vida dos heróis são muito próximos dos da vida dos autores –, de modo que não se vislumbra por parte deles uma apreciação crítica dos heróis (o que equivaleria a uma visão crítica de si); ao contrário, eles parecem se sentir muito confortáveis com a identificação e a transformação de suas memórias em matéria literária. O que, a meu modo de ver, significou perda de visão e, com isso, de valor literário. Oswald de Andrade ainda teve tempo de se dar conta disso, de se rever e mudar. Isso fica claro na frase lapidar que praticamente fecha o prefácio que escreveu ao *Serafim Ponte Grande*, livro publicado em 1933, que continuaria e formaria um par com as *Memórias sentimentais de João Miramar*: "Epitáfio do que fui".

O herói do *Grande sertão: veredas*, Riobaldo, vive uma realidade amorosa que soaria muito estranha no romance moderno europeu ou americano. Essa realidade é a do seu amor declarado por três mulheres ao mesmo tempo: Nhorinhá, Diadorim e Otacília (além das muitas outras que encontrava pelo caminho). No entanto, o autor naturaliza de tal modo o fato, que ninguém estranha, ou melhor, estranhou, nem a crítica. Esta, ao contrário, procurou ver nesses três amores um percurso ascensional do herói, que ia do amor baixo, de Nhorinhá, ao elevado, de Otacília, transitando no sertão pelo amor ambíguo e humano de Diadoriam. Nesse percurso, para a crítica, o herói reproduzia o caminho do amor platônico, tal como foi exposto por Diotima, no *Banquete*, de Platão, que não excluía nenhuma etapa da busca amorosa, ao contrário, as integrava e tornava necessário passar por todas para se chegar ao *verdadeiro amor*. Tais identificações da crítica – e não sem razão, pois o autor dissemina no texto muitos sinais que conduzem a elas – desviaram a sua vista da realidade empírica e histórica e a dirigiu para as fontes clássicas platônicas e neoplatônicas, antigas, medievais, renascentistas e barrocas. De fato, elas compõem uma camada importante do texto que precisa ser descrita e corretamente identificada, mas que não é suficiente para a compreensão de sua complexidade e integralidade, se é isso o que pretendemos.

Um aspecto a ser observado e que não se trata de detalhe, mas de um desvio importante do caminho platônico, é o fato de o herói amar as três mulheres *ao mesmo tempo*. Ele não passa por uma para chegar a outra e assim superar as diversas etapas da via amorosa. Ele conhece cada uma separadamente, porém não deixa de amar a anterior depois de conhecer a seguinte; Riobaldo as ama à medida que as vai conhecendo até chegar a amar as três e as carregar consigo interiormente. O que há no fato de mais relevante e característico é que o herói *ama diferentemente a cada uma*, e elas representam aspectos distintos do amor, e ele, em vez de sofrer a sua compartimentação e tentar superá-la, a reafirma. Dificilmente ocorre que o tipo de sentimento vivido por uma se transfira para a outra. Ele não deixa transparecer o desejo sexual por Otacília, a não ser uma leve sensualidade quando a imagina se preparando à noite para recebê-lo, ou a aspiração de se casar com Nhorinhá, a não ser num breve momento de saudade. De Diadorim ele sente a falta e quer a sua presença, tensa e inquietante; mas a atração vivida pelo amigo não pode se encaminhar para a realização da sexualidade, como com Nhorinhá, e muito menos para um futuro estabilizado e familiar, como o que aspira com Otacília. O problema, portanto, não é o da escolha entre uma e outra, pois cada uma só pode realizar um dos aspectos do amor, e nenhuma demonstra poder supri-los todos. O que está no centro dessa representação são as dificuldades, os dilaceramentos e as deformações do sujeito que esse modo de realizar o absoluto amoroso provoca no herói. Parece-me, com isso, que estamos mais no terreno dos costumes do que no da metafísica: de busca por parte do herói da transcendência e superação; ainda que essa angústia também exista e esteja presente no romance. Isso faz do herói ao mesmo tempo "um brasileiro" e um jagunço inconformado, que procura se ultrapassar. Aqui não vou me preocupar com as singularidades do herói, do que já tratei noutro lugar[20], mas com a sua generalidade: como ele é mais comum na literatura brasileira do que parece e encarna as mesmas práticas amorosas do patriarcalismo brasileiro.

Quem percebeu muito bem e procurou sintetizar como o sentimento amoroso se segmenta numa sociedade de extração colonial e escravista como a brasileira foi Roger Bastide, no ensaio "Psicanálise do cafuné", e apoiado nas leituras de *Casa-grande & senzala* e *Sobrados e mucambos*, de Gilberto Freyre. Interessado em explicar o hábito do cafuné, ele diz:

> É para o Nordeste dos engenhos de cana-de-açúcar que nos devemos dirigir. O que o caracteriza é que o senhor de engenho separava sua vida marital de sua vida amorosa. A mulher branca, que ele desposava ainda jovem, ao sair do convento, na época dos primeiros sonhos romanescos e do despertar dos sentidos, não era considerada por ele senão como dona da casa, dirigente dos escravos e sua enfermeira se fosse preciso, e, sobretudo, como procriadora. Sua vida amorosa ele reservava para as negrinhas e as mulatas da senzala.[21]

Como o olhar do sociólogo francês se voltava para a realização da vida afetiva da mulher, ele fala como ela compensava a carência. Por um lado, ela se masculinizava, envolvendo-se em tarefas do campo masculino, e, por outro, se abria para uma relação de forte tom lesbiano, como a do cafuné, que só não chegava às últimas conseqüências devido às censuras externas e internas:

> Assim sendo, as reservas acumuladas de carinho da jovem branca careciam de um reservatório onde transbordar. [...] Casada muitas vezes aos doze, treze anos, vivendo "sob a dura tirania dos pais, depois substituída pela tirania dos maridos", "senhores maridos de quarenta e cinqüenta, de sessenta e setenta", "a quem se dirigiam sempre com medo, tratando-os de Senhor", e sentindo pairar à sua volta o ar lúbrico das negrinhas seminuas acariciadas pelo marido, não se revoltaria ela e não iria procurar em outra parte consolo para seus sonhos ultrajados?[22]

Porém, se olharmos para o lado dos homens, nós veremos que, entre as duas especializações do amor, a sexual, com as escravas ou amantes, e a funcional reprodutiva, com a mulher oficial, ficava um vazio que era justamente o da *intimidade*: com quem estabelecer a interlocução sobre as questões mais relevantes que ultrapassavam as da esfera familiar, fossem as pessoais, fossem as econômicas, políticas e intelectuais, que nem uma nem outra das mulheres estavam preparadas para compartilhar? A discussão dessas questões e a confissão dos problemas mais íntimos eram feitas na roda dos amigos ou com o amigo íntimo, dependendo do caráter mais ou menos secreto do assunto. Era aqui que crescia o amor mais misógino do que homossexual (pois as duas mulheres já cumpriam as funções da sexualidade): a atração e o amor do amigo, este sempre disposto a ouvir e a compartilhar as agruras do outro. Isso tornava o amor pela mulher mais o cumprimento de uma necessidade dos instintos e das exigências sociais do que de fato um prazer de se estar junto[23]. A boa hora mesmo era a da mesa do bar ou restaurante, com o amigo íntimo, para as confissões, e na roda de amigos, para as fanfarronices e cafajestagens. Dessa "perturbação" também a literatura brasileira está impregnada, como veremos adiante, com alguns exemplos que poderiam ser multiplicados.

Os paradigmas amorosos vividos por Riobaldo não são tão distintos dos modelos dominantes da sociedade patriarcal brasileira e praticados amplamente desde os tempos coloniais: Nhorinhá é a mulher da vida sexual, como eram as índias, as mucamas das senzalas, as prostitutas ou as pobres bonitas sustentadas como amantes; Otacília é a mulher da prole oficial e das alianças familiares, condenada a se transformar um dia na mulher "resignada" ou na "santa", como muitas personagens femininas da literatura brasileira, entre elas muitas de Machado de Assis[24]; e Diadorim cumpre o papel do amor do quartel, o amor do amigo, transgressivo, nascido da atração pela superioridade máscula, social ou intelectual, com traços misóginos e homossexuais, e cultivado pelo convívio. Esses são os paradigmas do patriarcalismo brasileiro, e os do *Grande sertão* não têm muita coisa de original. A sua singularidade está muito mais no processo de estilização e sublimação da realidade realizado pelo autor, que estudei também no meu livro acima referido. Neste trabalho, procurarei mostrar como esses paradigmas são recorrentes na nossa literatura. Para ilustrar, vou mencionar como eles se repetem em outros três autores absolutamente distintos, que, à primeira vista, não têm nada em comum, mas que, dessa perspectiva, não executam mais do que variações em torno do mesmo tema. E o tema é dado pelos costumes, a vida empírica e histórica mimetizada pelos textos.

No conto de Machado de Assis, "Singular ocorrência", o protagonista, o Andrade, tem da mesma forma que Riobaldo a sua vida afetivo-amorosa tripartida: é casado com uma mulher bonita, "afetuosa, meiga e *resignada*" – nas palavras do amigo narrador –, com quem tem uma filha; mantém numa casinha Marocas, que tirou da prostituição para ser a sua amante, e cujo dote maior é revelado pelo comentário de um observador: "a julgar *pelo corpo*: é moça de truz"; e ele tem também o amigo íntimo – o que agora relata os fatos – com quem freqüenta os restaurantes, conversa, troca confidências e comparte as suas agruras[25].

A mesma tripartição ocorre com João Miramar, do romance de Oswald de Andrade: ele é casado com a prima rica fazendeira, não por acaso chamada Célia *Cornélia* da Cunha, com quem tem uma filha, Celinha; possui também uma amante sexual, Rolah, uma atriz, cujo grande dote é descrito no episódio com o título de "Promessa pelada": "E branca e nua dos pequenos seios em relevo às coxas cerradas sobre a floração fulva do sexo, permaneceu numa postura inocente de oferenda"; porém a sua interlocução só acontecia na roda boêmia, depois das dez da noite, quando deixava a casa da amante e "Encontrava infalháveis a uma mesa promíscua do Pinoni num açúcar de óperas Machado Penumbra e o Dr. Pilatos. E maledizíamos com musical wisky e soda"; e a intimidade e troca de confidências se dava com o fino poeta chamado, também não por acaso, *Fíleas*, o que ama, o amigo íntimo:

> [...] ele era o íntimo e falava-me da imortalidade da poesia e da mortalidade dos poetas inclusive ele mesmo. Tinha perdido no bicho e andava adoentado com abusões e terrores *mas escutava-me de orelha compassiva* achando que [se] todos os homens e todas as mulheres tivessem aquele corpo branco de Rolah seria a Grécia.[26]

E não era diferente a tripartição vivida pelo protagonista/autor no romance-diário de Marques Rebelo, *O espelho partido*, publicado entre 1959 e 1968. O interessante é que este é um romance urbano moderno, que fala da vida intelectual e literária da grande cidade cosmopolita, o Rio de Janeiro dos anos 30 e 40 do século XX. Eduardo, o nome do protagonista que mascara o próprio autor, é casado com Lobélia, com quem tem um casal de filhos e vive o inferno conjugal (ver, por exemplo, o diálogo do dia 17 de dezembro de 1936, no primeiro volume, *O trapicheiro*). O que justificaria ao herói procurar os afetos com as duas amantes: uma rica, Catarina, e uma funcionária pública, Luísa. Como a mulher oficial não se "resignava" e infernizava a sua vida, Eduardo se separa e vai viver com Luísa, com quem compra um apartamento. Ela será a sua "santa", a mulher de verdade, resignada, pois ele não se acomoda, mas Luísa em nenhum momento reclama da sua situação. Desse modo, ele logo arranja uma outra amante, Júlia, pobre, burra e de péssimo gosto, mas gostosa, e ele não tem nenhum prurido em assim apresentá-la:

> Se Maria Berlini [um outro "caso" de Eduardo], a provinciana, sempre foi a ignorância a caminho da cultura, com todos os conflitos e malogros que gera tal trajetória, Júlia, a suburbana, é a vibrante incultura a caminho de mais incultura, com todas as arrogâncias que surtem da empreitada, estrumadas por um temperamento de ventoinha. E isso é magicação desta hora da noite, noite escura, sem estrelas, longe dela. Diante da sua nudez de vinte anos, com a marca redondinha de um furúnculo na espádua, muita coragem analítica pode se subverter, que a carne delirante se superpõe aos pensamentos, soterra crítica e lógica.[27]

Porém, o mais permanente na sua vida é o grupo de amigos: Francisco Amaro, Gasparini, Garcia, Adonias Ferraz e outros. Com eles o herói convive, comemora, confessa e todos compartem mutuamente as agruras pessoais. A roda de amigos pouco muda ao longo dos três volumes. Vistos desse prisma, os heróis de todos esses livros são profundamente "brasileiros", até a raiz dos cabelos. A pergunta que nos fica é: como poderia o autor de romance, a partir de tais costumes, tratar do amor elevado? Como o escritor brasileiro poderia desenvolver esse tema tão caro à literatura européia do século XIX sem cair na comédia ou derivar para a sátira dos costumes?

As relações colaterais eram um fato tão estrutural na vida familiar brasileira, particularmente na das elites, que, em 1912, a comissão encarregada de elaborar o nosso primeiro Código Civil fez de tudo para derrubar uma emenda do Senado que suprimia o artigo que vedava o reconhecimento dos filhos incestuosos e adulterinos. Até um liberal como Afrânio de Melo Franco colocou-se contra essa emenda que defendia o reconhecimento dos filhos naturais, pois considerava-a atentatória "aos fundamentos da estabilidade da família, que não pode existir sem a tranqüilidade moral indispensável [, com ela] pairando constantemente na consciência dos cônjuges". Como justificativa, ele dizia que os vínculos familiares não se assentavam exclusivamente nos laços de sangue, mas eram "regulados pelas normas da legislação de cada povo". Esse era um modo bem liberal de chamar os costumes patriarcais de leis. Com isso, o art. 358 do nosso primeiro Código Civil ficou assim: "Os filhos incestuosos e os adulterinos não podem ser reconhecidos"[28]. Para a estabilidade e a tranqüilidade dos senhores da casa-grande.

NOTAS

[1] Luiz Roncari, *O Brasil de Rosa: o amor e o poder* (São Paulo, Editora Unesp/Fapesp, 2004).

[2] Dante Alighieri, *A divina comédia* (trad. e notas de Cristiano Martins, Belo Horizonte, Itatiaia/Edusp, 1976), p. 537. ("Tre donne in giro da la destra rota/ venian danzando: l'una tutta rossa/ ch'a pena fôra dentro al foco nota;/ l'altr'era come se le carni e l'ossa/ fossero state de smeraldo fatte;/ la terza parea neve testé mossa;/ e or parean da la bianca tratte,/ or da la rossa; e dal canto di questa/ l'altre toglien l'andare e tarde e ratte", *La divina commedia*, Edição de G. L. Passerini, Florença, Sansoni, 1988, p. 690; todas as demais citações do original italiano pertencem a essa edição.)

[3] Dante Alighieri, *A divina comédia*, cit., p. 541-2. ("Sovra candido vel cinta d'uliva/ donna m'apparve, sotto verde manto/ vestita di color di fiamma viva./ E lo spirito mio, che già cotanto/ tempo era stato ch'a la sua presenza/ non era di stupor, tremando, affranto,/ sanza de li ochi aver più conoscenza,/ per occulta virtù che da lei mosse,/ d'antico amor sentí la gran potenza"; ed. cit., p. 696.)

[4] O patriarcalismo brasileiro reproduzia de um modo próprio a tripartição que os gregos faziam, dividindo entre três mulheres as diferentes funções do amor: "Pelo menos no que se refere às mulheres decentes, a reclusão caseira era obrigatória, e mais ainda para as jovens, que não se viam fora de casa antes do matrimônio. É duvidoso que as mulheres pudessem assistir aos espetáculos públicos no teatro, e estavam excluídas da política. As heteras jônicas gozavam de maiores liberdades, e Aspásia de Mileto, por exemplo, esposa de Péricles, tinha uma notável cultura, freqüentava reuniões intelectuais e ia dar, contra a frase citada [a de Menandro, de que 'não faz bem o que ensina as letras às mulheres'], muito o que falar. A divisão das mulheres segundo as suas funções na época clássica está bastante claramente expressa no conhecido fragmento do Pseudo-Demóstenes: 'Temos heteras para o prazer, concubinas (quer dizer, 'escravas') para o cuidado diário das nossas pessoas; e esposas para dar-nos filhos legítimos e para que sejam as seguras guardiãs dos nossos lares'" (C. G. Gual, *Los orígenes de la novela*, Madri, Istmo, 1972, p. 55-6). Faço essa aproximação entre os dois patriarcalismos porque é ela que permite a Guimarães uma acomodação orgânica muito peculiar e não apenas retórica das representações míticas gregas na vida social e política brasileira.

[5] João Guimarães Rosa, *Grande sertão: veredas* (3. ed., Rio de Janeiro, Livraria José Olympio Editora, 1963), p. 356 e 96.

[6] Ibidem, p. 33-4.

[7] Ibidem, p. 151.

[8] Ibidem, p. 181.
[9] Ibidem, p. 187.
[10] Ibidem, p. 356.
[11] Idem.
[12] Ibidem, p. 132.
[13] P. Mazon, "Notice", em Hésiode, *Théogonie, Les Travaux e les Jours, Le Bouclier* (Paris, Les Belles Lettres, 1951), p. 72.
[14] J.-P. Vernant e P. Vidal-Naquet, *Mito e tragédia na Grécia Antiga* II (trad. Berta Halpem Gurovitz, São Paulo, Brasiliense, 1991), p. 36.
[15] João Guimarães Rosa, *Grande sertão: veredas*, cit., p. 484.
[16] Ibidem, p. 137.
[17] Ibidem, p. 341.
[18] Ibidem, p. 180, grifos meus.
[19] Ibidem, p. 571.
[20] Luiz Roncari, *O Brasil de Rosa*, cit.
[21] Roger Bastide, "Psicanálise do cafuné", em *Sociologia do folclore brasileiro* (São Paulo, Anhambi, 1959), p. 315-6.
[22] Ibidem, p. 316. Essa "perturbação", nas palavras de Gilberto Freyre, foi muito bem representada no poema de Jorge de Lima, "Madorna de Iaiá", do livro *Novos poemas*.
[23] Para apreciarmos como esse costume sobrevive às mudanças no Brasil e se perpetua, Drummond tem uns versos impecáveis, no poema "Tristeza do Império", do livro *Sentimento do mundo*. Neles, o poeta fala como o seu presente realizava os sonhos dos antigos conselheiros do Império: "sonhavam a futura libertação dos instintos/ e ninhos de amor a serem instalados nos arranha-céus de Copacabana, com rádio e telefone automático".
[24] Ver sobre o assunto os meus dois outros ensaios sobre Machado de Assis: "Ficção e história: o espelho transparente de Machado de Assis" e "Machado de Assis: o aprendizado do escritor e o esclarecimento de Mariana", ambos em *Teresa, Revista de Literatura Brasileira*, São Paulo, Editora 34/USP, respectivamente números 1 (2000) e 6-7 (2006).
[25] Machado de Assis, "Singular ocorrência", em *Obra completa* (Rio de Janeiro, José Aguilar, 1974), v. II, p. 390; grifos meus.
[26] Oswald de Andrade, *Memórias sentimentais de João Miramar/Serafim Ponte Grande* (Rio de Janeiro, Civilização Brasileira, 1978), p. 56-8.
[27] Marques Rebelo, *A guerra está em nós* (São Paulo, Martins Editora, 1968), p. 371; ver também, entre outros, os comentários que faz dela no dia 8 de dezembro de 1944.
[28] Afonso Arinos de Melo Franco, *Um estadista da República* (Rio de Janeiro, Nova Aguilar, 1976), p. 605-6 e 835.

ROGER BASTIDE, INTÉRPRETE DO BRASIL
AFRICANISMOS, SINCRETISMO E MODERNIZAÇÃO
Fernanda Arêas Peixoto

A centralidade do Brasil na obra do sociólogo francês Roger Bastide (1898-1974) é inequívoca, sublinhada pelos estudiosos em geral[1]. Antes de mais nada, o país se apresenta ao intérprete como um caso exemplar de interpenetração de civilizações a ser observado e interpretado. Além disso, o país é solo onde se realiza o cruzamento de distintas tradições intelectuais e produtor de teorias originais de que Bastide vai se valer não apenas para compreender as especificidades da cultura nacional, mas sobretudo para forjar um ponto de vista teórico-metodológico particular.

Quando chega ao Brasil em 1938, para substituir Claude Lévi-Strauss como professor de sociologia na Universidade de São Paulo, criada em 1934, Bastide traz consigo a *agrégation* em filosofia, a experiência em diferentes liceus franceses, alguma prática política (no Partido Socialista Francês), um projeto literário interrompido, dois livros e uma série de artigos[2]. Sua obra de juventude, das décadas de 1920 e 1930, envereda pelos domínios da poesia, da vida mística e da religião, anunciando uma série de temas que ele não mais abandona: o sagrado, a literatura, a vida mística, o sonho, o imaginário e a memória. Aí também se anuncia o esboço de uma atitude intelectual ancorada na colaboração entre diferentes disciplinas: a sociologia, a antropologia, a psicologia (e a psicanálise), a história.

Um leque de questões aberto nesse período de formação – a ligação entre experiência e reflexão, as relações indivíduo e sociedade, os nexos entre simbolismo e estrutura social e as articulações entre tradição e ruptura – permite traçar elos entre as obras de juventude e de maturidade do autor, ainda que as referências teóricas se alterem durante o percurso. No Brasil, verificam-se novas adesões teóricas, redefinições traçadas no compasso das observações de campo, das (re)descobertas das tradições sociológica e antropológica francesa e norte-americana e, sobretudo, dos diálogos travados com a produção brasileira, em suas mais diferentes ramificações: as vertentes literárias, sobretudo os poetas modernistas Mário de Andrade e Oswald de Andrade, com quem Bastide dialoga de perto em seu período de aprendizado das "coisas brasileiras", e a tradição sociológica, na qual se destaca o nome de Gilberto Freyre, um dos autores que ele mais leu e comentou. Nos dezesseis anos em que permaneceu no país, o intérprete elabora uma perspectiva original, essencialmente híbrida, construída a partir do cruzamento de diferentes abordagens[3].

Bastide pensou e escreveu sobre o Brasil à medida que o foi conhecendo. Na crítica de jornal[4], nas aulas na universidade, nas viagens, nos terreiros de candomblé, nas galerias de arte, nas leituras e nas conversas, ele foi fazendo e refazendo perspectivas de análises. Sua obra sobre o Brasil – vasta e variada – nasce do corpo-a-corpo com outras, através de discordâncias e debates. Nos diálogos com diferentes tradições intelectuais nacionais, Bastide enfrenta o problema mais amplo da cultura brasileira, sua gênese e formação, não se atendo a um aspecto exclusivo das manifestações culturais, recorte habitualmente escolhido, com raras exceções, pelos estrangeiros que estiveram no país.

Na universidade, Bastide deixou discípulos, em áreas bastante variadas: na crítica literária, na filosofia e nas ciências sociais. Uma vigorosa tradição de críticos nacionais – Antonio Candido, Gilda de Mello e Souza, Décio de Almeida Prado, Lourival Gomes Machado, entre outros – foi marcada de perto por suas aulas e escritos[5], aprendendo com ele a estudar e a pensar o Brasil. As palavras de Ruy Coelho, aluno das primeiras turmas da USP, são exemplares: "Bastide, como todos os outros professores franceses, nos endereçava ao Brasil"[6]. Florestan Fernandes, por sua vez, se iniciou na pesquisa sociológica com os estudos sobre o folclore realizados no interior dos cursos de Bastide. Com o mestre, Florestan aprendeu a importância do método, das investigações sistemáticas e dos recortes precisos, como ele próprio sublinha em mais de uma ocasião.

Embora responsável pela formação de uma nova linhagem de estudos sociológicos na universidade brasileira, Bastide deve ser visto como um elemento de ligação entre o meio universitário e a cena intelectual mais ampla. Leitor atento dos mais importantes nomes do pensamento social brasileiro, dos nossos escritores e poetas, crítico de literatura e de artes plásticas, além de pesquisador das religiões e da cultura afro-brasileira, Roger Bastide obriga à suavização do corte, freqüentemente acionado, entre a universidade e o mundo intelectual não-universitário, ou entre o ensaísmo do período pré-universitário e a pesquisa científica em moldes acadêmicos.

Bastide representa, dentro da universidade, a articulação entre a academia e os jornais; entre a sociologia acadêmica, a crítica e o ensaísmo; entre as ciências sociais e o modernismo literário. Sua localização em áreas de fronteiras – "entre" disciplinas, instituições e perspectivas – converteu-se em uma posição privilegiada da qual ele soube tirar farto partido teórico. Dentro e fora da sociologia, dentro e fora da antropologia, e também da psicanálise e da crítica literária, francês abrasileirado pela África e africanizado pelo Brasil, Bastide fez da condição de estrangeiro uma estratégia metodológica e discursiva extremamente produtiva. Sua obra, construída a partir de todas essas encruzilhadas, revela o movimento do intérprete em direção ao social e ao mesmo tempo o seu encanto pelo que parece escapar de uma certa racionalidade canônica: o misticismo, a subjetividade, a poesia.

Não se trata aqui de recuperar na íntegra a produção do autor sobre o Brasil nem de acompanhar no detalhe os seus "diálogos brasileiros", o que foi feito em outra ocasião, mas de focalizar dois problemas centrais que o perseguem desde o início e reverberam até hoje nos debates no interior das ciências sociais brasileiras. O primeiro diz respeito à noção de sincretismo, que traz consigo o tópico da África no Brasil, verdadeira obsessão de Bastide e alvo de parte de seus críticos. O segundo, estreitamente ligado ao anterior, refere-se ao debate sobre modernização (e tradição), central para Bastide e para a imaginação social brasileira.

A busca da África no Brasil: retomando um velho problema

Nas análises que empreende da produção artística brasileira, tanto na de feição erudita quanto na de corte popular – folclore, artes plásticas e literatura –, Bastide volta-se para a busca das marcas africanas aí impressas ("procuramos a raça na trama da obra escrita", afirma ele). Mas o que essa produção artística afro-brasileira revela é a presença de uma África em surdina, abafada pelos modelos cultos europeus. A literatura explicita de forma exemplar, segundo Bastide, o drama do africanismo reprimido no Brasil, que se apresenta sutilmente mascarado nos textos poéticos[7]. Paralelamente aos escritos sobre arte – que o levam a um mergulho na crítica de feitio modernista e nos artistas nacionais –, Bastide volta-se para as religiões afro-brasileiras que obrigam a uma redefinição do escopo da análise. Afinal, se as manifestações folclóricas, a arte barroca e a produção literária levam o intérprete a olhar para o país a partir de uma trama essencialmente sincrética – constituída a partir da concorrência desigual entre a civilização européia e a civilização africana, que luta para impor seus valores e modelos –, a religião parece oferecer outro ângulo de observação. Reduto privilegiado da reação africana, os cultos afro-brasileiros possibilitam iluminar o pólo da resistência africana. Desse modo, permitem ao intérprete a decantação da África a partir da composição mestiça, oferecendo um caminho preferencial para a apreensão da África no Brasil.

O encontro de Bastide com a África em território brasileiro coincide com sua primeira viagem ao Nordeste, em 1944. A viagem, segundo seu relato, representou a descoberta do Brasil místico, "onde sopra o espírito"[8]. As cidades de Salvador e Recife, com suas pedras, seus sons e suas cores, expõem o viajante às civilizações que ali se encontraram: as igrejas barrocas e as marcas portuguesas convivem com o tantã dos negros e com o mundo dos candomblés. Diante dessa dupla fonte, européia e africana, que alimenta permanentemente o misticismo brasileiro, o intérprete dirige a sua atenção para a matriz africana. Tal opção não significa uma escolha entre outras, mas a única direção segura para aquele interessado em perscrutar o caráter próprio do misticismo brasileiro, despojado do viés trágico do misticismo espanhol ou do barroco monástico mexicano, pois adoçado pelo "contato com as mucamas, amas-de-leite, as negras e a sensualidade das mulatas"[9].

Poderíamos dizer que não é o intérprete que elege o mundo africano como objeto de reflexão. É a África que se impõe ao observador na medida em que "penetra pelos ouvidos, pelo nariz e pela boca, bate no estômago, impõe seu ritmo ao corpo e ao espírito", obrigando-o a passar do "estudo da mística das pedras e da madeira talhada" para a "religião dos pretos"[10].

Os primeiros contatos com o mundo do candomblé, na segunda metade da década de 1940, levam Bastide a delinear um rol de preocupações que o acompanharão em seus escritos posteriores: a estrutura da mística africana, as sobrevivências africanas no Brasil, a possessão, as diferenças entre candomblé e umbanda. Se isso é verdade, nesse momento inicial de descoberta da África no Brasil, o que causa forte impressão no observador é a estética afro-brasileira, "o espetáculo maravilhoso", "encantador", a festa.

A observação dos rituais, o depoimento dos integrantes dos cultos e a literatura disponível permitem que ele registre suas primeiras impressões desse universo místico: "poderia acreditar que me encontrava em plena África"[11]. O candomblé, com sua filosofia sutil e seus ritos, conformaria, segundo ele, uma comunidade africana no interior da sociedade brasileira. Mas, se esses nichos africanos relativamente autônomos, regidos por leis próprias, devem ser descritos e analisados pelo antropólogo (o que ele fez em *O candomblé na Bahia: rito nagô*[12]), não devemos esquecer que eles estabelecem vínculos permanentes com a sociedade englobante (tarefa por ele enfrentada em *As religiões africanas no Brasil*[13]). Quer dizer: uma vez orientado para o universo africano, o analista apura seus instrumentos de aproximação com o intuito de captar, pela etnografia, a sua estrutura. Mas, em seguida, a análise conhece uma alteração de foco e o sociólogo se vê diante da sociedade multirracial brasileira; nesse momento o recuo histórico se impõe. As análises realizadas, portanto, aliam os níveis macro e micro, a sincronia e a diacronia, o instrumental antropológico e o sociológico.

Lendo o conjunto da produção brasileira de Bastide, fica claro que as suas preocupações com a religião têm lugar em um cenário alargado. Duglas Teixeira Monteiro[14] aponta nessa direção quando afirma que os trabalhos de Bastide sobre religião devem ser pensados no bojo de suas reflexões sobre o contexto multirracial brasileiro, no interior de uma sociologia das relações interétnicas. Acrescentaria: no contexto de uma reflexão mais ampla sobre a sociedade e a cultura brasileiras. A religião é uma via de acesso, entre outras, para a compreensão do Brasil. Via que, se percorrida, nos aproxima da porção africana dessa sociedade.

Mas que África é essa que emerge dos textos do autor? De saída, esse esforço de decantação da África coloca-se como uma necessidade heurística. Para esquadrinhar a nossa face africana em toda a sua complexidade é preciso desenhar as suas características específicas, destacá-la. Bastide, nada ingênuo, sabe que tal empreitada está repleta de riscos. Os seus críticos explicitam alguns: a ênfase na metafísica africana resvala em exageros, alimentando certa idealização da África e de sua imagem. O próprio Bastide, já em 1939, aponta outros, correlatos: localiza a ênfase das pesquisas nacionais na chamada tradição nagô como um problema a ser enfrentado pelos estudiosos[15].

Além disso, ele enfatiza a distância existente entre a "África brasileira" e a "África real": a África no Brasil que se apresenta aos olhos do observador não é África original, cópia de um modelo, mas África recriada no bojo de um processo repleto de lapsos. A África brasileira é sincrética, composta por brancos e negros, indicam os seus estudos sobre arte e literatura. No Brasil e nas Américas, é possível encontrar porções inteiras de civilizações africanas, o que não poderia ser de outro modo. Se, em alguns contextos, nos deparamos com comunidades mais nitidamente africanas, em outros, observamos comunidades negras, em que as pressões do meio foram mais fortes que os resquícios da memória coletiva. Mas, frisa Bastide, esses dois tipos de comunidade, as africanas e as negras, são "imagens ideais". "De fato, encontramos, na realidade, um continuum entre esses dois tipos"[16].

No interior do esquema explicativo de Bastide, a apreensão do mundo africano entre nós joga o intérprete irremediavelmente para a sua relação com a outra face da sociedade brasileira, para a relação entre negros e brancos no contexto da sociedade multirracial e pluricultural. O que não poderia ser de outro modo, indica ele, já que o negro está ao mesmo tempo separado e unido à sociedade brasileira. A etnografia da África é, nesse sentido, inseparável de uma sociologia dos contatos culturais. Portanto, a África procurada é sinônimo de busca de marcas africanas, mas também ponto de vista privilegiado para que Bastide olhe para esse país sincrético, "pela outra extremidade da luneta", como ele diz marcando uma diferença entre os seus propósitos e os de Gilberto Freyre[17].

Talvez seja possível pensar a obra de Bastide sobre o Brasil como construída em um compasso sincopado cuja marcação é dada pela alternância decantação da África/compreensão do Brasil; olhar sobre a porção africana/retorno ao todo sincrético. O movimento sistemático de idas e vindas, do todo para as partes e daí de volta à totalidade é o que traduz com maior precisão o andamento da obra de Bastide sobre o país.

Mas dizer que a África brasileira é sincrética e que a sua busca vem acompanhada de uma preocupação permanente com a compreensão do Brasil – o que, de saída, coloca em questão o que alguns vêem como uma desvalorização do sincretismo em sua obra – responde apenas parcialmente à questão primeira: o sentido da busca da África no Brasil na produção de Bastide. Peter Fry propõe uma interpretação[18]. A África no interior do esquema bastidiano – e, com ela, a Bahia e o candomblé – representa a nossa metade arcaica, resistente à modernização. É possível concordar com ele em linhas gerais. A África que Bastide procura no Brasil coincide com a nossa face arcaica, essencialmente mística, que ele se esforça por isolar em alguns trabalhos. Só que devemos tomar cuidado para não deduzir daí uma espécie de passadismo romântico, em sentido conservador. Creio ser possível localizar nessa busca um sentido eminentemente crítico, menos orientado para o passado que para o futuro, que ela visa interpelar. Vejamos.

É verdade que a oposição entre Brasil arcaico e Brasil moderno encontra-se presente na obra de Bastide. É verdade também que em alguns momentos é possível flagrar nela indícios de uma nostalgia da África, pensada como solo arcaico e mítico que a modernização parece destruir. É certo ainda que, vez por outra, nota-se nas entrelinhas dessa obra uma ponta de decepção com a África brasileira que se apresenta empiricamente aos olhos do observador. Mas o juízo de Bastide sobre o processo modernizador contém um paradoxo. Às vezes o desenvolvimento do capitalismo coloca-se como solo hostil à reconstrução da África; em outros momentos, urbanização e crescimento das cidades são apresentados como oferecendo condições propícias, por exemplo, à reafricanização dos cultos (exatamente como em Gilberto Freyre). Bastide sabe que o processo modernizador não é unívoco nem avassalador. Primeiro, porque o Brasil arcaico não é passado: traços de nossa formação primeira se mantêm e podem ser observados na paisagem contemporânea. Depois porque através do sincretismo os valores africanos logram permanecer vivos; sincretismo é também – e sobretudo – sinônimo de resistência africana.

Se deixamos de lado os estudos de Bastide sobre as religiões africanas e tomamos, por exemplo, os seus escritos sobre artes plásticas, literatura e folclore – que correspondem a parte substantiva de sua obra brasileira, é bom lembrar –, vemos que é através das artes que o aprendizado do Brasil, e da África, se coloca para ele desde a sua chegada ao país. É no contexto dessa reflexão sobre o material artístico que ele enfrenta, pela primeira vez, a discussão acerca da gênese da cultura brasileira e do sincretismo. As manifestações artísticas e as formulações do grupo modernista ensinam a Bastide que a originalidade da cultura brasileira reside em seu hibridismo, na solução ímpar, "original" e "autêntica" aqui verificada a partir do cruzamento de civilizações distintas. Autenticidade que, mostra Mário de Andrade, sinonimiza as soluções sincréticas aqui verificadas e, de modo algum, se confunde com pureza[19].

Por meio da análise das artes, em especial da poesia, Bastide, além de tematizar a cultura brasileira e o sincretismo, define uma perspectiva de análise e problematiza o seu lugar como estrangeiro que, ao topar com a África no Brasil, é obrigado a enfrentar o "exotismo no interior da terra exótica". A definição de uma perspectiva para a análise da cultura brasileira é construída, já nos primeiros textos que ele escreve no Brasil, com o auxílio de um jogo especular, que desloca permanentemente o sujeito da observação: o francês olha a África do Brasil e, vice-versa, o Brasil da África.

Dilemas da modernização

Lendo os textos que escreveu sobre folclore[20] e aqueles produzidos sob os auspícios da Unesco na década de 1950, sobre as relações raciais em São Paulo[21], vemos que o tópico da "África no Brasil" reaparece por meio da discussão sobre a modernização da sociedade brasileira e sobre as relações entre "cultura tradicional" e mudança social. Os temas do folclore e das relações raciais permitem localizar as posições de Bastide sobre o assunto, que indicam direção distinta daquelas defendidas por seu aluno, colaborador e substituto na cadeira de Sociologia I, Florestan Fernandes, que vai consagrar o tema da mudança social como o grande vetor da escola paulista de sociologia nos anos subseqüentes. Olhando para o folclore empobrecido na cidade de São Paulo, em acelerado processo de transformação na passagem dos anos 1940 para os de 1950, tanto Florestan quanto Bastide defendem a visada sociológica como a única capaz de cercar o problema. Mas, se a análise do folclore infantil leva Florestan a defender o papel quase insignificante desempenhado pela cultura tradicional em uma sociedade que se moderniza, os estudos de Bastide sublinham a capacidade de resistência dessas manifestações culturais a despeito das transformações estruturais que atravessam a sociedade.

Em seus escritos sobre o folclore, o problema maior que Florestan tem diante de si é o do confronto ("quase físico") entre a antiga "cultura de *folk*", em plena desagregação, e a "cultura civilizada", em simultâneo processo de emergência e expansão. Como se dá (ou não) a renovação do folclore na sociedade urbana? Que limites se colocam para que sua reintegração se efetive? As pesquisas do folclore infantil, das "trocinhas", das cantigas de ninar, das adivinhas, das superstições e das crendices servirão de suporte empírico para o enfrentamento desses problemas teóricos[22]. De início, ele chama a atenção para o papel socializador dos grupos infantis; através das trocinhas, por exemplo, a criança se insere no mundo social, aprendendo regras, atitudes e valores. Trata-se de um processo de formação da personalidade e de adestramento do "imaturo" para a vida social. Além disso, o folclore infantil atua como agência de controle na medida em que leva o indivíduo a se comportar segundo um código ético estabelecido socialmente. Não se pode esquecer ainda, aponta Florestan, que o folclore é acima de tudo "elo entre o passado e o presente", já que facilita a preservação de valores sociais, atuando sobre a modelagem do "patrimônio moral" de um povo.

As análises dos materiais folclóricos permitem entrever elos (sempre problemáticos) entre passado e futuro, entre tradição e mudança, projetando luzes para o futuro. A "revolução urbana" que atravessa a cidade de São Paulo tem como conseqüência primeira, indica Florestan, a desagregação da cultura popular e praticamente não cria condições para que esta tenha uma influência decisiva sobre a "civilização industrial e urbana". Portanto, "é patente que o folclore não exerceu uma influência social construtiva na reintegração do sistema sociocultural da cidade"[23]. Com essa afirmação, Florestan não está negando completamente a presença da cultura tradicional na civilização urbana, mas sublinhando ser essa participação mínima: "Em síntese, o folclore paulistano também concorre, ainda que de forma imperceptível e aparentemente acanhada, entre as forças que estão reconstruindo o cosmo social da cidade. Podemos lamentar o fato de essa influência ser tão pobre e restrita"[24].

O folclore empobrecido, que pode ser pinçado aqui e ali na cidade de São Paulo, só terá alguma chance de permanecer, diz Florestan, se ele lograr se reintegrar à sociedade urbana. Tais "adaptações" ou "reintegrações" é que permitirão a manutenção do saber popular no novo contexto, cujo papel é fundamental no processo de "conversão do homem rústico brasileiro em urbanita e em participante da sociedade de classes"[25], na medida em que suaviza a passagem da ordem tradicional, baseada na cooperação e no paternalismo, para o mundo moderno, regido pelo contrato, pela competição e pelo individualismo.

A visada de Florestan sobre o folclore – e, portanto, sobre a cultura tradicional – não se confunde com olhar para o passado. Ao inverso, trata-se de analisar no presente as imbricações que se estabelecem entre os diferentes "tempos", sociais e culturais, para projetar os contornos da sociedade brasileira moderna, de corte burguês. Não parece desproposidado enxergar nesses estudos de juventude o esboço de uma indagação central em sua obra, que se apresenta de forma mais acabada quando das pesquisas sobre negros e brancos em São Paulo, através da pergunta: "quando desaparece o estamento e surge a classe?"[26]. De fato, o interesse de Florestan pelo processo de formação da sociedade de classes no Brasil aparece, ainda que timidamente, nessa produção inicial sobre o folclore. Ao olhar para as "sobrevivências" do passado, é sobre a mudança e os processos instituintes da civilização burguesa entre nós que ele coloca a sua ênfase.

Se para Florestan a moldura que sustenta a análise é a cidade de São Paulo e o acento da interpretação está colocado nos problemas de mudança social, os escritos de Bastide sobre o tema têm outra configuração. Aí, o que interessa pensar é o processo formador do folclore no Brasil, e a pergunta central, orientadora dos estudos, poderia ser sintetizada na fórmula: como, apesar das mudanças sofridas pela sociedade brasileira, as manifestações folclóricas permaneceram vivas?

Tomando o seu livro de 1959 como referência, é possível seguir o caminho percorrido pelas análises de Bastide sobre o folclore no país. É preciso reconhecer, diz ele, a particularidade do folclore brasileiro como "folclore de exportação", "em parte vindo da África e em parte trazido de Portugal". De novo, o problema colocado para o intérprete é correlato daquele levantado pela análise das artes, do barroco, do folclore e das religiões, que diz respeito às relações entre cultura e estrutura social, uma das questões teóricas centrais da obra de Bastide. Até que ponto haveria uma independência, relativa ao menos, entre os dois níveis?, indaga-se ele[27].

A compreensão do folclore brasileiro exige, nos termos de Bastide, um recuo histórico à sociedade escravista com vistas ao exame da contribuição diferenciada das distintas tradições, portuguesa, africana e ameríndia; o que recoloca o tópico da formação da cultura brasileira e do sincretismo, analisados em estreita conexão com a estrutura social do Brasil-colônia. No caso do folclore, diante das condições absolutamente diferenciadas que atuaram sobre a vinda de portugueses e africanos para o Brasil, as marcas européias – do dominador – prevaleceram sobre as demais. "O folclore [português] não foi destruído, mas modificou-se ao mesmo tempo em que a sociedade se adaptava. Para o africano, ao contrário, a escravidão destruía inteiramente os quadros sociais do folclore e as culturas nacionais flutuavam no vácuo.[28]"

A permanência do folclore africano se dá devido às frestas existentes na sociedade colonial, que permitem a reconstituição de quadros sociais africanos entre nós e, sobretudo, porque no processo de interpenetração de civilizações, em vez de mistura, observa-se justaposição. Da mesma forma que no sincretismo religioso católico-africano, no folclore africano a "máscara branca" é imposta, operando como um modo de resistência dos valores negros originais.

Para a compreensão dos processos através dos quais se dá a permanência da matriz portuguesa no folclore brasileiro, Bastide lança mão do conceito de "arqueocivilização" tomado de empréstimo a André Varagnac em *Civilisations traditionelles et genre de vie*, de 1948, ainda que indique não ser a noção suficiente para o equacionamento do problema. O seu enfrentamento obriga o intérprete a enveredar pelo universo das mentalidades, do simbólico. Nessa medida, ao conceito de Varagnac, Bastide associa a noção de "memória coletiva", tal como proposta por Maurice Halbwachs. É na "lembrança afetiva" que os homens têm a possibilidade de recriar a terra de origem, o que no caso português se dá de modo menos traumático do que no exemplo africano, já que aí a migração não destruiu a ossatura da estrutura social portuguesa[29].

As dificuldades encontradas pelo "folclore da arqueocivilização" para permanecer ofereceram, no caso brasileiro, excelentes oportunidades para a consolidação de um folclore católico, o que coloca Bastide diante de uma outra ordem de indagações: o papel da Igreja na formação do folclore no país. O contato da Igreja com índios e negros deu origem a produtos folclóricos novos, inteligíveis sociologicamente. Ainda sobre o folclore negro, aponta Bastide, os interesses dos senhores muitas vezes chocavam-se com os da Igreja. Guardiã da moral, a Igreja projetava sanar a "imoralidade" das senzalas pela conversão ao cristianismo: "Faltava-lhe, pois, como para o Indígena, encontrar uma solução que lhe permitisse conservar o gosto pela dança do africano, mas separando-a de sua civilização tradicional para integrá-la no seio do cristianismo"[30]. E a solução encontrada foi utilizar elementos africanos alterando-lhes a função. É precisamente nesse contexto que Bastide fala em um "folclore artificial" imposto pela Igreja.

Em síntese, o que Bastide descreve é a extrema complexidade da formação do folclore brasileiro. Trata-se de um processo no qual se encontram imbricados fragmentos de toda sorte – da arqueocivilização pré-cristã, do folclore ameríndio e do africano –, que tiveram que enfrentar as condições ecológicas brasileiras, além dos ditames da Igreja e dos senhores, nem sempre coincidentes. As condições históricas do Brasil-colônia acabam por determinar, em sua visão, o primado do folclore católico sobre o da arqueocivilização. De qualquer modo, a Igreja não pode impedir de modo absoluto a reconstituição do folclore da arqueocivilização européia, nem mesmo a permanência – mesmo tímida – das heranças africana e ameríndia. Até porque, não esqueçamos, os três folclores não se confundem jamais: eles se superpõem, coexistem.

O apanhado rápido das posições de Bastide e Florestan em relação ao folclore deixa entrever suas diferenças de enfoque. Florestan Fernandes desenha nessas pesquisas primeiras uma concepção de sociologia como ciência autônoma e um eixo de observação do país, que serão aprimorados e desdobrados na obra futura. O seu problema central é a mudança social na cidade de São Paulo, o lugar da cultura tradicional na sociedade em processo acelerado de modernização[31]. Roger Bastide, por sua vez, visa dar conta do folclore brasileiro a partir de sua formação essencialmente híbrida. Com as análises do folclore, o sociólogo francês dá continuidade às suas reflexões sobre a sociedade e a cultura brasileiras, tendo como eixo de indagação as distintas civilizações que aqui se interpenetraram, bem como os produtos originários desses cruzamentos. Procedimento idêntico aos utilizados por ele com as artes, com a literatura e com as manifestações religiosas estudadas no Brasil.

As análises empreendidas pelos dois autores mostram que estamos diante de ênfases distintas quando do trato da relação entre cultura tradicional e modernização. Florestan sublinha a mudança e o papel tímido da tradição nesse processo; Bastide destaca a resistência da(s) tradição(ções) em meio a mudanças profundas que abalaram a sociedade brasileira. Os diferentes pontos de vista sobre a relação tradição e mudança (ou tradicional e moderno) permitem flagrar posturas díspares em relação às transformações sociais em curso: em Florestan, nesse momento, observa-se uma clara aposta na modernização da sociedade brasileira; em Bastide, uma postura cética e crítica ao processo modernizador. O que não significa, de forma alguma, marcar uma oposição entre uma visão "progressista", com olhos para o futuro e outra "conservadora", apegada ao passado. Esse mesmo debate reaparece – e as posições de ambos, reafirmadas – por ocasião da análise das relações raciais em São Paulo, no contexto da pesquisa patrocinada pela Unesco[32].

Nas leituras disponíveis sobre a obra de Florestan[33] parece reinar certo consenso a respeito da década de 1950 e das pesquisas sobre relações raciais como representando uma nova etapa na obra e na carreira do sociólogo. Florestan, ele mesmo, reafirma a importância da década de 1950 para o florescimento do pesquisador:

As coisas que tiveram maior importância na minha obra como investigador se relacionam com pesquisas feitas na década de 40 (como a investigação sobre o folclore paulista, a pesquisa de reconstrução histórica sobre os tupinambá e várias outras, de menor envergadura) ou com a pesquisa sobre relações raciais em São Paulo, feita em 1951-52, em colaboração com Roger Bastide (e suplementada por mim em 1954).[34]

O projeto sobre relações raciais, realizado no começo da década de 1950, tem uma história que pode ser assim resumida. A questão do racismo – de importância social e política decisiva no contexto europeu do pós-guerra – está presente na agenda da Unesco, que adota uma política explícita em seus documentos de luta e combate ao racismo, ao preconceito e à violência racial. Precisamente nesse sentido, e no espírito que comandou a Conferência Geral da Unesco em Florença, é que tem origem a recomendação para a realização de uma pesquisa sobre relações raciais no Brasil. O país, fruto da contribuição das mais diferentes raças, sofreria menos que outros os efeitos do preconceito e da discriminação raciais. Seria preciso investigar de perto os mecanismos que contribuíram para a consolidação dessa harmonia racial e divulgar para todo o mundo esses resultados, fundamentais na luta contra o racismo[35].

Alfred Métraux, chefe do Departamento de Relações Raciais da Unesco, traz o projeto piloto do órgão para o Brasil, encomendando investigações em diferentes regiões do país. Thales de Azevedo e Charles Wagley ficaram encarregados de pesquisar a situação baiana: o primeiro realizou pesquisas em Salvador; o segundo, com a colaboração de W. Hutchinson, Marvin Harris e Ben Zimmerman, estudou a situação racial em quatro comunidades rurais, três baianas e uma amazônica: as célebres Itá, Vila Recôncavo, Minas Velhas e Monte Serrat. O Rio de Janeiro ficou sob a responsabilidade de Costa Pinto, e em Recife René Ribeiro analisou as relações raciais tendo como foco a religião[36]. Em São Paulo, Métraux convida Roger Bastide para coordenar a face sociológica da pesquisa[37]. Aí, a investigação seria complementada por dois estudos de psicologia, a cargo de Aniela Giensberg e Virgínia Bicudo, e por uma sondagem numa comunidade rural do estado, sob responsabilidade de Oracy Nogueira, que já fazia pesquisas em Itapetininga[38].

Uma análise comparativa dos diferentes estudos feitos sob patrocínio da Unesco revela as perspectivas divergentes que orientaram as diversas pesquisas, do ponto de vista teórico, metodológico e dos resultados obtidos. Para ficarmos apenas com dois exemplos, basta tomarmos, de um lado, as palavras críticas de René Ribeiro, que define a sua abordagem como "etno-histórica", inspirada nas principais teses de Gilberto Freyre contra o "materialismo histórico, ao determinismo econômico e ao método dialético de análise" de Florestan Fernandes[39]. De outro, as avaliações feitas pelo próprio Bastide em relação às diferenças entre o Norte e o Sul no âmbito do projeto. Segundo ele, no Sul teria ocorrido uma "total revolução" nos estudos sobre o negro no Brasil, com a adoção de uma perspectiva sociológica inspirada no método dialético, de matriz marxista. Prova da vitalidade dos trabalhos realizados por ele e Florestan poderia ser aferida pelos desdobramentos do projeto primeiro nas obras das novas gerações da escola paulista de sociologia – Fernando Henrique Cardoso, Octavio Ianni, entre outros. No Norte, ao contrário, uma vez atendida à demanda da Unesco, os interesses e as pesquisas teriam minguado[40].

Mas divergências existem não apenas entre o Norte e o Sul. Mesmo no interior da face paulista da pesquisa, é perceptível que Bastide, coordenador do projeto, e Florestan, seu braço direito na condução do trabalho, longe estavam do acordo de idéias. O projeto escrito em 1951 por Florestan Fernandes, "O preconceito racial em São Paulo", visava ao estabelecimento de um consenso intelectual mínimo entre os coordenadores[41]. Desde o início, o trabalho foi dividido entre eles, cada qual encarregado da redação de relatórios específicos, como fica patente pela edição dos resultados. Florestan se responsabilizou pela análise da posição do negro na histórica econômica de São Paulo ("Do escravo ao cidadão"), pelo exame do preconceito em uma estrutura social que se modifica ("Cor e estrutura social em mudança") e pela avaliação das reações ao preconceito de cor ("A luta contra o preconceito de cor"). Bastide se dedicou a pensar as manifestações e os efeitos do preconceito nos diversos grupos e classes sociais ("Manifestações do preconceito de cor" e "Efeitos do preconceito de cor").

A leitura comparada desses ensaios permite apontar as diferentes perspectivas adotadas por seus autores diante da temática das relações raciais. Embora partam do pressuposto da existência de uma dupla ordem operando na cidade de São Paulo em foco – a antiga ordem senhorial-escravista e a ordem capitalista em formação –, olham para essa estrutura social móvel de ângulos distintos. Florestan discute o árduo processo de integração do negro na estrutura social e econômica em vias de transformação – a lenta transformação do escravo em cidadão, as dificuldades de ascensão do homem de cor – e a incipiente luta política dos negros. Bastide se concentra nos comportamentos ambivalentes de negros e brancos em relação ao preconceito, orientados por "estereótipos recalcados que agem nas fronteiras indecisas do inconsciente". Trabalhando de perto com o nível dos valores e das ideologias, em sua relação permanente com a estrutura social, Bastide discute o descompasso existente nos ritmos das mudanças nos dois níveis: as alterações de ordem estrutural conhecem um movimento mais acelerado do que aquele observado no plano das mentalidades.

A reflexão de Florestan sobre os processos sociais de mudança e sobre o caráter particular da modernização brasileira, com base no caso de São Paulo, tem início com as pesquisas sobre o folclore, como visto. Nos primeiros estudos sobre o negro, as questões anteriormente esboçadas ganham contornos mais nítidos, ancorando-se no exame de agentes sociais específicos. Na obra dos anos 1950, encontram-se mais bem definidas uma perspectiva e uma problemática – o "dilema racial brasileiro" – que serão desdobradas nas obras futuras, a partir de *A integração do negro na sociedade de classes*[42], quando Florestan retoma o material da pesquisa da Unesco. Em *Brancos e negros em São Paulo*, mais uma vez colocando o seu foco na cidade de São Paulo e sobre uma estrutura social em mudança, o sociólogo delineia questões centrais em suas interpretações do negro e da sociedade brasileira: a formação da sociedade burguesa entre nós (a constituição da "ordem social competitiva"); a integração do negro na sociedade de classes (o problema da cidadania); as condições de emergência do povo na história brasileira[43].

A indicação de continuidades entre as reflexões de Florestan Fernandes nas décadas de 1950 e 1960 não significa o desconhecimento de diferenças que separam as obras. Na obra de 1965, ele enfatiza mais claramente a constituição problemática da cidadania em função da exclusão social e da marginalidade do negro na sociedade brasileira. O exame dessas dimensões põe o intérprete diante dos dilemas da própria modernização da sociedade brasileira e dos impasses para a constituição da sociedade de classes no Brasil, em função da persistência de padrões sociais tradicionais, resquícios da antiga ordem patrimonial[44]. Aí também analisa o mito da democracia racial – caracterizado como ideologia dificultadora do reconhecimento do racismo e da discriminação entre nós – que nem sequer é nomeado nos trabalhos da década de 1950.

Em *Brancos e negros em São Paulo*, Florestan anuncia esse repertório de problemas, mas em clave um pouco diversa. As dificuldades para a integração do negro na sociedade de classes em formação e os entraves tradicionais que se colocam para a modernização brasileira costuram a análise, é verdade. Mas, nesse momento, o autor aposta na solução desses problemas com a progressiva assimilação dos negros, com a alteração das mentalidades – cada vez mais orientadas pelos novos padrões urbanos e burgueses de sociabilidade – e com prevalência da integração sobre as diferenças raciais. As "tendências emergentes", mencionadas antes, apontam para a superação dos vestígios tradicionais[45].

O tom francamente otimista da análise – alicerçado na crença na modernização como suporte da consolidação da ordem democrática – não leva Florestan a afirmar a total eliminação dos preconceitos no futuro, conforme indicado antes. Mas estes tenderiam a ser atenuados em função do estabelecimento da ordem social moderna e da assimilação dos negros à sociedade de classes. Afinal, o problema racial no Brasil é lido nesse momento da obra de Florestan como um problema de classe social.

Não parece difícil notar o lugar decisivo da pesquisa sobre relações raciais na consolidação de temas e problemas na obra de Florestan, ainda que se observe a alteração de pontos de vista na passagem dos anos 1950 para os 1960: o tom otimista inicial é substituído por uma atitude cética em *A integração do negro na sociedade de classes*. Já no conjunto da produção de Bastide, esse trabalho conhece outra dimensão. Pertencentes à última fase de seu período brasileiro, quando parte substantiva de suas reflexões sobre o país já havia sido produzida, os textos escritos sob os auspícios da Unesco longe estão de emblemáticos, embora lidem com problemas caros à obra do autor: as relações entre simbolismo e sociedade, a análise de atitudes, o comportamento dos negros brasileiros.

É importante observar que embora tenha havido certa divisão do trabalho entre os dois coordenadores do projeto, como vimos – Florestan mais preocupado com a compreensão da estrutura social e Bastide voltado para comportamentos e mentalidades –, não devemos estabelecer um divisor rígido entre esses campos e muito menos entre os seus autores. Nos textos escritos por Florestan observa-se uma atenção à dimensão psíquico-social, à esfera cultural, que será retomada em textos posteriores, o que seguramente reflete a convivência intelectual com Bastide. Não seria exagerado afirmar também que um certo marxismo, perceptível nas análises de Bastide dessa época, tem origem em suas relações com Florestan.

A análise do projeto realizado sob os auspícios da Unesco mostra-se proveitosa, antes de tudo, porque permite elucidar as divergências existentes no quinhão paulista da pesquisa, invariavelmente lido como bloco unívoco. Mas o seu interesse maior para os objetivos deste artigo diz respeito à possibilidade de afinarmos a reflexão sobre a interpretação do Brasil – e das Áfricas brasileiras – empreendida por Bastide.

Lendo os textos produzidos pelo sociólogo francês para o projeto da Unesco, vemos que o tom otimista das previsões de Florestan não encontra eco em suas formulações, mesmo que ele considere notável a maior aceitação dos negros pelas novas gerações – o que revela uma mudança positiva de mentalidade – e afirme, já na Introdução à obra, *não* ser a vida dos negros brasileiros uma "perpétua tragédia"[46]. Além disso, nesses artigos, ao contrário do que ocorre nos textos de Florestan, o preconceito de cor não se reduz a um problema de classe social[47]. O mito da democracia racial, por sua vez, é nomeado e problematizado de modo explícito. Mas, vale insistir, a diferença maior que se coloca entre as reflexões dos dois autores sobre as relações raciais reside no modo como encaram os nexos entre o "novo" e o "velho" na sociedade brasileira. Em Bastide, o matiz da análise é dado pela persistência dos elementos da sociedade tradicional no mundo moderno, e não pela mudança, da mesma forma que nas análises sobre o folclore. E mais: não se nota uma leitura desse legado tradicional como entrave à modernização.

Desse fato não se deve deduzir um passadismo conservador de Bastide, espécie de aversão ao moderno – que, pautado pelas transformações aceleradas, tende a comprometer (e perverter) a integridade das culturas tradicionais – como sugerem os seus críticos[48]. O que se depreende da leitura dos textos de Bastide sobre folclore e sobre relações raciais aqui rapidamente examinados – e de vários outros sobre arte e religião – é o seu ceticismo em relação aos processos modernizadores, que ele vê com olhos extremamente críticos em diversas fases de sua obra[49].

Em 1973, por ocasião de duas conferências, uma no Brasil, outra em Barcelona[50], Bastide enfrenta diretamente o tema da modernização, explicitando um ponto de vista já anunciado em trabalhos anteriores. Os pronunciamentos discutem a modernidade ocidental, em vias de generalização mundo afora, a partir de uma reflexão sobre a "anti" ou "contramodernidade". O ponto de partida da análise é o mito de Prometeu, que, em nome dos homens, rouba o fogo divino, instaurando a civilização (lida, portanto, como uma conquista dos homens contra os deuses). Mas se os gregos criaram a figura de Prometeu, aponta Bastide, inventaram também o abutre, com o fito de punir Prometeu pelo sacrilégio cometido. A pena dirigida a Prometeu atinge toda a humanidade, que, ao lado do progresso obtido com o roubo do fogo divino (a passagem do cru ao cozido, a domesticação das forças selvagens, a metalurgia etc.), conhece também as doenças e as guerras. Quer dizer: a civilização ocidental traz em seu mito de origem o progresso e a decadência, gerados pela mesma fonte.

O mito cai como uma luva para os propósitos de Bastide: não é possível refletir sobre a civilização e sobre a modernidade (Prometeu) sem incorporar a análise da antimodernidade (o abutre), faces de uma mesma moeda. Perguntando-se de saída pelas leis definidoras da modernidade, Bastide, inspirado em Georges Balandier (*Sens et puissance, les dynamiques sociales*, 1971), estabelece que a modernização traz em seu bojo as idéias de mudança contínua e de generalização do progresso para o mundo. A exportação de valores e normas para os países do Terceiro Mundo – a generalização da modernidade – levaria a entrever a homogeneização do modelo ocidental, previsão que não se verificou, indica Bastide. A difusão do modelo ocidental veio acompanhada da luta pela preservação de diferenças culturais. Diante desse quadro, pergunta-se Bastide (ainda orientado por Balandier): haveria uma só via, ou várias, para alcançar a modernidade? Em suas palavras: "Cada nação pode encontrar um caminho próprio para atingir a modernidade ao invés de usar o único 'modelo ocidental' como medida?"[51].

Colocando-se explicitamente em defesa das "modernidades diferenciais", embora cético em relação aos rumos tomados pelos movimentos nacionalistas e de defesa de originalidades culturais no mundo, Bastide volta-se para o que ele considera exemplos de "contramodernidade" observados na década de 1970. São os jovens europeus os primeiros a golpear a civilização ocidental moderna por meio dos movimentos de contracultura que florescem em 1968, e pelos quais Bastide nutre especial simpatia. A contestação jovem à sociedade ocidental, indica ele, tem como modelo as formas arcaicas de sociabilidade reeditadas pelos *hippies* e por tantos outros. O que prova a vitalidade desses exemplares arcaicos que lograram sobreviver às revoluções mais violentas refugiando-se em certos nichos: na poesia, no folclore, na vida mística, na *psyché*.

Do cotejo, mesmo breve, das posições de Roger Bastide e Florestan Fernandes, pinçado em dois momentos e em dois eixos temáticos, emerge a problemática da modernização e de suas especificidades brasileiras, como vimos. O caráter problemático do processo modernizador no Brasil será acompanhado por Florestan na obra futura. Na produção de Roger Bastide, mesmo depois de seu retorno à França, persiste o interesse pelas "Áfricas" do mundo todo. A procura da África no Brasil se redimensiona diante dos debates acerca da modernização brasileira, enfrentados diretamente por ocasião do exame das relações raciais no país. O teor da crítica de Bastide ao processo modernizador não deve ser tomado como uma postura antimodernização de feição conservadora. Bastide não apenas etnografou os nichos resistentes aos processos modernizantes como também refletiu sobre suas potencialidades transformadoras.

É possível observar na obra de Bastide um especial interesse por formas díspares de racionalidade, resistentes a uma certa "sociologia cartesiana", afeita às "idéias claras e distintas". O sonho, a loucura, a poesia e o misticismo, que compõem o repertório do autor, obrigam-no a mergulhar nas "trevas da alteridade" e a percorrer as trilhas de um "pensamento obscuro e confuso", assim como fizeram Lévy-Bruhl e Leenhardt[52]. Tais escolhas temáticas, longe de revelarem um interesse arqueológico por resíduos de fórmulas arcaicas no mundo moderno, à moda evolucionista, atendem a um só tempo a razões de ordem teórica, metodológica e política de seu projeto. Em primeiro lugar, a consideração desses tópicos corresponde a um esforço teórico de captar o *socius* em sua complexidade. Dito de outro modo, o sonho, a loucura e o misticismo são partes constitutivas da estrutura social, assim como o político e o parentesco, privilegiados pelo estrutural-funcionalismo.

Do ponto de vista metodológico, a leitura da obra de Bastide traz à tona questões extremamente atuais para a antropologia e para as ciências sociais. Poderíamos dizer que Bastide exercitou a interdisciplinaridade num momento em que tal postura não era praticada como nos dias de hoje. Do ponto de vista político, o interesse pelas Áfricas brasileiras – pelo candomblé e pela umbanda – deve ser entendido no contexto da crítica ao modelo civilizador europeu. Assim como todo o seu esforço em analisar mais as permanências que as mudanças.

> Os países do Terceiro Mundo estão em vias de se perguntar atualmente [...] como é possível se modernizar sem perder sua própria cultura nativa [...]. E é por isso que chegando ao Brasil, a São Paulo, para estudar os processos de mudança e a modernização do país em curso nos últimos anos, me detive a pensar, menos os fenômenos de câmbio, mas sobretudo os fenômenos de continuidade no Brasil.[53]

O desencantamento do mundo, em termos weberianos explícitos, é retomado por Bastide diante do triunfo do racionalismo e da hegemonia da secularização progressiva da sociedade industrial. Munido desse desconforto, ele apela à (re)invenção do *sacré sauvage*, pela reapropriação dos modelos arcaicos de sociabilidade e de vida religiosa: a festa, o transe, a exaltação coletiva[54]. É a um "direito de felicidade" que Bastide faz referência, que encontra sua tradução mais acabada na "procura humana legítima pela sua autenticidade", no "direito à preguiça" e na "efervescência da festa"[55].

Não parece descabido localizar no tom dessas proposições de Bastide – quase um manifesto – ecos das palavras que Mauss dirige à sociedade francesa de seu tempo no segmento conclusivo do "Ensaio sobre a dádiva" (1924). Após a análise da forma e da razão da troca nas sociedades arcaicas a partir de exemplos etnográficos variados, Mauss em suas "Conclusões de sociologia geral, moral, econômica e de economia política" visa estender suas observações às "nossas próprias sociedades", em perfeita consonância com os objetivos intervencionistas da sociologia durkheimiana. Perguntando-se sobre o lugar da dádiva desinteressada e do "valor sentimental das coisas" na sociedade industrial moderna, Mauss formula uma crítica cerrada à exacerbação egoísta, ao utilitarismo e à lógica dominante do mercado e do lucro que comprometeriam valores indispensáveis à vida em sociedade.

Não se trata de preconizar a destruição de princípios que presidem a formação do capital e as regras de compra e venda, mas de preservar princípios antigos, afirma Mauss, e são as sociedades arcaicas aquelas que fornecem os exemplos mais bem-acabados para que as nossas sociedades regressem ao

> fundamento constante do direito, ao princípio mesmo da vida social moral [...]. Assim, podemos e devemos voltar ao arcaico, aos elementos; reencontraremos motivos de vida e de ação que são conhecidos ainda por numerosas sociedades e classes: a alegria de dar em público; o prazer da despesa artística generosa; da hospitalidade e da festa privada e pública.[56]

O quadro dramático que Mauss vê a sua frente não o impede de localizar saídas, como revela o tom de suas palavras. Só que esta não está no comunismo, para ele tão nocivo quanto o egoísmo, mas no que em nós restou da sociabilidade e da moral arcaicas que nos auxiliam "a dirigir nossos ideais" e, mais que isso, permitem "entrever melhores procedimentos de gestão aplicáveis às nossas sociedades"[57].

Se em 1924 Mauss localiza e teme os custos do "processo civilizador", o que não dizer dos protagonistas da cena moderna nas décadas de 1960 e 1970? O mal-estar da civilização, já anunciado por Freud, é trazido à baila no fim dos anos 1960 e traduzido de modo exemplar nas páginas do *Eros e civilização* de Marcuse (1968), que localiza na infelicidade o custo maior da cultura e do progresso. Seguindo essa trilha de críticos, e situando-se ao lado dos que como Mauss não enxergam o comunismo como saída, é que Bastide vê encantado os movimentos de 1968. Descrentes das propostas e certezas políticas disponíveis, eles colocam os modelos não-ocidentais – as "Áfricas" do mundo inteiro – na ordem do dia.

É possível dizer que o primitivo e o arcaico na obra de Bastide ensinam menos sobre o passado e sobre as origens do que sobre o presente que eles problematizam e colocam em xeque. A diferença, portanto, mostra-se extremamente profícua como instrumento de indagação sobre a nossa sociedade, oferecendo inclusive modelos – utópicos – que orientem a sua transformação.

NOTAS

[1] Cf., entre outros, Charles Beylier, *L'oeuvre brésilienne de Roger Bastide* (Thèse de Doctorat, 3ème cycle, Paris, 2 v., 1977), Maria Lúcia S. Braga, *A sociologia pluralista de Roger Bastide* (Dissertação de Mestrado, Departamento de Sociologia, Brasília, UNB, 1994); Astrid Reuter, *Entre les civilisations. Roger Bastide (1898-1974) et les religions africaines au Brésil* (Paris, DEA/EEHSS, 1997).

[2] Cf. Claude Ravelet, "Bio-bibliographie de R. Bastide", *Bastidiana*, n. 1, 1993 e "Roger Bastide et la poésie", *Bastidiana*, n. 10-11, 1995.

[3] Maria Isaura P. de Queirós, "Nostalgia do outro e do alhures: a obra sociológica de Roger Bastide", em *Roger Bastide* (São Paulo, Ática, 1983) e Jean-Pierre Simon, "Roger Bastide et l'histoire de la sociologie", em Laburthe-Tolra (ed.), *Roger Bastide et le réjouissement de l'abîme* (Paris, L'Harmattan, 1994).
É interessante observar que, durante o período brasileiro, Bastide não apenas retoma certos preceitos da sociologia durkheimiana, no interior da qual se formou e da qual procurou se afastar em seus primeiros trabalhos sobre religião, como também se aproxima da tradição africanista de Marcel Griaule e Michel Leiris.

[4] Através do exercício rotineiro da crítica jornalística, Bastide acompanhou as artes visuais e a literatura brasileiras. Por isso não é estranho que o seu nome seja lembrado como um dos críticos atuantes nos decênios de 1930 e 1940, ao lado do de Sérgio Milliet. Cabe lembrar que, além da atuação no circuito nacional, Bastide manteve-se ligado à imprensa de matriz francesa no Brasil (*Boletim da Aliança Francesa*) e também a órgãos franceses, por exemplo, à revista *Mercure de France*, com a qual colabora entre 1948-1965. Sobre essa produção especificamente, cf. Glória C. do Amaral,"Roger Bastide au Mercure de France", *Bastidiana*, 1995, n. 10-11.

[5] A tese de doutoramento de Gilda de Mello e Souza sobre a moda no século XIX – segundo ela, na época, "uma espécie de desvio em relação às normas predominantes nas teses da Universidade de São Paulo" (*O espírito das roupas: a moda no século XIX* [1950], São Paulo, Companhia das Letras, 1987, p. 7) – teve Roger Bastide como orientador. Antonio Candido, por sua vez, em mais de uma ocasião, sublinha a importância de Bastide no seu aprendizado como crítico. Cf. "Roger Bastide e a literatura brasileira" e "Machado de Assis de outro modo", em *Recortes* (São Paulo, Companhia das Letras, 1993).

[6] Ruy Coelho, "Declaração", *Língua e Literatura*, n. 10-13, São Paulo, USP, 1981, p. 129 [número comemorativo].

[7] Roger Bastide, "A poesia afro-brasileira" [1941], em *Estudos afro-brasileiros* (São Paulo, Perspectiva, 1973) (2. ed., 1983).

[8] Roger Bastide, *Imagens do Nordeste místico em branco e preto* (Rio de Janeiro, O Cruzeiro, 1945, p. 37) (tradução francesa, Paris, Babel, Actes Sud, 1995).

[9] Ibidem, p. 35. Difícil não localizar ecos de Gilberto Freyre nos termos utilizados por Bastide para falar no abrandamento e/ou suavização da norma européia pela presença africana e mestiça no Brasil. As afinidades entre ambos são inúmeras, na forma e conteúdo. Cf. Fernanda Peixoto, cit., cap. 2.

[10] Ibidem, p. 28 e 41.

[11] Ibidem, p. 80.

[12] *O candomblé na Bahia: rito nagô, 1958* (4. ed., Companhia das Letras, 2001).

[13] *As religiões africanas no Brasil* [1960] (2. ed., São Paulo, Pioneira, 1971, 2 v.) (2. ed. francesa, Paris, PUF, 1995).

[14] Duglas Monteiro, "Religião e ideologia", *Religião e Sociedade*, n. 3, Rio de Janeiro, Iser, 1978.

[15] Em "État actuel des études afro-brésiliens" (*Revue Internationale de Sociologie*, v. 47, n. 1-2, 1939), Bastide indica a ausência de estudos sobre a importância da tradição *bantu* na Bahia, mérito de algumas análises de Edson Carneiro sobre o candomblé de caboclo. Chama a atenção também para a inexistência de estudos sobre as religiões africanas no mundo rural. Cf., sobretudo, p. 537-40.

[16] *As Américas negras* [1967] (São Paulo, Edusp, 1974), p. 45.

[17] A expressão é utilizada por Bastide para marcar uma diferença entre as suas análises e as de Gilberto Freyre, seu interlocutor primeiro quando o assunto é a formação da sociedade e da cultura brasileiras: "Gilberto Freyre estudou bem em *Casa-grande e senzala* esses diversos fenômenos (do sincretismo), mas estudou-os do ponto de vista da civilização brasileira, e não do ponto de vista, que aqui nos preocupa, das civilizações africanas. Precisamos, pois, retomar à questão, examinando-a, se nos permite a expressão, pela outra extremidade da luneta" (*As religiões africanas no Brasil*, cit., p. 103).

[18] Peter Frye, "*Gallus africanus est*, ou como Roger Bastide se tornou africano no Brasil", em Olga von Simson (org.), *Revisitando a terra de contrastes. A atualidade da obra de Roger Bastide* (São Paulo, Ceru/USP, 1984).

[19] Esta reflexão aparece exemplarmente colocada no ensaio de Mário de Andrade sobre Machado de Assis (1939), cujo argumento é recuperado por Bastide no ensaio de 1940, "Machado de Assis, paisagista", *Revista do Brasil* (III), 29 de novembro.

[20] *Sociologia do folclore brasileiro* (São Paulo, Anhembi, 1959).

[21] Bastide e Florestan Fernandes, *Relações entre negros e brancos em São Paulo* (São Paulo, Anhembi, 1955; republicado com o título *Brancos e negros em São Paulo*, 1958).

[22] Florestan Fernandes, *Folclore e mudança social na cidade de São Paulo* [1961] (2. ed., Petrópolis, Vozes, 1979).

[23] Ibidem, p. 29.

[24] Ibidem, p. 30.

[25] Ibidem, p. 28.

[26] "Florestan Fernandes – História e histórias", depoimento a Alfredo Bosi, Carlos Guilherme Mota e Gabriel Cohn, *Novos Estudos*, São Paulo, Cebrap, 1995.

[27] Pelo fato de levantarem os mesmos problemas, as análises do folclore e das religiões foram reunidas no mesmo volume, esclarece Bastide, ainda que religião não seja evidentemente folclore. Cf. justificativa do autor na "Introdução" do livro de 1959 (cit.).

[28] Ibidem, Introdução.

[29] Ibidem, p. 12.

[30] Ibidem, p. 19.

[31] Sobre os estudos de Florestan sobre o folclore, cf. Oswaldo Elias Xidieh. "O folclore em questão", em Maria Angela d'Incao (org.), *O saber militante* (São Paulo, Paz e Terra/Edunesp, 1987).

[32] O debate sobre os dilemas da modernização em solo brasileiro constitui matéria central do pensamento social brasileiro, enfrentada por diversos autores, como sabido. Discutir o presente e pensar o desenvolvimento exigia, quase sempre, um recuo ao passado, às nossas raízes. Ecos dos argumentos de Sérgio Buarque de Holanda podem ser pinçados no debate aqui traçado, embora o autor de *Raízes do Brasil* (1936) não seja referência imediata nem de Bastide nem de Florestan. Bastide, especificamente, comentou *Monções* em 1945 ("O cavalo e a canoa", *Diário de S. Paulo*, 7 de abril) e mencionou uma afirmação de Sérgio Buarque sobre as distorções nos estudos sobre o negro no Brasil, também em 1945 ("Sugestões e proposições", *O Estado de S. Paulo*, 8 de fevereiro).

[33] Octavio Ianni, "Florestan Fernandes e a formação da sociologia brasileira", em *Florestan Fernandes* (São Paulo, Ática, 1986, Coleção Grandes Cientistas Sociais); Antonio Candido, "Amizade com Florestan", em Maria Angela d'Incao (org.), *O saber militante*, cit.; Claude Lépine, "Imagem do negro brasileiro", ibidem; Maria Arminda do Nascimento Arruda, "A sociologia no Brasil: Florestan Fernandes e a 'escola paulista' de sociologia", em Sérgio Miceli (org.), *História das ciências sociais no Brasil* (São Paulo, Sumaré/Fapesp, 1995).

[34] Florestan Fernandes, *A condição de sociólogo* (São Paulo, Hucitec, 1978). Em "Esboço de uma trajetória (*Boletim Informativo Bibliográfico – BIB*, n. 40, Rio de Janeiro, Relume-Dumará, 1995), F. Fernandes afirma na mesma direção: "Essa pesquisa (da Unesco) foi uma revolução na minha vida intelectual" (p. 20).

[35] Uma história minuciosa da montagem do projeto – seu contexto e principais atores – encontra-se no trabalho obrigatório de Marcos Chor Maio, *A história do projeto Unesco: estudos raciais e ciências sociais no Brasil* (tese de doutorado, Rio de Janeiro, Iuperj/Universidade Candido Mendes, 1997).

[36] Cf. Thales de Azevedo, *Les élites de couleur dans une ville brésilienne*, Unesco, 1953 (editado em 1955 pela Cia. Editora Nacional com o título *Elites de cor: um estudo de ascensão social*, 1955); Charles Wagley, *Races et classes dans le Brésil rural* (Unesco, s/d); L. A. Costa Pinto, *O negro no Rio de Janeiro: relações de raça numa sociedade em mudança* (São Paulo, Cia. Editora Nacional, 1953) e René Ribeiro, *Religião e relações raciais* (Rio de Janeiro, MEC, 1956).

[37] Florestan declara que o primeiro convite de Métraux foi feito a Donald Pierson e que este teria recusado diante dos parcos recursos disponíveis (US$ 4 mil) para a realização do projeto (*A condição do sociólogo*, cit., p. 92). Em outro momento, Florestan afirma ter sido Bastide o primeiro convidado a dirigir o projeto. A recusa de Bastide teria levado Métraux a Pierson (por sugestão do primeiro); nova recusa, e aí sim Bastide assume (F. Fernandes, "As relações raciais em São Paulo reexaminadas", em Olga von Simson, *Revisitando a terra de contrastes*, cit., p. 14).

[38] Na edição do conjunto dos trabalhos realizados, reunidos sob o título *Relações raciais entre negros e brancos em São Paulo* (Anhembi, 1955), constam os artigos "Atitudes dos alunos dos grupos escolares em relação a cor de seus colegas" (Virgínia Leone Bicudo), "Pesquisas sobre as atitudes de um grupo de escolares de São Paulo em relação com as crianças de cor" (Aniela Ginsberg), "Relações raciais no município de Itapetininga" e "Preconceito de marca e preconceito de origem", ambos de Oracy Nogueira. Na segunda edição da obra, em 1958, *Brancos e negros em São Paulo*, foram reunidos exclusivamente os textos de Bastide e Florestan. É bom lembrar que a primeira versão dos resultados do projeto figurou nas páginas da revista *Anhembi*, X-XI, n. 30-34, 1953.

[39] René Ribeiro, *Antropologia da religião e outros estudos* (Recife, Editora Massangana, 1982).

[40] Bastide, "The present status of afro-american research in Latin America", *Dedalus* 103 (2), 1974, p. 114 e "État actuel des études afro-brésiliennes", *Anais do XXXI Congresso Internacional de Americanistas* (São Paulo, Anhembi, 1955), p. 553.

[41] *Circuito fechado* (São Paulo, Hucitec, 1976), p. 64 e "Florestan Fernandes – História e histórias", cit., p. 20.

[42] *A integração do negro na sociedade de classes* (São Paulo, Dominus/USP, 1965, 2 v.).

43 Ver Élide Rugai Bastos, "A questão racial e a revolução burguesa no Brasil" e Claude Lépine, "Imagem do negro brasileiro", em Maria Angela d'Incao (org.), *O saber militante*, cit.

44 Cf. F. Fernandes, *A integração do negro na sociedade de classes*, cit. Para uma análise dessa obra, cf. Maria Arminda do Nascimento Arruda, "Dilemas do Brasil moderno: a questão racial na obra de Florestan Fernandes", em Marcos Chor Maio e Ricardo Ventura (orgs.), *Raça, ciência e sociedade no Brasil* (Rio de Janeiro, Fiocruz/Centro Cultural Banco do Brasil, 1996).

45 Luiz Werneck Vianna, em artigo que discute a recepção de Weber no Brasil, mostra como o sociólogo alemão foi utilizado pelos intérpretes do Brasil, na tentativa de explicar, em dupla chave, as feições que o binômio atraso/modernização adquiriu entre nós. Numa primeira, a análise recai sobre o patrimonialismo como marca do Estado e das instituições políticas. Numa segunda, o foco recai sobre as relações sociais e sobre uma organização social de base patrimonial. Nessa vertente interpretativa, a qual se filia Florestan Fernandes, toma-se de Weber, diz ele, "a marcação teórica para a análise da sociedade 'senhorial escravocrata' e a sua organização estamental, enquanto em Marx se vão procurar os conceitos que permitiam explicar a inscrição do país no sistema do capitalismo mundial e a transição para uma 'ordem social competitiva' fundada em uma estrutura de classes moderna". Mostra o autor como, nessa chave interpretativa, a questão da ruptura se coloca no "registro da longa duração": "A transição, pois, da ordem senhorial-escravocrata para a ordem social competitiva cumpre o andamento das revoluções passivas [...]" ("Weber e a interpretação do Brasil", *Novos Estudos*, São Paulo, Cebrap, n. 53, 1999, p. 38-40).

46 Roger Bastide e Florestan Fernandes, *Brancos e negros em São Paulo*, 1958, cit., p. 17.

47 Para refinar esta discussão, seria preciso realizar um exame mais detido da noção de classe social com a qual opera Florestan nesse momento de sua obra, o que foge aos nossos propósitos. Ainda que inspirado pelo marxismo, não haveria aí algum eco do sentido de classe tal como utilizado pelas ciências sociais americanas nos anos 1930, que a vêem como relação social aberta – e, portanto, valorada positivamente –, oposta à casta, vista como camada fechada? Sobre o ponto, conferir Antonio Sérgio Guimarães, "Cor, classe e status nos estudos de Pierson, Azevedo e Harris na Bahia: 1940-1960", em Marcos C. Maio e Ricardo Ventura (orgs.), *Raça, ciência e sociedade no Brasil*, cit.

48 O trabalho de Luis Rodolfo Vilhena, *Projeto e missão – o movimento folclórico brasileiro (1947-1964)* (Rio de Janeiro, Editora da Fundação Getulio Vargas/Funarte, 1997), ao analisar os debates sobre folclore no país, enfatiza como, ao se voltar para o assunto, Bastide se preocupa com o nosso "passado neolítico". Nesse sentido, o trabalho segue de perto as linhas gerais da objeção de Peter Fry, já mencionada.

49 Renato Ortiz ("Roger Bastide: as utopias e o outro", *Revista de Cultura Vozes*, n. 5, 1993) assinala a posição crítica que Bastide assume em face da modernidade, manifestada em grandes obras e mesmo em pequenos textos, como no artigo "Macunaíma em Paris". Chama atenção também para o equívoco de tomar essa posição crítica, e essencialmente utópica, como romântica.

50 Roger Bastide, "Modernité et contre-modernité", *Revista do IEB*, São Paulo, USP, 1978 e "Prométhée ou son vautour – essai sur la modernité et l'anti-modernité", republicado em *Le sacré sauvage et autres essais* (Paris, Payot, 1975).

51 Roger Bastide, *Le sacré sauvage*, cit., p. 172.

52 Cf. Roger Bastide, "La pensée obscure et confuse" [1965], *Bastidiana*, n. 7-8, 1994.

53 Roger Bastide, "Modernité et contre-modernité", cit., p. 17-8.

54 Roger Bastide, "Prométhée et son vautour", cit., p. 179.

55 Ibidem, p. 184.

56 Marcel Mauss, "Ensaio sobre a dádiva – forma e razão da troca nas sociedades arcaicas" (1924), em *Sociologia e antropologia* (São Paulo, Edusp/EPU, 1974), p. 168 (2. ed. brasileira, São Paulo, Cosac & Naify, 2003).

57 Ibidem, p. 170.

FORMAÇÃO DA LITERATURA BRASILEIRA, DE ANTONIO CANDIDO

Benjamin Abdala Junior

Uma primeira observação que pode ser feita para quem começa a leitura de *Formação da literatura brasileira: momentos decisivos*[1], de Antonio Candido, refere-se às marcas biográficas de seu autor, nas quais os gestos do cidadão participante parecem conjugar-se com as do crítico e professor de literatura. Há, nesse sentido, uma interação entre as atitudes que singularizaram a sua práxis como personalidade na vida sociocultural e os traços definidores de sua personalidade enquanto crítico. Nascido no Rio de Janeiro (1918), filho do médico Aristides Candido de Mello e Souza e de Clarisse Tolentino de Mello e Souza, Antonio Candido de Mello e Souza passou sua infância entre os limites geográficos e culturais de Minas Gerais e São Paulo (Cássia, Poços de Caldas e São João da Boa Vista), para fixar-se na capital paulista a partir de 1937. Ingressou nas Faculdades de Direito e de Filosofia da Universidade de São Paulo em 1939, tendo abandonado a primeira no quinto ano e se formado na segunda em 1942. Nesse ano tornou-se assistente de sociologia do professor Fernando de Azevedo, dessa última faculdade. Desde então, seu nome esteve ligado à perspectiva crítica que marcou a história desta instituição e seus embates contra formas e práticas do pensamento conservador.

Em sua vida acadêmica, Antonio Candido permaneceu como professor de sociologia até 1958, quando passou a dedicar-se de forma exclusiva à literatura. Já em 1945 havia sido aprovado num concurso de livre-docência em Literatura Brasileira com a tese *Introdução ao método crítico de Sílvio Romero*[2] e, em 1958, em concurso de doutorado na área de Ciências Sociais com a tese *Os parceiros do Rio Bonito*[3]. No período de 1958 a 1960, foi professor de literatura brasileira da Faculdade de Filosofia de Assis, voltando em seguida à universidade de origem para assumir a disciplina de Teoria Literária e Literatura Comparada, adquirindo o grau de professor titular (1974) e aposentando-se em 1978. Foi ainda coordenador do Instituto de Estudos da Linguagem da Universidade de Campinas, de 1976 a 1978.

Antonio Candido iniciou sua crítica na revista *Clima* (1941-1944), onde, ao lado de Paulo Emílio Salles Gomes, Alfredo Mesquita, Décio de Almeida Prado, Gilda de Morais Rocha (com quem viria a se casar) e outros, procurava criar uma nova atmosfera cultural nos anos de sufoco do Estado Novo. Era para Antonio Candido uma primeira incursão crítica empenhada, de caráter democrático e socialista. Já nesses primeiros momentos, procurava relevar, ao mesmo tempo, perspectivas sociais e qualidade artística na análise do texto literário, atitude que prosseguiria depois nos rodapés dos jornais *Folha da Manhã* (1943-1945) e *Diário de São Paulo* (1945-1947). Foi presidente da União Brasileira de Escritores, Seção de São Paulo (1949-1950), e um dos dirigentes da revista *Argumento*, fechada pela ditadura militar.

Na área mais explicitamente política, Antonio Candido sempre se colocou numa posição de esquerda independente, atuando na resistência contra o Estado Novo e depois contra a ditadura militar imposta em 1964. Foi um dos fundadores da União Democrática Socialista (1945), cuja Esquerda Democrática, da qual era membro, veio a se transformar no Partido Socialista Brasileiro, em 1947. Essa atuação política que sobressaiu sobretudo em tempos de emergência, viria depois a se repetir na universidade, quando emprestou seu prestígio intelectual à formação da Associação dos Docentes da Universidade de São Paulo, como vice-presidente (1977-1979), e na política nacional, como membro fundador do Partido dos Trabalhadores (1980).

À procura da nação

Formação da literatura brasileira: momentos decisivos não constitui apenas um livro sobre os momentos fundamentais da formação específica de nossa literatura, no Arcadismo e no Romantismo. É sobretudo uma definição, através da literatura, dos traços marcantes de como nos imaginávamos no momento de nossa afirmação como nação politicamente independente. Essa afirmação poderia ser entendida como correlata a uma outra, vivida por Antonio Candido, advinda da situação pós-Segunda Grande Guerra, em que se proclamava o princípio de autodeterminação dos povos, conforme a Carta das Nações Unidas. Era esse também o momento da luta por uma descolonização mais ampla, que se alargava para as formas de dominação neocoloniais ou imperiais, não restritas apenas a suas implicações políticas, mas também sociais, econômicas e culturais.

A compreensão desse novo Brasil – que se pretendia soberano e desenvolvido – pedia então novas interpretações de nossa formação, matizando aspectos políticos, sociais, econômicos e culturais que repercutiam em nossa contemporaneidade. A base para essa reflexão provinha dos anos 1930 e inícios de 1940, através das obras de Gilberto Freyre, Caio Prado Jr. e Sérgio Buarque de Holanda – textos antropológicos e sócio-históricos já considerados clássicos, a serem retomados, às vezes reconfigurados, conforme as solicitações da nova situação histórico-cultural, de caráter mais empenhado, no sentido de suprir as carências de nosso subdesenvolvimento. É de se assinalar que a publicação da *Formação* foi antecedida um ano antes pela publicação de *Os donos do poder*, de Raymundo Faoro e, no mesmo ano, por outra "formação" – a *Formação econômica do Brasil*, de Celso Furtado.

Desejava-se, pois, um novo Brasil – imagem construída em várias áreas das ciências sociais, a partir do diagnóstico de nossas carências históricas. Essa reconfiguração construída à esquerda, para que tomássemos "consciência de nosso subdesenvolvimento"[4], era avessa ao ufanismo, dominante na atmosfera do Estado Novo getulista e que persistia, com seus efeitos imobilistas, no pensamento conservador dos anos 1950. Reinterpretava-se o Brasil para sua transformação – um desejo com traços semelhantes, em termos de inclinação para atitudes libertárias, aos dos árcades e românticos, conforme pode ser observado no capítulo "O nacionalismo literário", da *Formação*:

> A Independência importa de maneira decisiva no desenvolvimento da idéia romântica, para a qual contribuiu pelo menos com três elementos que se pode considerar como redefinição de posições análogas do Arcadismo: (a) desejo de exprimir uma nova ordem de sentimentos, agora reputados de primeiro plano, como o orgulho patriótico, extensão do antigo nativismo; (b) desejo de criar uma literatura *independente, diversa,* não apenas uma *literatura*, de vez que, aparecendo o Classicismo como manifestação do passado colonial, o nacionalismo literário e a busca de modelos novos, nem clássicos nem portugueses, davam um sentimento de libertação relativamente à mãe-pátria; finalmente (c) a noção já referida de atividade intelectual não mais como prova de valor do brasileiro e esclarecimento mental do país, mas tarefa patriótica na construção nacional.[5]

É evidente que a literatura do Brasil fazia parte das literaturas ocidentais, mas os românticos queriam rejeitar esse parentesco, procurando um ponto de partida idealizado na mamãe-terra. O momento era de afirmação política da diferença brasileira, do reconhecimento de nossa independência também no plano do imaginário. Só o tempo trouxe aos escritores brasileiros a consciência de que essa diferença tinha suas origens nas matizações sofridas no país por uma literatura organicamente vinculada às da Europa. Para Antonio Candido, ao contrário do que imaginavam os românticos, nossa literatura – como toda cultura dominante no Brasil – foi-nos imposta, constituindo um produto da colonização. Não era um prolongamento das culturas locais, como sonhavam, mas um transplante da literatura portuguesa. Nesse sentido, o crítico logo nas primeiras páginas da *Formação* indica que

> Há literaturas de que um homem não precisa sair para receber cultura e enriquecer a sensibilidade; outras, que só podem ocupar uma parte de sua vida de leitor, sob pena de lhe restringirem irremediavelmente o horizonte. [...] A nossa literatura é galho secundário da portuguesa, por sua vez arbusto de segunda ordem do jardim das Musas... Os que se nutrem apenas delas são reconhecíveis à primeira vista, mesmo quando eruditos e inteligentes, pelo gosto provinciano e falta de senso de proporções. [...] Comparada às grandes, a nossa literatura é pobre e fraca. Mas é ela e não outra, que nos exprime.[6]

Essa condição subalterna aponta, em termos de valoração, para o conjunto da literatura e não para produções individualizadas. Não exclui, pois, a possibilidade de obras individualmente relevantes. Nossa literatura viria de um processo de inculcação de valores do processo colonial, e, para o crítico, torna-se necessário adquirir consciência crítica deles, para assim reverter o quadro da dependência, que extrapola esse momento histórico – um processo que, como marcas da colonização, adquire novas roupagens, em outras situações históricas de nossa cultura. Para os românticos, colocava-se, então, a necessidade de se buscarem assuntos diferentes dos veiculados na Europa, mas acabaram restritos a uma operação de substituição como a ocorrida com o indianismo. É interessante observar a perspectiva histórica de Antonio Candido em relação ao tratamento desse tema:

> Em nossos dias, o neo-indianismo dos modernos de 1922 (precedido por meio século de etnografia sistemática) iria acentuar aspectos autênticos da vida do índio, encarando-o, não como gentil-homem embrionário, mas como primitivo, cujo interesse residia precisamente no que trouxesse de diferente, contraditório em relação à nossa cultura européia. O indianismo dos românticos, porém, preocupou-se sobremaneira em equipará-lo qualitativamente ao conquistador, realçando ou inventando aspectos do seu comportamento que pudessem fazê-lo ombrear com este – no cavalheirismo, na generosidade, na poesia.[7]

A consciência crítica dos modernos permitiu-nos imaginar assim uma diferença mais funda que a dos românticos, embalados por um mecanismo de compensação: a busca de um equivalente nacional aos pretensamente altivos cavaleiros medievais. Menos evidente mas mais importante que essas operações de substituição foi a adaptação dos gêneros às necessidades de expressão dos sentimentos nacionais. São essas formas que vão se acentuar à medida que o sentimento de nacionalidade – entendido aqui como extensão das relações de parentesco – tornou-se mais evidente por afastar-se de impregnações ideológicas coloniais, propiciando à literatura brasileira adquirir uma dicção própria.

Sistema literário nacional

Na *Formação*, a literatura brasileira é apresentada como "síntese de tendências universalistas e particularista"[8], nos *momentos decisivos* – isto é, os momentos estudados, de acordo com um critério qualitativo, tendo em vista a caracterização dos traços predominantes de nossa literatura. Para a compreensão dessa formação, é necessário, segundo o autor, distinguir *manifestações literárias* de *literatura* propriamente dita. A literatura envolve um "sistema de obras ligadas por denominadores comuns, que permitem reconhecer as notas dominantes duma fase"[9]. O sistema envolve uma articulação orgânica entre autor-obra-público, pressupondo

> a existência de um conjunto de produtores literários, mais ou menos conscientes de seu papel; um conjunto de receptores, formando os diferentes tipos de público, sem os quais a obra não vive; um mecanismo transmissor (de modo geral, uma linguagem, traduzida em estilos), que liga uns a outros. [...] Quando a atividade de escritores de um dado período se integra em tal sistema, ocorre outro elemento decisivo: a formação da continuidade literária [...]. É a tradição [...] formando padrões que se impõem. [...] Sem essa tradição não há literatura como fenômeno de civilização.[10]

Como se trata de um sistema literário nacional – envolvendo escritores que têm seu horizonte cultural dirigido para a nação e manifestam em graus variáveis o desejo de fazer uma literatura brasileira –, Antonio Candido não considera como *literatura*, mas *manifestações literárias*, as produções anteriores. Faltariam a elas esse caráter sistêmico: *autores*, caracterizando a existência de uma vida literária; *públicos* permitindo sua veiculação; e *tradição*, para dar continuidade ao repertório literário. As *manifestações literárias* envolvem as produções do século XVI até meados do XVIII. A literatura brasileira se configura na segunda metade do século XVIII, ganhando consistência até meados do século XIX, quando o sistema se consolida, propiciando uma atividade literária regular.

As manifestações literárias, segundo o autor, constituem "período importante e do maior interesse, onde se prendem as raízes de nossa vida literária e surgem, sem falar dos cronistas, homens do porte de Antônio Vieira e Gregório de Matos"[11].

Nesse período houve predominância de valores locais (no caso, de Salvador, então capital do Brasil). A comunicação era feita diretamente com a metrópole, não se voltava para outras partes do país, ainda muito pouco desenvolvidas. O horizonte tornar-se-á nacional de forma mais abrangente, para a intelectualidade brasileira, a partir da descoberta do ouro em Minas Gerais e o deslocamento do eixo político para o Sul. Formaram-se novos centros urbanos e intensificou-se a vida cultural.

É nesse momento que a vida literária citadina propiciará o surgimento de grupos de escritores que desejavam ter uma literatura do país – um desejo historiado por Antonio Candido ao fazer sua *Formação*, "a história dos brasileiros no desejo de ter uma literatura"[12]. Há, pois, um *sentimento de missão*, uma *tomada de consciência* embalada pelo nacionalismo artístico[13]. É necessário que se entenda que a literatura brasileira "não *nasce*, é claro, mas se configura no decorrer do século XVIII, encorpando o processo formativo que vinha antes e que continuou depois"[14]. Configura-se, diante dos horizontes nacionais, o que antes constituíam manifestações de caráter local.

Para contar essa história, de acordo com o autor, seria imprescindível afastar-se de critérios deterministas, que não levassem na devida conta a especificidade da linguagem literária:

> [...] procurei mostrar a inviabilidade da crítica determinista em geral, e mesmo da sociológica, em particular quando se erige em método exclusivo ou predominante; e procurei, ainda, mostrar até que ponto a consideração dos fatores externos (legítima e, conforme o caso, indispensável) só vale quando submetida ao princípio básico de que a obra é uma entidade autônoma no que tem de especificamente seu. Esta precedência do estético, mesmo em estudos de orientação ou natureza histórica, leva a jamais considerar a obra como *produto*; mas permite analisar a sua função nos processos culturais.[15]

Essa especificidade do fator interno, estético, dentro do sistema, levou o crítico a afastar-se não apenas de uma perspectiva mecanicista, em que o literário seria uma decorrência do discurso histórico, mas também – pelas articulações entre os intelectuais do Brasil e do exterior – dos condicionantes meramente nacionais do texto literário, pois as sugestões que vêm de outras literaturas são bastante importantes para a própria dinamização do sistema literário brasileiro. Antonio Candido vê com muita desconfiança as manifestações de exotismo literário – a representação da *cor local* – que atende ao gosto do provinciano ou do estrangeiro que procura em nossa literatura o equivalente das imagens das bananas e dos abacaxis. Essa atitude indica, na verdade, uma submissão a essas imagens estereotipadas que nos têm sido continuamente impostas pelos estrangeiros. Trata-se de uma especialização que efetivamente não interessa ao país.

No capítulo "Literatura como sistema", Antonio Candido enuncia logo no primeiro páragrafo sua inclinação para "estudar a formação da literatura brasileira como síntese de tendências universalistas e particularistas"[16]. Isto é, ele procurará mostrar "o jogo dessas forças, universal e nacional, técnica e emocional, que a plasmaram como permanente mistura da tradição européia e das descobertas do Brasil"[17].

Como ocorre então, na dinâmica do sistema, a síntese entre o discurso sócio-histórico e o literário? Para Antonio Candido, a situação histórico-cultural (isto é, os fatores *externos*) tornam-se *internos* na realização textual. As formas literárias são assim históricas e sociais, sem deixarem de ter sua autonomia específica – uma autonomia relativa capaz de articular o social e o histórico. Melhor dizendo, a obra literária contém em suas formas internas esse social e histórico, evitando-se assim o paralelismo da historiografia positivista que desconsiderava a especificidade dos textos literários ao colocá-los como decorrência passiva dos fatos históricos. Mais: é própria da maneira de ser do texto literário a criatividade, a inovação artística. Na medida do possível, ele não se limita, pois, à reprodução dos repertórios culturais anteriores:

> Um poema revela sentimentos, idéias, experiências; um romance revela isto mesmo, com mais amplitude e menos concentração. Um e outro valem, todavia, não por copiar a vida, como pensaria, no limite, um crítico não literário; nem por criar uma expressão sem conteúdo, como pensaria também no limite, um formalista radical. Valem porque *inventam* uma vida nova, segundo a organização formal, tanto quanto possível nova, que a imaginação imprime a seu objeto.[18]

Ao refletir assim sobre as relações da nossa literatura com a história da nação, Antonio Candido nos mostra os mecanismos pelos quais aprendemos a nos ver e a nos imaginar – mecanismos de sentido prospectivo, atraídos por futuro a ser continuamente inventado. Essa maneira de ver a literatura em sua autonomia relativa é extensiva – entendemos – para todos os campos artísticos e não-artísticos de nossa cultura, onde o sistema nacional entra em interação com outros sistemas e, em particular, com um campo intelectual de caráter supranacional. É evidente que relações de poder simbólico atravessam esse campo, com implicações político-culturais. Há sempre a necessidade de se considerar onde o indivíduo, seja ele autor ou crítico, tem os seus pés e por onde circula a sua cabeça.

Uma *literatura congregada*: configura-se o sistema literário brasileiro

O Arcadismo é o momento decisivo em que a literatura adquire, no Brasil, *características orgânicas de um sistema*[19]. Reproduz-se no Brasil o sentido renovador que essa tendência literária adquiriu em Portugal, através de grupos de escritores que conseguiam construir um público para suas obras. Era o movimento das academias que rompia com o isolamento dos escritores anteriores que, embora pudessem ter feito produções de interesse artístico (foram poucos os casos realmente significativos, como os de Anchieta, Antônio Vieira, Gregório de Matos), valeram mais pela singularidade individual de suas produções. Como indica a *Formação*, essas produções tiveram repercussões locais e não conseguiram formar uma *tradição*, devido à não-configuração orgânica da articulação *sistema-obra-público*.

Foi fundada em 1759, na Bahia, a Academia dos Renascidos, cujos integrantes não deixaram de lado um dos interesses centrais dos Setecentos brasileiros, que o passaria como legado ao século seguinte: o da epopéia nativista, dando categoria estética aos feitos da crônica local. A primeira academia baiana, dos Esquecidos, desincumbira-se em prosa, com a *História da América Portuguesa*, de Rocha Pita.[20]

A Academia dos Renascidos procurou congregar acadêmicos de outras partes da colônia: seu horizonte já não se circunscrevia à atmosfera local. Essa inclinação para uma visão conjunta da colônia – o sentimento nativista adquirindo traços de sentimento nacional – vai tornar-se mais evidente com o deslocamento do eixo político e econômico para o Sul e a maior presença do ideário iluminista. Modificava-se o mapa demográfico do país, com implicações na vida social: maior número de cidades, que se intercomunicavam, embora os vazios fossem ainda acentuados. Desenhava-se um rosto próprio para o Brasil, que gradativamente se conscientiza de sua individualidade e passa a ter aspirações diferenciadas. Configura-se para as elites brasileiras a idéia de que o país já não era o espelho de Portugal. Dessa forma, na afirmação da idéia de independência, os ideais libertários de Rousseau e dos enciclopedistas passaram a embalar cada vez mais as novas academias. Em 1795, foi fechada a Sociedade Literária do Rio de Janeiro: para as autoridades coloniais, seus membros eram subversivos.

O ambiente para produção literária, nos meados do século XVIII, era entretanto muito pobre, conforme indica Antonio Candido. Produzia-se e veiculava-se uma subliteratura cheia de lugares-comuns – um subproduto, quase sempre, da vida religiosa e do provincianismo das classes dirigentes. É a partir dessa base que se iniciará uma tradição de rupturas. A primeira delas virá através de um dos Renascidos – o primeiro grande nome, que se situa "no limiar do novo estilo: Cláudio Manuel da Costa"[21] – título de um dos capítulos da *Formação...* Esse é um dos *momentos decisivos* da poesia brasileira. Com sensibilidade, Cláudio Manuel da Costa (1729-1789), formado dentro de uma ótica européia, procurou ajustar sua visão para melhor observar sua terra natal, Minas Gerais. E o fez de forma ambivalente:

> A convenção arcádica vai corresponder a algo de mais fundo que a escolha de uma norma literária: exprime ambivalência de colonial bairrista, crescido entre os duros penhascos de Minas, e de intelectual formado na disciplina mental metropolitana. Exprime aquela dupla fidelidade afetiva de um lado, estética de outro, que o leva a alternar a invocação do Mondego com a do Ribeirão do Carmo [...] Os pastores de Cláudio encarnam freqüentemente o drama do artista brasileiro, situado entre duas realidades, quase diríamos duas fidelidades. Há sem dúvida algo mais que retórica se o poeta escreve:
>
> "Torno a ver-vos, ó montes: o destino
> Aqui me torna a por nestes oiteiros,
> Onde um tempo os gabões deixei grosseiros
> Pelo traje da Corte, rico e fino." (Son. LXII)
>
> E é sincero quando afirma o apego tanto a Portugal quanto ao Brasil; pois ali estão as normas cultas a que se prende; aqui, as raízes da emoção e o objeto do seu interesse humano.[22]

Esse movimento renovador fez-se igualmente sob os influxos da Arcádia Lusitana, que atuava em Lisboa, desde 1756, tendo como atmosfera o reformismo político-cultural português densenvolvido pelo ministro marquês de Pombal. Dentro das perspectivas abertas por essa forma de despotismo que se pretendia esclarecido proveniente da metrópole, formou-se uma nova geração de escritores brasileiros (todos formados em Coimbra), onde Basílio da Gama (1741-1795) e Silva Alvarenga (1749-1814) mostravam-se "acentuadamente pombalinos no pensamento e muito libertos na forma"[23]. Outros, mais presos aos cânones clássicos, seguiam os caminhos abertos por Cláudio Manuel da Costa, como Alvarenga Peixoto (1744-1793) e Tomás Antônio Gonzaga (1744-1810).

Poeta de transição, entre o Arcadismo e o Barroco, Cláudio Manuel da Costa pode ser alinhado ao lado do frade José de Santa Rita Durão (1722-1784). Seus horizontes poéticos eram prefigurados por padrões do século XVI, em especial Camões. O poema épico *Caramuru* (1781), publicado na geração de Gonzaga, vincula-se esteticamente à de Cláudio. Nesse poema ele faz um balanço do processo colonizador, "em estilo neocamoniano em que os resquícios cultistas se misturam a traços da cosmisão de seu tempo"[24], valorizando-o como meio de implantação do catolicismo. Releva, então, a derrota dos invasores estrangeiros e a imposição de sua ordem – a ordem católica européia – aos "indisciplinados índios" (a "desordem" socioeconômica e cultural a ser evitada). Sua descrição da natureza é hiperbólica:

> Das frutas do país a mais louvada
> É o régio ananás, fruta tão boa.
> Que a mesma natureza namorada
> Quis como a rei cingi-la da coroa.

Esse balanço da colonização, em que se destaca esse brilho da natureza tropical – a *cor local* folclórica cujos repertórios virão até à atualidade – será retomado pelas tendências nativistas que acentuariam a idéia de independência. Mais moderno e mais "ilustrado" é o poema *Uraguai* (1769), de Basílio da Gama. Este último, na forma (utilização de versos brancos, ao contrário do classicismo de Durão) e no conteúdo, prenuncia o Romantismo: o poeta adere afetivamente aos índios, cujas culturas são dizimadas em contato com o europeu. Surge aí o indianismo – o índio como símbolo da pátria –, mas um símbolo descrito em passos tristes, quando o poeta o mostra

> Hesitante em face da aventura a que o lançavam, como se vê na bela fala de Cacambo [personagem desse poema épico]:
> "Gentes da Europa, nunca vos trouxera
> O mar e o vento a nós! Ah! Não debalde
> Estendeu entre nós a natureza
> Todo esse plano espaço imenso das águas".

Embora ressalte a sua valentia, a nota principal do *Uraguai* parece o sentimento (bem setecentista) da irrupção do homem das cidades no equilíbrio de uma civilização natural, cujo filho surge como vítima de espoliação inevitável, pois

> "O sossego da Europa assim o pede".[25]

E será contra o "sossego da Europa" que se manifestarão no país as tendências ilustradas do governo de Pombal. Foi em torno de poetas que se organizou a Inconfidência Mineira (1789), dela participando Cláudio Manuel da Costa, Alvarenga Peixoto e Tomás Antônio Gonzaga. O destino de Cláudio Manuel da Costa foi trágico: a prisão levou-o ao suicídio. Os dois outros foram deportados para a África.

Entre esses poetas, Antonio Candido destaca Gonzaga, poeta "de uma crise afetiva e de uma crise política, diferente nisto de Cláudio, cuja atividade parece um longo, conscencioso artesanato de escritor"[26]. Sua poética fez-se a partir do repertório da Arcádia Lusitana e de Cláudio Manuel da Costa para configurar um lirismo amoroso construído com base numa experiência individual concreta: sua paixão (Gonzaga é a personagem Dirceu) por Marília (Maria Dorotéia Joaquina de Seixas), em *Marília de Dirceu* (a primeira compilação desse texto é de 1792). É a mulher brasileira que começava a ser representada na poesia brasileira:

> Fito os olhos na janela,
> Aonde, Marília bela,
> Tu chegas ao fim do dia.

É de sua autoria o poema satírico *Cartas chilenas* (1789), no qual analisa a vida social de Vila Rica. As cartas, escritas por Critilo e dirigidas a Doroteu, criticam os desmandos do Fanfarrão Minésio, o governador Luís da Cunha Menezes. A posição de Gonzaga-Critilo é aristocrática, não aceitando seu populismo. Trata-se, pois, de uma atitude de revolta de quem está no topo de uma sociedade hierarquizada, mas que acaba por atingir o sistema colonial e suas iniqüidades: "daí o seu significado político e o valor de índice de uma época. Se, enquanto homem humilhado, queria que a verrina significasse desforço", enquanto "homem público notava as desarmonias entre a autoridade e a sociedade"[27].

Outro árcade foi Silva Alvarenga (1749-1814), com importante papel formador de intelectuais do Rio de Janeiro que vieram a participar da Independência. O poeta apoiou as reformas pombalinas do ensino universitário em seu livro *O desertor* (1774). Sua obra literária mais relevante foi *Glaura* (1799), que "partiu de Basílio como este partira dos primeiros árcades, levando às últimas conseqüências a busca da naturalidade, que nele se exprime pelo sentimentalismo algo lamurioso na psicologia e, na forma, melopéia adocicada"[28]. Uma atitude semelhante à de Silva Alvarenga é de se registrar em Sousa Caldas (1762-1814), que chegou a ser processado pela Inquisição.

Em *Glaura*, Silva Alvarenga fez poemas de grande musicalidade, os rondós. A procura da musicalidade já havia sensibilizado Tomás Antonio Gonzaga, que teve muitos poemas musicalizados. Será entretanto um outro poeta – Caldas Barbosa (1738-1800), filho de português e de uma escrava – que difundirá a modinha brasileira (os lunduns, de origem africana) na corte lisboeta. Sua linguagem, em *Viola de Lereno* (1798, 1826), valeu-se de um léxico mestiço, próprio da fala popular brasileira:

> Nhanhá faz um pé de banco
> Com seus quindins, seus popôs,
> Tinha lançado os seus laços,
> Aperta assim mais os nós
> ("Lundum em ouro", etc.)[29]

Arcadismo e Romantismo: continuidade e ruptura

Um fato histórico foi a essa época decisivo para o país: a transferência de d. João VI e da corte metropolitana para o Brasil, em face da invasão de Portugal por Napoleão Bonaparte. Intensificou-se então a vida cultural da capital, o Rio de Janeiro: escolas superiores, bibliotecas, jornais, teatros etc. E o Brasil, que até então só se comunicava com Portugal, pode então fazê-lo com os outros países europeus, passando em 1816 à categoria de Reino Unido. Essa elevação política não teria retorno, constituindo uma etapa para nossa independência política (1822).

Do ponto de vista literário, após a geração anterior dos árcades, instaurou-se um período de "formação da rotina" (título do capítulo VI)[30], de muita exaltação patriótica e pouca criatividade artística. Não obstante essas restrições, estão aí as bases para uma literatura que também pretendia encontrar a sua identidade. Volta então o nativismo pitoresco que vinha dos tempos coloniais – a descrição da natureza exuberante e os temas indígenas. Esse exotismo literário atendia, por outro lado, ao gosto dos pré-românticos franceses que aqui estiveram, em especial Ferdinand Denis, que reconheceu a existência de uma literatura brasileira autônoma da portuguesa e que se pautava pela ênfase na descrição da natureza tropical e na valorização de temas nacionais. A influência desse grupo se fez sentir na geração de escritores pós-independência:

> Assim, pois, os Taunays, Corbière, Monglave, Denis, Gavet e Boucher formam um autêntico pré-romantismo franco-brasileiro. As suas obras foram certamente conhecidas da juventude que se formava depois da Independência, fornecendo sugestões para a exploração literária de temas locais, que dignificavam por uma espécie de chancela européia, sempre necessária às nossas iniciativas intelectuais e artísticas.[31]

É de observar as tensões enunciadas por Antonio Candido sobre as interações de nosso sistema literário com os da Europa. De um lado, há uma "solidariedade estreita"[32] entre o Arcadismo e o Romantismo no Brasil, fato que comprova a configuração de nosso sistema literário. De outro, a essa continuidade histórica soma-se uma ruptura estética romântica que virá sob influxos europeus (franceses) e que aparecerão no manifesto de autoria de Gonçalves de Magalhães (1811-1882), líder de um grupo literário brasileiro em Paris, publicado na revista *Niterói* (1836) aí editada. Em 1834, uma comunicação de integrantes desse grupo ao Instituto Histórico de Paris já assinalara que

> há no Brasil uma continuidade literária, um conjunto de manifestações do espírito, provando a nossa capacidade e autonomia em relação a Portugal. Exprime-se de modo vago e implícito a idéia [...] de que alguns brasileiros, como Durão, Basílio, Sousa Caldas, José Bonifácio, haviam mostrado o caminho a seguir, quanto a sentimentos e temas. Bastava prosseguir no seu esforço, optando sistematicamente pelos assuntos locais, o patriotismo, o sentimento religioso.[33]

Esse nacionalismo contribuiu para a *tomada de consciência* dos escritores brasileiros. Havia, como indicamos anteriormente, o desejo de construir uma literatura brasileira. Isto é, os românticos desejavam uma literatura identificada com sua individualidade pessoal (expressa sobretudo nos poemas líricos) e a individuação nacional do Brasil (presente marcadamente no indianismo). Ao confluir para o romantismo, essa tendência para a identidade nacional/pessoal acaba vinculada à manifestação do particular concreto do país, afastando-se, portanto, dos padrões universais clássicos.

É necessário ressaltar que ao mesmo tempo em que Antonio Candido vai historiando linhas de continuidade e de rupturas da literatura brasileira, ele não deixa de avaliar o nível artístico de nossos escritores, analisando as linhas de construção de suas produções mais paradigmáticas. Não deixa de indicar, por exemplo, que os primeiros românticos de nossa literatura eram irrelevantes do ponto de vista artístico. Era esse o caso, por exemplo, de Gonçalves de Magalhães, embora fosse "durante pelo menos dez anos [...] a personificação da própria literatura brasileira", por sua enérgica atuação no Brasil e no exterior. Suas produções literárias foram pobres, sem maior valor artístico. Magalhães representa, para Antonio Candido, a literatura oficial:

> Ele e seus amigos – a sua corte, poder-se-ia dizer – representavam certo meio-termo universal, ajeitado às conveniências da burguesia bem pensante. Meio-termo entre os clássicos (que ainda constituíam a base da educação e o mais alto exemplo) e o Ultra-romantismo, que por aqui se desenvolveu desde 1850; meio-termo entre o individualismo estético e o decoroso "respeito humano". Em sua companhia, não havia temer perigos ou surpresas desagradáveis [...].[34]

Dentro dessa experiência romântica, o primeiro escritor que a *Formação* aponta como tendo valor artístico é Gonçalves Dias (1823-1864), autor de algumas obras de qualidade da poesia indianista brasileira como o poema *I-Juca Pirama* – o herói que vai ser sacrificado por uma tribo inimiga, que segue o rito dos índios (e os valores a ele subjacentes):

> Meu canto de morte,
> Guerreiros, ouvi:
> Sou filho das selvas,
> Nas selvas cresci;
> Guerreiros, descendo
> Da tribo tupi.[35]

Ao contrário das esferas oficiais que consideravam Magalhães "o reformador da literatura brasileira e o patriarca do estilo novo", a maioria dos poetas e mesmo jornalistas considerava Gonçalves Dias como "o verdadeiro criador da literatura" nacional[36]. Para Antonio Candido, ele foi um "acontecimento decisivo da poesia romântica"[37], pois formou uma tradição entre os bons poetas seguintes, de Junqueira Freire a Castro Alves, e isso foi possível porque sua poética constituiu uma experiência nova, tanto no tratamento dos temas quanto no da forma artística.

Uma literatura nova para um país novo

Gonçalves Dias parece reunir em sua poética uma universalidade simbólica capaz de satisfazer as expectativas do nacionalismo literário brasileiro nesse primeiro momento. A aspiração nacionalista se mostraria entretanto ainda detalhista, ao buscar abrangência nas diversidades locais para ver o país, assim, de corpo inteiro, através da descrição da paisagem física e humana do conjunto do território. Seria o momento, pois, de se imaginar o país na particularidade de seus lugares, a serem mapeados pela literatura, bem como no conjunto dos acontecimentos que marcaram sua história, seu cotidiano, seus costumes. Para Antonio Candido, esse projeto nacionalista

> fez do romance verdadeira forma de pesquisa e descoberta do país. A nossa cultura intelectual encontrou nisso um elemento dinamizador de primeira ordem, que contribuiu para fixar uma consciência mais viva da literatura como estilização de determinadas condições locais. O ideal romântico-nacionalista de criar a expressão nova de um país novo encontrava no romance a linguagem mais eficiente.[38]

Essa ênfase nos aspectos descritivos das regiões brasileiras e de seus costumes certamente contribuiu para a fraca tensão psicossocial na caracterização das personagens dos primeiros romances brasileiros. Para tanto, seria desejável que tivessem ocorrido articulações mais criativas entre aspectos geográficos e seus atores sociais. Talvez não pudesse ter sido diferente: o fraco desenvolvimento da sociabilidade urbana tornava pouco provável a construção de caracteres psicológicos mais elaborados – um dado referencial que se modificaria no decorrer do século. Se até os inícios do século XIX se registrou na sociedade brasileira uma estratificação simples dos grupos familiares dominantes, por sobre uma grande massa de escravos e indivíduos considerados desclassificados, a partir da vinda da família real portuguesa para o Brasil, o crescimento do corpo burocrático, a necessidade de novos comerciantes (maior circulação de riquezas) e o deslocamento de fazendeiros do campo para a cidade tiveram como conseqüência o adensamento da população urbana do país. Surgem então novos padrões de conduta e solicitações intelectuais e artísticas de caráter mais crítico.

O romance nacional promove, desde suas origens, a configuração do modo de vida brasileiro. É por força dos localismos que o romance regionalista conflui para o histórico, trazendo tipos brasileiros em suas vidas em sociedade, na cidade e no campo. Já o romance indianista busca, como foi indicado, uma origem simbólica para o país nas sociedades indígenas. Antonio Candido divisa três espaços a serem mapeados pelo projeto romântico (cidade, campo e selva), que será desenvolvido de forma mais integral por José de Alencar (1829-1877). Inspirado em Balzac, que procurou representar o conjunto da vida francesa, Alencar fez romance indianista fixando

> um dos mais mais caros modelos da sensibilidade brasileira: a do índio ideal, elaborado por Gonçalves Dias, mas lançado por ele na própria vida quotidiana. As Iracemas, Jacis, Ubiratãs, Aracis, Peris, que todos os anos, há quase um século, vão semeando em batistérios a "mentirada gentil" do indianismo, traduzem a vontade profunda do brasileiro de perpetuar a convenção, que dá a um país de mestiços o álibi duma raça heróica, e a uma nação de história curta, a profundidade do tempo lendário.[39]

Um segundo Alencar é o das mocinhas e dos moços bem-comportados, construídos como se fossem sempre bons e dedicados, em narrativas ambientadas na cidade e no campo. Na verdade, essas estruturas discursivas seguem perspectivas do gosto urbano, de caráter burguês. Há entretanto um Alencar de temas profundos, que se opõe à pieguice sentimental de muitas de suas narrativas, com personagens mais ambíguas e de maior densidade humana. Essas facetas literárias que apontam para uma personalidade criativa, capaz de construir personagens em oposição ao espaço social, são contrárias às marcas biográficas do cidadão José de Alencar – um político conservador.

É de relevar o fato de que Alencar contribuiu para formar no país expectativas literárias dirigidas à sensibilidade mais específica do leitor brasileiro. Não se pode esquecer, entretanto, que foi da autoria de Joaquim Manuel de Macedo a maior adequação alcançada entre texto/expectativas da classe média urbana – o romance *A moreninha* (1844). Esse leitor era atraído pelas técnicas dos folhetins que os escritores brasileiros procuravam incorporar, adaptando à ambiência nacional produtos então importados (traduções e narrativas portuguesas). Se o impacto de Macedo se deu em sua própria época, mais impactante a longo prazo foi Manuel Antônio de Almeida (1831-1861) que com apenas 20 anos de idade publicou numa série de folhetins (1852-1853) seu único livro – *Memórias de um sargento de milícias*. Apresenta nesse romance, sem estereótipos retóricos, uma boa caracterização da vida social do Rio de Janeiro.

Em relação aos romancistas mais especificamente regionalistas, é de recordar que essa tendência iniciada no Romantismo vem até à atualidade. No século XIX, a *Formação* abre espaço para dois deles: Franklin Távora (1842-1888) e Alfredo d'Escragnolle Taunay (1843-1899). O primeiro, nordestino, considerava que a literatura de sua região tinha identidade própria, diferente da do Sul do país (entenda-se, Rio de Janeiro). Essa posição exemplificaria a tensão localismo *versus* centralismo indicada por Antonio Candido, na política e na cultura do país. Taunay, de formação cosmopolita, autor de um romance bem realizado (*Inocência*, 1872), junto com Bernardo Guimarães (1825-1884), foram "viajantes do sertão"[40]. Bernardo Guimarães, autor de *A escrava Isaura* (1875), já se insere de forma mais decisiva no movimento de idéias dos anos 1870 e 1880: correntes européias anti-românticas e socialistas.

Poesia: cria-se um público

A formação de uma elite intelectual e política mais voltada para a maneira de ser do brasileiro foi facilitada pela fundação das faculdades de direito em Pernambuco e em São Paulo (1827). À maneira de Coimbra, em Portugal, constituía-se uma vida acadêmica cuja atividade intelectual e artística era canalizada para a literatura, com poetas bastante jovens. Estes, classificados na segunda geração romântica (os portugueses os classificam como ultra-românticos), pareciam sofrer de complexo de culpa por afastarem-se da ênfase nacional dos primeiros românticos. Vem deles a visão estereotipada do poeta romântico: poetas que morrem cedo, após curta vida dilacerada entre "castos suspiros e desregramentos carnais"[41]. Na verdade, esses poetas, de acordo com a *Formação*, devem ser entendidos dentro de um jogo de máscaras – uma forma de sociabilidade, o faz-de-conta, pode-se entender – próprio de uma ambiência urbana mais abstrata.

São atores contraditórios, que em sua boêmia não aceitavam a vida burocratizada, refugiando-se num lirismo egótico ou mesmo, no outro pólo de expressão, na obscenidade. Entre os poetas dessa geração, Antonio Candido destaca Álvares de Azevedo (1831-1851), que, por seu espírito crítico e gosto da contradição, traz as principais tensões psíquicas de sua geração. A poesia sentimental intimista anima um público burguês através dos versos delicados de Casimiro de Abreu (1839-1860) ou mais agressivos de Junqueira Freire (1832-1855), de Fagundes Varela (1841-1875), mas sobretudo de Bernardo Guimarães. Persistia nessa época o hábito de musicar as letras dos poemas — uma tendência que vinha do século XVIII. Essa circunstância relativa à sociabilidade da recepção social da poesia era simultânea à leitura individualizada dos poemas e dos romances.

Embora fosse em essência um ultra-romântico, Fagundes Varela iniciou o lirismo social — última tendência romântica do século XIX. Engajada nas perspectivas libertárias do abolicionismo, essa terceira geração romântica terá como figura paradigmática Castro Alves (1847-1871) — poeta eloqüente que mesclava "poesia e oratória"[42], para mobilizar as massas estudantis e intelectuais na campanha abolicionista.

De forma sintética, deve ser observado que as tendências românticas seguiram figurinos europeus, aqui atualizados sob matização da série literária nacional: Ossian e Chateaubriand marcaram o indianismo; Byron, Heine, Hoffmann e Musset, a segunda geração; e Victor Hugo, a terceira. Essa presença européia foi correlata à situação histórico-cultural do país, mas constituiu, de acordo com Antonio Candido, uma interferência dinamizadora da continuidade literária brasileira.

Como última etapa de leitura da *Formação*, é focalizada a consciência literária brasileira, que possui suas raízes na crítica romântica, que por sua vez ensejou a formação de uma teoria da literatura brasileira. O sistema literário amadurecido já possui, então, suas formas canônicas — uma referência interna, redefinida pela *Formação*, quando estabelece os textos básicos da configuração de nossa literatura. Para essa consciência contribuíram textos críticos de nossos escritores e de críticos e historiadores literários. Destaque-se dentre os últimos a atuação de Joaquim Norberto (1820-1891).

A formação dessa consciência (consciência crítica em relação à imagem do Brasil) ganhou densidade nos anos 1870 e 1880 pela influência do positivismo e evolucionismo, que sensibilizava o campo intelectual brasileiro e chegava às classes médias citadinas, num movimento mais abrangente. É desse tempo o livro *O abolicionismo* (1883) e *Um estadista do Império* (três volumes, 1897-1899), de Joaquim Nabuco (1849-1910). Fazem-se sentir na literatura as influências de Sílvio Romero (1851-1914) e depois de José Veríssimo (1857-1916) e Araripe Júnior (1848-1911). Essa forma de consciência do Brasil e de seu sistema literário já se processa e se discute de forma mais regular entre os intelectuais. Mais importante é notar que o sistema se alimenta da anonimidade de seus atores sociais: o que conta é o conjunto dos escritores que veiculam seus textos através de múltiplos veículos. É nesse momento que toma relevo a obra de Machado de Assis (1839-1908) — autor do ensaio *Instinto de nacionalidade* (1873), em que considera superados o indianismo e o localismo. Defende nesse texto uma literatura que vá além dos modismos, para formar um *sentimento íntimo* que em sendo atual e do país seja também universal. Machado mostra-se o ponto de chegada da estratégia discursiva da *Formação*, configurando-se com ele plenamente a literatura brasileira enquanto sistema amadurecido. Por um lado, ao voltar-se para a literatura do país, Machado de Assis

Compreendeu o que havia de certo, de definitivo, na orientação de Macedo para a descrição dos costumes, no realismo sadio e colorido de Manuel Antônio, na vocação analítica de José de Alencar. Ele pressupõe a existência de predecessores, e esta é uma das razões da sua grandeza: numa literatura em que, a cada geração, os melhores recomeçam *da capo* e só os medíocres continuam o passado, ele aplicou o seu gênio em assimilar, aprofundar, fecundar o legado positivo das experiências anteriores.[43]

Mas não é só: conforme a dialética da contradição que marca a construção da *Formação*, Antonio Candido indica que, se Machado segue com consciência crítica um Macedo, um Manuel Antônio de Almeida ou um Alencar, ele não deixa de receber conscientemente influxos dos sistemas literários de outros países com os quais se articula o brasileiro, recebendo-os para os combinar com as sugestões locais:

> Assim, se Swift, Pascal, Schopenhauer, Sterne, a Bíblia ou outras fontes que sejam, podem esclarecer a sua visão do homem e a sua ténica, só a consciência da sua integração na continuidade da ficção romântica esclarece a natureza de seu romance. O fato de haver presenciado a evolução do gênero desde o começo da carreira de Alencar habilitou-o, com a consciência crítica de que sempre dispôs, a compreendê-lo, avaliar o seu significado e sentir-lhe o amadurecimento. Prezou sempre a tradição romântica brasileira e, ao continuá-la, deu o exemplo de como se faz literatura universal pelo aprofundamento das sugestões locais.[44]

A consciência crítica da maneira de ser da cultura brasileira nutre-se, pois, da dialética contraditória entre o local e o universal. De um lado, há a historicidade da tradição interna, que teve suas origens no processo de inculcação colonial e estabelece uma linha de continuidade; de outro, os repertórios de circulação entre os sistemas culturais articulados ao do Brasil. Entre os dois pólos (interno/externo) abrem-se espaços para relevar carências, que favorecem uma *tomada de consciência*, conforme a perspectiva da crítica empenhada da *Formação*, aqui alargada para o conjunto da cultura. Essa *tomada de consciência* – uma maneira crítica de nos ver e de nos imaginar como comunidade nacional – reúne condições, então, tanto no particular da série literária como no de outras séries de nossa cultura, de levar ao *aprofundamento das sugestões locais* formas de nosso imaginário que se fazem assim universais.

NOTAS

[1] São Paulo, Martins, 1959, 2 v. As referências deste texto são de sua quinta edição (São Paulo/Belo Horizonte, Editora da Universidade de São Paulo/Itatiaia, 1975, 2 v.).

[2] São Paulo, Revista dos Tribunais, 1945.

[3] Rio de Janeiro, José Olympio, 1964.

[4] Expressão de Antonio Candido em "Literatura e subdesenvolvimento" (*Cahiers d'Histoire Mondiale*, v. 12, n. 4. Unesco, 1970). Esse ensaio é parte do livro *A educação pela noite e outros ensaios* (São Paulo, Ática, 1987).

[5] V. 2, p. 11.

[6] V. 1, p. 9-10.

[7] V. 2, p. 20.

[8] V. 1, p. 23.

[9] Idem.
[10] V. 1, p. 23-4.
[11] V. 1, p. 24.
[12] V. 1, p. 25.
[13] V. 1, p. 26-7.
[14] V. 1, p. 16.
[15] V. 1, p. 16-7.
[16] V. 1, p. 23.
[17] V. 1, p. 28.
[18] V. 1, p. 35.
[19] V. 1, p. 43.
[20] V. 1, p. 81
[21] V. 1, p. 88.
[22] V. 1, p. 91.
[23] V. 1, p. 109.
[24] V. 1, p. 177.
[25] V. 1, p. 132-3.
[26] V. 1, p. 114.
[27] V. 1, p. 168.
[28] V. 1, p. 137.
[29] V. 1, p. 150.
[30] V. 1, p. 189-224.
[31] V. 1, p. 285-6.
[32] V. 1, p. 16.
[33] V. 2, p. 12-3.
[34] V. 2, p. 56.
[35] V. 2, p. 87.
[36] V. 2, p. 81.
[37] V. 2, p. 83.
[38] V. 2, p. 112.
[39] V. 2, p. 224.
[40] V. 2, p. 307.
[41] V. 2, p. 149.
[42] V. 2, p. 268.
[43] V. 2, p. 117-8.
[44] V. 2, p. 118.

MÁRIO PEDROSA E A BIENAL
(MODERNO, PRIMITIVO, NACIONAL E INTERNACIONAL)
Francisco Alambert

A V Bienal do Museu de Arte Moderna de São Paulo aconteceu em 1959. Ela encerrava triunfalmente os não menos triunfantes anos 1950. No ano seguinte, a década de 1960 estrearia aguardando ainda as grandes promessas do desenvolvimentismo (uma logo viria com a inauguração de Brasília) enquanto esperava, sem saber, a catástrofe reacionária do golpe militar. Dois anos depois daquela Bienal triunfal viria a VI, a Bienal de Mário Pedrosa.

O processo de transformação, transição, ou de novas "tomadas de consciência", como disse Hélio Oiticica sobre esse período, ocorria em amplos setores da cultura[1]. No campo da visualidade plástica, a depuração, a substituição de modelos por traços e caminhos próprios era um projeto que parecia viável, e a arte brasileira parecia chegar a resoluções e caminhos próprios na trajetória que vinha do Modernismo, passava pelo Concretismo e se consubstanciava na superação original da vanguarda neoconcreta. A Bienal do Museu de Arte Moderna de São Paulo faz parte desse percurso, na medida em que apresentou modelos trazidos da arte mundial e os ofereceu à deglutição criativa de nossas melhores inteligências plásticas, além de servir de espaço para a apresentação e debates (pelo menos em seus melhores momentos) dessa nova arte madura que ia surgindo no Brasil. E muita coisa surgia nesse contexto, pois, nesse mesmo ano de 1959, acontecia no Rio de Janeiro a primeira exposição do grupo Neoconcreto, onde Lygia Clark podia apresentar sua revolucionária série de esculturas manipuláveis chamadas *bichos*, bem como o crítico e poeta Ferreira Gullar os seus *poemas objetos*.

Na passagem dos anos 1950 para os anos 1960, a idéia de trilhar um caminho baseado na idéia de "substituição de importações" era um tema central tanto para a teoria estética quanto para as teorias econômicas progressistas[2]. Os economistas ligados à "teoria da dependência" pensavam um caminho parecido para os saltos de desenvolvimento que a vida econômica da América Latina podia dar no contexto do surto desenvolvimentista. No mesmo ano em que Hélio Oiticica fazia sua transição do quadro fixo para o espaço/tempo, a arte na vida, Celso Furtado publicava seu influente (não apenas no Brasil) estudo sobre a dependência econômica, o sentido de nosso "atraso" e os impasses de nosso (sub) desenvolvimento, a *Formação econômica do Brasil*. Se Oiticica preparava a passagem das experiências concretistas para chegar aos *parangolés*, saindo da tela (e da galeria) para a vida (e a rua), economistas (de esquerda ou apenas desenvolvimentistas) também queriam a superação da dependência em nome da autonomia nacional criadora.

Foi também em 1959 que Antonio Candido tratou de reunir a experiência intelectual acumulada nas ciências sociais, na sistematização universitária da prática acadêmica renovada da Universidade de São Paulo e no ensaísmo literário brasileiro (com os olhos voltados para a idéia do "sentido da colonização", de Caio Prado Jr., da situação "estamental" da vida política nacional, segundo Raymundo Faoro, bem como nas obras precursoras de Gilberto Freyre e Sérgio Buarque de Holanda) e publicou seu trabalho seminal, a *Formação da literatura brasileira*. Ou que, nas telas dos cinemas e cineclubes, os jovens cineastas que inauguravam o Cinema Novo, a partir das obras pioneiras de Nelson Pereira dos Santos e de Roberto Santos, elaboravam as imagens da "fome" e da situação do mundo "subdesenvolvido", com sua luz particular, articuladas com diversas linguagens tomadas da vanguarda cinematográfica do pós-guerra (com o enorme sucesso que se conhece). E a Bienal foi parte desse processo, na medida em que o Cinema Novo vai se consagrar exatamente na Bienal seguinte, a VI, a Bienal de Mário Pedrosa, com a mostra em homenagem ao cinema brasileiro e a participação de críticos como Paulo Emílio Salles Gomes e cineastas como Glauber Rocha, conforme veremos.

A Bienal de 1959, que finalizou a euforia dos anos 1950, aconteceu nesse contexto, sob a responsabilidade do diretor artístico do MAM, Lourival Gomes Machado, e foi acompanhada de perto por Pedrosa, que, na ocasião, criticou a premiação que consagrou o pintor nipo-brasileiro Manabu Mabe, atitude que julgou fazer parte de uma "ofensiva tachista e informal", na contramão de todas aquelas transformações positivas: "de gosto inefavelmente japonês, as manchas de Mabe têm um poder emocional de fácil comunicabilidade, e com elas inaugura-se em definitivo a voga tachista no Brasil [...] e a geometria é, ao mesmo tempo, repelida com ódio"[3].

O tom dramático tinha sentido, como veremos. Pedrosa seria o último diretor artístico do museu a exercer a função de dirigir a mostra paulistana, em sua sexta edição de 1961, a última a compartilhar da organização do Museu de Arte Moderna de São Paulo. Sintomaticamente, o nome da instituição já desaparece dos créditos da mostra, que agora passaria a receber o "nome singelo" de "Bienal de São Paulo"[4]. Antes disso, porém, na V Bienal, a "Comissão de Honra" (ou o lugar para "agradecer" ou empossar os donos do poder em vitrine cultural) incluía todos os representantes de cargos públicos, desde o presidente até o prefeito de São Paulo, passando pelo vice-presidente da República, "todos os embaixadores e uma infinidade de secretários estaduais e municipais"[5]. Todo esse "oficialismo" já ia deixando claras as mudanças de rota na organização e os novos compromissos políticos que viriam. Às vésperas da inauguração da VI Bienal, Ciccillo declara ao jornal carioca *Correio da Manhã* que considera a mostra um "símbolo do prestígio brasileiro": "essa manifestação que hoje é recebida no exterior em igualdade de condições, como costumo dizer brincando, com Brasília, Café, Pelé"[6].

Na época da V Bienal, a política artística norte-americana em favor da sua estética "oficial", a *action painting*, já rendia frutos vitoriosos na Europa, especialmente após o sucesso da exposição "The new American painting" montada em Londres. A premiação apontava Manabu Mabe como uma versão nipo-brasileira do gestualismo americano ou europeu. Nesse contexto, Pedrosa clamava contra o fato de que nessa Bienal "a ofensiva tachista e informal já ocupa o acampamento do Ibirapuera", tanto como sinal da virada em direção aos interesses da política norte-americana quanto como contraponto antitético ao projeto abstrato-construtivo, tão apaixonadamente defendido por nosso crítico. Essa "ofensiva" tachista, aqui vitoriosa, permitiu que emergisse no terreno da Bienal um espaço para uma arte que fazia o gosto da classe média favorecida pelos anos do desenvolvimentismo. Foi contra essa circunstância que surgiu a única Bienal de responsabilidade de Mário Pedrosa.

Nesse clima, o nome de Pedrosa na organização da exposição gerou grandes expectativas no meio artístico mundial, porém, de certa forma, suas decisões seriam surpreendentes, iniciando um capítulo de mal-entendidos, que veremos daqui por diante. Para a historiadora Leonor Amarante, teria faltado ousadia ao tão "articulado" crítico: "o espaço que dedicou para obras de caráter histórico e museológico foi excessivo", diz ela[7]. Essa é mais ou menos a avaliação corrente sobre a Bienal organizada pelo crítico.

O tal "viés museológico" seria isto: o Paraguai compareceu com sessenta esculturas do "regime teocrático-paternalista dos jesuítas", feitas entre 1610 e 1667, sob organização do grande gravador brasileiro, Lívio Abramo. A Iugoslávia trouxe vinte reproduções de afrescos medievais de estilo bizantino, dos séculos XII ao XV; a Austrália, exposição de arte aborígine; o Japão apresentou uma exposição sobre a história de sua caligrafia; a delegação da Índia trouxe reproduções de afrescos e fotografias do santuário de Ajanta, conjunto de 29 cavernas que serviam aos budistas nos séculos II a. C. a VII d. C.

Por outro lado, fato inédito nas bienais paulistanas, Mário Pedrosa conseguiu trazer a São Paulo obras da União Soviética e, ainda, da Hungria, Romênia e Bulgária. Do bloco comunista, cabe ressaltar que Cuba enviou uma delegação composta por 41 artistas. A idéia inicial de Pedrosa era organizar uma grande retrospectiva do suprematismo e do construtivismo da primeira fase da Revolução de 1917, que não ocorreu por motivos burocráticos e diplomáticos. Resultou então que foram enviadas obras menores, dentro do mais rigoroso figurativismo, e com vários trabalhos ligados ao realismo socialista.

Diante desses questionamentos, Pedrosa respondia destacando a magnífica sala de Kurt Schwitters. Para ele, Schwitters representava o contraponto e, ao mesmo tempo, o complemento dialético da parte "primitivista" da exposição na medida em que era "o mestre dadaísta precursor das colagens modernas, das apropriações polimateristas e das *assemblages* atuais"[8]. Assim, ele representava diretamente a tendência moderna vanguardista, justamente aquela que se destacava da mera contemplação e buscava restabelecer um diálogo vivo da arte com a vida. Exatamente o mesmo que se pode ver na obra de uma artista como Lígia Clark, também ela premiada nessa Bienal, juntamente com Iberê Camargo, conforme veremos adiante. Ambos se destacavam dentro de uma imensa delegação brasileira, com a participação de 243 artistas.

É certo, como críticos e historiadores apontaram, que a VI Bienal foi a edição mais marcadamente museográfica feita até então, e isso parecia conspirar contra o caráter vanguardista e atualizante que ela proclamava desde seu início. O estranhamento aumentava na medida em que a edição foi finalmente dada a Mário Pedrosa, o mais radical defensor da arte contemporânea no Brasil (o que, curiosamente, muitas vezes lhe valeu acusações de "novidadeiro"). Mas a Bienal de Pedrosa, mais do que as Bienais de Sérgio Milliet (crítico normalmente – e erradamente – tido por mais "moderado"[9]), se destacou justamente por apresentar "um dos momentos antropológicos e estéticos mais significativos do mundo contemporâneo", como o crítico dirá, sem falsa modéstia, uma década depois[10].

Para muitos, o outrora intransigente defensor do abstracionismo antifigurativo agora parecia vertido a uma posição conservadora, didática, "museificadora". Mas a coisa era bem mais complexa. Depois de a Bienal ter, em todas as suas edições anteriores, se dedicado a fazer um levantamento detalhado de origens e desdobramentos internacionais e nacionais do Modernismo (e o mérito disso cabe sobretudo aos diretores e intelectuais ligados ao MAM), o momento agora, segundo Pedrosa, seria mostrar as origens das origens, ou seja: demonstrar o funcionamento da criação artística em si mesma. Destacadamente, a partir de suas formas originárias que não passavam pela tradição culta européia, vale dizer, que não haviam sido determinadas pela dinâmica alienante da sociedade liberal. Seria desnecessário lembrar que esse mesmo caminho de reencontro e aprendizado com a arte "desalienada", marginal à sociedade industrial, foi o caminho trilhado pela ruptura do Modernismo do início do século.

Essa experiência que pensava o caminho da arte livre contemporânea a partir de um confronto dialético entre as novas formas e a tradição "marginal", momento em que arte e vida caminhavam juntas, mas sem a intervenção de uma força externa determinante ou opressora (a religião institucionalizada, o Estado ou o capital), está na origem do projeto que Pedrosa levará para o resto de sua vida: a criação do Museu das Origens. Tratava-se aqui da reunião e do estudo das primeiras manifestações expressivas, mágicas ou utilitárias, que estavam na origem da *expressão* estética, por um lado, e na origem da *contestação* estética e cultural inaugurada pelo momento revolucionário do modernismo internacional (e seguida por algumas tendências do Modernismo brasileiro), por outro. Era esse o motivo que vinha sendo trazido, desde a década de 1940, com as experiências arte-terapêuticas de Nise da Silveira com alienados no Rio de Janeiro, ou das escolas de arte para crianças, distantes dos modelos acadêmicos tradicionais e organizadas para fazer da arte um exercício de liberdade e criação[11].

Vimos que na Bienal anterior a "voga tachista", ou seja, o crescimento do gosto e do reconhecimento da vertente abstrata informal, ganhava força e o gosto da classe média. Misturada, ou às vezes confundida, com o antigo debate sobre figuração/abstração, essa voga ia tomando relevo, não sem críticas, nessa Bienal também. Nesse contexto, destacam-se agora a premiação e a consagração de um artista especial, cuja obra na época foi vista como parte desse debate, e que acabou se destacando como um pintor que construiu um caminho à parte na arte brasileira, especialmente influente para aqueles que vão retomar a pintura nos anos 1980: o gaúcho Iberê Camargo. Na época, Pedrosa o via assim: "a mais violenta, a mais conseqüente expressão tachista da pintura nacional contemporânea". Anos depois, mostrando como podia repensar seus juízos e redefini-los, definiu dessa maneira:

> um pintor jovem que rompe dolorosamente com um passado de ferrenho figurativo, e pela mediação de carretéis macabramente transformados em ossos, alcança uma matéria obsessivamente torturada, de densa pasta negra, puro betume, informe, buliçosa, e exausta como substância orgânica.[12]

Mas, se essa Bienal consagra o figurativismo expressionista *sui generis* de Iberê, consagra também a corrente que formará o conjunto mais significativo da arte brasileira da segunda metade do século: o neoconcretismo, aqui representado pela láurea de escultura entregue a Lygia Clark. Pedrosa percebeu essa oportunidade: "esse prêmio representa uma ruptura com os cânones tradicionais da arte moderna. Ela traz à apreciação internacional a invenção revolucionária dos *bichos* [...]"[13].

Lygia Clark trazia para a arte brasileira, e para o resto do mundo, uma nova forma de encarar a questão da participação ativa, negando a "distância psíquica", rompendo o tabu do não-toque, da não-interferência, da posição passiva – essencial para a existência do sujeito contemplativo e estático que pedia o subjetivismo informal do tachismo. Sua arte fazia parte com a "arte ambiental" desenvolvida por Hélio Oiticica, o que tornaria ambos, desde então até hoje, os artistas mais influentes do Brasil no debate sobre as conseqüências da arte moderna. Mas esse desdobramento, que se efetivou na vanguarda neoconcreta, principalmente depois do golpe militar de 1964, sofre um sensível abalo. Era o momento do que Pedrosa chamou de "arte pós-moderna", com todas as ambigüidades e desconfianças que o crítico tinha diante dessa nova etapa[14]. Mas aí o Brasil e a Bienal já seriam consideravelmente diferentes do que eram em 1961.

Enquanto não vinha a tragédia do conservadorismo trazido pela ditadura, novos programas podiam surgir e coisas até então esquecidas podiam ser lembradas. Se na Bienal de Mário Pedrosa se pedia uma nova pedagogia do olhar e da ação para poder entender os princípios experimentais de liberdade que se encontravam junto a coisas aparentemente tão distintas quanto o barroco guarani, os *bichos* de Lygia Clark ou a pintura de massa betuminosa de Iberê Camargo, a questão da "educação" do público, uma questão *política*, tinha que ter vindo à tona de uma nova maneira também. Mas não veio. Foi o que reclamou, anos depois, o próprio Mário Pedrosa, no depoimento quase autobiográfico que escreveu já sob a clandestinidade que a ditadura militar lhe impôs:

> Pede-se agora uma nova atitude do público para com a obra criada, uma nova educação mesmo. De educação, aliás, a Bienal nunca cogitou. Nunca deu atenção ao problema. [...] E o pouco de assimilação consumida foi caótico, contraditório, deformado e insuficiente. [...] Muito pouco. A desinformação é quase total.[15]

Mário Pedrosa falava da Bienal, mas podia também estar falando do Brasil. O projeto das bienais, naquilo que este teve de mais generoso e aberto, precisava caminhar para a educação e a re-criação do público, contando em estabelecer com este uma empatia distinta do mero gozo pela arte "atual". Era preciso criar condições para que a "arte atual" socializasse com o mundo a liberdade tão duramente decantada em suas formas, e ensinasse também a esse mundo o caminho dessa liberdade, de suas experimentações: de que algo novo era possível. Precisávamos aprender o novo caminho através de novas imagens. Era essa mesma "pedagogia" que desejava, com valores políticos bastante orientados, o Cinema Novo, que tem também uma história na Bienal de Mário Pedrosa.

Pois não esteve apenas no terreno das artes plásticas a grande novidade dessa mostra. A VI Bienal trouxe, em sua parte cinematográfica, uma "Homenagem ao Documentário Brasileiro", organizada pelo crítico Jean-Claude Bernardet. Mais do que mera "homenagem", tratava-se de uma mostra de grandes e polêmicas conseqüências. Para Glauber Rocha, essa semana na Bienal de 1961 marcou a efetivação do Cinema Novo. Nessa oportunidade, o debate franco sobre as idéias dos novos cineastas tomava espaço, em intervenções polêmicas de críticos de cinema que apoiavam o novo cinema (como Paulo Emílio Salles Gomes, Almeida Salles, Rudá de Andrade e o próprio Bernardet), além de uma "polêmica irradiada entre os intelectuais através de um discurso de compreensão e apoio de Mário Pedrosa", segundo relata Glauber Rocha. Em seu livro *Revisão crítica do cinema brasileiro*, Glauber chega a afirmar que "esta semana teve para o *novo cinema brasileiro* a importância da Semana de Arte Moderna, em 1922"[16].

Há aqui uma evidente situação especial, um momento em que as vanguardas artísticas das artes visuais (das plásticas às cinematográficas) estão juntas (talvez pela última vez) em uma Bienal paulistana. Esse foi um momento histórico que demonstra o grau de radicalização e criação avançada a que chegavam as artes brasileiras, em seu momento emancipador, no contexto do início dos anos 1960, antes da tragédia do golpe militar, que afetaria tanto o Cinema Novo quanto o projeto esclarecedor que então encontrava abrigo nas bienais de São Paulo. Mário Pedrosa estava no centro desse momento, desse projeto generoso e radical, até onde a situação histórica permitiu. Pois logo viria o golpe militar, e a história seria outra.

O que se aprende, olhando com atenção e sem preconceitos o projeto da Bienal de Mário Pedrosa, é justamente que nesse momento privilegiado os pares antitéticos "moderno e primitivo" ou "nacional e internacional" podiam ser colocados em questão e resolvidos de forma surpreendente. Baseado em um contexto aparentemente promissor, o do desenvolvimentismo populista, amparado no sucesso crítico e artístico do neoconcretismo e em sua busca por "maioridade" e autonomia produtiva da arte brasileira no contexto das transformações orgânicas do modernismo internacional, Pedrosa pôde pôr em prática o esboço de uma virada artística e pedagógica voltada para a superação das antinomias e a efetivação de um projeto cultural emancipatório, local e internacional, sobretudo latino-americano. Pôde também usar a tradicional Bienal de São Paulo para esse fim. Pela primeira e última vez. Pois em 1963, após uma contestável manobra de Ciccillo Matarazzo, a Bienal se separa do MAM-SP, seu criador.

Os críticos e artistas, companheiros de Pedrosa, já não eram mais os articuladores intelectuais privilegiados do sistema. A Bienal se tornava "autônoma" para ir se integrando, cada vez mais, ao mercado das artes (que por sua vez ia se parecendo cada vez mais com o mercado das *commodities* do capitalismo financeiro). De certo modo, o "golpe" nas artes antecipa o outro, dos militares, e bloqueia de vez as forças transformadoras que a Bienal de Mário Pedrosa ousou um dia invocar.

NOTAS

[1] Hélio Oiticica, "A transição da cor do quadro para o espaço e o sentido de construtividade", em *Aspiro ao grande labirinto* (Rio de Janeiro, Rocco, 1986).

[2] Sobre o contexto, ver o excepcional ensaio de Fernando Novais e João M. Cardoso de Mello, "Capitalismo tardio e sociabilidade moderna", em Lilia M. Schwarcz (org.), *História da vida privada no Brasil*, v. 4. (São Paulo, Companhia das Letras, 1998).

[3] Mário Pedrosa, "A Bienal de cá para lá", em Otília Arantes (org.), *Política das artes* (São Paulo, Edusp, 1995), p. 268. Ver também *Catálogo Bienal 50 Anos – 1951-2001* (São Paulo, Fundação Bienal, 2001), p. 104.

[4] Paulo Mendes de Almeida, "A Bienal, as Bienais", *Suplemento Literário do O Estado de S. Paulo*, 2/12/1967.

[5] Teixeira Coelho, "Bienal de São Paulo: o suave desmanche de uma idéia", *Revista USP*, São Paulo, n. 52, dez.- jan.-fev. 2001-2002, p. 81, n. 3.

[6] Jayme Maurício, "Matarazzo não deixará a Bienal", *Correio da Manhã*, 23/8/1961.

[7] Leonor Amarante, *As Bienais de São Paulo – 1951 a 1987* (São Paulo, Projeto, 1989), p. 108.

[8] Mário Pedrosa, "A Bienal de cá para lá", cit., p. 271.

[9] Arrisquei, em outro ensaio, uma aproximação entre os dois críticos: Francisco Alambert, "Milliet-Pedrosa: aproximações rumo à ação socializadora da arte", em L. Rebolo, *Sérgio Milliet 100 anos: trajetória, crítica de arte e ação cultural* (São Paulo, ABCA/Imprensa Oficial do Estado, 2004).

[10] Mário Pedrosa, "A Bienal de cá para lá", cit., p. 271.

[11] Recentemente, o modelo da edição comemorativa dos 50 anos da Bienal alegará, pateticamente a meu ver, seguir de perto o esquema pensado por Mário Pedrosa.

[12] Mário Pedrosa, "A Bienal de cá para lá", cit., p. 268.

[13] Ibidem, p. 269.

[14] Sobre o tema, ver "Discurso aos tupiniquins ou Nambás", "Variações sem tema ou a arte da retaguarda", em Otília Arantes (org.), *Política das artes*, cit.; e "Arte ambiental, arte pós-moderna, Hélio Oiticica", em Otília Arantes (org.), *Acadêmicos e modernos* (São Paulo, Edusp, 1998).

[15] Mário Pedrosa, "A Bienal de cá para lá", cit., p. 269.

[16] Glauber Rocha, "Origens de um Cinema Novo", em *Revisão crítica do cinema brasileiro* (São Paulo, Cosac & Naif, 2003), p. 130.

SOBRE OS AUTORES E OS ARTIGOS

JOÃO ADOLFO HANSEN, professor livre-docente de Literatura Brasileira na Universidade de São Paulo, é autor de *A sátira e o engenho: Gregório de Matos e a Bahia do século XVII* (2004) e de outros textos sobre as letras luso-brasileiras dos séculos XVI, XVII e XVIII. "Anchieta: poesia em tupi e produção da alma" é inédito.

PAULO ARANTES, professor do Departamento de Filosofia da Universidade de São Paulo, é autor de *Hegel: a ordem do tempo* (1981), *Um departamento francês de ultramar* (1994), *Sentimento da dialética na experiência intelectual brasileira* (1992), entre outras obras. É coordenador da coleção Estado de Sítio, da Boitempo Editorial. "Nação e reflexão" foi parcialmente publicado na revista *Sexta-Feira*, em 2001, e depois, com uma segunda parte acrescentada, em *Zero à esquerda* (São Paulo, Conrad, 2004).

ROBERTO SCHWARZ, professor titular de Teoria Literária na Unicamp, é autor, entre outras obras, de *Ao vencedor as batatas* (1977), *Um mestre na periferia do capitalismo* (1990), *Duas meninas* (1997), *Seqüências brasileiras* (1999). "Cuidado com as ideologias alienígenas" é uma entrevista publicada originalmente em *Movimento*, n. 56, São Paulo, 26/7/1976, e retomada em Roberto Schwarz, *O pai de família* (Rio de Janeiro, Paz e Terra, 1978). Os entrevistadores foram Gilberto Vasconcellos e Wolfgang Leo Maar.

SALETE DE ALMEIDA CARA, professora livre-docente de Estudos Comparados de Literaturas de Língua Portuguesa na Universidade de São Paulo, publicou, entre outras obras, *A recepção crítica: o momento parnasiano e simbolista* (1983) e *A poesia lírica* (1998). "Esqueletos vivos e argumentos indecorosos" é inédito.

MARLI FANTINI SCARPELLI é professora de Teoria da Literatura e Literatura Comparada na Universidade Federal de Minas Gerais. Publicou, entre outras obras, *Guimarães Rosa: fronteiras, margens, passagens* (2004; Prêmio Jabuti 2005) e foi co-organizadora, entre outros, de *Poéticas da diversidade* (2002) e *Portos flutuantes: trânsitos ibero-afro-americanos* (2004). "Modernidade e emancipação em Machado de Assis" é inédito.

WALNICE NOGUEIRA GALVÃO é professora titular de Teoria Literária e Literatura Comparada na Universidade de São Paulo. Tem vários livros publicados, relacionados a Euclides da Cunha, Guimarães Rosa, crítica literária e cultural, dos quais o mais recente é *As musas sob assédio* (2005). "O fascínio dos confins" é inédito.

MARIA AUGUSTA FONSECA é professora livre-docente de Teoria Literária e Literatura Comparada na Universidade de São Paulo e publicou, entre outras obras, *Palhaço da burguesia: Serafim Ponte Grande de Oswald de Andrade e o universo circense* (1979), *Oswald de Andrade: biografia* (1990). "Ponteio da violinha: o rapsodo moderno e o herói sem nenhum caráter" funde, com muitas alterações, dois ensaios da autora: "A carta pras icamiabas" e "Macunaíma na pátria de doutores e saúvas", respectivamente publicados na edição crítica da Coleção Archivos e na *Revista da Biblioteca Mário de Andrade*, comemorativa do centenário de nascimento do autor.

VAGNER CAMILO é professor de Literatura Brasileira na Universidade de São Paulo e autor de *Drummond: da Rosa do Povo à Rosa das Trevas* (Prêmio Anpoll 2000). "No atoleiro da indecisão: *Brejo das almas* e as polarizações ideológicas nos anos 1930" é uma versão reformulada que condensa dois outros artigos publicados anteriormente: "Uma poética da indecisão: *Brejo das almas*" (*Novos Estudos Cebrap*, São Paulo, n. 57, jul. 2000, p. 37-58) e "O legado do fazendeiro do ar" (*Reportagem*, São Paulo, ano IV, n. 38, nov. 2002, p. 36-7).

VINICIUS DANTAS é poeta, ensaísta e tradutor. Publicou, entre outras obras, uma tradução de *Stretto*, de Paul Celan (1985), uma antologia da prosa-poesia de Mario Jorge, *Cuidados silêncios soltos* (1993), e em edição conjunta *Bibliografia de Antonio Candido* e *Textos de intervenção* (2002), uma coletânea de ensaios de Antonio Candido. "O canibal e o capital: a arte do 'Telefonema' de Oswald de Andrade" é uma versão bastante ampliada e modificada da resenha publicada com o mesmo título em *praga* (São Paulo, n. 2, jun. 1997). Os apêndices "As relações de Oswald de Andrade com o Partido Comunista" e "'Antropofagismo' por Antonio Candido" são inéditos. O original de Antonio Candido foi localizado em versão manuscrita e anônima no Instituto de Estudos Brasileiros da Universidade de São Paulo.

LUIZ RONCARI é professor livre-docente de Literatura Brasileira na Universidade de São Paulo e autor, entre outras obras, de *Rum para Rondônia* (romance, 1991),

Literatura Brasileira: dos primeiros cronistas aos últimos românticos (2002) e *O Brasil de Rosa: o amor e o poder* (2004). "A tríade do amor perfeito no *Grande sertão"* é inédito.

FERNANDA ARÊAS PEIXOTO é professora do Departamento de Antropologia da Universidade de São Paulo, co-autora de *Guia biobibliográfico dos brasilianistas* (1992) e co-organizadora de *Gilberto Freyre em quatro tempos* (2003) e *Antropologias, histórias, experiências* (2004). "Roger Bastide, intérprete do Brasil: africanismos, sincretismo e modernização" é uma versão condensada dos capítulos 2 e 3 do livro *Diálogos brasileiros: uma análise da obra de Roger Bastide* (São Paulo, Edusp/ Fapesp, 2000), de sua autoria.

BENJAMIN ABDALA JUNIOR é professor titular de Estudos Comparados de Literaturas de Língua Portuguesa da Universidade de São Paulo, autor, entre outras obras, de *Fronteiras múltiplas, identidades plurais* (2002), *De vôos e ilhas: literatura e comunitarismos* (2003) e organizador de *Margens da cultura: mestiçagem, hibridismo & outras misturas* (2004). "Formação da literatura brasileira, de Antonio Candido" figurou inicialmente em Lourenço Dantas Mota, *Introdução ao Brasil: um banquete no trópico* (São Paulo, Senac, 1999).

FRANCISCO ALAMBERT é historiador, crítico de arte e professor de História Social da Arte e História Contemporânea na Universidade de São Paulo. Publicou, entre outras obras, *A Semana de 22: a aventura modernista no Brasil* (1992). "Mário Pedrosa e a Bienal (moderno, primitivo, nacional e internacional)" condensa e desenvolve algumas idéias contidas no livro *Bienais de São Paulo: da era do Museu à era dos curadores* (São Paulo, Boitempo, 2004, Prêmio Jabuti 2005), escrito em co-autoria com Polyana Canhête.

Esta obra foi composta em California, texto em corpo 10/12,5 e impressa na gráfica Assahi em papel pólen soft 80 g/m² para a Boitempo Editorial em novembro de 2006, com tiragem de 2 mil exemplares.